ドイツ語オノマトペの研究

―その音素導入契機と音素配列原理―

Studien zu deutschen Onomatopoetika
― Bildung und Ordnung der Phonemketten ―

乙政 潤 著

東京 大学書林 発行

Ich schlief und träumte,

Das Leben wär Freude.

Ich erwachte und sah:

Das Leben war Pflicht.

Ich handelte und siehe:

Die Pflicht war Freunde.

まえがき

　これは,「言語音のイメージと擬声語・擬態語の意味のかかわり合いかた」を追求した書物である.

　私が擬声語にとくに関心を持ち始めたのは,1985年に大阪外国語大学ドイツ語学科研究室の一員として特定研究プロジェクト「日本とドイツ」を遂行した際,報告書『日本とドイツ (1)』に「いわゆる『擬声語』の日独対照について」を執筆したときである.「いわゆる『擬声語』」という言い方で,擬声語という名称が日本語では擬音語とも擬態語とも幅広く解釈されている事実を言い表そうとした.そして,「日独対照」で以てドイツ語にも類似の現象が認められるかどうかを確かめようとする意図を表そうとした.あれから24年経つが,その間に文献表に見られるようなさまざまな報告や論文を書くとともに,いくつかの資料集を作ってきた.

　これらの作業を通して,私の関心は次第に日独語の擬声語を構成する音素の違いに焦点が絞られていった.例えば,ドイツ語の „klack" が一方では「二つの硬い物体が衝突したときの短くて明るい音」を表し,他方では「粥状あるいは濃い液状の粒が硬い物体の上に落ちる音」をも表すという説明を聞くと,/k/ という音素が「硬い物体の衝突」に関わるという説明には日本語のネイティブ・スピーカーの語感からもうなずけても,「粥状あるいは濃い液状の粒」と関わることには首をかしげざるを得ないのは何故だろうという素朴な疑問が浮かんだ.あるいは,/k/-/l/-/a/-/k/ という同一の音素の組み合わせが,どうしてこのような対立的とも言える二つの意味に関わることができるのか,といった問題へと関心が集中していった.

　そして,作業を始めた頃に読んだ上記のことば(『国語学研究事典』,昭和59年 [1984年]) は,その後私のオノマトペ研究を導く指針となり,研究はこの指針に沿った方向へと収斂していった.本書の内容は,この追求の結果私が到達した結論である.

　私は1997年の日本独文学会秋季研究発表会において「オノマトペの日独対照の試み」のタイトルの下に,日本語では「ぶーん」という音素配列で表される糸車の回転音がドイツ語ではどうして „schnurren" という音素配列で表されるのかという問題を具体例にとって,その疑問に対する私の解明を

まえがき

発表した．その発想の根底には，ドイツ語のオノマトペの意味はそれぞれの音素が伝えるイメージの集合であるという考えがあった．これはもっぱら人間の認知を拠り所とした論証であったが，当時私自身に明確な意識はなかったとはいえ，その論証は折から普及しつつあった「認知論」的な流れを汲む立場に立っていたと言うことができると思う．認知言語学的・認知心理学的な考え方や研究方向が時とともに注目され是認されるようになってきたことに私は勢いを得て，1997年の発表に手を入れ直して，5年後の2002年9月に，ケルンで開かれたGAL（Gesellschaft für Angewandte Linguistik：応用言語学会）第33回総会において，Zur Verschiedenheit der Gestaltungsprinzipien von den deutschen und den japanischen Onomatopoetika − Anhand des Beispiels „schnurren"−という題目で研究発表をした．大きな反応は得られなかったけれども，おおむね肯定的に受け止められ，少数の積極的な修正意見が出たことは私を喜ばせた．言語研究の出発点を常に具体的な言語現象に置き，言語現象を日本語話者の立場から検討し説明することを旨としている私にとって，認知意味論の立場は特に好ましく思われる．

　私のオノマトペ研究の出発点となった上記1985年の報告書に，私は「時間の制約のために今回は手をつけられなかったこの問題−言語音のイメージと擬声語・擬態語の意味のかかわり合い−こそ将来の課題となるべきものである」と書いたが，24年後の今日，自らに課した課題に対して一つの答えを提示しようとしている．この間に，私は幾人もの方々から励まされ，時には資料の提供を受け，はたまた多くの助力を得た．こんなささやかな結果の陰にもこれらの人々の好意と支援が潜んでいる．この人たちにひたすら感謝を捧げる．

　ことに，職場である京都外国語大学からは平素よりオノマトペの研究に関してくりかえし学内研究員として経済的援助を受けたほか，このたびはまた本書の出版に際し出版助成金を忝なくした．研究への篤い支援に対し衷心から感謝の念を捧げる．また，文献の収集に際して京都外国語大学付属図書館情報サービス課参考係の懇切なる助力に与ったことを特に記して謝意を表したい．

2009年2月
著者

目　次

まえがき··ⅰ

Ⅰ．序　論··1
　1．研究対象― Lautmalerei と「オノマトペ」··1
　2．研究目的··4
　3．オノマトペと音象徴··6
　4．研究方法···10
　5．オノマトペの範疇··11
　　5-1．動物の鳴き声の音模倣ならびにそれに基づく命名···························13
　　5-2．音模倣の間投詞 Interjektion··14
　　5-3．狭義の擬声(擬音)語から派生されたオノマトペ·······························16
　　5-4．音響現象の説明から認定されるオノマトペ·····································18
　　5-5．音転写 Lautübertragung を契機とするオノマトペ····························19
　　5-6．音のジェスチュア Lautgebärde を契機とするオノマトペ·······················20
　　5-7．書き換え式のオノマトペ umschreibende Onomatopoetika·····················20
　　5-8．偶成的オノマトペ okkasionelle Onomatopetika································21

Ⅱ．慣行的オノマトペの考察··24
　1．慣行的オノマトペの音韻構成面から見た分類······································24
　　1-1．音素の配列から見たオノマトペの型··24
　　1-2．配列順序···30
　　　1-2-1．単綴型··31
　　　　a）K1V1 型···31
　　　　b）K1V1K1 型··32
　　　　c）K1V1K2 型··32
　　　　d）K1V1K2K3 型··40
　　　　e）K1V1K2K3K4 型···41
　　　　f）K1K2V1 型··41
　　　　g）K1K2V1K3 型··41

— ⅲ —

目　次

   h）$K_1K_2V_1K_1K_3$ 型 ··48
   i ）$K_1K_2V_1K_3K_4$ 型 ··48
   j ）$K_1K_2V_1K_3K_1K_4$ 型 ···49
   k ）$K_1K_2K_3V_1K_4$ 型 ··50
   l ）$K_1K_2K_3V_1K_4K_5$ 型 ···50
  1-3-2．重複型 ···50
   a）$K_1V_1K_2+K_1V_1K_2$ 型 ···50
   b）$K_1V_1K_2+K_1V_2K_2$ 型 ···51
  1-3-3．複綴型（Sn 型）···51
  1-3-4．子音音素集合型（Kn 型）···55
 2．慣行的オノマトペについての総括 ··55
  2-1．慣行的オノマトペの総数 ··55
  2-2．慣行的オノマトペにおける子音音素の分布 ······························57
   2-2-1．単綴型オノマトペの語頭に立つ子音音素 ·····················57
    表１　単綴型オノマトペのうち単一の子音音素が語頭に立つ
      場合 ···58
    表２　単綴型オノマトペのうち複数の子音音素が語頭に立つ
      場合 ···59
    表３　重複型オノマトペにおける語頭子音音素の分布 ············60
    表４　複綴型オノマトペにおける語頭子音音素の分布 ············61
   2-2-2．単綴型オノマトペの「追加子音」に現れる子音音素 ·······61
    表５　単綴型オノマトペのうち単一の子音音素が語頭に立つ
      場合の「追加子音音素」の分布 ··61
    表６　単綴型オノマトペのうち複数の子音音素が語頭に立つ
      場合（1）の「追加子音音素」の分布 ··62
    表７　単綴型オノマトペのうち複数の子音音素が語頭に立つ
      場合（2）の「追加子音音素」の分布 ··63
    表８　重複型オノマトペにおける「追加子音音素」の分布 ············64
    表９　複綴型オノマトペにおける「追加子音音素」の分布 ············65
 3．オノマトペの意味を基準とする分類 ··66
  3-1．*Havlik* の分類 ··66
  3-2．乙政(1985)の分類 ··73

―iv―

目　次

  3-3．ドイツ語の辞典の意味説明と分類基準 ·················75
  3-4．慣行的オノマトペの分類 ·····························80
   3-4-1．音源が明示されていない場合 ·················80
   3-4-2．音源が特定されている場合（＝動物の鳴き声）·········95

Ⅲ．仮説の定立 ···101
 1．音素導入の契機を考察する必然性 ·························101
 2．オノマトペ „schnurren" の考察 ··························102
  2-1．音源の音響的特徴 ·································103
  2-2．語頭に子音音素連続が立っている理由 ···············105
  《仮説1－語頭の子音音素に関して－》·····················114
  2-3．語頭の子音音素 /ʃ/ に子音音素 /n/ が続いている理由······114
  《仮説2－語頭第2位の子音音素のはたらき－》·············118
  2-4．オノマトペ „schnurren" の音色 ····················119
  2-5．幹母音音素が短母音である理由 ·····················123
  《仮説3－「幹母音」に関して－》·······················130
  2-6．「追加子音音素」/r/ のはたらき ····················130
  《仮説4－「追加子音音素」のはたらき－》···············132
  《仮説5－子音音素の導入順序に関して－》···············132
 3．オノマトペへの子音音素導入に関する補足 ·················132
 4．オノマトペ „pardauz!" の考察 ···························137
  4-1．前半部 „par-" について ···························137
  《仮説6－無アクセント綴に含まれる母音音素のはたらき－》······140
  4-2．音源の音色 ·······································140
  4-3．「幹母音」音素 /aʊ/ の考察 ·······················143
  4-4．後半部 „-dauz" について ··························144
  4-5．複綴型オノマトペの構成の意味 ·····················146

Ⅳ．仮説の検証 ···148
 1．検証の手順 ··148
 2．単一子音音素で始まるオノマトペ ························149
  2-1．/b/ で始まるオノマトペ ···························149

－v－

目　　次

   A．［b］の調音様式 ……………………………………………………149
   B．［b］の調音様式とオノマトペの意味の関わり ………………150
   C．/b/で始まるオノマトペにおける「幹母音音素」の種類………152
   D．/b/で始まるオノマトペにおける「追加子音音素」の種類……153
   E．無アクセント綴に含まれる母音音素のはたらき ………………154
   F．考察のまとめ ………………………………………………………154

2-2．/p/で始まるオノマトペ ……………………………………………155
   A．［p］の調音様式 ……………………………………………………155
   B．［p］の調音様式とオノマトペの意味の関わり ………………155
   C．/p/で始まるオノマトペにおける「幹母音音素」の種類………160
   D．/p/で始まるオノマトペにおける「追加子音音素」の種類……161
   E．無アクセント綴に含まれる母音音素のはたらき ………………162
   F．考察のまとめ ………………………………………………………163

2-3．/d/で始まるオノマトペ ……………………………………………163
   A．［d］の調音様式 ……………………………………………………163
   B．子音［d］の調音様式とオノマトペの意味の関わり …………163
   C．「幹母音音素」の種類 ……………………………………………164
   D．「追加子音音素」の種類 …………………………………………165
   E．無アクセント綴に含まれる母音音素のはたらき ………………166
   F．考察のまとめ ………………………………………………………166

2-4．/t/で始まるオノマトペ ……………………………………………166
   A．［t］の調音様式 ……………………………………………………166
   B．［t］の調音様式とオノマトペの意味の関わり ………………167
   C．/t/で始まるオノマトペにおける「幹母音音素」の種類………171
   D．/t/で始まるオノマトペにおける「追加子音音素」の種類……172
   E．無アクセント綴に含まれる母音音素のはたらき ………………174
   F．考察のまとめ ………………………………………………………174

2-5．/g/で始まるオノマトペ ……………………………………………175
   A．［g］の調音様式 ……………………………………………………175
   B．［g］の調音様式とオノマトペの意味の関わり ………………176
   C．/g/で始まるオノマトペにおける「幹母音音素」の種類………181
   D．/g/で始まるオノマトペにおける「追加子音音素」の種類……182

目　次

　　E．無アクセント綴に含まれる母音音素のはたらき ················183
　　F．考察のまとめ ···183
2-6．/k/ で始まるオノマトペ ··183
　　A．[k] の調音様式 ···184
　　B．[k] の調音様式とオノマトペの意味の関わり ····················184
　　C．/k/ で始まるオノマトペにおける「幹母音音素」の種類 ·········187
　　D．/k/ で始まるオノマトペにおける「追加子音音素」の種類 ······189
　　E．無アクセント綴に含まれる母音音素のはたらき ················190
　　F．考察のまとめ ···191
2-7．/pf/ で始まるオノマトペ ···191
　　A．[pf] の調音様式 ··191
　　B．[pf] の調音様式とオノマトペの意味の関わり ···················192
　　C．/pf/ で始まるオノマトペにおける「幹母音音素」の種類 ········192
　　D．/pf/ で始まるオノマトペにおける「追加子音音素」の種類 ····193
　　F．考察のまとめ ···193
2-8．/ts/ で始まるオノマトペ ···193
　　A．[ts] の調音様式 ··193
　　B．[ts] の調音様式とオノマトペの意味の関わり ···················193
　　C．/ts/ で始まるオノマトペにおける「幹母音音素」の種類 ········196
　　D．/ts/ で始まるオノマトペにおける「追加子音音素」の種類 ····197
　　E．無アクセント綴に含まれる母音音素のはたらき ················199
　　F．考察のまとめ ···199
2-9．/tʃ/ で始まるオノマトペ ··199
　　A．[tʃ] の調音様式 ···200
　　B．[tʃ] の調音様式とオノマトペの意味の関わり ····················200
　　C．/tʃ/ で始まるオノマトペにおける幹母音音素の種類 ··············200
　　D．/tʃ/ で始まるオノマトペにおける「追加子音音素」の種類 ·····201
　　E．無アクセント綴に含まれる母音音素のはたらき ················201
　　F．考察のまとめ ···202
2-10．/v/ で始まるオノマトペ ···202
　　A．[v] の調音様式 ···202
　　B．[v] の調音様式とオノマトペの意味の関わり ····················202

目　　次

　　　　C．/v/で始まるオノマトペにおける「幹母音音素」の種類 ………207
　　　　D．/v/で始まるオノマトペにおける「追加子音音素」の種類 ……208
　　　　E．無アクセント綴に含まれる母音音素のはたらき ………………210
　　　　F．考察のまとめ …………………………………………………………211
　2-11．/f/で始まるオノマトペ ………………………………………………212
　　　　A．[f]の調音様式 …………………………………………………………212
　　　　B．[f]の調音様式とオノマトペの意味の関わり ………………………212
　　　　C．/f/で始まるオノマトペにおける「幹母音音素」の種類 ………214
　　　　D．/f/で始まるオノマトペにおける「追加子音音素」の種類 ……217
　　　　E．無アクセント綴に含まれる母音音素のはたらき ………………222
　　　　F．考察のまとめ …………………………………………………………222
　2-12．/z/で始まるオノマトペ ………………………………………………222
　　　　A．[z]の調音様式 …………………………………………………………222
　　　　B．[z]の調音様式とオノマトペの意味の関わり ………………………223
　　　　C．/z/で始まるオノマトペにおける「幹母音音素」の種類 ………224
　　　　D．/z/で始まるオノマトペにおける「追加子音音素」の種類 ……225
　　　　E．無アクセント綴に含まれる母音音素のはたらき ………………227
　　　　F．考察のまとめ …………………………………………………………227
　2-13．/ʃ/で始まるオノマトペ ………………………………………………227
　　　　A．[ʃ]の調音様式 …………………………………………………………227
　　　　B．[ʃ]の調音様式とオノマトペの意味の関わり ………………………227
　　　　C．/ʃ/で始まるオノマトペにおける「幹母音音素」の種類 ………229
　　　　D．/ʃ/で始まるオノマトペにおける「追加子音音素」の種類 ……229
　　　　E．無アクセント綴に含まれる母音音素のはたらき ………………230
　　　　F．考察のまとめ …………………………………………………………230
　2-14．/j/で始まるオノマトペ ………………………………………………230
　　　　A．[j]の調音様式 …………………………………………………………230
　　　　B．[j]の調音様式とオノマトペの意味の関わり ………………………230
　　　　C．/j/で始まるオノマトペにおける「幹母音音素」の種類 ………232
　　　　D．/j/で始まるオノマトペにおける「追加子音音素」の種類 ……232
　　　　F．考察のまとめ …………………………………………………………233
　2-15．/h/で始まるオノマトペ ………………………………………………233

目　次

　　A．［h］の調音様式 ……………………………………………………233
　　B．［h］の調音様式とオノマトペの意味の関わり ……………………234
　　C．/h/で始まるオノマトペにおける「幹母音音素」の種類 ………237
　　D．/h/で始まるオノマトペにおける「追加子音音素」の種類 ……238
　　E．無アクセント綴に含まれる母音音素のはたらき …………………239
　　F．考察のまとめ …………………………………………………………240
2-16．/m/で始まるオノマトペ ……………………………………………240
　　A．［m］の調音様式 ……………………………………………………240
　　B．［m］の調音様式とオノマトペの意味の関わり ……………………241
　　C．/m/で始まるオノマトペにおける「幹母音音素」の種類 ………245
　　D．/m/で始まるオノマトペにおける「追加子音音素」の種類 ……247
　　E．無アクセント綴に含まれる母音音素のはたらき …………………249
　　F．考察のまとめ …………………………………………………………249
2-17．/n/で始まるオノマトペ ……………………………………………250
　　A．［n］の調音様式 ……………………………………………………250
　　B．［n］の調音様式とオノマトペの意味の関わり ……………………250
　　C．/n/で始まるオノマトペにおける「幹母音音素」の種類 ………252
　　D．/n/で始まるオノマトペにおける「追加子音音素」の種類 ……253
　　F．考察のまとめ …………………………………………………………253
2-18．/l/で始まるオノマトペ ……………………………………………254
　　A．［l］の調音様式 ……………………………………………………254
　　B．［l］の調音様式とオノマトペの意味の関わり ……………………254
　　C．/l/で始まるオノマトペにおける「幹母音音素」の種類 ………256
　　D．/l/で始まるオノマトペにおける「追加子音音素」の種類 ……257
　　E．無アクセント綴に含まれる母音音素のはたらき …………………257
　　F．考察のまとめ …………………………………………………………258
2-19．/r/で始まるオノマトペ ……………………………………………258
　　A．子音［r］／［R］／［ʁ］の調音様式 ……………………………258
　　B．［r］／［R］／［ʁ］の調音様式とオノマトペの意味の関わり ……260
　　C．/r/で始まるオノマトペにおける「幹母音音素」の種類 ………265
　　D．/r/で始まるオノマトペにおける「追加子音音素」の種類 ……266
　　F．考察のまとめ …………………………………………………………267

目　次

3. 子音音素連続で始まるオノマトペ ……………………………………268
3-1. /b/+/l/ で始まるオノマトペ ………………………………………268
- A. /b/+/l/ が表すイメージ ……………………………………………269
- B. /b/+/l/ とオノマトペの意味の関わり …………………………269
- C. /b/+/l/ で始まるオノマトペにおける「幹母音音素」の種類…270
- D. /b/+/l/ で始まるオノマトペにおける「追加子音音素」……270
- E. 無アクセント綴に含まれる母音音素のはたらき ……………271
- F. 考察のまとめ ………………………………………………………271

3-2. /b/+/r/ で始まるオノマトペ ………………………………………271
- A. /b/+/r/ が表すイメージ ……………………………………………271
- B. /b/+/r/ とオノマトペの意味の関わり …………………………272
- C. /b/+/r/ で始まるオノマトペにおける「幹母音音素」の種類…274
- D. /b/+/r/ で始まるオノマトペにおける「追加子音音素」……274
- F. 考察のまとめ ………………………………………………………275

3-3. /p/+/l/ で始まるオノマトペ ………………………………………275
- A. /p/+/l/ が表すイメージ ……………………………………………275
- B. /p/+/l/ とオノマトペの意味の関わり …………………………276
- C. /p/+/l/ で始まるオノマトペにおける「幹母音音素」の種類…280
- D. /p/+/l/ で始まるオノマトペにおける「追加子音音素」……281
- F. 考察のまとめ ………………………………………………………282

3-4. /p/+/r/ で始まるオノマトペ ………………………………………282
- A. /p/+/r/ が表すイメージ ……………………………………………282
- B. /p/+/r/ とオノマトペの意味の関わり …………………………283
- C. /p/+/r/ で始まるオノマトペにおける「幹母音音素」の種類…284
- D. /p/+/r/ で始まるオノマトペにおける「追加子音音素」の種類 ……………………………………………………………………284
- F. 考察のまとめ ………………………………………………………285

3-5. /t/+/r/ で始まるオノマトペ ………………………………………285
- A. /t/+/r/ が表すイメージ ……………………………………………285
- B. /t/+/r/ とオノマトペの意味の関わり …………………………286
- C. /t/+/r/ で始まるオノマトペにおける「幹母音音素」の種類…287
- D. /t/+/r/ で始まるオノマトペにおける「追加子音音素」の

目　　次

　　　　種類 ……………………………………………………………288
　　F．考察のまとめ …………………………………………………288
3-6．/g/＋/l/ で始まるオノマトペ ………………………………288
　　A．/g/＋/l/ が表すイメージ ……………………………………288
　　B．/g/＋/l/ とオノマトペの意味の関わり ……………………289
　　C．/g/＋/l/ で始まるオノマトペにおける「幹母音音素」の種類 ……289
　　D．/g/＋/l/ で始まるオノマトペにおける「追加子音音素」の
　　　　種類 ……………………………………………………………290
　　F．考察のまとめ …………………………………………………290
3-7．/k/＋/v/ で始まるオノマトペ ………………………………290
　　A．/k/＋/v/ が表すイメージ ……………………………………290
　　B．/k/＋/v/ とオノマトペの意味の関わり ……………………291
　　C．/k/＋/v/ で始まるオノマトペにおける「幹母音音素」の種類 …293
　　D．/k/＋/v/ で始まるオノマトペにおける「追加子音音素」の
　　　　種類 ……………………………………………………………293
　　F．考察のまとめ …………………………………………………293
3-8．/k/＋/n/ で始まるオノマトペ ………………………………294
　　A．/k/＋/n/ が表すイメージ ……………………………………294
　　B．/k/＋/n/ とオノマトペの意味の関わり ……………………294
　　C．/k/＋/n/ で始まるオノマトペにおける「幹母音音素」なら
　　　　びに「追加子音音素」の種類 ………………………………295
　　F．考察のまとめ …………………………………………………297
3-9．/k/＋/l/ で始まるオノマトペ ………………………………297
　　A．/k/＋/l/ が表すイメージ ……………………………………298
　　B．/k/＋/l/ とオノマトペの意味の関わり ……………………298
　　C．/k/＋/l/ で始まるオノマトペにおける「幹母音音素」なら
　　　　びに「追加子音音素」の種類 ………………………………302
　　E．無アクセント綴に含まれる母音音素のはたらき ……………304
　　F．考察のまとめ …………………………………………………304
3-10．/k/＋/r/ で始まるオノマトペ ………………………………304
　　A．/k/＋/r/ が表すイメージ ……………………………………304
　　B．/k/＋/r/ とオノマトペの意味の関わり ……………………305

目　次

  C．/k/＋/r/ で始まるオノマトペにおける「幹母音音素」ならびに「追加子音音素」の種類 ·················306
  E．無アクセント綴に含まれる母音音素のはたらき ·················306
  F．考察のまとめ ·················306

3-11．/f/＋/l/ で始まるオノマトペ ·················307
  A．/f/＋/l/ が表すイメージ ·················307
  B．/f/＋/l/ とオノマトペの意味の関わり ·················307
  C．/f/＋/l/ で始まるオノマトペにおける「幹母音音素」の種類ならびに「追加子音音素」の種類 ·················308
  E．無アクセント綴に含まれる母音音素の種類ならびに「追加子音音素」の種類 ·················309
  F．考察のまとめ ·················309

3-12．/ʃ/＋/v/ で始まるオノマトペ ·················309
  A．/ʃ/＋/v/ が表すイメージ ·················309
  B．/ʃ/＋/v/ とオノマトペの意味の関わり ·················309
  C．/ʃ/＋/v/ で始まるオノマトペにおける「幹母音音素」ならびに「追加子音音素」の種類 ·················312
  F．考察のまとめ ·················312

3-13．/ʃ/＋/m/ で始まるオノマトペ ·················313
  A．/ʃ/＋/m/ が表すイメージ ·················313
  B．/ʃ/＋/m/ とオノマトペの意味の関わり ·················313
  C．/ʃ/＋/m/ で始まるオノマトペにおける「幹母音音素」ならびに「追加子音音素」の種類 ·················314
  F．考察のまとめ ·················314

3-14．/ʃ/＋/n/ で始まるオノマトペ ·················314
3-15．/ʃ/＋/l/ ·················314
  A．/ʃ/＋/l/ が表すイメージ ·················314
  B．/ʃ/＋/l/ とオノマトペの意味の関わり ·················315
  C．/ʃ/＋/l/ で始まるオノマトペにおける「幹母音音素」ならびに「追加子音音素」の種類 ·················316
  F．考察のまとめ ·················316

3-16．/ʃ/＋/r/ で始まるオノマトペ ·················317

目　次

  A．/ʃ/＋/r/ が表すイメージ ……………………………………317
  B．/ʃ/＋/r/ とオノマトペの意味の関わり …………………317
  C．/ʃ/＋/r/ で始まるオノマトペにおける「幹母音音素」なら
   びに「追加子音音素」の種類 ………………………………317
  E．無アクセント綴に含まれる母音音素ならびに「追加子音音素」
   の種類 ……………………………………………………………318
  F．考察のまとめ …………………………………………………318
 3-17．子音音素 /ç, x/, /ŋ/ について ……………………………319
 4．子音音素連続で始まるオノマトペで事例が2例以下のもの ………319
  4-1．pfropf*en*＊／Pfropfen ……………………………………319
  4-2．spiss*en*／Star／zwatz*eln*／zwitsch*ern* ………………320
  4-3．spratz*en*／sprechen／strunz*en* ……………………321
 5．まとめ－音素とイメージ ………………………………………322

Ⅴ．偶成的オノマトペの考察 ……………………………………326
 1．偶成的オノマトペについて ……………………………………326
 2．偶成的オノマトペの型 …………………………………………328
 3．/b/ で始まる「偶成的オノマトペ」 ……………………………330
 4．/p/ で始まる「偶成的オノマトペ」 ……………………………332
 5．/d/ で始まる「偶成的オノマトペ」 ……………………………335
 6．/t/ で始まる「偶成的オノマトペ」 ……………………………337
 7．/g/ で始まる「偶成的オノマトペ」 ……………………………338
 8．/k/ で始まる「偶成的オノマトペ」 ……………………………341
 9．/ts/ で始まる「偶成的オノマトペ」 ……………………………343
 10．/tʃ/ で始まる「偶成的オノマトペ」……………………………346
 11．/v/ で始まる「偶成的オノマトペ」 ……………………………347
 12．/f/ で始まる「偶成的オノマトペ」 ……………………………351
 13．/z/ で始まる「偶成的オノマトペ」 ……………………………353
 14．/s/ で始まる「偶成的オノマトペ」 ……………………………353
 15．/ʃ/ で始まる「偶成的オノマトペ」 ……………………………355
 16．/j/ で始まる「偶成的オノマトペ」 ……………………………357
 17．/ç/ で始まる「偶成的オノマトペ」 ……………………………357

目　　次

　18. /h/ で始まる「偶成的オノマトペ」……………………………358
　19. /l/ で始まる「偶成的オノマトペ」……………………………359
　20. /r/ で始まる「偶成的オノマトペ」……………………………359
　21. 母音音素で始まる「偶成的オノマトペ」………………………360

Ⅵ. 結　　論 ………………………………………………………………362
　1. 各章のまとめ ………………………………………………………362
　2. 各音素のイメージ …………………………………………………365
　3. 各仮説の検証結果（結論）………………………………………367

文献と資料出典 ………………………………………………………370
謝辞とあとがき ………………………………………………………376
索引 ……………………………………………………………………377

I. 序　論

1. 研究対象－Lautmalerei と「オノマトペ」

　本書の研究対象は，ドイツ語の擬音語・擬態語である．英語学や日本語学その他の分野で擬音語・擬態語の研究が盛んとなり，擬音語・擬態語をあわせて「オノマトペ」と呼ぶことが普通に行われるようになったので，それに歩調を合わせて言うならば，本書の研究対象は，ドイツ語のオノマトペであると言い表すことができる．「オノマトペ」は「擬声語」を意味するフランス語 onomatopée の借用である（『日本国語大辞典』）から，純粋な日本語としての訳語とは言えないが，日本語に擬音語と擬態語をあわせて呼ぶことができる言葉が見あたらないので，この借用語は重宝である．

　日本語の「オノマトペ」に当たるドイツ語は „Onomatopetikon／Onomatopoetika" であろう．これは 1999 年に出た Duden. Das große Wörterbuch der deutschen Sprache の 10 巻本（3., völlig neu bearbeitete und erweiterte Aufl., 1999. 以下ではこの辞書を Duden in 10 Bdn. と略称する）に初めて収録された[1]，„klangnachahmendes, lautmalendes Wort" を意味する言葉である．„klangnachahmendes, lautmalendes Wort" を和訳すれば「擬音・擬声語」であろうから，この定義を厳密に受け取るならば「擬態語」は含まれないことになり，したがって „Onomatopetikon／Onomatopoetikum" と「オノマトペ」が同義であるとは言えなくなってしまう．

　しかし，ドイツ語の „lautmalend" という言葉は，実際にはかなり幅広く解釈されるのが普通である．例えば，„plitz, platz" は「突然，不意に，急に」を意味し，plump は「（太くて）不格好な（体つき・手など）」を意味し，どちらの語の意味も音響現象に何ら関係がない．しかし，Duden in

---

1) Cours de linguistique générale の H. Lommel の独訳（2. Aufl., 1967）にはすでに „Onomatopetika" が使われている．ちなみに，小林の日本語訳は「擬音語」（Grundgedanken, 81）．

10 Bdn. は，下の引用に見られるように，„plitz, platz" も „plump" も語源的には „lautmalend" だとしている（以下，独々辞典の意味説明の訳は，とくに断らない限り乙政．下線も同じ．原文では用例も記しているが，省略した．引用した場合は用例の訳は「」で囲んだ）．

plitz, platz [lautm. für große Shnelligkeit, Unerwarteteteit, Plötz-lichkeit] (ugs.) *plötzlich* :er ist p., p. abgereist. (*Duden in 10 Bdn.*)
[非常な敏捷さ・不意・突発を表す擬声（擬音）語]．（日常語）急な：「彼は突然旅立った」

plump<adj.> [aus dem Nieded. < mniederd, plump, eigtl.=lautm. Interj., vgl. plumps] :
＜形容詞＞［低地ドイツ語より．＜中世低地ドイツ語では plump ＝本来は擬声（擬音）の間投詞．plumps を参照[2]］

a) *von dicker, massiger, unförmiger Gestalt, Form*
太った，どっしりした，不格好な体つきや形の

b) (*bes. von Bewegungen von Menschen u. Tieren, auf Grund einer plumpen* (a) *Gestalt*) *schwerfällig, unbeholfen, unge-schickt, unbeweglich, ungelenk:*
とくに，(a) の plump な体つきに起因する人間や動物の動きについて）鈍重な，ぎこちない，不器用な，不動の，硬直した．

c) (abwertend) *sehr ungeschickt od. dreist [u. deshalb leicht als falsch, unredlich o.ä. durchschaubar]* (*Duden in 10 Bdn.*)
（軽蔑的に）非常に不器用な，あるいは図々しい［そしてそれゆえに容易にまやかしや不正などが見破られやすい］

これらは，「音以外の現象を言語音に転写する」(andere Erscheinungen als Töne in die Laute der Sprache zu übertragen：*Porzig*, 23）という言語が持つ可能性を利用した**音転写 Lautübertragung** と呼ばれる現象であって，視覚の領域における感覚を言語音を使って聴覚の領域へ，あるいは，触覚の領域の現象を同じく言語音を使って聴覚の領域へ移し替えることを言う．音

---

2) **plumps** <Interj.>: lautm. für ein dumpfes, klatschendes Geräusch, wie es beim Aufschlagen eines [schweren] fallenden Körpers entsteht. ＜間投詞＞［重い］落下する物体がぶつかるときに立てるような，鈍い，叩きつけるような音の擬声（擬音）語．

I. 序　論

転写を契機として作られたオノマトペとは，日本語で言う擬態語（視覚・触覚など聴覚以外の感覚印象をことばで表現した語：『広辞苑』）である．なお，『ドイツ言語学辞典』は Lautübertragung を「声喩」と訳しているが，『新現代独和辞典』の付録「修辞法」は 13-4-12 に「声喩」の項を設け，相応するドイツ語として Onomatopöie を当てて「自然の音を言語の音体系の範囲内で模倣したもの」と説明している．それゆえ，混乱を避けるために，ここでは Lautübertragung の訳語は「音転写」としたい．

なお，*Duden in 10 Bdn.* は，このように音響現象の本来的な模倣ではない場合すら „lautmalend" という用語でカバーしているのであるが，それとは別に „laut- und bewegungsnachahmend" というより具体的な呼び方を用いる場合がある．例えば，„wuseln" について次のような説明を加えている．

wuseln <sw.V.; hat.> [laut- u. bewegungsnachahmend] (landsh.):
a) *sich schnell, unruhig u. flink hin u. her bewegen* : ... ; **b**) *sich wuselnd betätigen* :
［擬声（擬音）語・擬態語］（方言）：**a**) 素早く，騒がしく，敏捷にあちこちと動き回る；**b**) せわしなく動きながら活動する：

この説明に含まれる „bewegungsnachahmend" は文字どおりに「動きを模倣する」を意味し，まさしく「擬態」に当たるわけである．したがって，„laut- u. bewegungsnachahmend" という語源的説明もまた，ドイツ語のオノマトペにも「音転写」を契機として成立する擬態語が存在することを明らかにしていると思われる．

『ドイツ言語学辞典』（初版，1994）は，擬音語に擬態語を含めるかどうかという問題に関しては，見出し語 „Onomatopöie" の訳語を《擬音(語)，擬声(語)》としながらも，説明においては「自然界の音を模倣して語を作ること，またはそのようにして作られた語をいう．狭義には語の指示対象が直截自然界の音や声，つまり聴覚に結びついている場合を指すが，広義には指示対象が視覚，味覚，嗅覚，触覚などによって捉えられるもので，それが**共感覚 Synästhesie**[3] によって間接的に音に結びつけられた場合も含まれる」という幅広い解釈に立っている．

以上のような次第で，„Onomatopetikon／Onomatopoetikum" の訳語を「擬音語・擬態語」のほかに「オノマトペ」とすることに支障はないと考え

—3—

る．そこで，本書では以下，„Onomatopetikon／Onomatopoetikum" の訳語を「擬音語・擬態語」とする代わりに，両方をあわせて指すことができる「オノマトペ」を使おうと思う．

なお，„Onomatopetikon／Onomatopoetikum" が現れるまでは，ドイツ語では長い間，„Onomatopöie" に「擬声語・擬音語」の意味をも担わせてきた．しかし，„Onomatopöie" は本来は „Lautmalerei"「擬声・擬音」を意味し，「擬声語・擬音語」を意味するわけではないから，これはいささか便宜的な解決であったと言わざるを得ない．この間の事情を反映して，独和辞典によっては „Onomatopöie" の訳語として，「擬音(語)，擬声(語)」のようにして「擬音，擬声」のほかに「擬音語，擬声語」をも認めるものもあるが，原義に忠実に「擬音，擬声」とのみ記している辞書もある．最近では，独和辞典のなかには „Onomatopöie" の訳語を「擬音[擬態]語，オノマトペ」としたり，「擬音(擬声)；擬音(擬声)語；オノマトペ」とするものが現れた．

2．研究目的

本研究は，ドイツ語のオノマトペに含まれている音素がいかなる契機でオノマトペに取り入れられたか，そしてどのような原理に従ってオノマトペの内部で配列されているかを，オノマトペの意味と関連づけて明らかにすることを目指す．

この目的は，次のような素朴な疑問に答えたいという動機から立てられた．例えば，ドイツ語のオノマトペ „bardauz" は「どたん，がたん」と訳されるけれども（『郁文堂独和辞典』．以下も，とくに断らない限り，例語の訳は同書より借りる），この訳語の響きと原語の響きは少なくとも日本語のネイティブの語感で不均合いな感じがする．なぜならば，衝突音あるいは衝撃音を連想させる「どたん，がたん」にドイツ語では閉鎖音／破裂音 /b/ や巻舌音 /r/ が用いられ，あるいは末尾に破擦音 /ts/ が置かれていることが腑

---

3)「共に感じること」（ドイツ語は Mitempfindung）を意味するギリシア語の synaisthēsis が語源．別々の知覚（嗅覚，視覚，聴覚，味覚，触覚）で受けた刺激あるいは感覚が融合する現象ならびに結果．五感のどれかが興奮するとき，同時に，別の感覚の興奮が引き起こされ，結果として色を聞いたり，音を見たりする．言語では「共感覚」は隠喩として現れる．例えば，軟らかい／暖かい／辛辣な／暗い声 (Bußmann, 671).

I. 序 論

に落ちないからである．少なくとも，「こけこっこ」と „kikeriki" を並べた場合のように日独語間でどこか通じるところがあるという感じは，「どたん，がたん」と „bardauz" を比較した場合には失われてしまう．

　「こけこっこ」と „kikeriki" の場合は，どちらも「音の世界を言語音によって模造する」(die Welt der Töne durch die Laute der Sprache nachzubilden：*Porzig*, 21) という，言語が自然の事象を真似る場合のもっとも素朴な形式，**Lautnachahmung 音模倣**[4] (*Porzig*, 22) によっているから，共通する感覚が生まれる．音素の組み合わせの上の多少の違いは，音模倣の際に「元の音響現象のうちの目立つ音特徴だけがかなり恣意的に選び出される」(es werden ziemlich willkürlich relevante Lautmerkmale gewählt：*Lewandowski*, 454) ことや，「それらの音特徴を再現する言語音だけで単語が造られるので単語は必ずしも元の音響現象の全体像を完全には表してはいない」(die nicht die ganze Schallfülle wiedergeben können, sondern von ihr abstrahieren：a.a.O.) ことが原因で生じていることは頷けるのであるが，そしてまた，そのことはつとにソシュールの指摘しているところでもあるが (ソシュール, 94；*de Saussure*, 81)，„pardauz" と訳語「どたん，がたん」のあいだの隔絶感は，各言語には特有の表記法があるため，同一の音響現象の音模倣から成立した単語であっても，その外形は言語ごとに互いに違っているのが普通であるという説明では払拭できない．日本語のネイティブの語感からすれば，日本語の「どたん，がたん」は何か重くて硬い物体がこれまた比較的大きくて硬い物体に衝突する音響現象を言語音による音模倣で再現していることが納得されるのであるが，ドイツ語の „bardauz" には同じ推測が当てはまるとは考えられない．オノマトペ „bardauz" に含まれている音素 /b/-/a/-/r/-/d/-/a/-/ʊ/-/ts/ は，一体，音響現象のどこをどのように模倣しているのだろうか．言い換えれば，オノマトペ „bardauz" へこれらの音素が導入された契機は何なのであろうか．/b/-/a/-/r/-/d/-/a/-/ʊ/-/ts/ という各音素がこの順序で配列されている原理は何なのであろうか．実に素朴ではあるが，同時に根元的であるとも言えるこの疑問に対し何とか解答を与えたい，というのが本研究の根底に横たわる動機である．

---

4) 例えば『郁文堂独和辞典』は，„lautnachahmend" を „lautmalend" 「擬声(擬音)の」としているから，„Lautnachahmung" は「擬声(擬音)」とするべきだが，ここは擬声・擬音の下位区分が問題であるので，わざと「音模倣」と直訳した．

似たような疑問は，ドイツ語のオノマトペを観察するとき，続々とわき起こって来る．ベルリン方言では「鬼ごっこをする」ことを „zecken" というが，この語の起源が擬音語であると推定されているのは何故であろうか（答えは，IV章の „zecken" の項を参照）．あるいは，„zirpen" をドイツ語辞典は，「短い，かすかな，明るい，軽やかに震える音を連続して立てる」(eine Folge von kurzen, feinen, hellen, leicht vibrierenden Tönen von sich geben) と説明しているが（*Duden in 10 Bdn.*)，それは一体どのような音なのであろうか．どちらの問いも，これらのオノマトペを日本語のネイティブ・スピーカーの音感覚で考えていては答えることができない．ドイツ語のオノマトペにおける音素取り入れの原理と配列の原理を理解していていなければならない．

3．オノマトペと音象徴[5]

　母語話者ならば事物の現象形態と現象を名付ける発音とのあいだに何らかの繋がりを感じ取る．このことは，はるかに時空を遡る古代のギリシア人によってすでに指摘されていた．Platon は対話編『クラテユロス』のなかで，ソクラテスにヘルモゲネスにむかって次のように話しかけさせている．

　　「それならば［言うがね］，先ず第一に r（ロー）の字は，あらゆる動き (kinêsis)［を表現するため］のいわば道具であるように，ぼくには見えるのだ．……（中略）……これは運動を模写するのにかっこうの道具であると，名前を定めた人には思えたのだね．とにかく彼はこの字母を，それ［運動］を表すためにたびたび使っているよ．先ず第一に rhein（流れる）と ruhoê（流れ）のばあいからして，彼はこの文字によって運動を模倣しているし，……（後略）……．

　　次に今度は i（イオータ）だが，彼はこれをすべて細やかなものに対して用いている．細やかなものこそ，他の何にも勝ってすべてのものを通り抜けて行くことができるだろうからね．それだから彼は，行くこと (ienai) と急ぐこと (hiesthai) とを i で写し取っているのだよ．

　　　　……（中略）……

　　他方 d（デルタ）と t（タウ）は反対に，舌を圧縮し［歯の裏側へ］

---

5) 『言語学大辞典第 6 巻術語編』は Lautsymboli を「音声象徴」と呼んで，これを見出し語とし，本文で「音象徴ともいう」としている．

I. 序論

押しつける作用をもっているので，束縛（desmos）と静止（stasis）を模倣するのに役立つと，彼は信じたようだね．」（『クラテユロス』，130ff.）

母語話者ならば持つこの感覚のため，彼にとってたいていの音は感情的意味ないしは体験的意味を持つようになる．例えばドイツ語のネイティブ・スピーカーは，「spitz（とがった）− Witz（機知）− fix（素早い）といった語群や，klar（澄んだ）− strahlen（光を放つ）といった類語や，Schreck（驚愕）− stocken（停滞する）− zucken（ぴくっと動く），あるいは leise（かすかな）− weich（柔らかい）といった対語や，sausen（ごうごうとなりを上げる）− laut（やかましい）といった縁語に使われている音が意味にふさわしいことを，問われれば認めるであろう．この現象を—どの範囲まで認めるかは別問題として—**音象徴**（Lautsymbolik：音の象徴的価値）という（Porzig, 25）．

Porzig は，ここで前後して音象徴について二つの重要な事柄を指摘している．一つは，音の象徴的価値は音の響きそのものに由来するのではなくて，音模倣か音転写か **Lautgebärde 音のジェスチュア**から得られるものだという指摘である．「音のジェスチュア」とは，心理学者であり哲学者であった W. Wundt の造語だそうであるが，四肢や顔の筋肉と同じように舌や歯の発話器官がジェスチュアに使われることによって，そのジェスチュアが言語音となって聞こえることを言う．例えば子供が食事を意味して言う mamá は食べ物を噛む口の動きを発話器官が模倣した言葉である（Porzig, S.24f.）．音の象徴的価値がこのように音の響きそのものに由来するのではないがゆえに，私たちは Rache ['raxə] の音は復讐者の叫びをそのまま再現したものとして「復讐」という意味にふさわしいと感じるし，Rachen ['raxən] の音は「（猛獣の大きく開けた）口」のジェスチュアとして，これはこれでふさわしいと感じるのである．そして，実際，Rache と Rachen の間には言語的に何ら関係がない（Porzig, 25f.）．

この指摘は，オノマトペの実例を多く集めることによって，そこに投入された音素の意味を把握しようとする私の方法論にとって特に重要な意味を持つ．なぜならば，Rache ['raxə] と Rachen ['raxən] の例が示しているように音素 /r/ そのものには「復讐」という意味あるいは「（猛獣の大きく開けた）口」という意味を象徴する力がなく，言語使用者が Rache ['raxə] と

−7−

Rachen [ˈraxən] にそれぞれの意味を賦与しているのだと考えることは，音の象徴としての力と呼ばれるものの実体が言語使用者の心の中にあると考えることであり，音の象徴としての力が人の心の中にあるとみなすいうことは，それはあくまでも主観的な力であるということであるけれども，同一の音素について同じ用例を集めることができれば，その事実は言語共同体のメンバーがその音素について共通する象徴力を認めている証となると考えられ得るからである．

　もう一つの重要な指摘は，音のこのような象徴的価値は単語が昔はどんな発音をしていたか，現在の発音と似ていたかあるいは全く別の発音をしていたかということとは無関係だという指摘である．例えば，Blitz [blits] という発音は稲妻の瞬時的なひらめきを思わせるが，Blitz は動詞 blitzen から派生された名詞で，blitzen は古高ドイツ語の blecchazzen にまで遡るのであるが，この形からは稲妻のあの突然，瞬間に光る有様は感じられない．英語の squirrel [skwˈəːrəl] もリスの素早い動きを再現している発音であると感じられるけれども，これはフランス語とラテン語を介してギリシア語から借用された言葉で，ギリシア語では skiuros といい，意味は「影のしっぽ」である．つまり，象徴的な意味は近代の語形になってからはじめて添えられたものである．そこで人々は，これを言語音と客体のあいだに自然な繋がりがあるのだという主張に対する反例として引用するけれども，それは間違いだ．これらの例はむしろ逆に，人が言語音と客体のあいだにいかに強い結びつきを求めているかの証拠と考えるべきなのである（Porzig, 21f.）．この指摘もまた，オノマトペの実例を―語源を視野に入れつつも―現代のドイツ語に求め資料とする方法を採っている私に力強い支持を与えるものである．

　他方，母語から離れて，一般言語音と言語外の世界の聴覚的出来事ないしは視覚的出来事のあいだにも対応があり得る，つまり普遍的な音象徴が成立し得る，ということも信じられ主張されてきた．そして，近代に至ってからは，この対応を客観的・心理的に証明しようとして，これまで無数の実験が行われてきた．例えば言語学者では E. Sapir が，「大きい・小さい」という対立する意味のカップルについて音象徴の実験を行った．彼は前もって被験者と "mal" と "mil" という無意味な音連続は「机」の意味だと約束を取り決めておいてから，どちらの音連続が大きい机の感じを与え，どちらの音連続が小さい机の感じがするかと問うて，80％以上もの者から "mal" が大き

い机で,"mil"が小さい机であるという答えを得ている。彼はこの現象を,「他により適当な術語がないので」(for want of a better term)「音象徴」(phonetic symbolism) と呼んだ（[Sapir, 1929]）。彼の被験者のなかには英語のネイティブ・スピーカーばかりでなく中国語のネイティブ・スピーカーも含まれている。心理学者 W. Köhler が行った実験は，音象徴が話題にされるとき，とくに頻繁に引かれるが，彼はゲシュタルト心理学の手引きを書くなかで VII. BEAHJAVIOR の章で共感覚の現象に言及した際，自分が作った無意味な単語 "takete" と "maluma" を被験者に曲線ばかりで描かれた無意味な図形と鋭角に折れ曲がった直線ばかりで描かれた無意味な図形に相応されるよう求めたところ，大方の者はためらうことなく曲線ばかりで描かれた無意味な図形には "maluma" を当て，鋭角に折れ曲がった直線ばかりで描かれた無意味な図形には "takete" を当てたという (Köhler, 133)。ちなみに，音象徴について心理学の立場から実証的研究を行った S. Ertel は，意味を有している (sinnvoll) 概念語 (Begriffswörter) に比べて，意味を有さない (sinnfrei) 音声連続 (Lautform) は „lautcharakterlich" (= symbolfähig) であると述べている (S. Ertel, S.45)。

このような実験が繰り返し行われるそもそもの動機はどこにあるのであろうか。*Psychophonetik. Untersuchungen über Lautsymbolik und Motivation*（『心理音声学．音象徴と動機についての研究』）の標題の下，意味と結ばれない音声から始めて，自然言語について，さまざまな角度から都合 18 回も音象徴について統計的実験を行った S. Ertel は，実験について叙述を始めるに先立って次のような趣旨を述べている。「母語を何気なく使っている者は，月という天体の呼び名が Mond [moːnt] であるのはぴったりだと感じている。これは**主観的音象徴 impressive Lautsymbolik** であって，彼がそう思いこんでいるに過ぎない。それでは，意味と結びついていない音が象徴となり得ることはあるだろうか。もし意味と結びついていない単なる音が象徴となり得る能力を有していることが確かめられたとしたら，そのとき初めて自然言語の単語における音と意味との関係を研究することができる。そのとき意味と結びついていない単なる音が象徴となり得ることを立証するには，統計的に有意味な数の判定者が一致して象徴としての意味を認めることが必要である」(*Ertel*, 43ff.)。

さて，私の場合研究対象はドイツ語のオノマトペである。それらのうちあ

るものは，語源が „lautmalend" であると認められて，ラングとして辞書に収録されている．そして，ドイツ語言語共同体の内部でオノマトペとして通用している．これらのオノマトペを，ラングとしてドイツ語に定着し，辞書に採録されているという意味で，**慣行的オノマトペ** (usuelle Onomatopoetika) と呼びたい．慣行的オノマトペは，「言語外の世界の聴覚現象あるいは視覚現象を言語音へと組み入れること」(Zuordnung von sprachl. Lauten zu akust. oder opt. wahrgenommenen Phänomen der außersprachl. Welt: *Metzlerlexikon*, 356)，すなわち音象徴が，言語共同体の内部で妥当すると認められた結果，成立したものであるから，慣行的オノマトペにはErtel の言う「主観的音象徴」を克服したステイタスが認められる．そのうえ慣行的オノマトペには，その言語のネイティブ・スピーカーが特定の言語音にどのような特定の意味を感じ取ったかが反映されて，明らかな具体的証拠として残っている．

　そこで，ドイツ語のオノマトペにおける音素導入契機と音素配列原理を研究するにあたって，まずは慣行化されたオノマトペの考察から始める次第である．次章で，私が採集した慣行的オノマトペの語頭音素を手がかりとした分類を紹介する．

4．研究方法

　慣行的オノマトペへの音素導入契機と音素配列原理導入を明らかにする上で，私は解明の手続きを二段階に分けた．

　まず第一段階として，ドイツ語の慣行的オノマトペの具体例として „schnurren" と „bardauz" の二つを取り上げ，これらのオノマトペを構成している音素の一つひとつが<u>いかなる契機に基づいて取り入れられたか</u>を，意味との関連性において突き止めることを試みる．この考察に基づいて，なぜこれらの各音素がオノマトペに取り入れられたかという契機を説明する仮説を立てる．言うまでもなく，この仮説に裏付けを与えるためには可能な限り多くの具体例を集めなければならない．

　同じ第一段階において，具体的例のオノマトペに取り入れられた音素は<u>どのような原理にしたがって配列されているのか</u>も，同じく意味との関連性において考察し，音素配列の原理に関して仮説を立てる．これら二つの仮説を立てる際の推論の過程は第Ⅲ章で述べる．

次に第二段階として，集められた多くの具体例によって裏付けられた音素導入契機ならびに音素配列原理に関する仮説を，これまでに集め得た他の音素を含むすべてのオノマトペに適用してみて，仮説がオノマトペ全般にわたって妥当するか否かを検証する．これらの検証の過程は第IV章ならびに第V章で述べる．第IV章は，ラングとして認められ慣行化したオノマトペについて仮説が妥当するか否かの検討に充て，第V章では童詩・童謡・コミックなどで使われた，まだラングとしては認められていないオノマトペについても仮説が妥当するか否かを検討する．

 この第二段階にわたる検討を通じて，音素導入契機ならびに音素配列原理に関する仮説が両方の種類のオノマトペすべてに妥当することが確かめられれば，仮説は仮説の域を脱して，一定の限界内で妥当する規則となると考える．一定の限界内で妥当すると認められたオノマトペへの音素導入とオノマトペにおける音素配列に関する規則は，第VI章において結論の形で述べる．

5．オノマトペの範疇

 オノマトペは品詞分類上の命名ではなくて，単語の成立の契機に基づく命名である．ドイツ語の場合，オノマトペは間投詞に分類され，ごく少数が形容詞あるいは副詞に分類される．厳密な意味の擬声語・擬音語が第一義的なオノマトペである．しかし，そのほかに間投詞に分類された第一義的なオノマトペから派生されて間投詞以外の品詞になった第二義的なオノマトペと，ごく少数だが，もともと間投詞以外の品詞を与えられたオノマトペが存在する．後者は，第二義的なオノマトペに含める．しかし，本書では第一義的なオノマトペと第二義的なオノマトペとを区別せずに，両者を一律にオノマトペとして扱う．

 そうすると，間投詞という品詞区分を手がかりにしてオノマトペを認定し採録することは不可能である．オノマトペを認定し採録するには，辞書について一つ一つの単語の用法を調べる以外に道がない．私はそこで，オノマトペの認定にはドイツ語辞典あるいは独和辞典の語源についての説明やドイツ語の語源辞典の解説をオノマトペ認定の拠り所とした．その際，ドイツ語辞典あるいは独和辞典が語源や由来を説明するのに用いている „lautmalend" (擬声[擬音]の)／„lautnachahmend" (擬声[擬音]の)，「擬声語」，ないしはそれに類した記述は，オノマトペを確定する端的な手がかりとなる．これ

らのオノマトペを，ラングとしてドイツ語に定着し，辞書に採録されているという意味で，慣行的オノマトペ（usuelle Onomatopoetika）と呼ぼうと思う．

　私が慣行的オノマトペを採集し始めた頃は，下記の7点の辞書の語源的な記述が採集の拠り所であった．

 ① *DUDEN Das große Wörterbuch der deutschen Sprachen in sechs Bänden* [1976-1981]: Herausgegeben und bearbeitet von Wissenschaftlichen Rat und den Mitarbeitern der Dudenredaktion unter Leitung von Günter Drosdowski. Dudenverlag.

 ② *Wörterbuch der deutschen Gegenwartssprache* [1977]: Herausgegeben von Ruth Klappenbach und Wolfgang Steinitz†. Akademie-Verlag.

 ③『木村・相良独和辞典（新訂版）』[1975] 第12刷：博友社．

 ④『小学館 独和大辞典 [初版]』[1985]：編集代表 国松孝二．小学館．

 ⑤『新現代独和辞典』[1992] 初版：ロベルト・シンチンゲル，山本明，南原実編．三修社．

 ⑥『郁文堂 独和辞典』[1987] 第1版：編集代表者 冨山芳正．郁文堂．

 ⑦『クラウン独和辞典』[1991] 初版：監修 濱川祥枝．三省堂．

　その後，①が1993-1995にかけて改訂されて，8巻本の „2., völlig neu bearbeitete und stark erweiterte Auflage" として刊行され，さらに1990-1999にかけて再度改訂されて，10巻本の „3., völlig neu bearbeitete und stark erweiterte Auflage" として刊行された．また②以外も年を追って改訂された．③は1998に第2版が，④は1999に第2版が，⑤は1993に第2版が，⑥は1997に第2版，2002に第3版，2008に第4版が刊行された．私は，自分の収集した資料にこれらの改訂の都度手を加え，修正したが，辞書によっては，旧版にはあった „lautmalend"／「擬声（擬音）語」の記述が見られなくなっている場合があることを知った．それが，当該の単語がすでに使われなくなったと認められたために採録されなくなったからに過ぎないのか，それとも，語源の研究が進んで成立の契機が „lautmalend" ではないと認められたのかは分かりかねるが，いずれにせよ辞書はオノマトペの採録についても版を重ねるごとに新しくされている．例えば，„schackern / schäckern" は *Duden in 6 Bdn.* (1976-1981) に採録され

I. 序論

ていたが，以降の二つの版，*Duden in 8 Bdn.*（1993-1995）と *Duden in 10 Bdn.*（1999）では外されている．本研究では，そのような場合，見出し語の右肩にアスタリスク（*）を付けて採録した．

ドイツ語のオノマトペには，音模倣 Lautnachahmung によるオノマトペを基本として，そこから派生されたオノマトペが数多く存在する．オノマトペの場合，派生の形式は限られていて，派生形態素を用いない暗示的派生（implizite Ableitung）では音模倣の形のまま品詞を名詞，形容詞，副詞に転換されるが，明示的派生（explizite Ableitung）では - 接尾辞（Suffix）-e / en / -eln / -ern などを用いて品詞を名詞や動詞などに転換するかである．それゆえ，下に挙げるタイプが私にとってオノマトペの範疇に入る．

5-1. 動物の鳴き声の音模倣ならびにそれに基づく命名

鳥や動物などの鳴き声のオノマトペは，間投詞（Interjektion）に分類される．例えば，„miau!" 「にゃお（猫の鳴き声）」は <Interj.>: lautm. für den Laut der Katze (＜間投詞＞猫の鳴き声にあたる擬声［擬音］語)，„wau, wau!" 「わんわん（犬の鳴き声）」は <Interj.> (Kinderspr.): lautm. für das Bellen des Hundes (＜間投詞＞ ［幼児語］：犬の鳴き声にあたる擬声［擬音］語), „muh!" <Interj.> (Kinderspr.): lautm. für das Brüllen des Rindes (＜間投詞＞ ［幼児語］：牛の鳴き声にあたる擬声［擬音］語), „meck!" <Interj.>: lautm. für das Meckern der Ziege (＜間投詞＞山羊の鳴き声にあたる擬声［擬音］語), kikeriki <Interj.> (Kinderspr.): lautm. für den Ruf des Hahns (＜間投詞＞ ［幼児語］：雄鶏の鳴き声にあたる擬声［擬音］語), piep <Interj.>: lautm. für das Piepen bes. junger Vögel od. auch bestimmter Kleintiere (＜間投詞＞幼鳥の，あるいはまた特定の小動物のぴいぴい（ぴよぴよ）鳴く声にあたる擬声［擬音］語) などは，最も原初的なオノマトペの形態であろう．

同時に，鳥や動物などの鳴き声が名詞としてラングに取り入れられたオノマトペの数も少なくない．例えば，「あとり属・ほおじろ属の鳴禽」を意味する „Fink" は，その鳴き声をドイツ語の音素で真似た名前であって，mhd. では vinke, ahd. では finc(h)o であった (*Duden in 10 Bdn.*)．「雌豚」の „Sau" も語源的には „Su[su]-Macherin" 「ズーズーと音を立てる雌」の意味で付けられたと考えられている．Mhd. および ahd. での形は sû で

—13—

あった（*Duden. in 10 Bdn.*）．その他，„Gauch"「カッコウ」(mhd. gouch, ahd. gauh, lautm.：*Duden in 10 Bdn.*)，„Kakadu [niederl. kaketoe <malai. kaka(k)tua, wohl lautm.]"（鸚鵡［低地ドイツ語の kaketoe より．マレー語のクレオール kaka(k)tua に由来．おそらく擬声語］：*Duden in 10 Bdn.*)．„Gauch" はヨーロッパ人にとっても「カッコウ」の鳴き声とあまりに距たっていると感じられるらしく，Porzig は「つまりこれは，言語内の音韻の発展の結果，言語音と自然音の繋がりが断ち切られてしまう事例と言って間違いなかろう」(Es kommt also sicherlich vor, daß durch innersprachliche Lautentwicklung die Verbindung zwischen Sprachlaut und Naturlaut zerrissen wird.: *Porzig*, 22) と述べている．それ故「カッコウ」の新たな音模倣として „Kuckuck" が登場したのだ彼は言う（a.a.O., 22)．鳥や動物の鳴き声に限らず，無生物が発する音響現象が語源になっているオノマトペも少なくない．例えば，„Tamtam: frz. tam-tam, aus dem Kreol. über das Engl.< Hindi tamtam, lautm."（タムタム（打楽器）：フランス語では tam-tam．ヒンディー語の tamtam が英語を介してクレオールから入った．擬音語：*Duden in 10 Bdn.*）や „Pingpong [engl. ping-pong, lautm.] (veraltend, oft abwertend): (nicht turniermäßig betreiebenes) Tischtennis"（［英語の ping-pong より．擬音語］（時代遅れになりつつあり，しばしばけなす意味で）：（スポーツとしてでなく行われる）卓球つまりピンポン：*Duden in 10 Bdn.*）など．

5-2. 音模倣の間投詞 Interjektion

　鳥や動物などの鳴き声に限らず，感情・感覚の表現もすべてドイツ語では品詞としては間投詞 Interjektion に分類される．けれども，間投詞ならすべてがオノマトペだという訳ではなく，間投詞のうち語源が辞書によって擬音・擬声によるとされているものだけがオノマトペとして扱うことができる．オノマトペの根本義は，なんと言っても „klangnachahmendes, lautmalendes Wort" なのであるから，この特性を備えていなければ，間投詞といえども，オノマトペとして扱うことはできない．

　例えば „ach!"「ああ」は，*Duden in 10 Bdn.* で Interjektion「間投詞」として分類されているけれども，説明のなかに „lautmalend" という注記はない．おなじく *Wörterbuch der deutschen Gegenwartssprache*（Her-

I. 序　論

ausgegeben von Ruth Klappenbach und Wolfgang Steinitz†. Achte, bearbeitete Auflage. Akademie-Verlag, Berlin 1977. 以下ではこの辞書を *Klappenbach / Steinitz*† と略称する）も „ach" について, Interjektion（間投詞）という用語は使わずに /Ausdruck einer Empfindung/ と説明によって「間投詞」として分類されるべきことを示してはいるが, 説明のなかに „lautnachahmend" という注記は見られない. そして, 前者によれば, „ach" は, **1.** に „Ausdruck des Schmerzes, der Betroffenheit, des Mitleids o.Ä."（苦痛・狼狽・同情などの表現）として, **2.a)** に „Ausdruck des [ironischen] Bedauerns"（[皮肉で] 遺憾の表現）として, **2.b)** に „<meist betont>Ausdruck der Verwunderung, des [freudigen] Erstaunens, des Unmuts"（<たいていはアクセントを有して>. 不審・[喜ばしい] 驚き・腹立たしい気持ちの表現）として, **2.c)** に „Ausdruck des Verlangens o.Ä.（要請などの表現）として, **2.d)** に" Ausdruck des Verstehens（理解の表現）として使われ, **3.** に „<unbetont>Ausdruck der Verneinung"（<アクセントが置かれずに>否定の表現）として使われるとしている. 他方, 後者によれば, „ach" の根本義は „Ausdruck einer Empfindung"（感情の表現）であり, これが下位区分されて, **a)** „des Schmerzens, der Klage"「苦痛・嘆きの」表現として, **b)** „der Sehnsucht"「憧憬の」表現として, **c)** „des Bedauerns, Mitleids"「遺憾・同情の」表現として, **d)** „der Verwunderung, des Staunens"「不審・驚嘆の」表現として, **e)** „der Betroffenheit"「困惑の」表現として, **f)** „eines plötzlichen Verstehens"「突然理解したという」表現として使われるとしている. つまり, „ach" は, 話し手の感情や感覚の表現が「ラング」として固定された形であるけれども, 自然界あるいはわれわれの身辺の音響現象が「ラング」として固定されたものではない. したがって, オノマトペとして扱うべき根拠がない.

これに対して, 自然界の衝突音を言語音を用いて再現したと考えられる „bums!"（がん・どん・どしん [打撃・落下などの鈍い音]）は, *Duden in 10 Bdn.* では同じく間投詞 Interjektion に分類され, なおかつ, „lautmalend für einen dumpfen Schlag, Stoß, Aufprall"（鈍い打撃・衝突・跳反の擬音語）という説明が加えられている. また, *Klappenbach / Steinitz*† ではおなじ „bums" が間投詞に分類されるべきことを示唆する評語はまった

— 15 —

く省かれているものの，„lautnachahmend für dumpfen Fall, Stoß"（鈍い落下・衝突の擬音語）という説明が付けられている．したがって，„bums!"についてはオノマトペとみなす根拠が明白なわけである．

さらに，„lautnachahmend" とは明記していなくても，*Klappenbach / Steinitz*† がしているように，„nachahmen"（模倣する）という動詞を使って説明している場合もまたオノマトペとして扱わなければならない．例えば，„blaff!"（1. わん［犬の吠え声］. 2. ばん，ずどん［銃声］.）について同書はこう説明している．„blaff /Ausruf **a)** der das kurze, abgebrochene Bellen des Hundes nachahmt **b)** der den Knall des Gewehres nachahmt / ..."「**a)** 犬の短く途切れた吠え声を模倣する叫び．**b)** 銃のばん［どん・どかん］という音を模倣する叫び」．„Ausruf"「叫び」そのものがオノマトペであるとは考えられないけれども，「叫び」を言語音を使って nachahmen「模倣する」とはオノマトペに他ならないからである．

間投詞のあいだのこの区別は，つとに Humboldt が指摘している．「私たちは，二種類の間投詞を区別する必要がある．一つは，例えば o（おお），ach（ああ），pfui（ちえっ）のように内的な感覚・感情を表すにすぎない間投詞である．……［中略］……もう一つは，さきに触れたオノマトペにきわめて近い間投詞である．これらは内的な感情に関係しているばかりでなく，外的な現象にも関係している」(Wir müssen zwei Arten von Interjektionen unterscheiden. Die einen sind lediglich Ausdruck der inneren Empfindung, z.B. *o, ach, pfui*.... [ausgelassen] ...Eine zweite Art von Interjektionen steht in nächster Beziehung zu den besprochenen onomatopoetischen Bildungen. Sie haben nicht bloss Beziehung zu inneren Gefühlen, sondern auch zu äusseren Vorgängen.: *Paul*, 179f.)．それらは例えば，paff（ぱあん），patsch（ぱちっ，ぴしゃっ），bardautz（どたん，がたん）その他である（a.a.O., 180）.

5-3. 狭義の擬声［擬音］語から派生されたオノマトペ

鳥や動物などの鳴き声の音模倣から，たいていの場合，動詞が派生される．例えば，„miau" からは „miauen"（［猫が］にゃおと鳴く）が作られる．この動詞には „lautmalend" という記述は附せられていないけれども，オノマトペとして扱う．„gack gack!" は鶏が卵を生んだことを知らせる鳴き声

I. 序論

のオノマトペであるが，これに派生語尾 -en / -ern /-s-en[6] を付けて „gackeln / gackern / gachsen"「（鶏が）くわっくわっと鳴く」という動詞が作られる．これらの動詞も „gack gack!" と同じようにオノマトペとして扱う．同様に，間投詞 „platsch"「ぱちゃん（水面を打つ音）」から作られた „platschen"「ぱちゃんと音をたてる」，間投詞 „blaff"「わん（犬の吠え声）」／「ばん，ずどん（銃声）」から作られた „blaffen"「わんと吠える（犬が）」／「ばん（ずどん）という音がする」，間投詞 „bam"「がらんがらん，からんからん（鐘の音）」から作られた „bammeln"「ぶらぶら揺れる（綱などにぶら下がって）」や，間投詞 „wutsch"「さっ（素早い動作を表す）」から作られた „wutschen"「さっと動く」などもオノマトペである．

もっとも，例えば „blöken"「（羊・牛などが）鳴く」や，„keckern"「（きつね・いたちなどが怒って）ぎゃっぎゃっと鳴く」や，「ささやく」を意味する „wispern" や，„zischen"「しゅっ（じゅっ）と音を立てる」などは，いずれも *Duden in 10 Bdn.* の語源の説明に「擬声（擬音）語」と記載されていてオノマトペには違いないけれども，もともと動詞として作られたオノマトペであって，別のオノマトペから派生されたのではない．

さきに2ページで引用した plump「（太くて）不格好な（体つき・手など）」は形容詞であるが，由来は「擬声（擬音）語」であるので，これもオノマトペとして扱う．

ちなみに，<u>間投詞そのままの形よりは間投詞からの派生語として語彙のなかに存在しているのがドイツ語のオノマトペ一般のあり方</u>であると思われる．例えば，子音音素 /b/, /p/, /b/+/l/, /b/+/r/, /p/+/l/, /p/+/r/ で始まるオノマトペは，私の集めた限りでは総計 <u>88個</u>であるが，<u>88個</u>のオノマトペのうち造語語尾を持つ派生語のオノマトペは<u>計57個</u>であって，造語語尾を持たない狭義のオノマトペつまり間投詞は31個に過ぎない（約35％）．なお，現れた造語語尾の種類は6種類で，それぞれの出現回数は下のとおりである．

  ① -en   22回
  ② -eln   12回
  ③ -ern   6回

---

6) *Fleischer*, 324

④ -er　　　　　　4回
　　　⑤ -el　　　　　　1回
　　　 -ler　　　　　　1回

　なお，私が集めた「慣行的オノマトペ」全体（458個）における造語語尾の出現頻度は下の通りである．

　　　① -en　　　　　　135回
　　　② -eln　　　　　　45回
　　　③ -ern　　　　　　37回
　　　④ -e　　　　　　　16回
　　　⑤ -er　　　　　　　8回
　　　⑥ -el　　　　　　　5回
　　　⑦ -ig　　　　　　　2回
　　　⑧ -chen　　　　　　1回
　　　⑨ -elchen　　　　　1回
　　　 -erling　　　　　1回
　　　 -erln　　　　　　1回
　　　 -i　　　　　　　　1回
　　　 -ieren　　　　　　1回
　　　 -isch　　　　　　　1回
　　　 -ler　　　　　　　1回

5-4. 音響現象の説明から認定されるオノマトペ

　また，語源的な説明ではなくて，意味そのものの説明のなかにその単語をオノマトペであると断定するべき根拠を見いだす場合もある．例えば，„prasseln" について *Duden in 10 Bdn.* は，[zu mhd. brasteln, Iterativ-Intensiv-Bildung zu mhd. brasten, ahd. brastôn = krachen, dröhnen, verw. ↑ mit bersten]（mhd. の brasteln より．mhd. の brasten に反復・強度の語尾を付けた形．ahd. では brastôn＝ばりっ［めりっ・がたん・どしん］と音を立てる．語源的に bersten と関係あり）と語源を説明しているけれども，ここでは „lautmalend" という言葉は使っていない．ただし，続く意味の説明の内容が „(von Mengen) längere Zeit mit einem dumpfen, klopfenden od. trommelnden Geräusch sehr schnell hintereinander aufprallen"((量のあるものが）かなりの長時間，鈍い音をとんとんと，あるいはぽとぽとと，せわしなく繰り返しながら衝突する）のようにもっぱら音響現象の描写に終始しているので，これをオノマトペであると解釈するのである．

5-5. 音転写 Lautübertragung を契機とするオノマトペ

　オノマトペが成立する別の契機は，2ページでも言及した音転写 Lautübertragung である．例えば，„flirren"「ちらちら光る」，„kribbeln"「むずむずする」(*Porzig*, S.23)．この種のオノマトペを確定するのは手間がかかる．例えば „kribbeln" の語源的説明は，*Duden in 10 Bdn.* では [mhd. kribeln, Nebenf. von: krabbeln, ↑ krabbeln] (mhd. では kribeln. krabbeln の別形) としかしていなくて，„lautmalend" とは説明していない．しかし，意味の説明 „1. von einem prickelnden Gefühl befallen sein, jucken (1a) <hat>. 2. (von einer großen Zahl von Insekten o.Ä) eilig, kreuz und quer durcheinanderlaufen <ist>" や（1. ちくちくする感じに襲われていること，むずむずすること．2. 多数の昆虫などが縦横にせわしげに入り乱れて走ること）や *Klappenbach / Steinitz*† の意味説明 „mit lebhaften Bewegungen kriechen oder klettern (ist)" （いきいきと這うあるいはよじ登ること）を読み，さらに *Kluge* の „krabbeln" についての説明中の „Ursprünglich wohl zu ↗ Krabbe als »kriechen wie eine Krabbe«"（元々はおそらく「蟹のように這う」の「蟹」から由来するのであろう）を参照すると，„kribbeln" は音転写を契機として成立したオノマトペであると知れるのである．また，„flirren" についても，*Duden in 10 Bdn.* の語源についての説明 [wohl Vermischung von ↑ flimmern mit ↑ schwirren]（おそらく flimmern と schwirren の混交）から „flimmern" を参照すると，„flimmern" の語源説明に [zu veraltet flammen = unruhig, zitternd flammen, zu ↑ flammen]（「せわしなく震えつつ燃える」を意味する古形 flammen に由来）という説明があることから，そしてまた „schwirren" の語源説明に [aus dem Niederd. < mniederd. swiren lautm.]（[低地ドイツ語より．< mittelniederdeutsch の擬声[音]語 swiren に由来]）という説明があることから，„flirren" もまた音転写を契機とするオノマトペであると認められ

—19—

るのである．しかし，*Kluge* は „flirren" について，„<u>Sicher eine Lautgebärde</u>, bei der die Lautgestalt ähnlicher Wörter mitgewirkt haben mag" (<u>必ずや音のジェスチュアであろう</u>．類似のいくつかの単語の音韻形が同時にそれに関わった可能性がある）という見解を述べていて（下線は乙政），彼の見解に従うと „flirren" は次項で扱う音のジェスチュア（Lautgebärde）を契機とするオノマトペということになる．

5-6. 音のジェスチュア **Lautgebärde** を契機とするオノマトペ

　音のジェスチュアを契機とするオノマトペとは，7 ページで説明したように，四肢や顔の筋肉と同じように舌や歯の発話器官がジェスチュアに使われることによって，そのジェスチュアが言語音となって聞こえるオノマトペであるが，この音のジェスチュアを契機とするオノマトペは日本語のネイティブ・スピーカーにはなかなか理解しにくい．

　例えば，オノマトペ „schnurren" は糸車の回転音「ぶんぶん（ぶーん）」も，換気扇やテレビ・カメラの回転音「ブーン，スー」も，あるいはモーターそのものの回転音「ぶんぶん」をも表す．共通点は「回転」の一事に集約される．この「回転」を言語音で再現するはたらきを引き受けているのが，震音の /r/ である．すなわち，震音 /r/ の調音方法である舌先の震え，ないしは，ノドビコの震えは「回転」の発話器官によるジェスチュアである．しかも，「回転」とは「繰り返し」に他ならないから，「回転」は「繰り返し」を介して「持続」に通じる．したがって，目覚まし時計や電話の鈴の音の「じりじり」も，さらには猫の喉が鳴る「ごろごろ」という音も，舌の先あるいはノドビコを震わせるという一種の繰り返しが「ものまね」していると言うことができる．すなわち，オノマトペ „schnurren" に子音 /r/ が取り入れられた契機は「音のジェスチュア」である．

5-7. 書き換え式のオノマトペ **umschreibende Onomatopoetika**

　ドイツ語唯一のオノマトペ辞典 *Lexikon der Onomatopöien. Die lautimitierenden Wörter im Comic* を著した E. J. Havlik によると，ドイツ語では本来のオノマトペ（eigentliche Onomatopäoien）のほかに書き換え式のオノマトペ（umschreibende Onomatopöien）が使われる（*Havlik*,

38)．私も実例を収集しているうちにそれらに出会った．書き換え式のオノマトペとは，それ自体がオノマトペである動詞の語幹だけを独立させたものである．Havlik の挙げる例をそのまま引用すると，

BUAAAA	HEUL
HIEEEEH	KRISCH
RRRGH	SCHNARCH
BZZ	SUMM
BRRGGGRRRRWWWW	KNURR
DRRR ...	RASSEL
PSSSSGHT	SPRITZ, ZISCH

(*Havlik*, 38)

左側に挙げられているのが本来のオノマトペで，右側に対応させてあるのが書き換え式のオノマトペである．すなわち，一行目の HEUL は „heulen"「(犬・狼が) 遠吠えする／うなりを上げる」の語幹を独立させたものであって，„heulen" は語源的に „wie eine Eule schreien"「梟のように鳴く」を意味する (*Duden in 10 Bdn.*)．以下，同じように検討してみると，KREISCH は „kreischen"「金切り声 (甲高い叫び) を上げる」から，SCHNARCH は „schnarchen"「いびきをかく」から，SUMM は „summen"「(蜂などが) ぶーんとうなる」から，KNURR は „knurren"「(犬などが) うなる」から，RASSEL は „rasseln"「がらがら (がちゃがちゃ) 音を立てる」から，SPRITZ は „spritzen"「(液体などを) はね掛ける」から，ZISCH は „zischen"「しゅっ (じゅっ) と音を立てる」の語幹を独立させて作ったオノマトペである．元になった動詞の起源はいずれも「擬声語」由来であること，あるいは „lautmalend" であることが確かめられる．このような書き換え式のオノマトペもドイツ語ではオノマトペとして通用しているのであるから，本書でも，当然，考察の対象に取り上げる．

5-8. 偶成的オノマトペ okkasionelle Onomatopetika

資料としてドイツ語版のみならず英語版，フランス語版，イタリア語版の 90 種類にも及ぶコミックス雑誌を渉猟した Havlik は，序文のなかでオノマトペの使用について次のように言っている．「洗練された言葉では擬声語

(Onomatopöien）は敬遠される．ドイツ語の講習会はそれを撲滅するためにあるようなものだし，そこで擬声語を使おうものなら先生から大目玉を頂戴するだろう．伝統を重んじる文学では擬声語はまず見受けられない」(Die kultivierte Sprache verabscheut Onomatopöien; in Sprachkursen werden sie ausgemerzt, Deutschlehrern verhelfen sie zu Wutausbrüchen, und in der konventionellen Literatur fehlen sie fast völlig: *Havlik*, 7). これは三島由紀夫の「擬音詞は日常会話を生き生きとさせ，それに表現力を与えますが，同時に表現を類型化し卑俗化します」（三島，140）という意見と通じるものであろう．けれども，逆に「擬声語」を好んで多く使う作家もいないではない．日本の作家では，宮沢賢治は独創的なオノマトペの名手であるし，井上ひさしは何人かの日本人作家のオノマトペ使用例を引用してオノマトペの擁護に努めている（井上，106ff.). Havlik によれば，ドイツの作家でオノマトペをよく使うのは Gottfried August Bürger であり，Christian Morgenstern であり，Wolfgang Borchert である．また，オペラやリートの歌詞には「擬声語」がよく使われる（Hector Berlioz, Richard Wagner）(*Havlik*, 7). それに児童文学のジャンルでも，物語テクストのほか童謡・童詩のテクストでは，韻律を重んじるテクスト一般において，自由に創作されたオノマトペが好んで使われる傾向がある．それらはまだラングとして定着していない，その場限りでしか通用しないオノマトペである．

　今日豊富に刊行されている日本語コミックスのうちドイツ語に訳されている作品は，自由に創作されたドイツ語のオノマトペの絶好の収集源である．と言うよりもむしろ，日本語のコミックスではオノマトペの独創性も作画や筋立てと同等に重視されているため，ほとんどもっぱら非慣行的な，独創的オノマトペが使われると言ってよい．そして，これらのコミックスの独訳者は，作品中に使われた独創的なオノマトペを，多分大いに苦心してドイツ語に置き換えているからである．少数の例外がこれら独創的なオノマトペの翻訳という困難な作業を放棄し，文字すらローマ字に改めることをしていない[7]．このような，まだラングとして定着していない，その場限りでしか通

---

[7] 例えば，宮崎駿『天空の城ラピュタ』のドイツ語訳 *Das wandelnde Schloss*（Carlsen Comics）や同『もののけ姫』のドイツ語訳 *Prinzessin Mononoke*（Carlsen Comics）など．

I. 序　論

用しないオノマトペを慣行的オノマトペに対して**偶成的オノマトペ**（okkasionelle Onomatopetika）と呼ぶことにしたい．そして，これらも本書のオノマトペ研究の対象としたい．今回の研究で偶成的オノマトペの収集源とした書物は，**文献**と**資料出典**に挙げてある．

II．慣行的オノマトペの考察

1．慣行的オノマトペの音韻構成面から見た分類

　オノマトペの音素と意味の関係を考察するにあたって，まずは，ラングに取り入れられて慣行的となったオノマトペに限って対象としたい．ラングに取り入れられて慣行的となったオノマトペにはその言語のネイティブが特定の言語音にどのような特定の意味を感じ取るかが反映されていると考えてよく，とくに慣行的となったオノマトペにはその言語共同体の音象徴が定着していると考えることが許されるであろう．この考え方については，序章の3．オノマトペと音象徴において記した．

1-1．音素の配列から見たオノマトペの型

　ドイツ語の大多数のオノマトペのモデルは，音韻構成の観点から見れば，経験から言うと，中核となる母音音素を挟んで前後に子音音素が配置された

$$\boxed{\text{子音＋母音＋子音}}$$

という構成を基本としているように思われる．最初の「子音」の位置には単一の子音音素が来ることもあるし，子音音素連続が来ることもある．「母音」に続く「子音」も，単一の子音音素であることもあるし，子音音素連続であることもある．「母音」に続く子音音素には，実際には多くの場合，さらに後に造語語尾（-en／-eln／-ern など）が続いており，ふつうは子音音素がこの造語語尾とともに音綴を作るのであるが，オノマトペの場合，造語語尾はオノマトペ特有の「言語外の世界を言語音で写す」はたらきには関与しないので，オノマトペの構成要素と認めず度外視する．したがって，大多数の慣行的オノマトペのモデルは子音音素で終わることになるのである．すると，たとえ「子音」の位置を単一子音音素ではなくて子音音素群が占めたとしても，「母音」が一つである限り，モデル全体の音韻構成は発音上は「単綴」として扱われる．そこで，ドイツ語の慣行的オノマトペは「**単綴型**」の

II. 慣行的オノマトペの考察

構成を基本形とすると言い表す．同時に，この基本形がドイツ語の慣行的オノマトペの大多数を占める．

もっとも，考察において造語語尾を度外視すると言っても，それは造語語尾が「言語外の世界を言語音で写す」というオノマトペの基本的なはたらきに構成要素として直接には関与していないという理由からであって，オノマトペの意味にまったく無関係であると考えている訳ではない．例えば，-elnは「動詞・名詞・形容詞などにつけて動詞を作る」際に，「運動や音の反復，程度が軽いことなどを表す」し，「軽蔑感を含むことがある」(『小学館独和大辞典』)．また，-ern も「運動や音の反復を表す動詞をつくる」(前掲書)から，オノマトペの意味を考察する際には度外視できないのも事実である．同様に，Klaps ＜ klappen, Knacks ＜ knacken, Knicks ＜ knicken, Pieps ＜ piepen における -s のように今日ではもはや生産力は持たなかったり (*Fleischer*, 187)，knacken － knachsen における -s- のように，意味の上での相違は生み出さない (*Fleischer*, 324) 派生語尾であっても，音素のイメージを探るという立場からはむげに無視し去ることはできない例もある．

ともあれ，「単綴型」構成のオノマトペをさらに構成要素に分けると，冒頭の子音音素／子音音素群とそれに続く母音音素は音綴 (Sprechsilbe) を作るが，単綴の単語においては母音音素は必然的にアクセントの担い手となるので，冒頭の子音音素／子音音素群と母音音素が作る音綴を本研究では特にオノマトペの「**語幹**」と呼び，母音音素をオノマトペの「**幹母音**」と呼びたい．また，幹母音に続く子音音素は，たとえさらにその後に造語語尾が続いたとしても，本研究では造語語尾をオノマトペの構成要素とは認めず度外視するので，結果的に音綴を作らず子音音素だけで独立した形となる．つまり，先行する語幹に対して追加補填された子音音素という位置づけとなる．そこで，幹母音の次位に立つ子音音素／子音音素群を本論の範囲内で特別に「**追加子音音素**」と名付けたい．

言うまでもなく，慣行的オノマトペには「追加子音音素」を持つオノマトペのほかに，「追加子音音素」を持たないオノマトペ，つまり開音の (offen) のオノマトペがある．また，逆に冒頭の子音音素／子音音素群を欠いて，母音音素から始まるオノマトペも存在する．

そこで，これらの用語を使って改めてドイツ語の単綴型オノマトペの基本的構成のモデルを示すと，下のようである．

> 語幹＋追加子音音素

以下の例においてイタリックは造語語尾を，ゴシックは語幹を示す.
- 例　**paff!**　　（ぱあん（銃声などを表す））
- 　　**paff**_en_　（(タバコを)すぱすぱ吸う）
- 　　**Fip**_s_　　（〔方〕[1]　見栄えがしない小男）
- 　　**zirp**_en_　（(こおろぎなどが)りんりんと鳴く）
- 　　**Gisch**_t_[2]　（沸き立つ（沸き返る）波）

独和辞典のなかには，間投詞の見出しに限って感嘆符（！）を付けるものがある．ドイツ語の辞書でも _Duden in 6 Bdn._ では感嘆符（！）を付けていたが，改訂版では廃してしまった．しかし，_DUDEN Die deutsche Rechtschreibung_（2000）は間投詞の見出し語に感嘆符（！）を付けることを守っている．本書のようにオノマトペに間投詞から派生した品詞をも加えている場合は，オノマトペのなかで間投詞を目立たせることができて便利なので，その例にならうことにする．

単綴型オノマトペのバリエーションとして追加子音音素を持たないタイプがある．
- 例　**mäh!**　　（めえ（羊・山羊の鳴き声））
- 　　**miau!**　（にゃお(猫の鳴き声)）

単綴型オノマトペのもう一つのバリエーションとして理論上考えられるのは，幹綴が母音音素だけでできていて，その後に追加子音音素が一切従っていない場合であるが，実際には下のような例一つしか見つからなかった．
- 例　**iah!**　[ˈiː.ˈaː, iˈaː]　（いーよー(ろばの鳴き声)）

幹綴が二つ重ねられている型と見るべきであろうか．あるいは，幹綴の前に別の母音音素が一つ添えられたと見るべきであろうか．

オノマトペには「単綴型」オノマトペを二つ並べた型が見られる．「単綴型」を複雑にしたタイプとしてこれを「**重複型**」のオノマトペと呼ぼうと思う．すなわち，「重複型」とは，「単綴型」＋「単綴型」の謂である．辞書の見出し語として挙げる場合は，通例，「単綴型」どうしはコンマで区切られる．
- 例　**gack, gack!**　（くわっくわっ（鶏が卵を生むときの声））

---
1) 地域を特定できない方言．
2) _Fleischer_, 187f.

II. 慣行的オノマトペの考察

　　wau, wau! （わんわん（犬の鳴き声））

しかし，「単綴型」＋「交替形」という重複型もある．「交替形」とは，先行する「単綴型」の幹母音音素が別の母音音素に交替した形である．「交替形」の後にさらに「交替形の交替形」が続く場合もある．「交替形」という用語は，角岡が日本語オノマトペを型に分類するにあたって用いた用語である（角岡, 39）．角岡では「交替形」は "Alternation form" と呼ばれているが，ドイツ語では „Alternationsform" という合成語で済ませられよう．H. Paul は，「重複型」のオノマトペについて次のように言っている．「オノマトペ的性格を帯びた間投詞は，重複して用いられたり，あるいは三個重ねて用いられたりした場合に，とりわけ母音音素の交替によって綴りに変化が生じる場合に，オノマトペ的性格がいっそうはっきりと現れる」(Der onomatopetische Charakter solcher Interjektion tritt noch stärker hervor bei der häufig abgewendeten Verdoppelung und Verdreifachung, ganz besonders wenn dabei die mehrfach gesetzten Elemente durch Ablaut differenziert werden: *Paul*, 181). そして，gickgack「があがあ」や schwippschwapp「びしゃっばしゃっ：乙政訳」その他の例を挙げている．

　例　**bim, bam!**　　　（からんからん［がらんがらん］）
　　　toi, toi, toi!　　　（【悪魔のねたみを買わないためのまじないになる唾を3回吐く音】1（うっかり口に出した後でせっかくのつきを落とさないために：）unberufen, 〜, 〜, 〜! 言うんじゃなかった，くわばらくわばら．2（成功を祈って：）〜, 〜, 〜 für deine Prüfung! 試験がんばれよ）
　　　ritsch, ratsch!　（びゅんびゅん）
　　　kling, klang!　　（りんりん，かちかち，からんからん）
　　　piff, paff [, puff]!　（パンパンパーン（銃声））

「重複型」に続くオノマトペの型は「**複綴型**」である．この型はさらに，オノマトペに母音音素が二つ含まれている場合と，二つ以上含まれている場合に分けられるが，母音音素が二つ含まれるオノマトペでは，アクセントが第1の母音音素に置かれる型と，第2の母音音素に置かれる型が区別される．前者の型のなかには，「単綴型」＋「交替形」が一語に融合したと考えられる例がある．

例　**'kuckuck!**　（かっこう（郭公の鳴き声））
　　'Kuckuck　（かっこう（郭公））
　　'Flickflack　（［frz. flic flac = klipp, klapp.; 擬声［擬音］の：*Duden in 10 Bdn.*］後転跳び）
　　'Flipflop　（［engl.flip-flop（circit）: *Duden in 10 Bdn.*（フリップフロップ回路：『小学館独和大辞典』）
　　kikeri'ki!　（こけこっこ）
　　Kikeri'ki　（こけこっこという雄鶏の鳴き声）
　　Kikeri'ki　（こけこっこ（雄鶏を表す幼児語））
　　par'dauz!　（どたん、がたん）
母音音素が二つ以上含まれている例
　　'tschingderassassa!（じゃんたたたっ（シンバルと小太鼓の音））
　　'tschingderassabum（シンバルとドラムの擬音語 *Duden in 10 Bdn.*：ドンチャン，ジャンジャンドンドン：『小学館独和大辞典』）

コミック（Comic[3]）などには子音音素だけで成り立っているオノマトペが多く見られる．そして，それらにおいては同一文字の重複で以て音源の時間的な長さを表すことが多い．

　例　**BRRRRRRRRRR**　（ブオオ…（大型車の走行音）：『ドラゴンボール』）
　　　RRRGGGRRRWWWW　（ウーッ（猛獣のうなり声）：*Havlik* の例）
　　　SCHHHHHHHHHHH!!（シューン（車が減速する音）：『ドラゴンボール』）

ただし，ドイツ語ではこのようなオノマトペは慣行的オノマトペとは認められておらず，したがってラングとして辞書に登録されることもない．英語では唯一"ZZZ / zzz"が名詞として「ぐーぐー（いびきの音）」として辞書に採用されているのだが．

以上の分類の全体系を一覧表にして示す．K は konsonantische Phoneme（子音音素）を，V は vokalische Phoneme（母音音素）を表す．アラビア数字は交替を意味する．

3）（男）-s/-s（続きこまの）漫画，劇画，コミックス．『小学館独和大辞典』．

— 28 —

Ⅱ. 慣行的オノマトペの考察

慣行的オノマトペ
- 単綴型
  - 単一の子音音素＋幹母音音素
    K1V1 型
    （例 **mäh!**）
  - 単一の子音音素＋幹母音音素＋単一子音音素
    K1V1K2 型
    （例 **paff!**）
  - 単一の子音音素＋幹母音音素＋複数子音音素
    K1V1K2K3 型
    （例 **Fips**）
  - 単一の子音音素＋幹母音音素＋複数子音音素
    K1V1K2K3K4 型
    （例 **rülps**en）
  - 複数の子音音素＋幹母音音素
    K1K2V1 型
    （例 **schrei**en）
  - 複数の子音音素＋幹母音音素＋単一子音音素
    K1K2V1K3 型
    （例 **kling!**）
  - 複数の子音音素＋幹母音音素＋複数子音音素
    K1K2V1K1K3 型
    （例 **knacks!**）
  - **K1K2V1K3K4** 型
    （例 **klaps!**）
  - **K1K2V1K3K4K5** 型
    （例 **plumps!**）
  - **K1K2K3V1K4** 型
    （例 **sprech**en）
  - **K1K2K3V1K4K5** 型
    （例 **strunz**en）
- 重複型
  - 単綴型＋単綴型
    K1V1 型＋ **K1V1** 型
    （例 **wau, wau!**）

― 29 ―

　　　　　　　　単綴型＋交替形
　　　　　　　　K1V1K2 型＋K1V2K2 型
　　　　　　　　　　　　　　　　　　　　　　（例 **bim bam!**）
　　　　　　複綴型　　第１綴＋第２綴（＋...）
　　　　　　Sn 型
　　　　　（例 **'Flick·flack, par'·dauz!, 'tsching·de·ras·sas·sa!**）
　　慣行的オノマトペではないが，現実に頻繁に行われているオノマトペ
　　　　　子音音素集合型
　　　　　　Kn 型
　　　　　　　　　　　　　　　　　　　　（例 **BRRRRRRRRR**）
体系のなかに収めることができない例外は **iah!** 一つのみである．

1-2. 配列順序

　以下では「Ⅰ．序論」で挙げた７点の辞書から採集した「慣行的オノマトペ」の実例を上の分類体系の各型に振り分けようとするのであるが，その際，オノマトペは**語頭の子音音素の調音様式に従って配列した**．経験からすると，オノマトペの意味にとって語頭の子音音素の調音様式が決定的に重要だと考えられるからである．したがって，以下でオノマトペの実例は，破裂音／閉鎖音で始まるグループ，破擦音で始まるグループ，摩擦音で始まるグループ，鼻音で始まるグループ，側音で始まるグループ，ふるえ音で始まるグループ（後二者をあわせて「流音で始まるグループ」）に振り分けられる．有声と無声の区別がある子音音素については，有声音を先に，無声音を後にした．さらに，調音様式を同じくする音のあいだでは，調音位置を基準として，発話器官の前方から後方に向かう順にならった．すなわち，両唇音，唇歯音，歯音，歯茎音，硬口蓋音，軟口蓋音，懸よう垂音，声門音の順である．語頭に複数の子音音素が並んでいる場合は，次位の子音音素を手掛かりとしてふたたび配分を繰り返した．

　語頭の子音音素の調音様式に従って配列したオノマトペの実例は，ふたたび追加子音音素の調音様式に従って振り分けた．有声音と無声音の扱い方，および調音様式を同じくする音どうしのあいだの扱い方は語頭の子音音素の場合と同じである．

　本書で認める子音音素は，下の **22 個**[4] である．すなわち，

II. 慣行的オノマトペの考察

① 破裂音／閉鎖音の音素（6個）：/p/, /t/, /k/; /b/, /d/, /g/
② 破擦音（3個）：/pf/, /ts/, /tʃ/
③ 摩擦音（8個）：/f/, /s/, /ʃ/, /ç, x/, /h/, /v/, /z/, /j/
④ 鼻音（3個）：/m/, /n/, /ŋ/
⑤ 流音（2個）：/l/, /r/

また，本書で認める幹母音音素は，母音三角形に依るとして，アクセントを担うことができる下の19個[5]である．すなわち，

① 三角形の底の頂点をなす母音（2個）：/a/, /a:/
② 前方の母音（5個）：/i:/, /ɪ/, /e:/, /ɛ/, /ɛ:/
③ 後方の母音（4個）：/u:/, /ʊ/, /o:/, /ɔ/
④ 変母音（4個）：/y:/, /ʏ/, /ø:/, /œ/
⑤ 複母音（4個）：/aɪ/, /ɔʏ/, /ʊɪ/, /aʊ/

子音音素を手掛かりとした配分だけで順序が決まらない場合は，上記母音音素の配列にしたがって順序を決定した．

なお，オノマトペのあとの（　）内に記した訳は原則として『郁文堂独和辞典』によった．それ以外の辞書を参照した場合は一々典拠を記した．独々辞典の記事の日本語は私の訳であるが，訳中のオノマトペの訳は原則として『郁文堂独和辞典』によった．

1-2-1. 単綴型（総計330個）

a) K1V1型（合計12個）

1) /k/で始まるオノマトペ：

Kuh　　（雌牛：mhd., ahd. kuo＝（雌の）牛，これ以上の由来は未解明．おそらく擬声［擬音］語[6]：*Duden in 10 Bdn.*）
（計1個）

2) /v/で始まるオノマトペ：

wiehern　（(馬が)いななく）

---

4) *Gross*, 43f. 破擦音の3個の音素をそれぞれ構成している /p/ と /f/, /t/ と /s/, /t/ と /ʃ/ に還元してしまい，独自の音素と認めない立場もある．例えば，*Kleine Enzyklopädie*, 315f. また，本書ではフランス語系の単語に現れるが，オノマトペには現れない /ʒ/ も度外視した．
5) *Gross* は母音四角形によっており底辺の [a] と [ɑ:] を区別している（*Gross*, 43f.）

— 31 —

(計 1 個)

3) /h/ で始まるオノマトペ：
    Häher   （〔動物〕かけす属）
    hui!   （ひゅー(ん)，ぴゅー(ん)（風や疾過するものの音））

(計 2 個)

4) /z/ で始まるオノマトペ：
    Sau   （雌豚）

(計 1 個)

5) /m/ で始まるオノマトペ：
    mäh!   （めえ(羊・山羊の鳴き声)）
    miau!   （にゃお(猫の鳴き声)）
    miauen   （(猫が)にゃおと鳴く）
    muh!   （もう(牛の鳴き声)）
    muhen   （もうと鳴く(牛が)）
    meck!   （山羊の鳴き声の擬声語：『小学館独和大辞典』）
    meckern   （(山羊が)めええと鳴く）

(計 7 個)

b) K1V1K1 型（合計 1 個）
    babbeln   （ぺちゃくちゃしゃべる）

(計 1 個)

c) K1V1K2 型（合計 128 個）
  1) /b/ で始まるオノマトペ：

---

6) *Kluge* は，ゲルマン語の諸例やゲルマン共通基語の *k(w)ōu- まで挙げながらも，「この単語は擬声語に由来している可能性がある」(Das Wort kann lautmalend sein;…) と述べるに止まっている．また，*DUDEN Das Herkunftswörterbuch* [1989] も「原インドゲルマン語の牛の名称 (*k(w)ōu-：乙政) がどんな観念に基づいているかは不明である」(Welche Vorstellung der idg. Benennung zugrunde liegt, ist unklar.) としているが，ただ「おそらく，われわれが今日 „muh" で再現している鳴き声の模倣だと言えるのではなかろうか」(Vielleicht ist von einer Nachahmung des Brüllautes, den wir heute mit 'muh' wiedergeben, anzugeben.) と述べているのは，„Kuckuck" にあたる古語が „Gauch" であることを思い合わせると，„lautmalend" をオノマトペの基本的性格と考える者にいささかでも力を与える言及だと言えよう．

II. 慣行的オノマトペの考察

bauz	(どしん，ばたん(衝突音または落下音))
baff	(adj.[7] 〔俗〕[8] 〜sein あっけにとられている．〔原義 „verdutzt wie nach einem plötzlichen Schluss" 突然の火器発射のあとのように唖然としている〕)
bam!	(がらんがらん，からんからん(鐘の音))
bammeln	(〔方〕ぶらぶら揺れる(綱などにぶら下がって))
bim!	(からん(鐘の音))
bimmeln	(ちりんちりん(りんりん)鳴る)
bum!	(がん，どん，どしん(打撃・落下などの鈍い音))
bummeln	(ぶらつく)
ballern	(ずどんずどんと音をたてる(大砲などが))

(計 9 個)

2) /p/ で始まるオノマトペ：

paff!	(ぱあん(銃声などを表す))
paffen	((タバコを)すぱすぱ吸う)
panschen	(水の中でばちゃばちゃやって遊ぶ(子供が))
piep!	(ぴいぴい，ぴよぴよ(小鳥・雛鳥の鳴き声)；ちゅうちゅう(鼠の鳴き声))
picken	((嘴で)つつく)
pissen	(〔俗〕小便する)
Pup	(〔俗〕おなら)
puppern	(<ugs.>[9] どきどきする(心臓が)，がたがた震える)
pudeln	(〔方〕水をばちゃばちゃやる)
puschen	(〔話〕[10] (音を立てて)小便をする：『小学館独和大辞典』)
Putsch	(クーデター：〔schweiz. bütsch (15. Jh.) =heftiger Stoß, Zusammenprall, Knall (wahrscheinlich lautm.)〕スイス方言の bütsch〔15 世紀〕=激しい衝突，激突，破裂(おそらく擬音語)．*Duden in 10 Bdn.*〕)

---

7) Adjektiv 形容詞．
8) 卑俗な表現．
9) umgangssprachlich 日常語の．
10) 口語で．

patsch!	（ぱちっ，ぴしゃっ（平手打ちなどの音）；ぱちゃっ，ぴちゃっ（ぬかるみに落ちたときなどの音））
puff!	（ぱん，ぽん（銃声などの鈍い響き））
Puff	（（鈍い響き）ぱん（ぽん）という音）
pochen	（とんとんと叩く）
peng!	（（物が倒れたり落ちたりする音）パタン，ガチャン；（銃砲を発射する音）パン，パン：『小学館独和大辞典』）

(計 16 個)

3) /d/ で始まるオノマトペ：

dudeln	（一本調子で演説する（歌う））

(計 1 個)

4) /t/ で始まるオノマトペ：

tapp!	（とんとん，とことこ，ぴたぴた（軽く打つ音，軽い（はだしの）足音））
tacken	（かたかた（ちかちか）と音を立てる）
tattern	（<ugs.>［zittern］震える）
Tatze[11]	（（猛獣の）前足）
Tic	（チック（顔面などの筋肉の，反復する不随意的痙攣））
tick!	（かちかち（かたかた）音を立てる擬音語：*Duden in 10 Bdn.*）
ticken	（かちかち（かたかた）音を立てる）
tut!	（〔幼児語〕（警笛・角笛などの音）～，～！ぶーぶー，ぷーぷー）
tuten	（（警笛・号笛・角笛などが）ぶーぶー（ぷーぷー，ぽーぽー）と鳴る）
tuckern	（（モーターやトラクターなどのエンジンが）だっだっと音を立てる）
tuschen	（〔方〕（命令によって）黙らせる）
töff	（〔幼児語〕ぶーぶー（自動車などの警笛の音））

(計 12 個)

---

11) *Fleischer*, 132.

Ⅱ．慣行的オノマトペの考察

5) /g/ で始まるオノマトペ：

gackeln　　（<ugs.> きゃあきゃあ言う，〔方〕→ gackern）
gackern　　（1 (鶏が) くわっくわっと鳴く．2 → gackeln）
Gauch　　　（〔方〕かっこう）
Gickel[12]　（<md.>[13]〔Hahn〕雄鶏）
gickeln / **gick**ern（〔方〕〔kickern〕くすくす（くっくっと）笑う）
girren　　　（(鳩などが) くうくうと鳴く）
Geck　　　（〔蔑〕[14] 伊達男）
gurren　　　（(鳩が) くうくう鳴く）
Güggel[15]　（<schweiz.>[16] (Gockel) 雄鶏）

（計 9 個）

6) /k/ で始まるオノマトペ：

kakeln　　　（(鶏が) くわっくわっと鳴く）
keckern　　（(きつね・いたちなどが怒って) ぎゃっぎゃっ鳴く）
kichern　　（クスクス (くっくっと) 笑う）
kollern　　（<ugs.> 怒りを爆発させる）
Kauz　　　（梟，みみずく）
Köter[17]　（〔ndd.〕[18]„Kläffer"；もと擬声語〕かみつく癖のある番犬；吠える犬；〔蔑〕野良犬：『木村・相良』）
küssen　　（キスする）
keuchen　　（はあはあ (ぜいぜい) いう）

（計 8 個）

7) /pf/ で始まるオノマトペ：

pfuschen　（1<ugs.> ぞんざいな仕事をする．2〔方〕いかさまをやる）

（計 1 個）

---

12) *Fleischer*, 137.
13) mitteldeutsch 中部ドイツ方言の.
14) 軽蔑的な表現.
15) *Fleischer*, 141.
16) schweizerdeutsch スイス・ドイツ語の.
17) *Fleischer*, 141f.
18) niederdeutsch 低地ドイツ方言の.

8) /ts/ で始まるオノマトペ：

ziepen （〔方〕＜特に：nordd.＞(雛鳥が)ぴよぴよ鳴く）
ziefern （＜md.＞ すぐにめそめそする）
Zippdrossel 〔方〕（Singdrossel）歌つぐみ．前半が擬声語：乙政）
zischen （しゅっしゅっと音を立てる）
zuzeln （＜bayr., öster.＞[19] (lutschen)しゃぶる (saugen)吸う）
zutschen （〔方〕或物をちゅうちゅう音をさせて吸う）
zullen （或物をちゅうちゅう音を立てて吸う(赤ん坊が)）

(計 7 個)

9) /tʃ/ で始まるオノマトペ：
なし

10) /v/ で始まるオノマトペ：

Wutz （〔方〕豚）
wuzeln （＜bayr., öster.＞ 回す(drehen), 巻く(wickeln)の擬音語にして擬態語）
Watsche[20] （＜bayr., öster.＞ （Ohrfeige)びんた, 平手打ち）
wutsch! （さっ(素早い動作を表す)）
wutschen （＜ugs.＞ さっ(素早い動作を表す)）
witschen （するりと出る(入る・落ちる)）
wuseln （せわしなく(活発に)動き回る）
wuscheln （[おそらく↑wischen[21]の影響を受けたか] 豊富な髪を手で梳くことの擬声[擬音]語にして擬態語）
wimmern （しくしく(めそめそ)泣く；(犬・猫などが)哀れっぽい声で鳴く）
wumm! （突然の鈍い音, ばん(どん・どかん)という音, 衝突の擬音語：*Duden in 10 Bdn.*)
wummern （(モーターなどが)鈍い音を立てる）

(計 11 個)

---

19) bayerisch, österreichisch バイエルン・オーストリア方言の．
20) *Fleischer*, 132.
21) 拭う．

II. 慣行的オノマトペの考察

11) /f/ で始まるオノマトペ：

fiepen　　((鹿などが)かぼそい高い声で鳴く；<ugs.>(子犬が)くんくん鳴く；(一般に)ひいひい泣く)

fuscheln　([方] 1 (ひそかに)あちこち駆け回る)

futsch　(adj.《常に動詞 sein と共に》<ugs.> 失せた)

fisseln　(非人称表現 «es fisselt» 霧雨が降る：『小学館独和大辞典』)

fummeln　(低地ドイツより．<spätmnd.[22] fummelen, 本来はおそらく擬声(擬音)語：*Duden in 10 Bdn.*；いじくりまわす)

(計 5 個)

12) /z/ で始まるオノマトペ：

suppen　([方] 1 スープを飲む．2 じくじくする (傷などが))

simmen　([方] 特に ostniederd.[23] ぶんぶん(ぶーんと)いう)

summ!　(ぶーん(昆虫，特に蜂の羽音))

summen　((蜂などが)ぶーんと音を立てる；(モーターなどが)ぶーんとうなる)

sirren　(ぶんぶん(ぶーんと)いう(昆虫などが))

surren　(ぶーんと音を立てる)

(計 6 個)

13) /s/ で始まるオノマトペ：

なし

14) /ʃ/ で始まるオノマトペ：

schackern*　([擬声・擬音語] [方] (鳥が)じりじり(じいじい・ぶんぶん)いう声で鳴く：*Duden in 6 Bdn.*)

schäckern*　(同上)

scheppern　(がらんがらん(がちゃがちゃと)音を立てる)

schilpen　((雀が)ちゅんちゅん鳴く)

Scharade*　(シャラード (分解したつづりをパントマイムなどで解説して語を当てさせるゲーム))

(計 5 個)

---

22) spätmittelniederdeutsch 後期中低ドイツ語の．
23) ostniederdeutsch 東部低地ドイツ語の．

— 37 —

15) /j/ で始まるオノマトペ：
    Jammer   （悲嘆（の声））
    jaulen   （(犬などが)悲しげに鳴く；〔比〕[24]（風などが）うなる）
    johlen   （(群衆が)大声で叫ぶ）

(計 3 個)

16) /ç/ で始まるオノマトペ：
    なし

17) /x/ で始まるオノマトペ：
    なし

18) /h/ で始まるオノマトペ：
    hatschen   （足を引きずるようにして歩く）
    hissen   （(旗を)掲げる；(帆を)上げる）
    husch!   （さっと）
    hauchen   （Ⅰ.1 息を吐きかける(鏡・窓ガラス・手などに). Ⅱ. 1 ささやくように言う）
    Hahn   （雄鶏）

(計 5 個)

19) /m/ で始まるオノマトペ：
    meck!   （(ヤギの鳴き声)メエ：『小学館独和大辞典』）
    meckern   （(山羊が)めえめえと鳴く）
    matschen   （ぱちゃぱちゃ水(泥)を跳ね飛ばす）
    mummeln   （〔方〕1 むにゃむにゃ(ぶつぶつ)つぶやく. 2(兎が)もぐもぐ喰う）
    Maul   （(動物の)口）
    murren   （1 ぶつぶつ言う. 2 どろどろ鳴る(遠くで雷や大砲が)）

(計 6 個)

20) /n/ で始まるオノマトペ：
    nuckeln   （<ugs.> ちゅうちゅう吸う）
    niesen   （くしゃみをする）
    naschen   （つまむ(お菓子などを：乙政)）

---

[24] 比喩・転義的表現

II. 慣行的オノマトペの考察

nuscheln　　（<ugs.>（undeutlich reden 不明瞭に話す）もぐもぐ言う）

nölen　　（<nordd.>[25] 1 のろのろやる．2 やたらと不平を言う）

(計 5 個)

21) /ŋ/ で始まるオノマトペ：

なし

22) 側音 /l/ で始まるオノマトペ：

latschen　　（<ugs.> だらしなく足を引きずって歩く）

lutschen　　（(飴などを)しゃぶる，なめる）

lachen　　（笑う）

Lemmig　　（レミング，たびねずみ(旅鼠)）

Lumme　　（うみがらす(海烏)属）

lallen　　（(幼児などが)回らぬ舌で訳のわからぬことをしゃべる）

lullen　　（ein Kind in den Schlaf 〜子守歌を歌って子供を寝かしつける）

(計 7 個)

23) ふるえ音 /r/ で始まるオノマトペ：

rattern　　（がらがら(かたかた)音を立てる）

rackeln　　（〔狩猟〕(balzen)雌を呼ぶ(交尾期の野鳥が)）

rucken　　（〔方〕(gurren) くうくう鳴く(鳩が)）

rascheln　　（(木の葉などが)かさこそ(さらさら)音を立てる）

ratsch　　（びりっ(紙・布などの裂ける音)）

ritsch!　　（1 → ratsch! 2 びゅーん(高速で風を切って進む音)）

rutschen　　（(車などが)スリップする）

rufen　　（叫ぶ，呼ぶ）

rauschen　　（(風・波・木の葉などが)ざーざー(ざわざわ)と音を立てる）

röcheln　　（喉をごろごろ鳴らせる(重病人が)）

rummeln　　（〔方〕→ rumpeln がたがた(ことこと)音を立てる）

röhren　　（笛のような鳴き声をあげる(特に発情期の鹿などが)）

---

25) norddeutsch 北ドイツ方言の.

(計 12 個)

d) **K1V1K2K3 型**（合計 21 個）

bums!	（がん，どん，どしん(打撃・落下などの鈍い音))
pispern	（〔方〕wispern(ささやく)：*Duden in 10 Bdn*.）
pusten	((風が)ぴゅうぴゅう吹く)
pimpern	（かちゃかちゃ(ちゃらちゃら)と音を立てる）
pumpern	（<südd., österr.>[26] どんどんと叩く）
pink	((ヒワの鳴き声や明るい打撃音)ピン，チン，カチン)
Pinke	（金，銭）
pinken	（〔方〕かちんと叩く）
'**Turt**el-taube	（こきじばと(小雉鳩)：前半が擬声語．乙政）
gicksen	（きいきい声を出す）
'**Kolk**-rabe	（わたりがらす：前半が擬声語．乙政）
winseln	((犬が)くんくん鳴く；(人が)めそめそ泣く)
schülpen*, **schülp**ern*	
	[mniederd.[27] schulpen. おそらく擬声(擬音)語] (nordd.)：↑ schwappen[28] とほぼ同義．
humpeln	（びっこを引く）
mampfen	((口一杯頬張って)もぐもぐやる)
munkeln	（<ugs.> ひそひそ話す）
murmeln	（つぶやく）
nöckrig	（[niederdd. nockern = norgeln[29] より]．おそらく擬声[擬音]語．(方言．軽蔑的な意味で)：(絶えず)不満である；不平ばかり言っている：*Duden in 10 Bdn*.）
lispeln	（ささやく）
rips!	((動物が物をすばやくひったくり引き裂いたり食べたり

---

26) süddeutsch, österreichisch 南ドイツ・オーストリア方言の.
27) mittelniederdeutsch 中世低地ドイツ語の.
28) 1 ぱちゃっぱちゃっと音を立てる(液体が容器の中で揺れて)．2(液体が)ぱちゃっとこぼれる；(波が)ぱちゃぱちゃ音を立てて寄せて来る．
29) [原義 „unverständlich murmeln" 不明瞭につぶやく] 或事(或人のこと)で不平(文句)を言う．

— 40 —

Ⅱ. 慣行的オノマトペの考察

      する動作を表す）さっ；びりびり；ぱくっ；がりがり）
  rums! （<Interj.> 鈍い音を立てて落下・衝突する際の騒音の擬
      音語：*Duden in 10 Bdn.*）

（計 21 個）

e) **K1V1K2K3K4 型**（合計 1 個）
 rülpsen （〔俗〕げっぷをする）

（計 1 個）

f) **K1K2V1 型**（合計 2 個）
 krähen （(雄鶏が)こけこっこうと鳴く）
 schreien （叫ぶ）

（計 2 個）

g) **K1K2V1K3 型** （合計 129 個）
 1) /p/ ＋ /l/ で始まるオノマトペ：
 pladdern （<nordd.> 雨音を立てて激しく降る）
 plaudern （おしゃべりする）
 platzen （破裂する；(爆弾・砲弾が)炸裂する；(タイヤが)パン
      クする）
 plauz! （<ugs.> どしん，ばたん）
 plotzen （1 叩く．2 (タバコを)すぱすぱ吸う）
 platsch! （ぱちゃん(水面を打つ音)）
 platschen （<ugs.> ぱちゃん(ぱちゃぱちゃ)と音を立てる）
 plätschern （ぴちゃぴちゃと音を立てる）
 plauschen （<südd., östr., schweiz.> おしゃべりする）
 plärren （わめく，ぎゃあぎゃあ言う(鳴く・泣く)）

（計 10 個）

 2) /p/ ＋ /r/ で始まるオノマトペ：
 präpeln （〔方〕おいしいものを食べる）
 prahlen （大きなことを言う）

（計 2 個）

― 41 ―

3) /d/ ＋ /r/ で始まるオノマトペ：
draschen （[本来の意味 = lärmen 騒がしい音を立てる, heftig rauschen = 激しくざわめく（特に雨が）], おそらく擬音語. 雨が降る：*Duden in 10 Bdn.*）

(計 1 個)

4) /t/ ＋ /r/ で始まるオノマトペ：
traben 　　（[馬術] 速歩で馬を走らせる；(馬が)はやあしで走る）
trapp! 　　（1 (**a**) ぱかぱか(蹄の音). (**b**) ぱたぱた, どたどた；(特に)だっだっ(行進の足音)）
trappen 　　（どたどた足音を立てて歩く）
trappeln 　　（1 とことこ歩く. 2 ぱたぱた足音を立てる；(蹄が)ぱかぱか音を立てる）
trippeln 　　（小走りに(ちょこちょことせわしなく)歩いて行く）
tröten 　　（[方] blasen(吹奏楽器を)吹く：*Duden in 10 Bdn.*）
tratschen 　　（おしゃべりをする）
Trommel 　　（太鼓）
Triel 　　（いしちどり(石千鳥)）
Triller 　　（(鳥の)さえずり）

(計 10 個)

5) /g/ ＋ /l/ で始まるオノマトペ：
Glocke 　　（鐘）
gluck! 　　（1 くっくっ, こっこっ(雌鳥の鳴き声). 2 とくとく, ごぼごぼ(液体が立てる音)）
glucken 　　（1 抱卵しようとしてくっくっと鳴く. 2 こっこっと鳴く(母鶏が雛を呼ぶために)）
gluckern 　　（(液体が)とくとく(ごぼごぼ・ぼちゃぼちゃ)音を立てる）

(計 4 個)

6) /k/ ＋ /v/ で始まるオノマトペ：
quabbeln 　　（<nordd.>(プリンなどが)ぶるぶると揺れる, ぷりぷりする）
quak! 　　（1 蛙の鳴き声の擬声語. 2 鴨の鳴き声の擬声語：*Du-*

II. 慣行的オノマトペの考察

	den in 10 Bdn.)
quak*en*	((蛙・あひるなどが)くわっくわっと鳴く)
quäk*en*	(1(赤子が)ぴいぴい泣く．2 きいきい声を出す)
quiek*en*	((豚などが興奮して)きいきい鳴く；(鼠が)ちゅうちゅう鳴く)
quatsch!	(ぱしゃっ，ぴちゃっ)
quatsch*en*	(ぱしゃぱしゃ(ぴちゃぴちゃ)音を立てる)
quiek!	(ぎいっ，きいっ(戸・ブレーキなどの音)；きいきい(興奮した豚の鳴き声))
quietsch*en*	((戸・ブレーキなどが)きいっと音を立てる；(階段・床板などが)ぎいぎいいう；(靴が)ぎゅっぎゅっと鳴る)
quorr*en*	((鴫が)雌を呼ぶ)

(計 10 個)

7) /k/ + /n/ で始まるオノマトペ：

knabb*ern*	(ぼりぼり食べる)
kneip*en*	(〔方〕恐らく擬音語．つねる，つまむ：*Duden in 10 Bdn.*)
knatt*ern*	(ばりばりっ(ばたばた・だだっ)と音を立てる)
knitt*ern*	((布地などが)しわくちゃになる)
knöt*ern*	(同上)
knack!	(ばきっ，ばちっ，みしっ)
knick*en*	((木などが)折れる)
Knick*er*	(<nordd.> ビー玉)
knack*en*	(ぽきっ(ぱちっ・かちっ)と音を立てる)
knuff*en*	([ndd.] <ugs.> 或人をつつく(こぶし又は肘で))
Knall	(ばん(どん・どかん)という音)
Knäk*ente*	((前半は雄の鳴き声の擬声)しまあじ(縞味)属(がんかも科))
knot*ern*	((おそらく(ぼそぼそと聞き取りにくい声で話す)の擬声語から) 不満げに不平を鳴らす：*Duden in 10 Bdn.*)
knarr*en*	(ぎいぎい音を立てる)

knören	（〔猟師の用語〕（鹿などが）低い声で鳴く： *Duden in 10 Bdn.*)
knurren	((犬などが)うーっとうなる；(腹が)ぐうぐう(ごろごろ)鳴る)

(計 16 個)

8) /k/ ＋ /l/ で始まるオノマトペ：

klapp!	（かたん(硬い物がぶつかる音)；ばたん(ドアなどが閉まる音)；ぴちゃん(水がはねる音))
klappen	(1(一端が固定してある蓋などが)ぱたんと開く(閉じる). 2かたん(ばたん・かちっ)と音を立てる)
klappern	(かたかた(がたがた)と音を立てる)
klipp	(～, klapp! かたかた, ぱたぱた, ぴちゃぴちゃ)
Claque	((劇場の)雇われ喝采屋たち)
klack!	(1かちゃん, かちん, かちゃっという音. 2→ **klacks!**)
klacks!	(がちゃん；ぼとん, べちゃっ（粥状の物が落ちる音))
klacken	(かちゃん(かちん, かちゃっ)と音を立てる)
klick!	(かちゃっ, かちり)
klicken	(かちゃっ(かちり)と鳴る, かちゃっ(かちり)と音を立てる)
klickern	(〔方〕→ klicken)
klittern	(1 (作品などを)糊と鋏ででっち上げる. 2 (いろいろな事実・意見などを)漫然と寄せ集める. 3 〔方〕細かく割る(砕く))
klopfen	((とんとんと軽く)叩く)
klatsch!	(ぱちっ, ぴしゃっ, ぱしゃん(びんたなどの音)；ぱしゃん, ばたん, どさっ(物が落ちる音))
klatschen	(ぱちっ(ぴしゃっ・ぱしゃん)と音を立てる)
klitsch!	(おいしゃっ；～, klatsch! ぴしゃっぴしゃっ)
klitschen	(ぴしゃっと音を立てて当たる)
klönen	(<nordd.> (schwatzen) おしゃべりをする)
kling!	(～, klang! りんりん, かちかち, からんからん)
klirr!	(がちゃん, かちゃん)

Ⅱ. 慣行的オノマトペの考察

  klirren （がちゃがちゃ（かちゃかちゃ）音を立てる）

(計 21 個)

9) /k/ ＋ /r/ で始まるオノマトペ：
 Krick-ente （（前半は雄の鳴き声の擬声）こがも（小鴨））
 kroß   （adj.〔方〕[knursprig] ぱりっと焼き上がった（パン・焼肉など））
 krach! （ばりっ，めりっ，がちゃん，ばたん，どしん（物が砕けたり落ちたりする音））
 krachen （ばりっ（めりっ，がちゃん，ばたん，どしん）と音を立てる）

(計 4 個)

10) /pf/ ＋ /l/ で始まるオノマトペ：
 なし

11) /pf/ ＋ /r/ で始まるオノマトペ：
 pfropfen （（瓶などに）栓をする）
 Pfropfen （（瓶などの）栓）

(計 2 個)

12) /ts/ ＋ /v/ で始まるオノマトペ：
 zwatzeln （[ahd.[30]) „zittern" 震える] そわそわしている）
 zwitschern（（小鳥が）さえずる）

(計 2 個)

13) /f/ ＋ /l/ で始まるオノマトペ：
 flappen （[低地ドイツ語より．おそらく擬音語]（たいていは布でできた物が）ぱたぱた音を立てて（風の中を）動く：*Duden in 10 Bdn.*）
 Flipflop （フリップフロップ〔回路〕：『小学館独和大辞典』）
 Flickflack（後転跳び）
 floppen （〔陸上〕背面跳びをする：『小学館独和大辞典』）
 fluschen （<nordd.> → flutschen）
 flutschen （<ugs.>（指の間などから）つるりと落ちる，するっと抜

---

30) althochdeutsch 古高ドイツ語の．

— 45 —

ける）

(計 6 個)

14) /ʃ/ ＋ /p/ で始まるオノマトペ：
spissen （〔狩猟〕えぞ雷鳥が雌を呼んで鳴く）

(計 1 個)

15) /ʃ/ ＋ /t/ で始まるオノマトペ：
Star （椋鳥）

(計 1 個)

16) /ʃ/ ＋ /v/ で始まるオノマトペ：
schwapp! （ぱちゃっ（液体が勢いよくこぼれる音）；ぴしゃっ（叩く音））
schwappen （ぱちゃぱちゃと音を立てる（液体が容器の中で揺れて））
schwipp* →schwapp
schwipp! （ぴちゃっ（水の跳ねる音），ぱしっ，ぴしゃっ（鞭などの音））
schwupp! （1 ぱっと，さっと（素早い動作を表す）．2 ざーっ（水をかけるときなどの音））
Schwupp （1 ぱっと跳ぶ（さっと動く）こと．2 ちょっとつくこと．3 (水を)ざーっとかける（あける）こと）
schwuppdi'wupp! （ぱっぱっと，さっさと（素早い動作を表す）
Schwumse* （〔由来の詳細は未解明．おそらく擬音・擬態語〕〔方〕：↑ Prügel《複数で》<ugs.> 殴打）
schwatzen （ぺちゃくちゃしゃべる）
schwätzen （<südd.> → schwatzen）
Schwan （白鳥：mhd.[31], ahd. swan. 擬声語．おそらく起源は Singschwan「鳴禽としての白鳥」の名称であったと思われる：*Duden in 10 Bdn.*）
schwirren （（昆虫・モーターなどが）ぶーん（ぶんぶん）と音を立てる）

(計 12 個)

---

31) mittelhochdeutsch 中世高地ドイツ語の．

Ⅱ. 慣行的オノマトペの考察

17) /ʃ/ ＋ /m/ で始まるオノマトペ：
　　schmaddern（<nordd.> 泥などでよごす）
　　schmettern（がしゃーん（どーん・ばたん）と叩きつける（投げつける））

（計2個）

18) /ʃ/ ＋ /n/ で始まるオノマトペ：
　　schnauben（激しく鼻で息をする）
　　schnapp!　（1 **(a)** ぱたん，かちっ（蓋・錠などのしまる音）．**(b)** ぱっと（素早い動作を表して））
　　schnappen（1 **(a)** nach et.³ (jm.) 〜或事(人)にぱくっと食いつく．2 **(a)** （蓋などが）ぱたんと音を立てる；（ドアの錠のボルトが）かちっと音を立てる；（鋏の）ちょきんという音がする）
　　schnarren（じりじり（じじじ・ぶんぶん）と音を立てる）
　　schnipp!　（ぱちっ（指ではじく音；指を鳴らす音）；ちょきっ（糸などを鋏で切る音））
　　schnips!　（→ schnipp!）
　　schnattern（があがあ鳴く（あひる・鷲鳥などが））
　　schnackeln（1<bayr.>mit den Fingern〜指をぱちっと鳴らす．2《非人称的》<ugs.> *es schnackelt* ぱりっ（めりっ・どかん）と音がする）
　　schnicken（〔方〕mit den Fingern〜指をぱちんと鳴らす）
　　Schnucke（<nordd.> 〔稀〕³²⁾（Schaf）羊）
　　schnullen（〔方〕an et.³ 〜或物（おしゃぶり・指など）をしゃぶる）
　　Schnuckelchen　（子羊）
　　schnurren（（扇風機・糸車などが）ぶんぶん（ぶーん）と音を立てる；（目覚まし時計・電話が）じりじりと鳴る；（猫が）のどをごろごろ鳴らす）
　　schneuzen（sich³ die Nase 〜鼻をかむ）
　　schnaufen（（はーっと）深い息をする）

---

32) 使用がまれな語義．

(計 15 個)

19) /ʃ/ + /l/ で始まるオノマトペ：
 schlabbern （ぴちゃぴちゃ音を立てて飲む）
 Schlappe （痛手，打撃）
 schlappen （(床に)足をするようにして歩く）
 schlotzen （(ボンボンなどを)なめる，しゃぶる）
 schlorren （〔方〕足を引きずって歩く）
 schlurren （<nordd.> → schlurfen）
             （計 6 個）

20) /ʃ/ + /r/ で始まるオノマトペ：
 schreien （叫ぶ）
 schrumm! （ジャン，ジャジャーン(弦楽器の終止和音の擬声語)）
 schrill （adj. 甲高い，けたたましい）
 schrillen （甲高く響く，けたたましく鳴る）
             （計 4 個）

h) K1K2V1K1K3 型（合計 4 個）
 quieksen （<ugs.> → quieken）
 knacks! （→ knack!）
 knicks! （ぼきっ(折れる音)）
 klaps! （ぴしゃっ(頬などを叩く音)）
             （計 4 個）

i) K1K2V1K3K4 型（合計 25 個）
 planschen （ぱちゃぱちゃ水を跳ね飛ばす）
 trenzen （(発情期の鹿が)せきこんだ短い鳴き声を立てる）
 glucksen （→ gluckern）
 knips! （ぱちっ，ばちん，ちょきん）
 knipsen （1(乗車券などに)パンチを入れる．2(スイッチを)入れる）
 knispeln （〔方〕(指で触れると)パリパリ音を立てる：『小学館独和大辞典』）

Ⅱ．慣行的オノマトペの考察

knister 　（(燃える木などが)ぱちぱちいう；(麦藁などが)ぴしぴしいう；(紙が)ぱりぱりいう；(絹が)きゅっきゅっと音を立てる；(雪が)きしきし音を立てる）

knirschen 　（ぎしぎし(ぎいぎい，ざくざく)音を立てる）

knuspern 　（〔方〕ぼりぼり食べる）

klaps! 　（ぴしゃっ(頬などを叩く音)）

klapsen 　（jn. (jm. auf die hand) ～或人(或人の手)をぴしゃっと叩く）

klempern 　（板金(ブリキ)をハンマーで叩く(打つ)）

klimpern 　（かちゃかちゃ(ちゃらちゃら)音を立てる）

krispeln 　（〔製革〕(皮革に)揉み上げ加工をしてしぼ(粒面)を出す）

flüstern 　（ささやく）

Skiffle ['skɪfl]（〔engl.[33] skiffle. これ以上の由来は未詳．おそらく擬音語〕洗濯板・櫛・瓶のような素朴な楽器で演奏された Jazz の未発達の形態：*Duden in 10 Bdn.*)

schwapps!* (→ schwapp!)

schwips! 　(→ schwipp!)

Schwups 　(→ Schwupp)

schwups! 　(→ schwupp!)

Schwarm 　（(移動中の，又は動き回っている同種類の昆虫・鳥・魚などの)群れ）

schnarrchen（いびきをかく）

schnips! 　(→ schnipp!)

schlurfen 　（〔schlürfen の別形〕）

schlürfen 　（ずるずる(ちゅーちゅー)と音を立てて啜る）

(計 25 個)

j) K1K2V1K3K1K4 型（合計 2 個）

　　plumps! 　　（ずしん，ずどん(重い物体が落下・転倒する音)；どぼ

---

33) englisch 英語の．

ん(水中に落ちる音))
    plumpsen   (<ugs.> ずしん(どすん・どぼん)と音を立てる)

(計 2 個)

k) **K1K2K3V1K4** 型（合計 2 個）
    spratzen   (<südd., österr.>〔原意はおそらく(燃えている木が)ぱちぱちいう、はぜる。〔冶金〕融解した金属が再び凝固する際にガスの泡を吹き出す：*Duden in 10 Bdn.*)
    sprechen   (〔mhd. sprechen, ahd. sprehhan. 由来の詳細は不明. 根源的にはおそらく擬声(擬音)語〕話す：*Duden in 10 Bdn.*)

(計 2 個)

l) **K1K2K3V1K4K5** 型（合計 1 個）
    strunzen   (〔方〕小便をする)

(計 1 個)

1-3-2. 重複型（総計 16 個）

重複型のオノマトペは，母音の交替があるかどうかで二大別できるが，しかし，くわしく観察すれば小さなバリエーションが認められる．しかし，わざわざ特別に型を立てても，無意味に煩雑さを増すばかりであるので，便宜的に二大別ですませた．

a) **K1V1K2 ＋ K1V1K2** 型
    gack, gack!（くわっくわっ(鶏が卵を生むときの声))
    schnapp, schnapp!   (ちょきちょき(鋏で切る音))
    'meck'meck!〔⌣⌣〕   ((ヤギの鳴き声)メエメエ：『小学館独和大辞典』)

厳密に型どおりなのは以上の3個だけである．下のオノマトペでは，第1の場合は「追加子音音素」が欠けているし，第2の場合も，「追加子音音素」が欠けているほかに，単一型の重複ではなくて三度重ねることが使用上不可欠の条件であるから，このグループには入れ難い．

— 50 —

II. 慣行的オノマトペの考察

wau, wau!（わんわん（犬の鳴き声））
toi, toi, toi!（【悪魔のねたみを買わないためのまじないになる唾を3回吐く音】**1**(うっかり口に出した後でせっかくのつきを落とさないために：)unberufen, 〜, 〜, 〜! 言うんじゃなかった，くわばらくわばら．**2**(成功を祈って：) 〜, 〜, 〜 für deine Prüfung! 試験がんばれよ）

b) K1V1K2 ＋ K1V2K2 型
 'bim 'bam! （からんからん，がらんがらん）
 piff, paff［, **puff**］**!**（ぱんぱんぱーん（銃声））
 'pitsch, 'patsch! （ぴちゃぴちゃ）
 tipp, tapp! （ぴたぴた（はだしで歩く足音））
 ritsch, ratsch! （びゅんびゅん）

下は K1V1K2K3 ＋ K1V2K2K3 型のオノマトペである．「追加子音」が1個ではなくて /p/ ＋ /s/ の2個になっているので，例外的と言うべきである．

 rips, raps! （ぱくぱく）

次の5個は，K1K2V1K3 ＋ K1K2V2K3 型のオノマトペである．つまり，「追加子音音素」は1個であるが，語頭の子音音素が2個である点で，厳密にはやはり別型である．

 kliff, klaff! （きゃんきゃん（子犬の鳴き声））
 kling, klang! （りんりん）
 klitsch, klatsch! （ぴしゃっぴしゃっ）
 schnipp, schnapp!（ちょきちょき（鋏で切る音））

下のオノマトペも，語頭の子音音素が2個で「追加子音音素」も2個であるので，正確には K1K2V1K3K4 ＋ K1K2V2K3K4 型となる．

 knicks! knacks! （木が折れる際の音の擬音語：*Duden in 10 Bdn.*）

1-3-3. 複綴型（**Sn** 型）（総計54個）

「幹綴」を作る子音音素（ときには母音音素）がオノマトペの意味に対して決定的な影響を及ぼすという推測のもとに，「幹綴」を作る子音音素を基

—51—

準として配列した．「幹綴」はアクセントの記号（ˈ）で示した．まず，単一の子音で始まる幹綴を①破裂音／閉鎖音，②破擦音，③摩擦音，④鼻音，⑤流音の順に並べた．単一の子音で始まる幹綴のあとに，子音連続で始まる幹綴を配列した．ただし，„gargariˈsieren" だけは借用された外来語の語尾を持っているために ˈsieren の部分にアクセントが置かれるけれども，意味の重点は gargari- の部分にあるのであるから，本来のドイツ語と同じように第1綴にアクセントがあるかのように扱って /g/ の部に分類した．なお，アクセントが二ヶ所にある語は，「幹綴」も二つとして扱った．

    tschingˈbum　　（じゃんどん（シンバルと大太鼓の音））
    Rhaˈbarber　　（〔劇〕（群衆のつぶやき）がやがや，ザワザワ，ぶつぶつ：『小学館独和大辞典』）
    Klimˈbim　　（<ugs.> 馬鹿騒ぎ）
    holterdieˈpolter　　（ごろごろと（石などが）転げ落ちる；どたどたと（階段などを）かけ下りる）
    klatteraˈdatsch!　　（がちゃーん（陶器などが落ちて壊れる音））
    Tokaˈdille　[...ˈdɪljə]　　（〔スペイン語の tocadill．「接触された」を意味する tocado より．これは「打つ，叩く」を意味する tocar より．擬音語〕．サイコロを使うスペインの盤上ゲーム）
    barˈdauz　　（どたん，がたん）
    parˈdauz　　（どたん，がたん）
    Raˈdau　　（<ugs.> やかましい音）
    didelˈdum　　（ぷーぷかぷーぷか（手回しオルガンなどの吹奏の口まね；たらったった（歌，舞踏などに合わせて出すはやし言葉））
    dideldumˈdei　　（同上）
    beˈdripst*[34]　　（<Adj.>〔方言の bedripsen = beträufeln 濡れさせるの過去分詞．本来は，（不意に雨に襲われて）ずぶ濡れになった〕：（苦境に陥り，それゆえに）当惑している，悲しんでいる，しゅんとしてい

---

[34] *Duden in 6 Bdn.* では語源の説明に「擬態語」と記していたが，以降の版ではこれを除いている．

Ⅱ. 慣行的オノマトペの考察

る：*Duden in 10 Bdn.*）

'ta'tüta'ta!　（ぴぽーぴぽー（パトカー，救急車などの警笛の音））
Tam'tam　　（銅鑼，ゴング，タムタム（銅製の打楽器））
'ticktack!　　（（時計の音）かちかち，チクタク）
'Tingeltangel　　（低俗な音楽）
tuck'tuck!　　（（鶏を呼び寄せる際の呼び声）こっこっ，とっとっ）
gargari'sieren　　（うがいをする：『小学館独和大辞典』）
'Gickel　　（<md.>（Hahn）雄鶏）
'Girlitz　　（セリン（燕雀目雀科））
'Gecko　　（やもり）
'Gockel　　（=Gockelhan. 雄鶏）
Jar'gon　　（きたない言葉づかい）
ruckedi'gu　[rʊkədigúː, ‿‿‿́]（（ハトの鳴き声）クークー：『小学館独和大辞典』）
'Güggel　　（<schweiz.>（Gockel）雄鶏）
Zi'kade* [35]　（[ラテン語の cicada. 地中海語より]．こおろぎに似た小型の昆虫．雄がじいじいと高い音を立てる：*Duden in 10 Bdn.*）
Tok'kata　[tɔ'kaːta]（〔音楽〕トッカータ）
Kro'kant　　（[frz. croquante = Knusperkuchen「ぱりっと焼き上がった菓子」; < croquer = knabbern（<nd.>「ぼりぼり食べる」擬音語]：砕いたアーモンドかクルミとカラメル糖で作ったぱりっと焼き上がった塊：*Duden in 10 Bdn.*）
kikeri'ki!　[kikəri'kiː]　（こけこっこ）
'kuckuck!　（かっこう（郭公の鳴き声））
'Kuckuck　（かっこう（郭公））
'Tsetseflieg*e*　（（前半は擬音語）ツェツェばえ（蠅））
'tschingderassabum!　　（（どら・太鼓などの音）ドンチャン，ジャンジャンドンドン：『小学館独和大辞

---

35) *Duden in 6 Bdn.* では語源の説明に［ラテン語の cicada, 擬声語］と記していたが，以降の版では「擬声語」を除いている．

典』）

'tschingderassassa! 　（じゃんたたたったっ（シンバルと小太鼓の音））

'tschingtaratata（擬音語. とくにシンバルとドラムの音：*Klap-penbach / Steinitz*†）

Wischi'waschi 　（たわ言，くだらぬ話）

'Wiedehopf（〔動〕やつがしら（ぶっぽうそう目））

'wiesche**ln** 　（→ wiescherln）

'wiescherln（〔オーストリア方言の幼児語〕小便をする：*Duden in 10 Bdn.*）

'Fitis 　　　（きたやなぎむしくい（鳥））

'Flipflop 　（〔電〕フリップフロップ〔回路〕）

'Flickflack　（後転跳び）

'Schuhu　　（鷲木菟，縞　梟）

'schwuppdi'wupp! 　（ぱっぱっと，さっさと（素早い動作を表す））

'Schwumse* 　（〔語源の詳細は不明. おそらく擬音・擬態語〕〔方〕Prügel（《複数で》<ugs.> 殴打））

'schnedderen'teng! 　（たったかたったったー，ぷっぷくぷっぷっぷー（らっぱの音））

'schnedderenteng'teng （同上）

'schrumm'fidebum! 　（ジャン，ジャジャーン（弦楽器の終止和音の擬音語））

tral'la! 　（ら・ら・らん（メロディー）を口ずさむ音）

tralla[la]'la! ［trala[la]'laː, '～～[～]–］（同上）

'Lemming 　（レミング，たびねずみ（旅鼠））

kling'ling! 　（りんりん，かちかち，からんからん）

tra'ra! 　（トララー（角笛・トランペットの音をまねた喜びの叫び声））

Scha'rade 　（シャラード（分解したつづりをパントマイムなどで解説して語を当てさせるゲーム）．［本来はプロヴァンス語から由来する，（くだらない）娯楽を意味した charade の

Ⅱ. 慣行的オノマトペの考察

借用．根源的にはおそらく擬声（擬音）語］：*Duden in 10 Bdn.*）

（計 54 個）

1-3-4．子音音素集合型（Kn 型）

これは子音音素のみが集まって出来ているオノマトペを指すが，慣行化されたオノマトペのなかには見つけることができなかった．例えば，„pst!" はなるほど子音音素のみが集まって出来ている間投詞であるが，„lautmalend" ではないため，オノマトペに数えられない．

2．慣行的オノマトペについての総括
2-1．慣行的オノマトペの総数

上でタイプに分類した慣行的オノマトペは総合計 400 個である．すなわち，現代ドイツ語が所有している慣行的オノマトペはざっと **400 個**であると言うことができる．もっとも，H. Paul が Prinzipien のなかで「擬声語に極めて近い関係にある間投詞」として挙げている例のうち（*Paul*, 180）„perdauz"，„blauz"，„buff"，„plump" などはここに含まれていないから，絶対的な数値とは言えないけれども，一つの参考になる数値であるとは言えるであろう．序章で紹介した Havlik の『オノマトペ辞典』の見出し語数は 2,222 個であるが，これは慣行的オノマトペのほかにコミックから採集した偶成的オノマトペも合わせた数である．慣行的オノマトペのみで 400 という数字を多いと見るか，それとも少ないと見るかは，総語彙数との関係もあるが，他の言語のオノマトペの数と比べてみれば，ひとまず見当はつく．例えば日本語は，2007 年に初版が刊行された『日本語オノマトペ辞典』（小野正弘編，小学館）はタイトルに「擬音語・擬態語 4500」と説明を加えているし，「日本語の中から日常よく使われる擬音語と擬態語を採録」した（凡例のなかの言葉）『暮らしのことば　擬音・擬態語辞典』（山口仲美編，講談社　2003 年）は，カバーの帯に「擬音・擬態語（オノマトペ）2,000 語を集大成した」とうたっている．日本語ならびにドイツ語の総語彙数をいくつと見積もるにせよ，4,500 も 2,000 もドイツ語の 400 に比べるとはるかに多いと言わなければならない．また，1978 年第 4 版刊行の『擬音語・擬態語辞典』（浅野鶴子・金田一春彦著，角川書店）は，角川小辞典シリー

ズの一巻ではあるが,「小」とはいえ約1,000語を収めている.ドイツ語がオノマトペに乏しい言語であるとはかねがねよく聞かされてきたが,上のように実例を集めて合計してみると,その乏しさが具体的によく分かる.日本語にオノマトペが豊富であることについては,「これら東洋の言語(中国語・朝鮮語・日本語:乙政)に擬態語が豊かなのは,これらの言語が感覚ないし感情に優れているからである」という指摘もある(『言語学大辞典 術語編』,158).

言語としての表現能力という問題に今は立ち入らないでおくとして,この400個のオノマトペは三つのタイプから成り立っている.すなわち,

400個のオノマトペ { 「単綴型」オノマトペ 330個
「重複型」オノマトペ 16個
「複綴型」オノマトペ 54個

「重複型」のオノマトペは「単綴型」のオノマトペのバリエーションと見ることもできるから,両者を併せると346個となり,より正確には16×2＝32個を加えるとして,両型を併せて362個となり,「複綴型」オノマトペはそれの約7分の1である.つまりドイツ語のオノマトペの主流は,あらかじめ予想されたように,「単綴型」であると言うことができる.つまり,短母音音素にせよ長母音音素にせよ複母音音素にせよ母音音素1個を核として,その前後に単一の子音音素／複数の子音音素を配した構成がドイツ語のオノマトペのほぼ90%を占めている.つまり,もっと簡潔に比率で言い表すなら,**ドイツ語のオノマトペの10分の9が「単綴型」なのであり,10分の1が「複綴型」なのである**.

これら400個のオノマトペの意味的な内訳は,実例に眼を通されればただちに分かるように,鳥や動物などの鳴き声,人間が意識的あるいは無意識的に発する音声,主に人間がなす行為に伴う音,現象に伴う音,音を伴う主に人間の行為,音を伴う現象などであって,擬態語は非常に少ない.また,比喩的な意味に転用されている場合もごく僅かである.つまり,ドイツ語オノマトペの意味は**直接的に音響現象に関わっているのがほとんどである**のが特徴である.比喩的に使われて擬態語となり,「擬声(擬音)」の由来が分からなくなっている例はごく僅かである.例えば,bammeln「ぶらぶらと揺れる(綱などにぶら下がって)」,bummeln「ぶらつく」,Putsch「クーデター」,tattern「震える」,Tatze「(猛獣の)前足」,Tic「チック」,tuschen

「命令によって黙らせる」, Geck「伊達男」, pfuschen「ぞんざいな仕事をする」, ziefern「すぐにめそめそする」, fummeln「いじくりまわす」, futsch「失せた」, präpeln「おいしいものを食べる」, klittern「糊と鋏ででっち上げる」, kroß「ぱりっと焼き上がった」, Pfropfen「栓」, Schuncke「羊」, Schnuckelchen「子羊」, Schlappe「痛手」, Skiffle「ジャズの未発達な形態」, Schwarm「(昆虫・鳥・魚などの)群れ」, Schwumse*「殴打」など. また, 擬態語の数も少ない. 例えば, witschen「するりと出る」, wuseln「せわしなく動き回る」, wutsch!「さっ」, quabbeln「(プリンなどが)ぶるぶると揺れる」, kneipen「つねる」, knittern「しわくちゃになる」, knuffen「或る人をつつく」, zwatzeln「そわそわしている」, floppen「背面跳びをする」, flutschen「つるりと落ちる」, schwupp!「ぱっと」, schmaddern「泥などで汚す」, Flickflack「後転跳び」, Flipflop「フリップフロップ」, schwuppdiwupp!「ぱっぱっと」など. また, 音響現象に直接的に関わっているという印象を受けるのは, オノマトペの意味を説明する場合に, 音響現象の発生主体を例示することで説明するよりも, むしろ音響現象の発生条件を述べることによって音響現象を理解させようとしている場合がほとんどだからである.

2-2. 慣行的オノマトペにおける子音音素の分布
2-2-1. 単綴型オノマトペの語頭に立つ子音音素

　22個の子音音素のうち「単綴型」の「慣例的オノマトペ」の語頭に立つことのない音素は /tʃ/, /s/, /ç,x/, /ŋ/ の4個であった. その他の子音音素は, 頻度において差があるにせよ語頭に立つことができる. 残る18個のそれぞれの頻度を表にすると, 下のようである. 表1, 表2, 表3に分けて示す. <u>表1</u>には, 単綴型で単一の子音音素が語頭に立つオノマトペで a)「追加子音」がない K1V1 型, b)「追加子音音素」が1個の K1V1K1 型および c) K1V1K2 型, d)「追加子音音素」が2個の K1V1K2K3 型ならびに, e)「追加子音音素」が3個の K1V1K2K3K4 型が含まれる.

表1 単綴型オノマトペのうち単一の子音音素が語頭に立つ場合

①破裂音／閉鎖音	②破擦音	③摩擦音	④鼻音	⑤流音
/b/ /p/ /d/ /t/ /g/ /k/	/pf/ /ts/	/v/ /f/ /z/ /j/ /ʃ/ /h/	/m/ /n/	/l/ /r/
11 **22** 1 **13** 10 10	1 7	**13** 5 7 3 5 7	16 6	8 **15**
67	8	40	22	23

　これらの5種類のオノマトペの語頭に立つ子音としては，破裂音／閉鎖音と摩擦音が突出して多い．そして，破裂音／閉鎖音のなかでは /p/ と /t/ が，摩擦音では /v/ が，流音では /r/ が他に比べると頻度がかなり高い．このように子音音素の頻度に大きな差があるという事実がオノマトペの意味とどのように関連しているかは，第Ⅳ章の仮説の検討の際に考察する．

　これらの計160個のオノマトペを語頭の子音音素の頻度順に並べると下のようである．

　① 破裂音／閉鎖音音素 /p/ で始まるオノマトペ： 22個
　② 鼻音音素 /m/ で始まるオノマトペ： 16個
　③ 流音音素 /r/ で始まるオノマトペ： 15個
　④ 破裂音／閉鎖音音素 /t/ で始まるオノマトペ： 13個
　　 摩擦音音素 /v/ で始まるオノマトペ： 13個
　⑥ 破裂音／閉鎖音音素 /b/ で始まるオノマトペ： 11個
　⑦ 破裂音／閉鎖音音素 /g/ で始まるオノマトペ： 10個
　　 破裂音／閉鎖音音素 /k/ で始まるオノマトペ： 10個
　⑨ 流音音素 /l/ で始まるオノマトペ： 8個
　⑩ 摩擦音音素 /z/ で始まるオノマトペ： 7個
　　 摩擦音音素 /h/ で始まるオノマトペ： 7個
　　 破擦音音素 /ts/ で始まるオノマトペ： 7個
　⑬ 鼻音音素 /n/ で始まるオノマトペ： 6個
　⑭ 摩擦音音素 /f/ で始まるオノマトペ： 5個
　　 摩擦音音素 /ʃ/ で始まるオノマトペ： 5個
　⑯ 摩擦音音素 /j/ で始まるオノマトペ： 3個
　⑰ 破裂音／閉鎖音音素 /d/ で始まるオノマトペ： 1個
　　 破擦音音素 /pf/ で始まるオノマトペ： 1個
　　　　　　　　　　　　　　　　　　　　　　　計160個

II. 慣行的オノマトペの考察

次に，単綴型オノマトペのうち複数の子音音素が語頭に立つオノマトペを「追加子音音素」がない f) K1K2V1 型も含めて，h)「語頭子音」一個を有する K1K2K3V1K4K5 型までのすべてのオノマトペを対象に集計してみた．表2「単綴型オノマトペのうち複数の子音音素が語頭に立つ場合」がそれである．表2の第2段目の欄に記したのが語頭に立つ子音音素，第3段目の欄に記したのが第2位に立つ子音音素である．さらに第3段目に記したのが第3位に立つ子音音素である．ここでは，単綴型オノマトペのうち単一の子音音素が語頭に立つ場合と違って，<u>鼻音音素と流音音素は語頭に立つことがない</u>．第2位に立つ子音の種類もかなり種類が制限されて，破裂音／閉鎖音音素の次位には流音音素 /l/, /r/ か摩擦音音素 /v/, 鼻音音素 /n/ しか来ない．破擦音音素の次位に来ることができるのも流音音素 /r/ か摩擦音音素 /v/ に限られている．摩擦音音素の次位では，/f/ は /l/ としか結びつかず，/ʃ/ の次位でのみ子音の種類がやや豊富さを見せるが，それでも鼻音 /n/ と摩擦音 /v/ との結合が目につくにすぎない．これらの結合の数値のばらつきと意味との関連も，第Ⅳ章の仮説の検討の際の考察の対象となる．

一般的に言って，オノマトペにおいて複数の子音音素が語頭に立つ場合，語頭の子音音素は語頭第2位の子音音素の種類をいちじるしく制限する．少なくともオノマトペの場合は，**語頭**という位置は子音音素の分布にとって特別な「権能」を認められた位置であると思われる．

表2 単綴型オノマトペのうち複数の子音音素が語頭に立つ場合

①破裂音／閉鎖音					②破擦音			③摩擦音									
/p/	/d/	/t/	/g/	/k/		/pf/	/ts/	/f/	/s/	/ʃ/							
/l/	/l/	/r/	/r/	/r/	/l/	/v/ /n/ /l/ /r/	/r/	/v/	/l/	/k/	/p/	/t/	/v/	/m/	/n/	/l/	/r/
-	/m/	2	1	-	-	- - - -	-	-	-	-	-	/r/	-	/r/	-	-	-
11	2	2	1	11	5	11 24 26 5	2	2	7	1	1	2	1	1	**17**	2	**17** 10 3
98						4			62							

164

語頭の複数子音音素の結合の頻度を第1位に立つ子音音素の順に並べてみると，下のようになる．

① 破裂音／閉鎖音 /k/ ＋ 流音 /l/ で始まるオノマトペ： 26 個
② 破裂音／閉鎖音 /k/ ＋ 鼻音 /n/ で始まるオノマトペ： 24 個

ドイツ語オノマトペの研究

③ 摩擦音 /ʃ/ ＋鼻音 /n/ で始まるオノマトペ： 17個
　摩擦音 /ʃ/ ＋摩擦音 /v/ で始まるオノマトペ： 17個
⑤ 破裂音／閉鎖音 /p/ ＋ 流音 /l/ で始まるオノマトペ： 11個
　破裂音／閉鎖音 /t/ ＋ 摩擦音 /v/ で始まるオノマトペ： 11個
　破裂音／閉鎖音 /k/ ＋摩擦音 /v/ で始まるオノマトペ： 11個
⑧ 摩擦音 /ʃ/ ＋流音 /l/ で始まるオノマトペ： 10個
⑨ 摩擦音 /f/ ＋流音 /l/ で始まるオノマトペ： 7個
⑩ 破裂音／閉鎖音 /g/ ＋ 流音 /l/ で始まるオノマトペ： 5個
　破裂音／閉鎖音 /k/ ＋ 流音 /r/ で始まるオノマトペ： 5個
⑫ 摩擦音 /ʃ/ ＋流音 /r/ で始まるオノマトペ： 3個
⑬ 破裂音／閉鎖音 /p/ ＋ 流音 /r/ で始まるオノマトペ： 2個
　破擦音 /pf/ ＋ 流音 /r/ で始まるオノマトペ： 2個
　破擦音 /ts/ ＋摩擦音 /v/ で始まるオノマトペ： 2個
　摩擦音 /ʃ/ ＋ 鼻音 /m/ で始まるオノマトペ： 2個
⑰ 破裂音／閉鎖音 /d/ ＋流音 /r/ で始まるオノマトペ： 1個
　摩擦音 /ʃ/ ＋破裂音／閉鎖音 /p/ で始まるオノマトペ： 1個
　摩擦音 /ʃ/ ＋破裂音／閉鎖音 /t/ で始まるオノマトペ： 1個
　　　　　　　　　　　　　　　　　　　　　　計 164個

重複型のオノマトペは，原理的には単一型のオノマトペの繰り返しに過ぎず，バリエーションとして「幹母音」の交替が行われるのであるが，それもパターンは /ɪ/ → /a/ に限られており，再度交替が必要となれば /ɪ/ → /a/ → /ʊ/ の交替が行われるだけである．それゆえ，「重複型オノマトペ」を「単綴型オノマトペ」に分解して整理した．全体の数が少なくて，子音音素の種類もそれほど多くはないので，表にしても取り上げるべき特徴は現れない．単一子音だけでなく2個の子音から成る連続が語頭に立つ場合も含めたので，それらは第3段目の欄に記した．

表3　重複型オノマトペにおける語頭子音音素の分布

①破裂音／閉鎖音					②摩擦音		③鼻音	④流音
/b/	/p/	/t/	/g/	/k/	/v/	/ʃ/	/m/	/r/
-	-	-	/l/	/n/	-	/n/	-	-
2	5	5	2	6	2	2	4	2	4

34

Ⅱ．慣行的オノマトペの考察

　複綴型のオノマトペも，語頭の子音音素によって分類する．複綴型オノマトペの場合，語頭に必ずしも幹綴が来ないけれども，それにもかかわらず語頭の子音音素はオノマトペにとっては特徴を決める大切なはたらきをするので，語頭の子音音素によって分類するという原理を複合的オノマトペにも適用する．

　複綴型オノマトペにおける子音音素の分布には鼻音音素が見あたらない．また，子音連続が摩擦音音素 /ʃ/ にのみ見られるのも特徴である．

表4 複綴型オノマトペにおける語頭子音音素の分布

①破裂音／閉鎖音	②破擦音	③摩擦音	④流音
/b/ /p/ /d/ /t/ /g/ /k/	/ts/ /tʃ/	/v/ /f/　　/ʃ/　　　　/j/ /h/	/l/ /r/
- - - - /r/ - - /l/ /r/	- -	- - /l/ - /v/ /n/ /r/ - -	- -
2 1 2 7 3 6 3 3 1	2　4	4 1 2 2 2 2 1 1 1	1　3
28	6	16	4

2-2-2. 単綴型オノマトペの「追加子音」に現れる子音音素

　オノマトペの語頭に立つ子音音素がそれぞれにオノマトペの意味上の種類を決定するはたらきをしていると考えられるのと同様に，「幹母音」に続く「追加子音音素」は，語頭に立つ子音音素と連携してこれを助けてオノマトペが表す音響現象の段階的展開を示すはたらきをしていると推測されるので，はたらきを考察するのに先立って，「追加子音音素」の分布を調べてみる必要がある．

　破裂音／閉鎖音子音 /p/ を語頭に持つオノマトペは，「追加子音音素」の種類が他を抜いて種類が多く，語頭子音音素としての /p/ は多様なオノマトペを形成することが予想される．

表5 単綴型オノマトペのうち単一の子音音素が語頭に立つ場合の「追加子音音素」の分布

①破裂音／閉鎖音	②破擦音	③摩擦音	④鼻音	⑤流音
/b/ /p/ /d/ /t/ /g/ /k/	/pf/ /ts/	/v/ /f/ /z/ /ʃ/ /j/ /h/	/m/ /n/	/l/ /r/
11 22 1 13 10 10*	1　7	13* 5 7* 3 5 7	16　6	8 15
67	8	40	22	23

—61—

ドイツ語オノマトペの研究

/b/ /p/3 /d/ /p/4 /g/ /k/2	/ʃ/ /p/2	/ts/2 /p/ /p/ /p/ /m//tʃ/	/k/2 /k/	/tʃ/2 /t/
/ts/ /d/ /t/3 /k/5 /t/	/ts/	/tʃ/4 /tʃ//m/3/k/2 /l/2 /s/	/tʃ/ /z/	/x/ /k/2
/f/ /k/ /k/5 /x/ /ts/	/tʃ/	/z/ /ʃ/ /r/2/lp/ /ʃ/	/m/ /ʃ/2	/m/2/tʃ/3
/m/6 /ʃ/2 /ts/ /r/2 /s/	/f/	/ʃ/ /s/ /x/ /l/	/l/ /l/	/l/2 /f/
/l/ /tʃ/2 /f/ /ks/ /ç/2	/ʃ/	/m/3 /m/ /n/ /rm/	/r/ /kr/	/ʃ/2
/ms/ /s/ /ʃ/ /l/	/l/	/l/	/m/4	/ç/
/f/4				/m/
/x/				/r/
/ŋ/				
/s/＋/p/ /l/＋/k/			/m/＋/pf/	/s/＋/p/
/m/＋/s/			/n/＋/k/	/p/＋/s/
/s/＋/t/				
/m/＋/p/2				
/n/＋/k/3				

　単綴型で，複数の子音音素が語頭に立つオノマトペを**表7**と**表8**に集めて分類した．「追加子音音素」を伴わないe）K1K2V1型のオノマトペ2例を数に入れたため，オノマトペの総語数と「追加子音音素」の合計が一致しない場合が生じた．該当する総語数の右肩に＊を付けてある．単綴型オノマトペのうち複数の子音音素が語頭に立つ場合（1）で「追加子音音素」の多様性がとくに眼につくのは，

① /p/＋/l/ で始まるオノマトペ，
② /t/＋/r/ で始まるオノマトペ，
③ /k/＋/n/ で始まるオノマトペ，
④ /k/＋/l/ で始まるオノマトペ，
⑤ /ʃ/＋/n/ で始まるオノマトペ，

である．これらのオノマトペもまた，「追加子音音素」の多様性と相まって，音響現象を多様に再現するのである．

表6　単綴型オノマトペのうち複数の子音音素が語頭に立つ場合（1）の「追加子音音素」の分布

①破裂音／閉鎖音						②破擦音		③摩擦音							
/p/	/p/	/d/	/t/	/g/	/k/	/pf/	/ts/	/f/			/ʃ/				
/l/	/r/	/r/	/r/	/l/	/v/ /n/ /l/ /r/	/l/	/r/	/v/	/l/	/p/	/t/	/v/	/m/	/n/	/l/	/r/
10	2	1	10	4	9　16　21　5＊			6	1	1	9	2	14	7	4＊

— 62 —

Ⅱ. 慣行的オノマトペの考察

/d/2 /p/	/ʃ/	/b/ /k/4	/b/ /b/ /p/5 /k/	/pf/	/r/	/ts/	/p/3	/s/	/r/ /p/6 /d/	/b/	/b/ /m/
/ts/3 /l/		/p/4	/k/4 /p/ /k/6 /s/			/tʃ/	/ʃ/	/ts/2	/t/	/p/3	/p/2 /l/2
/tʃ/3	/t/		/tʃ/3/t/4 /t/ /x/2				/tʃ/	/n/		/t/	/ts/
/ʃ/	/tʃ/		/r/ /k/5 /pf/					/r/		/k/4	/r/3
/r/	/m/		/f/ /tʃ/4							/ts/	
	/m/		/l/ /n/							/f/	
	/l/2		/r/3 /ŋ/							/l/	
			/r/2							/r/2	

　表8には，単綴のオノマトペのうち語頭に二つの子音音素が連続し，かつ「追加音素」も二つである型のバリエーションを2種，すなわちg) K1K2V1K1K3型のオノマトペとh) K1K2V1K3K4型のオノマトペのほか，「追加子音」が3個のオノマトペi) K1K2V1K3K4K5型と，語頭に子音音素が3個連続する少数派のオノマトペj) K1K2K3V1K4型を網羅して表に収める．語頭に立つ第1子音音素は，① 破裂音／閉鎖音か ② 摩擦音に限られる．

表7　単綴型オノマトペのうち複数の子音音素が語頭に立つ場合（2）の「追加子音音素」の分布

①破裂音／閉鎖音								②摩擦音						
/p/	/t/	/g/	/k/				/f/	/s/	/ʃ/				
/l/	/r/	/l/	/n/	/v/	/l/	/r/	/l/	/k/	/p/	/t/	/v/	/n/	
3	1	1	8	6	6	1	1	1	5	/r/			
/n/ + /ʃ/	/n/ + /ts/	/k/ + /s/	/p/ + /s/2	/k/ + /s/	/p/ + /s/4	/s/ + /p/	/s/ + /t/	/f/ + /l/	/ts/	/n/ + /ts/	/p/ + /s/4	/r/ + /ʃ/	
			/s/ + /p/2		/m/ + /p/2			/ç/			/r/ + /n/	/p/+/s/	
			/s/ + /t/									/r/+/ʃ/4	
			/r/ + /ʃ/										
			/k/ + /s/2										
1	1	1	8	1	6	1	1	1	2	1	5	6	
/m/ + /p/ + /s/2													
1													

　第2欄に語頭第1位の子音音素を，第3欄に語頭第2位の子音音素を記した．「幹母音」に続く子音連続は二重線の下の欄に記したが，子音連続が3個の場合は太線の欄内に追記した．太線の下の欄は3個の子音連続の合計を示す．最下欄がオノマトペの総語数である．

— 63 —

「追加子音音素」が2個ないし3個以上の場合は，語頭の第1位に立つことができる子音音素の種類が破裂音／閉鎖音か摩擦音に限られることを上で見たが，「追加子音音素」が2個ないし3個以上の場合，「追加子音音素」の結合の組み合わせもまた種類が限られる．限られた種類の「追加子音音素」を数重ねることは，それだけオノマトペの意味にニュアンスを加える目的でなされることと推測するが，具体的な考察は第IV章の仮説検討の際に明らかにする．

　重複型オノマトペの子音音素数を集計するにあたって，重複型オノマトペを二つの単綴型に分解したのち，それぞれに含まれる子音音素の数を数えた．„meckmeck!" は，„meck!" というオノマトペが別にあるので，二つとして数えた．また，„piff, paff [, puff]!" の „puff!" もカッコ内に入れられているにもかかわらず数のうちに数えた．子音音素の合計は81個である．

　表9に見られるとおり，重複型オノマトペの語頭に立つことができる子音音素は，①破裂音／閉鎖音音素，③摩擦音音素，④鼻音音素，⑤流音音素の4種であるが，内訳の音素の種類は単一型の場合ほどのバラエティはない．語頭に立つことができるのは，摩擦音の子音音素のうち /v/ だけ，鼻音音素のうち /m/ だけで，そして流音音素としては /r/ だけである．破擦音音素は「追加子音音素」としてのみ現れる．

表8 重複型オノマトペにおける「追加子音音素」の分布

①破裂音／閉鎖音					②破擦音	③摩擦音	④鼻音	⑤流音
/b/	/p/	/t/	/g/	/k/	/ʃ/	/v/	/m/	/r/
2	5	5	2	↓	↓	2	2	6
/m/2	/f/3	/p/2	/k/2				/k/2	/tʃ/2
	/tʃ/2							/p/ + /s/4
		/k/ + /l/12		/ʃ/ + /n/8				
		/k/ + /n/4						
		/f/2	/p/4					
		/ŋ/2						
		/tʃ/2						
		/k/ + /s/4						
4	10	7	4	26	12	2	4	6

　複綴型オノマトペに分類してあるのは，要するに，複数の母音を持つオノ

II. 慣行的オノマトペの考察

マトペのことである．それゆえ，いわば複雑雑多なオノマトペのグループにすぎないのであるが，これに何とか整理をつけなくてはならない．その手掛かりの一つは「幹綴」である．私は，アクセントを担う母音と音綴を作る子音音素がオノマトペの表す音響現象の音色と深いつながりを持っていると考えているので，「幹綴」を単位として整理してみたのが表9である．ただ一つ困難があった．それは，複綴型オノマトペには2ヶ所にアクセントを持つ単語が含まれていることである．つまり，1個の単語に「幹綴」が2個見つかる訳である．そのため「幹綴」の合計数とオノマトペの合計数が一致しなくなってしまう．解決策として，語頭の「幹綴」の集計数のとなりに語頭に立たない「幹綴」の集計数を記入することにした．表のなかに＋/ŋ/2とか＋2とか記してあるのは語頭に立たない「幹綴」の数である．↓は当該の子音音素が単独では綴りを作らないで，印の指す下欄に＋記号で表した複合的な子音音素と「幹綴」を作ることを意味する．幹母音で終わる「幹綴」，つまり開音の「幹綴」は下から2段目の欄にイタリック体数字で記した．

表9 複綴型オノマトペにおける「追加子音音素」の分布

①破裂音／閉鎖音						②破擦音		③摩擦音			④流音	
/b/	/p/	/d/	/t/	/g/	/k/	/ts/	/tʃ/	/v/	/f/	/ʃ/	/l/	/r/
3	1	8	5 +2	8	6	1	3	3+1	3+1	6	5	2
/m/2 /ts/2 /m/ /l/	/l/	/tʃ/ /m/ /n/ /l/	/k/2+/ŋ/2 /k/3 /n/ /r/2	/g/ /n/	/n/+/t/	/ŋ/3		/p/	↓	↓	/m/ /ŋ/	/d/
2		5	4 +2	7	1	3		+1			2	1
			/d/ + /r/						/f/ + /l/2 /ʃ/+/n/2 /ʃ/ + /r/	/ʃ/ + /v/2		
			/p/ + /s/ + /t/						/p/ /k/	/p/ /m/2 /d/2		
		1	*1*					*2*		*5*		
1		2	4	1	5			3	+1	1	3	1
3	1	8	5 +2	8	6	1	3	3+1	3+1	6	5	2

なお，最後の欄は各オノマトペにおける「幹綴」の合計を示しているの

で，総合計は 58 となり，複綴型オノマトペの総語数 54 と食い違うが，これは同一オノマトペが複数の「幹綴」を持っている場合，それらを別に数えたために起きた食い違いである．(＋) 印で独立しない「幹綴」の数を示した．これらは合計 4 個となり，この数を総合計の 58 から減じると，総語数 54 と一致する．

3．オノマトペの意味を基準とする分類

3-1. *Havlik* の分類

E. J. Havlik の *Lexikon der Onomatopöien* に収められたオノマトペの見出し語は 2,222 であるが，彼はこれを 222 のテーマに分類した（Havlik, 262）．その分類の基準は，もっぱらオノマトペの基となった音響事象の具体的な発生源と発生形態であるように思われる．以下に彼の分類項目のすべてを引用する（Havlik, 160ff.）．

 I．人間の立てる声や音
  1) 不安の叫び・驚きの叫び
  2) 苦痛の叫び
  3) 死ぬ間際の叫び
  4) 精神に異常を来した者，憑かれた者の叫び
  5) 攻撃・闘争の叫び
  6) 馬を駆り立てるか制止する叫び
  7) 他者への呼び掛け
  8) 特殊な叫び・呼び声
  9) 歓喜の叫び・うめき
  10) 性的興奮状態の男性（強姦）
  11) おいしそうな物を見かけたとき口の中で立てる音
  12) 喜び・感動・大はしゃぎ・喝采・感歎・熱中
  13) 喜んでいる乳児
  14) 笑い・くすくす笑い
  15) メロディを口ずさむ
  16) ポップメロディにあわせて歌う
  17) ろれつが廻らない・どもる

Ⅱ. 慣行的オノマトペの考察

18) 口を塞がれているのに話そうとする
19) 深く息を吸ったり吐いたりする・パイプをふかす
20) 肉体的緊張におけるうめき・あえぎ・疲労困ばい
21) 不安のうめき・深い息づかい
22) 喉を絞められる・絞め殺される
23) 空気が不足して息ができない
24) 驚愕
25) つぶやく・囁く
26) 静かにするよう警告する
27) あくびをする
28) いびきをかく・眠る
29) 麻薬の影響を受けている
30) うとうとする・目覚める
31) 咳払い
32) 考え込む
33) 狼狽・不安・驚き・後悔
34) 泣く・喚く
35) 不機嫌・激怒・怒り・憤激
36) 不同意・軽視・軽蔑
37) 嫌悪・恐怖
38) 唾を吐く・唾を吐きかける・嫌悪・嘔吐
39) 鼻をくんくんいわせる・嗅ぐ
40) くしゃみ
41) 咳
42) 食べる・噛む・かじる
43) 飲む・呑む
44) 動物が飲む
45) げっぷ
46) 接吻・愛撫
47) その他の人間の発する音

Ⅱ. 動物の立てる声や音
　1）犬
　2）猫
　3）馬・らば
　4）豚
　5）象
　6）猿
　7）鼠
　8）蛙・ひきがえる
　9）蛇・ガラガラ蛇
　10）昆虫
　11）鶏
　12）雄鶏
　13）梟
　14）鳥一般
　15）雄の七面鳥
　16）雛鳥
　17）鴨
　18）烏
　19）龍
　20）雪男
　21）その他の鳥
　22）怪物
　23）空想上の動物・地球外の生き物
　24）動物の吠え声
　25）動物の食べたり噛んだりする音
　26）その他動物が立てる音

Ⅲ. 自然の音
　1）雨
　2）雷・雷雨
　3）嵐・サイクロン

II. 慣行的オノマトペの考察

4) 地底からの響き
5) 火山の噴火
6) 落石
7) 雪崩
8) 波・磯に砕け散る波
9) その他いろいろな自然の音

IV. 暴力の起こす音

1) 戦いの音・打ち合い
2) 打撃
3) 平手打ち
4) 足蹴
5) 鞭打ちの音
6) 斧の一撃
7) 短剣や槍で刺す
8) 人に投げつけること・投げつけられた物が当たる音
9) 火器・ピストル・レボルバーの発射
10) 大砲の発射
11) 機関銃や自動ピストルの一斉射撃
12) 未来世界の武器の発射
13) その他いろいろな射撃音
14) 跳弾・弾丸の空を切る音
15) 命中した弾丸・当たって跳ね返った弾丸
16) 投擲兵器の命中
17) 炸裂
18) 破壊
19) 引き裂く
20) 破裂・粉砕
21) 宙を飛んで地面に叩きつけられる
22) 墜落・衝突・激突
23) その他暴力に関するいろいろな音

V． 日常生活の中の音
1) 触れる・軽く叩く・突き倒す
2) がっちり掴む・ぱくりと食いつく・捉える・マッサージをする
3) 何かをさっと取り出す・取り去る・取り除く・盗む
4) さっと飛び出す・さっと飛びすさる
5) 滑り落ちる
6) 急いでいる・何かが空中を矢のように飛ぶ
7) 疾駆する猟犬の群
8) 外れて跳ね回るベッドのバネ
9) 跳ねる・ジャンプする
10) ダンスをする・ステップを踏む
11) 足音・ハイヒールで歩く音
12) 蹄の音
13) 羽ばたき
14) ぶつぶつ音を立てる・くっくっと鳴く
15) 湯が沸き立つ
16) 押し寄せて来る水・引いていく水
17) 水に飛び込む・水に落ちる
18) 誰かが溺れる
19) 船の沈没
20) 水を渉る・ぬかるみを渉る
21) 入浴する・水を浴びる
22) 水をぶちまける・注ぐ・跳ねかける
23) 水のなかを跳ね回る・泳ぐ
24) 濡れた物でぴしゃっと音を立てる
25) 拍手・喝采
26) 指を鳴らす
27) 掻く
28) 衣服を脱ぐ
29) マスターベーション
30) 性交
31) 揺れる乳房
32) 垂れた乳房

Ⅱ．慣行的オノマトペの考察

33） 心臓の鼓動
34） 婦人のメーキャップ
35） 拭く・撫でる
36） こする・磨く
37） 転がる・転がす
38） ガスの流出・噴出・スプレー
39） しゅっと音を立てる・点火する・焦がす・燃える
40） 綱や網などを切断する
41） 引っ張る・引き裂く・緊張させる
42） 揺り動かす・揺さぶる
43） ぱたんと開ける・ぱたんと閉める
44） ドアや門をばたんと開ける，あるいは閉める
45） ドアやブラインドがぎいぎい音を立てる
46） ドアをノックする
47） 拳でテーブルを叩く
48） 打撃ですさまじい音を立てる・どんどんと音を立てる
49） 建築工事
50） エアハンマー
51） 趣味で工作をする・鋸を引く
52） ハンマーによる打撃
53） 武具の鍛造
54） 金属に対する打撃・金属製の物体ががちゃがちゃいう
55） コインのふれあう音
56） その他いろいろな日常生活の音

Ⅵ．響き・音楽

1） ポピュラー音楽
2） 打楽器
3） シンバル
4） エレキ音楽
5） ハープ
6） トランペット，トロンボーン，フルート，ホルンなどの吹奏楽器

7) 鐘・鈴
8) 鐘の妖精
9) 玄関のベル・玄関のブザー
10) 電話
11) 目覚まし・時計
12) 乗車券自動改札機
13) 警笛
14) その他の響きや音楽

Ⅶ. 交通の雑音・エンジン
1) パトカーや消防車のサイレン
2) 蒸気機関車の汽笛
3) 自動車のクラクション
4) 古いおんぼろ自動車
5) タイヤがはずれリムで走る自動車
6) ブレーキをかける自動車・きしむタイヤ
7) 道路の雑音
8) レーシングカー
9) バイク
10) モーターボート
11) 飛行機
12) ヘリコプター
13) エンコする軍用機・激しく揺れる軍用機
14) ハイジャックされた飛行機内の騒擾
15) 鉄道・蒸気機関車
16) その他の乗り物
17) エンジン

Ⅷ. 機械装置や電気装置の音
1) 撮影機・上映装置
2) タイプライター
3) ミシン・織機

Ⅱ. 慣行的オノマトペの考察

   4) 何かを器械か水圧で持ち上げる・繰り出す
   5) 一般に機械の立てる音
   6) その他いろいろな機械の立てる音
   7) ラジオや無線装置の雑音
   8) 無線の信号
   9) 電気の接触を中断する・接続する
   10) 電気的な雑音・放電・短絡
   11) コンピューター
   12) 電動鋸
   13) その他の電気的な雑音
   14) 実験室における雑音

 Ⅸ. 未来の音・シュールな音
   1) 未来の装置
   2) 未来の乗り物
   3) 宇宙船・ロケット
   4) テレポート
   5) 力の伝達・変身・魔法
   6) シュールで抽象的に使われた音

Havlik が資料としてドイツ語版のみならず英語版, フランス語版, イタリア語版の 90 種類にも及ぶコミック雑誌を渉猟したことはすでに述べたが, そればかりでなくて子供向けのコミックに止まらず成人向けのものまで手を広げていたことは, 例えば「Ⅴ. 日常生活の中の音」にかなりきわどい項目が拾われていることから窺える. このように渉猟の幅が広いことが, 上で見たように項目の多様性となって現れているのであるが, この多様性は彼が自ら集めた資料を整理してみてはじめて, つまり結果的に見出したものであろう. 初めに特定の視点に基づく体系を立てて, それに従って整理したものとは思えない. この分類法の第一の問題点は, 音源の種類に限りがないことである.

3-2. 乙政 (1985) の分類
Havlik の分類法の欠点をいくらかでも克服して, オノマトペの体系的な

分類法を立てようとして，乙政(1985)は下記のような分類を試みた．

Ⅰ．生物が口や鼻から発する声や音
　1．人間が発する声
　　a．明らかな表現の意図を以て発している
　　b．行為に伴って半ば無意識的に発せられている
　　c．感情の表出として（時には半ば無意識的に）発せられている
　　d．不随意に発せられている
　2．人間が口や鼻から発する音
　3．人間が口や鼻以外から発する音
　4．動物が発する声

Ⅱ．無生物が発している
　　a．本来音を発するための物が発している
　　b．本来の作動が1回きりの運動である
　　b-1．本来の作動が連続運動である
　　b-2．装置の作動が1回きりの運動である場合

Ⅲ．現象が発している
　1．一つの存在から発している
　　a．一つの存在の瞬間の行為から発している
　　b．一つの存在にまつわる瞬間の出来事から発している
　　c．一つの存在にまつわる瞬間よりはやや長さのある出来事から発している
　　d．反復される出来事から発している
　2．二つの存在の遭遇によって発生している
　　a．動く固体と動かぬ固体の瞬間的な遭遇
　　　a-1．大きな動く固体と動かぬ固体
　　　a-2．小さな動く固体と動かぬ固体
　　b．動く固体と動かぬ固体の継続的あるいは反復的な遭遇
　　c．動く固体と動かぬ液体の瞬間的な遭遇
　　d．動く気体と動かぬ気体の遭遇

    e. 動く液体と動かぬ固体の遭遇
    f. 動く気体と動かぬ液体の遭遇
    g. 動く気体と動かぬ気体の遭遇
  3. 二つ以上の存在の遭遇によって発生している
　私は1985年当時，この分類法を自分の収集したオノマトペの実例に適用してみて分類困難な事例に出会うことがなかったため，まずは満足していたが，それでもこの分類法には欠点を感じていた．それは，オノマトペの分類が一本の原理で貫かれていない点であった．しかし，この欠点は，結局，取り除くことができないことを覚った．それは，オノマトペのなかに音源の種類を特定し易いものと，音源の種類を明確に限定することができないものとが混在しているという事態が動かすことのできないからであった．そこで，オノマトペの分類には二本の原理を併用せざるを得ないことを前提にして，改めてなるべく矛盾の少ない分類基準を考えることにした．

3-3. ドイツ語の辞典の意味説明と分類基準

　新しい分類基準を定めるにあたって考慮に入れたのは，ドイツ語の辞書の意味の説明の仕方である．

　私がこの第Ⅱ章で慣行的オノマトペの意味を考察して得たのは，ドイツ語のオノマトペは意味的に直接的に音響現象に関わっているのがほとんどであり，比喩的な意味や擬態語に使われているのは僅かである（56ページ）という結果であった．これは „lautmalend" ないしは „lautnachahmend" をオノマトペの基本性格と認めた以上，当然の帰結である．„lautmalend" ないしは „lautnachahmend" を基本性格とするオノマトペの意味を説明するためには，ドイツ語の辞書は，音源の発生条件・発生形態を説明することによってオノマトペの意味を読者に理解させる形を採らざるを得ない．例えば，*Duden in 10 Bdn.* は „klapp!" を「軽い打撃による短くて鈍い音，あるいは，軽い破裂の擬音語」(lautm. für einen kurzen, stumpfen Ton durch einen leichten Schlag od. für einen leichten Knall) と説明し，„klaps!" を「軽くぴしゃっと打つ音の擬音語」(lautm. für ein leises klatschendes Geräusch) と説明し，また „plumps!" を「（重い）落下物体が跳ね返った際に生じるような，鈍い破裂音」(lautm. für ein dumpfes, klatschendes Geräusch, wie es beim Aufschlagen eines [schweren] fallenden Körpers entsteht）と説明している，つまり，音響現象を引き起こす物理的・外的条件を述べることによって説明するのがドイツ語の辞書におけるオノマトペの意味説明の仕方である．それも，条件の具体性を重んじながらも，できる限り条件を一般的に説明している．これは，私が慣例的オノマトペに添えた独和辞典の訳語を見たのでは気づかない事柄である．そこでは，例えば *Duden in 10 Bdn.* のような説明方法ではなくて，日本語の言語描写の特性にしたがってできる限り具体的に状況を活写しようとして，個別的なオノマトペが選ばれている．例えば „klapp!" は，「かたん（硬い物がぶつかる音）；ばたん（ドアなどが閉まる音）；ぴちゃん（水がはねる音）」と説明されている．それゆえ，日本語の訳語を手掛かりにしてオノマトペの分類を考えようとすると道を誤ってしまう．

　他方，ドイツ語の辞書はけだものや鳥などの鳴き声に関しては鳴き声を立てるけだものや鳥などの名前を挙げることによってオノマトペの意味の説明としている．例えば，„wau, wau!" は「犬の吠え声の擬声語」（lautm. für das Bellen des Hundes）．また，„mäh!" は「めえ（羊・山羊の鳴き声）」のように，また，けだものや鳥などの鳴き声以外でも音響現象の音源が特定の存在に限られる場合は，音源の具体的な名前をなるべく挙げるようにしている．例えば，„bim, bam!" に対する「音の高低が交替する（鐘の）響き」，あるいは „peng!" に対する「銃砲・火器などの破裂・発射の擬音語」（lautm. für einen Knall, einen Schuss aus einer Waffe o. Ä.）のように，つまり，ドイツ語の辞書はオノマトペの意味を説明するのに，音源を明示する代わりに音源の物理的・外的条件を非常に一般的な表現で述べるという方法と，音響現象を引き起こす主体，つまり音源を明示するという方法の二つである．

　分類基準を一本化することは，例えば，音源を明示できないオノマトペも音源が限定され得るオノマトペも，区別なく一律に音源の物理的・外的条件を非常に一般的な表現で述べる方式で説明することである．例えば，„mäh!" を「めえ（羊・山羊の鳴き声）」と説明する代わりに，「鼻にかかった振動音」と説明したり，„bim, bam!" を「音の高低が交替する，震えを帯びた硬質の打撃音」と説明したりすれば，原理的にはすっきりと一本になる．しかし，このような持って回った意味説明は実際には理解を困難にし，結局は説明したことにならないであろう．あるいは逆に，すべてのオノマトペを音源の種

II. 慣行的オノマトペの考察

類一本で説明しようとするならば，こんどは音源の種類が無制限にふくれあがり，それこそ整理がおぼつかなくなるのは目に見えている．Havlik は，音源の種類一本で分類したがゆえに項目が 222 にも及んだのであった．しかも，この数は彼が収集をなおも続けていたならば，さらに増え続けたと思われる．それは，音源の種類一本で分類するときの避けられない結果である．

そこで私は，ドイツ語のオノマトペを分類するにあたって，ドイツ語の辞書の意味説明において大幅に使われている説明原理，つまり音源を明示する代わりに音源の物理的・外的条件を非常に一般的な表現で述べる方法を主とし，音源を明示してオノマトペの意味理解を助ける方法は従とする二方向原理併用の方針を採用することにした．すなわち，音源を明示する方法を適用するのはけだものや鳥の鳴き声，ならびにその鳴き声に由来する名称だけに限ることにし，残るオノマトペにはすべて音源の物理的・外的条件を非常に一般的な表現で述べる方法を適用することにした．人間の話し方さえも，音の種類として分類する訳である．ただ，この分類の仕方では多種多様な音源が少数の音の種類に一括されてしまうので，個々のオノマトペの音響的特徴を見通すことが困難になる．そこで，困難緩和の対策として例えば「音源が明示されていない場合」という大項目の下にいきなり „pardauz" を収めるのではなくて，まず「二者の遭遇から発する音」という中項目を設け，さらにその下に「重量ある固体の衝突」という小項目を設けて，はじめてそこに „pardauz" を分類する訳である．また，擬態語や比喩的用法のオノマトペも，オノマトペの例外として除外することをしないで，語源が分かっている限りは，それぞれ語源の意味において相応する中項目の下に分類した．

この分類法の全体構想は下のようである．（　）内に擬態と記したのは，擬音語が比喩的に使われてむしろ擬態を表す場合をも含むことを意味する．

A．音源が明示されていない場合
　I．二者の遭遇から発する音
　　1）重量ある固体の衝突
　　2）硬質の固体の衝突
　　3）合体
　　4）軽い固体の衝突

5）がらくたの衝突
6）足音
7）殴打
8）打撃
9）軽い打撃
10）割る
11）突く（擬態）
12）軽く嚙み砕く／それに類する行為
13）接触
14）つねる・つまむ・揉む
15）摩擦
16）平手打ち／それに類する行為
17）水なぶり／それに類する行為
18）泥なぶり／それに類する行為
19）液体の移動
20）降水
21）固体と気体の遭遇
22）液体と気体の遭遇

Ⅱ．破裂音
　1）破裂
　2）発射

Ⅲ．振動音
　1）唸り
　2）震え・揺れ（擬態）
　3）きしみ

Ⅳ．移動・動作に伴う音
　1）跳ぶ（擬態）
　2）素早い動き（擬態）
　3）転落
　4）のろい動作（擬態）
　5）滑る（擬態）
　6）気体の移動

Ⅱ．慣行的オノマトペの考察

Ⅴ．人間が発する声・音
  1）発声
  2）声以外の音
  3）口以外のところから発する音
  4）しゃぶる／啜る／吸う音

B．音源が特定できる場合＝動物が発する声
  1）牛
  2）馬
  3）驢馬
  4）豚
  5）羊
  6）山羊
  7）犬
  8）猫
  9）鼠
  10）鹿
  11）猫・鼬
  12）蛙
  13）やもり
  14）鶏
  15）七面鳥
  16）鴨・あひる：鷲鳥
  17）雀
  18）椋鳥
  19）つぐみ
  20）烏
  21）鳩
  22）郭公
  23）梟・木菟
  24）白鳥
  25）石千鳥

26）かけす
27）ぶっぽうそう
28）きたやなぎむしくい
29）雷鳥
30）うみがらす
31）鳥全般
32）蝉
33）蠅
34）昆虫
35）魚

3-4. 慣行的オノマトペの分類

　上で述べた分類を 31～55 ページで集めた慣行的オノマトペに適用してみよう．語義が複数にわたる場合は，それぞれの語義毎に一々分類したので，分類されたオノマトペの総数は合計を上回っている．各項目の下に集めたオノマトペは「1-2. 配列順序」で述べた順序に従って並べてある．すなわち，まず語頭の子音音素の調音様式に従って振り分け，同じ語頭子音のオノマトペどうしは母音の分類の順序（31 ページ）に従った．さらに追加子音がある場合には「追加子音音素」の調音様式に従って振り分けた．また，複綴型のオノマトペは，幹綴を作る子音音素の調音様式を手掛かりとして配列順を定め，該当位置に配列した（ただし，gargarisieren だけは例外として /g/ の下に配列した）．

3-4-1. 音源が明示されていない場合

Ⅰ．二者の遭遇から発する音

1）重量のある固体の衝突

bauz　　（どしん，ばたん（衝突音又は落下音））
baff　　（adj.〔俗〕～sein あっけにとられている．〔原義 „verdutzt wie nach einem plötzlichen Schluss" 突然の火器発射のあとのように唖然としている））
bum!　　（がん，どん，どしん（打撃・落下などの鈍い音））
bums!　　（がん，どん，どしん（打撃・落下などの鈍い音））

II. 慣行的オノマトペの考察

bar'dauz	(どたん,がたん)
par'dauz	(どたん,がたん)
ballern	(ずどんずどんと音をたてる(大砲などが))
plauz!	(<ugs.> どしん,ばたん)
plumps!	(ずしん,ずどん(重い物体が落下・転倒する音);どぼん(水中に落ちる音))
plumpsen	(<ugs.> ずしん(どすん・どぼん)と音を立てる)
quiek!	(ぎいっ,きいっ(戸・ブレーキなどの音))
wumm!	(突然の鈍い音,ばん(どん・どかん)という音,衝突の擬音語:*Duden in 10 Bdn.*)
rums!	(鈍い音を立てて落下・衝突する際の騒音の擬声(擬音)語)

2) 硬質の固体の衝突

Toka'dille [...'dɪljə]	([スペイン語の tocadill.「接触された」を意味する tocado より. これは「打つ, 叩く」を意味する tocar より. 擬声(擬音)語]. サイコロを使うスペインの盤上ゲーム)
klappen	(1(一端が固定してある蓋などが)ぱたんと開く(閉じる). 2かたん(ばたん・かちっ)と音を立てる)
klapp!	(かたん(硬い物がぶつかる音);ばたん(ドアなどが閉まる音))
krach!	(ばりっ,めりっ,がちゃん,ばたん,どしん(物が砕けたり落ちたりする音))
krachen	(ばりっ(めりっ,がちゃん,ばたん,どしん)と音を立てる)
pimpern	(かちゃかちゃ(ちゃらちゃら)と音を立てる)
Pinke	(金,銭)
pinken	(〔方〕かちんと叩く)
Tic	(チック(顔面などの筋肉の,反復する不随意的痙攣))
tick!	(かちかち(かたかた)音を立てる擬音語:*Duden in 10 Bdn.*)
tacken	(かたかた(ちかちか)と音を立てる)

tick*en*	(かちかち(かたかた)音を立てる)
klack!	(1 かちゃん，かちん，かちゃっという音)
klack!	(2 → klacks!)
klack*en*	(かちゃん(かちん，かちゃっ)と音を立てる)
klacks!	(がちゃん；ぼとん，べちゃっ(粥状の物が落ちる音))
klick!	(かちゃっ，かちり)
klick*en*	(かちゃっ(かちり)と鳴る，かちゃっ(かちり)と音を立てる)
klick*ern*	(〔方〕 → klicken)
Knick*er*	(<nordd.> ビー玉)
klemp*ern*	(板金(ブリキ)をハンマーで叩く(打つ))
klimp*ern*	(かちゃかちゃ(ちゃらちゃら)音を立てる(と叩く))
klirr!	(がちゃん，かちゃん)
klirr*en*	(がちゃがちゃ(かちゃかちゃ)音を立てる)

3) 合体

knips!	(ぱちっ，ばちん，ちょきん)
knips*en*	(1 (乗車券などに)パンチを入れる．2 (スイッチを)入れる)
klapp!	(かたん(硬い物がぶつかる音)；ばたん(ドアなどが閉まる音)；ぴちゃん(水がはねる音))
klapp*ern*	(かたかた(がたがた)と音を立てる)
klipp	(～, klapp! かたかた，ぱたぱた，ぴちゃぴちゃ)
klapp!	(かたん(硬い物がぶつかる音)；ばたん(ドアなどが閉まる音)；ぴちゃん(水がはねる音))
schnapp*en*	(1 (a) nach et.[3] (jm.) 〜或事(人)にぱくっと食いつく 2 (a) (蓋などが)ぱたんと音を立てる；(ドアの錠のボルトが)かちっと音を立てる；(鋏の)ちょきんという音がする)
schnipp!	(ぱちっ(指ではじく音；指を鳴らす音)；ちょきっ(糸などを鋏で切る音))
schnapp!	(1 (a) ぱたん，かちっ(蓋・錠などのしまる音). (b) ぱっと)

Ⅱ. 慣行的オノマトペの考察

  schnapp, schnapp!   （ちょきちょき（鋏で切る音））
  schnipp, schnapp!   （同上）
  schnacke*ln* （1<bayr.>mit den Fingern 指をぱちっと鳴らす．2 非
     人称的 <ugs.>es schnackelt ぱりっ（めりっ・どかん）と
     音がする）
  schnicke*n* （〔方〕mit den Fingern〜指をぱちんと鳴らす）
  Schlappe （痛手，打撃）
4）軽い固体の衝突
  rumme*ln* （〔方〕→ rumpeln がたがた（ことこと）音を立てる）
5）がらくたの衝突
  bam   （がらんがらん，からんからん（鐘の音））
  bim!   （からん（鐘の音））
  bimme*ln* （ちりんちりん（りんりん）鳴る）
  'bim 'bam! （からんからん，がらんがらん）
  tsching'bum   （じゃんどん（シンバルと大太鼓の音））
  didel'dum （ぷーぷかぷーぷか（手回しオルガンなどの吹奏の口ま
     ね；たらったった（歌，舞踏などに合わせて出すはやし
     言葉））
  dideldum'dei （同上）
  Tam'tam （銅鑼，ゴング，タムタム（銅製の打楽器））
  'Tingeltangel （低俗な音楽）
  Tromme*l* （太鼓）
  tröte*n*   （〔方〕blasen（吹奏楽器を）吹く：*Duden in 10 Bdn.*）
  Tok'kata [tɔ'ka:ta]（〔音楽〕トッカータ）
  kladdera'datsch!（がちゃーん（陶器などが落ちて壊れる音））
  scheppe*rn* （がらんがらん（がちゃがちゃ）と音を立てる）
  schäcke*rn** （同上）
  schmette*rn*（がしゃーん（どーん・ばたん）と叩きつける（投げつけ
     る））
  schwups! （→ schwupp!）
  Ra'dau （<ugs.> やかましい音）
  ratte*rn* （がらがら（かたかた）音を立てる）

6) 足音
 tapp! （とんとん，ことこと，ぴたぴた(軽く打つ音，軽い(はだしの)足音))
 tipp, tapp! （ぴたぴた(はだしで歩く足音))
 klapsen （jn.（jm. auf die Hand）～或人(或人の手)をぴしゃっと叩く）
 traben （〔馬術〕速歩で馬を走らせる；(馬が)はやあしで走る）
 trapp! （1 **(a)** ぱかぱか(蹄の音). **(b)** ぱたぱた，どたどた；(特に)だっだっ(行進の足音))
 trappen （どたどた足音を立てて歩く）
 trappeln （1 とことこ歩く．2 ぱたぱた足音を立てる）
 trippeln （小走りに(ちょこちょこと せわしなく)歩いて行く）

7) 殴打
 Skiffle （ジャズの未発達な形）
 'Schwumse*（〔語源の詳細は不明．おそらく擬音(擬態)語〕〔方〕Prügel《複数で》<ugs.> 殴打）

8) 打撃
 Glocke （鐘）
 kling'ling! （りんりん，かちかち，からんからん）
 Skiffle ['skɪfl]（〔engl. skiffle. これ以上の由来は未詳．おそらく擬声・擬音語〕Jazz の未発達な形．洗濯板・櫛・瓶のような素朴な楽器で演奏された：*Duden in 10 Bdn.*）
 schrumm! （ジャン，ジャジャーン(弦楽器の終止和音の擬声語))
 schrill （adj. 甲高い，けたたましい）
 schrillen （甲高く響く，けたたましく鳴る）
 'tschingderassabum!（((どら・太鼓などの音)ドンチャン，ジャンジャンドンドン：『小学館独和大辞典』)
 'tschingderassassa!（じゃんたたたっ(シンバルと小太鼓の音))
 'tschingtaratata（擬音語．とくにシンバルとドラムの音：*Klappenbach / Steinitz*†）
 'schrumm'fidebum!（ジャン，ジャジャーン(弦楽器の終止和音の

Ⅱ. 慣行的オノマトペの考察

  擬声語))
'schnedderen'teng! （たったかたったったー，ぷっぷくぷっぷっぷー（らっぱの音））
'schnedderenteng'teng （同上）
'ticktack! （(時計の音)かちかち，チクタク）
tucker*n* （(モーターやトラクターなどのエンジンが)だっだっと音を立てる）

9) 軽い打撃
pink （(ヒワの鳴き声や明るい打撃音)ピン，チン，カチン）
picke*n* （(嘴で)つつく）
plotze*n* （1叩く）
poche*n* （とんとんと叩く）
pumpe*rn* （<südd., österr.> どんどんと叩く）
klopfe*n* （(とんとんと軽く)叩く）
kling! （～, klang! りんりん，かちかち，からんからん）
kling, klang! （りんりん）

10) 割る
klitte*rn* （1(作品などを)糊と鋏ででっち上げる．2(いろいろな事実・意見などを)漫然と寄せ集める．3〔方〕細かく割る(砕く)）

11) 突く（擬態語）
knuffe*n* （[nd.] <ugs.> 或人をつつく(こぶし又は肘で)）

12) 軽く嚙み砕く／それに類する行為
Kro'kant （[フランス語 croquante = Knusperkuchen（ぱりっと焼き上がった菓子）; <fr. croquer = knabbern（ぼりぼり食べる，擬音）：砕いたアーモンドかクルミとカラメル糖で作ったぱりっと焼き上がった塊：*Duden in 10 Bdn.*）
knuspe*rn* （〔方〕ぼりぼり食べる）
knispe*ln* （〔方〕(指で触れると)パリパリ音を立てる：『小学館独和大辞典』）
knabbe*rn* （ぼりぼり食べる）

kroß　　　（adj.〔方〕[knursprig] ぱりっと焼き上がった(パン・焼肉など))

13）接触
rascheln　　（(木の葉などが)かさこそ(さらさら)音を立てる）
wuscheln　　（[おそらく↑wischen の影響を受けたか] 豊富な髪を手で梳くことの擬声(擬音)語にして擬態語）
fummeln　　（[低地ドイツより．<spätmnd. fummelen, 本来はおそらく擬声(擬音)語]：*Duden in 10 Bdn.*；(...を)いじりまわす：『小学館独和大辞典』）
hissen　　　（(旗を)掲げる；(帆を)上げる）
mampfen　　（(口一杯頬張って)もぐもぐやる）

14）つねる・つまむ・揉む（擬態語）
kneipen　　（〔方言的〕恐らく擬声(擬音)語．つねる，つまむ：*Duden in 10 Bdn.*）
fusseln　　　（いじりまわす）

15）摩擦
humpeln　　（びっこを引く）
schlappen　　（(床に)足をするようにして歩く）
schlorren　　（〔方〕足を引きずって歩く）
zischen　　　（しゅっしゅっと音を立てる）
Maul　　　　（(動物の)口）
hatschen　　（足を引きずるようにして歩く）
latschen　　（<ugs.> だらしなく足を引きずって歩く）

16）平手打ち／それに類する行為
patsch!　　（ぱちっ，ぴしゃっ(平手打ちなどの音)；ぱちゃっ，ぴちゃっ(ぬかるみに落ちたときなどの音)）
'pitsch, 'patsch!　（ぴちゃぴちゃ）
panschen　　（水の中でばちゃばちゃやって遊ぶ(子供が)）
platzen　　　（破裂する；(爆弾・砲弾が)炸裂する；(タイヤが)パンクする））
quatsch!　　（ぱしゃっ，ぴちゃっ）
klatschen　　（ぱちっ(ぴしゃっ・ぱしゃん)と音を立てる）

Ⅱ．慣行的オノマトペの考察

klitschen （ぴしゃっと音を立てて当たる）
klatsch! （ぱちっ，ぴしゃっ，ぱしゃん(びんたなどの音)；ぱしゃん，ばたん，どさっ(物が落ちる音))
Claque （(劇場の)雇われ喝采屋たち）
klitsch! （ぴしゃっ；〜，klatsch! ぴしゃっぴしゃっ）
klaps! （ぴしゃっ(頬などを叩く音)）
klapsen （jn.（jm. auf die hand) 〜或人(或人の手)をぴしゃっと叩く）
klitsch, klatsch! （ぴしゃっぴしゃっ）
Watsche （<bayr., öster.> [Ohrfeige] びんた，平手打ち）

17) 水なぶり／それに類する音

pudel**n** （〔方〕水をばちゃばちゃやる）
planschen （ぱちゃぱちゃ水を跳ね飛ばす）
plätscher**n** （ぴちゃぴちゃと音を立てる）
platsch! （ぱちゃん(水面を打つ音)）
platschen （<ugs.> ぱちゃん(ぱちゃぱちゃ)と音を立てる）
quatschen （ぱしゃぱしゃ(ぴちゃぴちゃ)音を立てる）
klaps! （ぴしゃっ（頬などを叩く音））
schwapp! （ぱちゃっ(液体が勢いよくこぼれる音)；ぴしゃっ(叩く音))
schwapps!* （→ schwapp!）
schwappen （ぱちゃぱちゃと音を立てる(液体が容器の中で揺れて))
schwipp* （→ schwapp）
schwips! （→ schwipp!）

18) 泥なぶり／それに類する行為

schmadder**n** （nordd. 泥などでよごす）
matschen （ぱちゃぱちゃ水(泥)を跳ね飛ばす）
naschen （つまむ(お菓子などを：乙政)）

19) 液体の移動

schwupp! （2 ざーっ(水をかけるときなどの音)）
suppen （〔方〕1 スープを飲む）

— 87 —

20）降水
- **pladd**ern　　（<nordd.> 大粒の雨がぱらぱら音を立てて降る）
- **drasch**en　　（［= lärmen（騒がしい音を立てる），heftig rauschen =（激しくざわめく）（特に雨が）），おそらく擬音語．雨が降る：*Duden in 10 Bdn.*）
- **fiss**eln　　（霧雨が降る：『小学館独和大辞典』）
- **fusch**eln　　（［方］imp. es fusselt 小雨が降っている）
- **schülp**en*, **schülp**ern*　　（［mniederd. schulpen. おそらく擬声（擬音）語］（nordd.）：↑ schwappen とほぼ同義．）

21）固体と気体の遭遇
- **hiss**en　　（（旗を）掲げる；（帆を）上げる）
- **wuz**eln　　（<bayr., öster.> 回す［drehen］，巻く［wickeln の擬音語にして擬態語］）
- **wus**eln　　（せわしなく（活発に）動き回る）
- **flapp**en　　（［低地ドイツ語より．たぶん擬声（擬音）語］（たいていは布からできた物について）拍手するような音とともに（風の中を）動く：*Duden in 10 Bdn.*）
- **ritsch!**　　（**1** → ratsch! **2** びゅーん（高速で風を切って進む音））

22）液体と気体の遭遇
- **gluck!**　　（**2** とくとく，ごぼごぼ（液体が立てる音））
- **gluck**ern　　（（液体が）とくとく（ごぼごぼ・ぼちゃぼちゃ）音を立てる）
- **glucks**en　　（→ gluckern）
- **supp**en　　（**2** じくじくする（傷などが））

Ⅱ．破裂音
1）破裂
- **paff!**　　（ぱあん（銃声などを表す））
- **puff!**　　（ぱん，ぽん（銃声などの鈍い響き））
- **Puff**　　（（鈍い響き）ぱん（ぽん）という音）
- **peng!**　　（（物が倒れたり落ちたりする音）パタン，ガチャン；（銃

II. 慣行的オノマトペの考察

砲を発射する音)パン，パン：『小学館独和大辞典』)

piff, paff [**, puff**]! （ぱんぱんぱーん(銃声)）

Putsch （クーデター：[schweiz. bütsch（15. Jh.）=heftiger Stoß, Zusammenprall, Knall（wahrscheinlich lautm.）] スイス方言の bütsch（15世紀）＝激しい衝突，激突，破裂(おそらく擬音語)]：*Duden in 10 Bdn.*)

Pfropfen （栓）

pfropfen （栓をする）

präpeln （おいしいものを食べる）

2) 発射

puschen （〔話〕(音を立てて)小便をする：『小学館独和大辞典』)

pissen （〔俗〕小便する）

'wiescherln （[オーストリア．幼児語] 小便をする）

'wiescheln （→ wiescherln）

tut! （〔幼児語〕(警笛・角笛などの音)～，～! ぶーぶー，ぷーぷー)

tuten （(警笛・号笛・角笛などが)ぶーぶー(ぷーぷー，ぽーぽー)と鳴る）

tüt! （〔幼児語〕角笛・クラクションなどの音の擬音語：*Duden in 10 Bdn.*)

töff （〔幼児語〕ぶーぶー(自動車などの警笛の音)）

'ta'tüta'ta! （ぴぽーぴぽー(パトカー，救急車などの警笛の音)）

III. 振動音

1) 唸り

sirren （ぶんぶん(ぶーんと)いう(昆虫などが)）

surren （ぶーんと音を立てる）

summen （(蜂などが)ぶーんと音を立てる）

summen （(モーターなどが) ぶーんとうなる）

schnarren （じりじり(じじじ・ぶんぶん)いう音を立てる）

schnurren （(扇風機・糸車などが)ぶんぶん(ぶーん)と音を立てる；(目覚まし時計・電話が)じりじりと鳴る；(猫が)の

　　　　　　　　　　　ドイツ語オノマトペの研究

　　　　　　どをごろごろ鳴らす）
　　　schwirren　（(モーターなどが)ぶーん(ぶんぶん)と音を立てる）
　　　schwirren　（(昆虫などが)ぶーん(ぶんぶん)と音を立てる）
　　　wummern　（(モーターなどが)鈍い音を立てる）
　　　ritsch, ratsch!（びゅんびゅん）
　2）震え・揺れ（擬態）
　　　bammeln　（〔方〕ぶらぶら揺れる(綱などにぶら下がって)）
　　　bummeln　（ぶらつく）
　　　puppern　（がたがた震える）
　　　tattern　　（<ugs.> [zittern] 震える）
　　　quabbeln　（<nordd.>(プリンなどが)ぶるぶると揺れる，ぷりぷりする）
　　　zwatzeln　（[ahd. „zittern" 震える] そわそわしている）
　3）きしみ
　　　knarren　（ぎいぎい音を立てる）
　　　quiek!　　（ぎいっ，きいっ(戸・ブレーキなどの音)；きいきい(興奮した豚の鳴き声)）
　　　quietschen（(戸・ブレーキなどが)きいっと音を立てる；(階段・床板などが)ぎいぎいいう；(靴が)ぎゅっぎゅっと鳴る）
　　　knistern　（(燃える木などが)ぱちぱちいう；(麦藁などが)ぴしぴしいう；(紙が)ぱりぱりいう；(絹が)きゅっきゅっと音を立てる；(雪が)きしきし音を立てる）
　　　knirschen　（ぎしぎし(ぎいぎい，ざくざく)音を立てる）
　　　Klim'bim　（<ugs.> 馬鹿騒ぎ）

Ⅳ．移動・動作に伴う音
　1）跳ぶ（擬態語）
　　　'Flickflack!（後転跳び）
　　　'Flipflop　（〔電〕フリップフロップ(回路)）
　　　floppen　（〔陸上〕背面跳びをする：『小学館独和大辞典』）
　2）素早い動き（擬態語）
　　　floppen　（背面跳びをする）

　　　　　　　　　　　　　－ 90 －

Ⅱ. 慣行的オノマトペの考察

pfuschen　（1<ugs.> ぞんざいな仕事をする）
pfuschen　（2〔方〕いかさまをやる）
Schwupp　（1 ぱっと跳ぶ(さっと動く)こと．2 ちょっとつくこと．
　　　　　　3(水を)ざーっとかける(あける)こと）
schwupp!　（1 ぱっと，さっと(素早い動作を表す)）
Schwups　（→ Schwupp）
'schwuppdi'wupp!　（ぱっぱっと，さっさと(素早い動作を表す)）
wutsch!　（さっ(素早い動作を表す)）
wutschen　（<ugs.> さっ(素早い動作を表す)）
futsch　（形容詞《常に動詞 sein と共に》<ugs.> 失せた）
husch!　（さっと）
rips!　（→ raps!（動物が物をすばやくひったくり引き裂いたり
　　　　　　食べたりする動作を表す）
zwatscheln（そわそわしている）

3）転落
holterdie'polter（ごろごろと(石などが)転げ落ちる；どたどたと
　　　　　　　(階段などを)かけ下りる）
knittern　（(布地などが)しわくちゃになる）
knötern　（同上）
krispeln　（〔製革〕(皮革に)揉み上げ加工をしてしぼ(粒面)を出
　　　　　　す）

4）のろい動作（擬態語）
nölen　（<nordd.> 1 のろのろやる）

5）滑る（擬態）
flutschen　（<ugs.>(指の間などから)つるりと落ちる，するっと抜
　　　　　　ける）
fluschen　（<nordd.> → flutschen）
witschen　（するりと出る(入る・落ちる)）
murren　（2 どろどろ鳴る(遠くで雷や大砲が)）
rutschen　（(車などが)スリップする）

6）気体の移動
pusten　（(風が)ぴゅうぴゅう吹く）

jaulen　　((犬などが)悲しげに鳴く；[比] (風などが)うなる)
hui!　　(ひゅー(ん), ぴゅー(ん) (風や疾過するものの音))

V. 人間が発する声・音
1) 発声

babbeln　　(ぺちゃくちゃしゃべる)
puppern　　(<ugs.> どきどきする(心臓が))
plaudern　　(おしゃべりする)
plauschen　　(<südd., östr., schweiz.> おしゃべりする)
prahlen　　(大きなことを言う)
pispern　　([方] wispern(ささやく)：*Duden in 10 Bdn.* Ⅱ. ささやくように言う)
plärren　　(わめく, ぎゃあぎゃあ言う(鳴く・泣く))
dudeln　　(一本調子で演説する(歌う))
toi, toi, toi! (【悪魔のねたみを買わないためのまじないになる唾を3回吐く音】1(うっかり口に出した後でせっかくのつきを落とさないために：)unberufen, 〜, 〜, 〜! 言うんじゃなかった, くわばらくわばら. 2(成功を祈って：) 〜, 〜, 〜 für deine Prüfung! 試験がんばれよ)
tuschen　　([方] (命令によって)黙らせる)
tuck'tuck!　　((鶏を呼び寄せる際の呼び声)こっこっ, とっとっ)
tratschen　　(おしゃべりをする)
Geck　　([戯][13] 伊達男)
klönen　　(<nordd.> (schwatzen) おしゃべりをする)
flüstern　　(ささやく)
tral'la!　　(ら・ら・らん(メロディー)を口ずさむ音)
tralla[la]la! [trala[la]'la:, '- -(-)-] (同上)
lispeln　　(ささやく)
lullen　　(ein Kind in den Schlaf 〜子守歌を歌って子供を寝かしつける)
rufen　　(叫ぶ, 呼ぶ)
tra'ra!　　(トララー(角笛・トランペットの音をまねた喜びの叫び

II．慣行的オノマトペの考察

声))
Rha'barber （〔劇〕（群衆のつぶやき）がやがや，ザワザワ，ぶつぶつ：『小学館独和大辞典』）
gicksen （きいきい声を出す）
gackeln （<ugs.> きゃあきゃあ言う，〔方〕→ gackern）
gickeln / **gick**ern （〔方〕[kickern] くすくす（くっくっと）笑う）
kichern （クスクス（くっくっと）笑う）
quäken （1（赤子が）ぴいぴい泣く．2 きいきい声を出す）
knotern （[おそらく（ぼそぼそと聞き取りにくい声で話す）の擬声語から] 不満げに不平を鳴らす：*Duden in 10 Bdn.*）
ziefern （<md.> すぐにめそめそする）
winseln （（人が）めそめそ泣く）
wimmern （しくしく（めそめそ）泣く）
fiepen （（一般に）ひいひい泣く）
sprechen （[mmhd. sprechen, ahd. sprehhan. 由来の詳細は不明．根源的にはおそらく擬声（擬音）語] 話す：*Duden in 10 Bdn.*）
schwatzen （ぺちゃくちゃしゃべる）
schwätzen （<südd.> → schwatzen）
schreien （叫ぶ）
Jar'gon （きたない言葉づかい）
johlen （（群衆が）大声で叫ぶ）
hauchen （Ⅱ．ささやくように言う）
munkeln （<ugs.> ひそひそ話す）
mummeln （2（兎が）もぐもぐ喰う）
murmeln （つぶやく）
murren （1 ぶつぶつ言う）
nuscheln （<ugs.> undeutlich reden 不明瞭に話す，もぐもぐ言う）
nöckrig （[niederdd. nockern = norgeln より]．おそらく擬声（擬音）語．（方言的でけなす意味で）：（絶えず）不満である；不平ばかり言っている：*Duden in 10 Bdn.*）

nölen	(<nordd.>2 やたらと不平を言う)
nuscheln	(<ugs.>undeutlich reden 不明瞭に話す，もぐもぐ言う)
lallen	((幼児などが)回らぬ舌で訳のわからぬことをしゃべる)
Jammer	(悲嘆(の声))
lachen	(笑う)

2) 発声以外の音

paffen	((タバコを)すぱすぱ吸う)
plotzen	(2(タバコを)すぱすぱ吸う)
Pup	〔俗〕おなら)
gargari'sieren	(うがいをする：『小学館独和大辞典』)
knurren	((腹が)ぐうぐう(ごろごろ)鳴る)
keuchen	(はあはあ(ぜいぜい)いう)
hauchen	(Ⅰ．息を吐きかける(鏡・窓ガラス・手などに))
schnauben	(激しく鼻で息をする)
schneuzen	(sich³ die Nase 〜鼻をかむ)
schnaufen	((はーっと)深い息をする)
schnarrchen	(いびきをかく)
niesen	(くしゃみをする)
röcheln	(喉をごろごろ鳴らせる(重病人が))
rülpsen	(〔俗〕げっぷをする)

3) 口以外から発する音

実例なし

4) しゃぶる／啜る／吸う音

küssen	(キスする)
zuzeln	(<bayr., öster.>¹⁸ [tutschen] しゃぶる [saugen] 吸う)
zutschen	(〔方〕或物をちゅうちゅう音をさせて吸う)
zullen	(或物をちゅうちゅう音を立てて吸う(赤ん坊が))
schlürfen	(ずるずる(ちゅーちゅー)と音を立てて啜る)
schlurfen	(→ schlürfen の別形)
schlurren	(<nordd.> → schlurfen)

II．慣行的オノマトペの考察

schlotzen　((ボンボンなどを)なめる，しゃぶる)
schnullen　(an et,³ 〜或物(おしゃぶり・指などを)しゃぶる)
schlabbern　(ぴちゃぴちゃ音を立てて飲む)
nuckeln　(<ugs.> ちゅうちゅう吸う)
lutschen　((飴などを)しゃぶる，なめる)

3-4-2. 音源が特定されている場合（＝動物の鳴き声）

1) 牛
   Kuh　([雌牛：mhd., ahd. kuo =(雌の)牛，これ以上の由来は未解明．おそらく擬声語]：*Duden in 10 Bdn.*)
   muh!　(もう(牛の鳴き声))
   muhen　(もうと鳴く(牛が))
2) 馬
   wiehern　((馬が)いななく)
3) 驢馬
   iah!　(いーよー（ろばの鳴き声))
4) 豚
   quiek!　(きいきい(興奮した豚の鳴き声))
   quieken　((豚などが興奮して)きいきい鳴く)
   quieksen　(<ugs.> → quieken)
   Sau　(雌豚)
   Wutz　([方] 豚)
5) 羊
   Schnucke　([稀] <nordd.> (Schaf) 羊)
   Schnuckelchen　(子羊)
6) 山羊
   meck!　((ヤギの鳴き声)メェ：『小学館独和大辞典』)
   meckern　((山羊が)めえめえと鳴く)
   mäh!　(めえ(羊・山羊の鳴き声))
   'meck'meck!　[⌣⌣]　((ヤギの鳴き声)メエメエ：『小学館独和大辞典』)
7) 犬
   Köter　([ndd. „Kläffer"；もと擬声語] (かみつく癖のある番

― 95 ―

犬；吠える犬；〔蔑〕野良犬：『木村・相良』）

 kliff, klaff! （きゃんきゃん（子犬の鳴き声））
 knurren （（犬などが）うーっとうなる）
 wau, wau! （わんわん（犬の鳴き声））
 winseln （（犬が）くんくん鳴く）
 wimmern （（犬・猫などが）哀れっぽい声で鳴く）
 fiepen （（鹿などが）かぼそい高い声で鳴く；<ugs.>（子犬が）くんくん鳴く）
 jaulen （（犬などが）悲しげに鳴く；〔比〕（風などが）うなる）

8）猫
 wimmern （（犬・猫などが）哀れっぽい声で鳴く）
 miau! （にゃお（猫の鳴き声））
 miauen （（猫が）にゃおと鳴く）

9）鼠
 quieken （（鼠が）ちゅうちゅう鳴く）
 quieksen （<ugs.> → quieken）
 quiek! （ぎいっ，きいっ（戸・ブレーキなどの音））

10）鹿
 trenzen （（発情期の鹿が）せきこんだ短い鳴き声を立てる）
 knören （〔猟師の用語〕（鹿などが）低い声で鳴く：*Duden in 10 Bdn.*）
 fiepen （（鹿などが）かぼそい高い声で鳴く；<ugs.>（子犬が）くんくん鳴く；（一般に）ひいひい泣く）
 röhren （笛のような鳴き声をあげる（特に発情期の鹿などが））

11）狐・鼬
 keckern （（きつね・いたちなどが怒って）ぎゃっぎゃっ鳴く）

12）蛙
 quak! （1 蛙の鳴き声の擬声語：*Duden in 10 Bdn.*）
 quaken （（蛙・あひるなどが）くわっくわっと鳴く）

13）やもり
 'Gecko （やもり）

Ⅱ．慣行的オノマトペの考察

14）鶏
    gack, gack! （くわっくわっ（鶏が卵を生むときの声））
    Güggel   （<schweiz.>［Gockel］雄鶏）
    gackern   （1（鶏が）くわっくわっと鳴く．2→gackeln）
    Gickel   （<md.>［Hahn］雄鶏）
    'Gockel   （=Gockelhan．雄鶏）
    gluck!   （1 くっくっ，こっこっ（雌鳥の鳴き声））
    glucken   （1 抱卵しようとしてくっくっと鳴く．2 こっこっと鳴く（母鶏が雛を呼ぶために））
    'Güggel   （<schweiz.>［Gockel］雄鶏）
    'Gickel   （<md.>［Hahn］雄鶏）
    gluck!   （1 くっくっ，こっこっ（雌鳥の鳴き声））
    kikeri'ki! ［kikəri'kiː］（こけこっこ）
    kakeln   （（鶏が）くわっくわっと鳴く）
    krähen   （（雄鶏が）こけこっこうと鳴く）
    Hahn   （雄鶏）

15）七面鳥
    kollern   （（七面鳥などが）ぐっぐっと鳴く）

16）鴨・あひる・鶩鳥
    quak!   （2 鴨の鳴き声の擬声語：*Duden in 10 Bdn.*）
    quaken   （（蛙・あひるなどが）くわっくわっと鳴く）
    quorren   （（鴫が）雌を呼ぶ）
    Knäkente   （（前半は雄の鳴き声の擬声語：乙政）しまあじ（縞味）属（がんかも科））
    schnattern   （があがあ鳴く（あひる・鶩鳥などが））
    Krickente   （（前半は雄の鳴き声の擬声）こがも（小鴨））

17）雀
    'Girlitz   （セリン（燕雀目雀科））

18）椋鳥
    Star   （椋鳥）

19）つぐみ
    Zippdrossel （［方］（Singdrossel）歌つぐみ．前半が擬声語：乙政）

20）烏
 '**Kolk**rabe （わたりがらす．前半が擬声語：乙政）
21）鳩
 ruckedi'gu ［rʊkədi'guː, '- - -'-］（（ハトの鳴き声）クークー：『小学
        館独和大辞典』）
 girren （（鳩などが）くうくうと鳴く）
 gurren （（鳩が）くうくう鳴く）
 rucken （〔方〕（gurren）くうくう鳴く（鳩が））
 '**Turt**eltaube（こきじばと（小雉鳩）．前半が擬声語：乙政）
22）郭公
 Gauch （〔方〕かっこう）
 '**kuckuck!** （かっこう（郭公の鳴き声））
 '**Kuck**uck （かっこう（郭公））
23）梟・木菟
 Kauz   （梟，みみずく）
 '**Schuhu** （鷲木菟(わしみみずく)，縞梟(しまふくろう)）
24）白鳥
 Schwan （白鳥：mhd., ahd. swan. 擬声語．おそらく起源は
     Singschwan「鳴禽としての白鳥」の名称であったと思
     われる：*Duden in 10 Bdn.*）
25）石千鳥
 Triel （いしちどり（石千鳥））
26）かけす
 Häher （かけす属）
27）ぶっぽうそう
 '**Wiedehopf**（〔動〕やつがしら（ぶっぽうそう目））
28）きたやなぎむしくい
 '**Fitis** （きたやなぎむしくい（鳥））
29）雷鳥
 spissen （〔狩猟〕えぞ雷鳥が雌を呼んで鳴く）
30）うみがらす
 Lumme （うみがらす（海鳥）属）

II. 慣行的オノマトペの考察

31) 鳥全般
- **piep!** （ぴいぴい，ぴよぴよ(小鳥・雛鳥の鳴き声)；ちゅうちゅう(鼠の鳴き声)）
- **pink** （(ヒワの鳴き声や明るい打撃音)ピン，チン，カチン）
- **Trill**er （(鳥の)さえずり）
- **ziep**en （〔方〕＜特に：nordd.＞(雛鳥が)ぴよぴよ鳴く）
- **zwitsch**ern （(小鳥が)さえずる）
- **schack**ern* （〔方〕(鳥が)じりじり(じいじい・ぶんぶん)いう声で鳴く：*Duden in 6 Bdn.*）
- **Schwarm** （(移動中の，又は動き回っている同種類の昆虫・鳥・魚などの)群れ）
- **rack**eln （〔狩猟〕[balzen] 雌を呼ぶ(交尾期の野鳥が)）

32) 蝉
- **Zi'kade*** （[ラテン語の cicada. 地中海語より]．こおろぎに似た小型の昆虫．雄がじいじいと高い音を立てる：*Duden in 10 Bdn.*）

33) 蠅
- **'Tsetse**fliege （前半は擬声語：乙政．ツェツェばえ(蠅)）

34) 昆虫・魚
- **simm**en （〔方〕特に ostniederd. ぶんぶん(ぶーんと)いう）
- **summ!** （ぶーん(昆虫，特に蜂の羽音)）
- **Schwarm** （(移動中の，又は動き回っている同種類の昆虫・鳥・魚などの)群れ）
- **schwirr**en （(昆虫などが)ぶーん(ぶんぶん)と音を立てる）

次の比喩的用法の3個と **Lemmig**「旅鼠」ならびに **Scha'rade**「シャレード」は分類から外した．

- **be'dripst*** （＜Adj.＞[擬声(擬音)語]．niederd., md. bedröppeln = betröpfeln の変則的な過去分詞．本来は「不意に雨に襲われる」，「突然水の中に落ちる」](nordd.)：(苦境に陥り，それゆえに)当惑している，悲しんでいる，しゅんとしている）
- **Tatze** （(猛獣の)前足）

— 99 —

tuschen　（命令によって黙らせる）

　„Lemming" については，*Duden in 6 Bdn.* は「デンマーク語の lemming」と記しながらも，「由来についてはこれ以上は不明」とし，「おそらく擬声（擬音）語であろう；ただし起源不明」(dän. lemming, H.u., viell. urspr. lautml.; H. u.) としていたが，*Duden in 8 Bdn.*, *Duden in 6 Bdn.* では記述から「おそらく擬声（擬音）語であろう」の語句は省いている．また „Scharade" について *Duden in 10 Bdn.* は，「プロヴァンス語から由来する，本来は(くだらない)娯楽を意味したフランス語の charade の借用．おそらく擬声（擬音）語」(frz. charade, eigtl. =（seichte）Unterhaltung, aus dem Provenz., urspr. wohl lautm.) としているだけで，基となった音がどのような言語音として取り入れられたかは明らかにしていない．また，*Kluge* も魔法の呪文に由来するかも知れないという推測をしているが，どのような呪文であるか示していない．

III. 仮説の定立

　序章で研究方法について述べたとおり，本章では対象をオノマトペの二つの具体例 „schnurren" と „pardauz" に限り，それぞれへ音素が導入された契機と音素のはたらきを考察し，音素導入の契機と音素配列の原理について仮説を立てる．オノマトペにおける音素のはたらきならびに配列の原理を考察するとは，**音素のもつイメージがオノマトペの意味の形成にどのように役立っているか**を見定めることを意味する．

1. 音素導入の契機を考察する必然性

　W. Porzig が言うオノマトペが成立する三種の契機，すなわち，「音模倣」，「音転写」，「音のジェスチュア」はいずれも，自然界の音響現象と言語音の間になんらかの関係を作り出すことを意味している．その際，関係を作り出す手段はもっぱら音素を投入することなのであるから，どの音素が音響現象のどういう特徴をどのようなイメージとして再現するために投入されているかを明らかにすれば，自ずからオノマトペにおける音素のはたらきを研究することになる．そして，この場合の大前提とは，オノマトペに含まれている音素は何らかの点で音響現象の特徴をイメージとして再現しているにちがいないという推測である．

　本章では，二つの具体例 „schnurren" と „pardauz" を使ってこの推測に具体的な裏付けを与えることを試みる．すなわち，„schnurren" と „pardauz" に含まれている音素 /ʃ/-/n/-/ʊ/-/r/ ならびに /p/-/a/-/r/-/d/-/aʊ/-/ts/ が音響現象のどういう特徴をどのようにイメージとして再現するために投入されているかを明らかにし—すでに述べたように „schnurren" の造語語尾 „-en" は度外視する—，そのことによってこれらの音素が „schnurren" と „pardauz" においてどのようなはたらきをしているかを明らかにする．そして，明らかにされたはたらきを一般化して仮説として定立する．

　このように，単語の意味と単語に含まれる音素の関係を明らかにし，あわせて音素が取り入れられた契機を推定しようと試みることは，言語音と意味

のあいだに必然的な関係がない恣意的な記号としての一般の単語（ソシュール, 92f.; *Grundfragen*, 80）では無意味であるが, オノマトペの場合は, それが本来 „lautmalend" あるいは „lautnachahmend" な性格を帯びていることからすれば, かえって正当であると考える. すなわち, オノマトペに関しては, 音素と意味との関係を考察することは可能であり, かつ, 不可避の道であると考える.

2. オノマトペ „schnurren" の考察

　数あるオノマトペの中からとくに „schnurren" を選んで考察する理由は, „schnurren" が, ドイツ語の慣行型の主流を占める「単綴型」のうちで, どちらかと言えば複雑な型に属するからである. すなわち,「幹母音」の前に複数の子音音素が連続しており,「幹母音」の後に「追加子音音素」が従っている. 私の分類型では K1K2V1K3 に属する. この型のオノマトペを観察すれば, 語頭の子音音素のはたらきを考察することができる外に, その後に母音音素をへだててさらに別の子音音素が連続している意味も知ることができるし,「追加子音音素」が語頭の子音に対して果たしているはたらきも考察できる. しかもその考察結果は,「追加子音音素」が連続している他の事例にも応用できて, はなはだ好都合である.

　オノマトペの語頭に立つ子音音素は, オノマトペが表す意味の根本を決定づける. そのことを, 私は多くの実例を集めて考察を重ねるうちに経験的に知ったが, 語頭という位置そのものに深い意味があることにまでは考えが至らなかった. 那須の論文は, 日本語のオノマトペにおける子音の現れ方をめぐって語頭という位置そのものが果たす役割を解明した論文であるが, 語頭という位置の意味についての Beckman（1998）の指摘を紹介しながら次のように言っている.「音韻的に規定される位置には, 他と比べて特権的な（previleged）性格を持った位置というものがある. 例えば音節の頭子音など, 音韻的な領域の先頭に当たる位置は特権的な性格を帯びやすく, そうした特権的な位置で音韻的な対立を保持するために有標な構造が表出しやすい」（那須, 2007）. 私の場合, 例えばオノマトペ „schnurren" の語頭の /ʃ/ が他の音素と「音韻的な対立」を示すわけでもないし, それゆえ「有標な構造が表出しやすい」わけでもないが, それにもかかわらず, 形態素の先頭という位置が持つ特別な力は注目に値する. すでに前章の子音音素分布に

III. 仮説の定立

ついての考察で明らかなとおり，語頭の子音音素は後続する語頭第2位（場合によっては第3位も）に来る子音音素ならびに「追加子音音素」の種類を大幅に限定する力を持っているからである．

2-1．音源の音響的特徴

オノマトペにおける音韻のはたらきを知るためには，まず，オノマトペが言語音によって再現している音響現象，つまり音源がどのような音であるかを知らなければならない．より正確に言えば，オノマトペが再現している音源がドイツ人の耳にどのような音として聞こえているかを客観的に突き止めなければならない．

この目的を達する比較的容易でかつ確実な道は，辞書の説明を参照することである．例えば，由来が „lautmalend" であるとされる „schnurren" がどんな音響を再現しようとしているかは，*Duden in 10 Bdn.* の比較的くわしく，かつ具体的な記述から知ることができる．まず記事全体を引用する．

schnurren（sw. V.）[mhd. snurren = rauschen, sausen: lautm. ; 3: eigtl. = mit der Schnur-pfeife（Schnurrpfeiferei）als Bettelmusikant umherziehen; betteln] :
((弱変化動詞)[中高ドイツ語の snurren = ざわめく，びゅーびゅーとうなりを上げる；擬音語；3. の意味は本来はうなり音を出す子供の笛を吹きながら＝人目は惹くが取り立てて内容もないことを口から出任せに言いながら乞食音楽士として放浪する；物乞いをする])．

1. a) *ein anhaltendes, verhältnismäßig leises, tiefes, gleichförmiges, summendes, aus vielen kurzen, nicht mehr einzeln wahrnehmbaren Lauten bestehendes Geräusch von sich geben* <hat>: der Ventilator, das Spinnrad, der Kühlschrank schnurrt; während Verschlüsse klicken, Kameras schnurren (Spiegel 9, 1966, 61) (**1. a)** 持続的な，比較的静かな，低い，規則正しい，ぶーんとうなる，多くの，短い，もはや個々に分けて感知することはできない音から成り立っている噪音を発する：「換気扇，つむぎ車，冷蔵庫がうなり音を立てる」；「シャッターがパチパチ切られている一方でムービー・カメラがザーッと廻っている」）；**b)** *sich schnur-*

—103—

rend（1a）（*irgendwohin*）*bewegen* <ist>）: Für gewöhnlich schnurrt es（= ein kleines Flugzeug）mit 220 km/st durch die Lüfte（grzimek, Seregenti 24）; (**b**)（1a）で説明した音を立てて（どこかへ）移動する：「普段はそれ(その小型機)は時速220kmでぶーんと飛んで行く」); **c**)（ugs.）*reibungslos, ohne Stockungen u. rasch ablaufen, vor sich gehen* <hat>: Es dauert eine ganze Weile, bis die Arbeit so schnurrt, wie er es gewohnt ist（Fallada, Jeder 283) **c**)（日常語）支障もなく，停滞もせず，すみやかに行われる，事が運ぶ：「仕事が普段どおりに進行するまでにしばらく時間がかかった」). 2. (*bes. von Katzen*) *als Äußerung des Wohlbefindens einen schnurrenden*（1a) *Laut hervorbringen* <hat>: eine ... Katze ... putzte sich das Fell und schnurrte vor Bahagen（Schröder, Wanderer 31）(**2.**（とくに猫が）快適さの表現として喉をごろごろ鳴らす：「猫が身体をなめて，気持ちよさそうに喉をごろごろ鳴らしている」). 3. (landsch.) *schnorren* <hat>（**3.**〔方〕「物乞いする」).（訳，下線ともに乙政).

　以上の説明のうちでオノマトペ „schnurren" が再現しようと目指している音源の特徴の記述だとみなすことができるのは，**1. a**) だけであろう．**2.** は具体的に音源の名を挙げているけれども，音としての特徴はとりたてて記述しているわけではない．そこで，**1. a**) の説明から „schnurren" が再現しようとしている音源の音響上の特徴を箇条書きにすると，次の6点である．すなわち，

① „anhaltend"（持続的）
② „verhältnismäßig leise"（比較的静か）
③ „tief"（低い）
④ „gleichförmig"（規則正しい）
⑤ „summend"（ぶーんとうなる）
⑥ „aus vielen kurzen, nicht mehr einzeln wahrnehmbaren Lauten bestehend"（多くの，短い，もはや個々には聞き分けられない音から成り立っている）

ちなみに **1. a**) の説明にある**噪音**（Geräusch）とは音響学の用語で，「音響学ではオトを大別して楽音と噪音の二種とする．楽音とは，笛・オルガン・

III. 仮説の定立

ピアノなどの楽器のねの如きがそれで,噪音とは,障子やドアをしめるオト,のこぎりをひくオト,釘を打つオト,などがそれである」(服部,38).なお,同書によれば Geräusch のもう一つ別の専門語訳は「非楽音」といい,「雑音」(「ソーオン」と読むも「ザツオン」と読むも,『広辞苑』の説明ではあまり変わらない)には Geräusch ではなくて Lärm を当てる由.そして Lärm とは,「楽音であると非楽音であるとを問わず,余りに強烈であるか或は不快の感を与えるので作業能率に影響妨害を及ぼすような音響(都市の騒音の如き)」に対して使われるという(服部,58).

擬声・擬音語的な (lautmalend) 由来によって造られた „schnurren" において音素がどのようなはたらきをしているかを知ろうと思えば,これらの①から⑥までの特徴のどれが, /ʃ/, /n/, /ʊ/, /r/ の四つの音素のどれによって再現されているかを明らかにすればよいわけである.

2-2. 語頭に子音音素連続が立っている理由

ドイツ語のオノマトペの語頭に子音が単独でなく連続して現れるとき,連続していることにも,連続の順序そのものにも意味があることが推測される.そこでまず,語頭に /ʃ/ を持つドイツ語のオノマトペを集め,そこに共通する特徴を見つけることから始めよう.そうすれば, /ʃ/ の後に続く子音の種類も確かめられるし, /ʃ/ に /n/ が連続している意味もまた明らかになることが期待される.

第II章でオノマトペを語頭に立つ子音音素別に分類したが,いまその分類から /ʃ/ で始まるオノマトペをすべて抜き出してみよう.

① 子音音素 /ʃ/ のあとに母音が続いている場合.すなわち, /ʃ/ のあとにいかなる子音も続いていない場合 (7 例).

  scheppern　(がらんがらん(がちゃがちゃと)音を立てる)
  schackern*　([擬声・擬音語]〔方〕(鳥が)じりじり(じいじい・ぶんぶん)いう声で鳴く:*Duden in 6 Bdn.*)
  schäckern*　(同上)
  Scharade*　(シャラード)
  schülpen*, **schülp**ern*　([mniederd. schulpen. おそらく擬声語]
        (nordd.):↑ schwappe とほぼ同義)
  'Schuhu　(鷲木菟,縞梟)

　　　　schilpen　（(雀が)ちゅんちゅん鳴く）
② 子音音素 /ʃ/ のあとに子音音素 /p/ が続いている場合（2例）．
　　　spratzen　（<südd., österr.>［原意はおそらく(燃えている木が)
　　　　　　　　　ぱちぱちいう，はぜる］．〔冶金〕融解した金属が再び凝
　　　　　　　　　固する際にガスの泡を吹き出す：*Duden in 10 Bdn.*）
　　　sprechen　（［mhd. sprechen, ahd. sprehhan. 由来の詳細は不明．
　　　　　　　　　根源的にはおそらく擬声（擬音）語］話す：*Duden in*
　　　　　　　　　10 Bdn.）
③ 子音音素 /ʃ/ のあとに子音音素 /t/ が続いている場合（2例）．
　　　Star　　　（椋鳥）
　　　strunzen　（〔方〕小便をする）
④ 子音音素 /ʃ/ のあとに子音音素 /v/ が続いている場合（18例）．
　　　schwapp!　（ぱちゃっ(液体が勢いよくこぼれる音)；ぴしゃっ(叩く
　　　　　　　　　音)）
　　　schwapps!* （→ schwapp!）
　　　schwappen （ぱちゃぱちゃと音を立てる(液体が容器の中で揺れて)）
　　　schwipp*　（→ schwapp）
　　　schwipp!　（ぴちゃっ(水の跳ねる音)，ぱしっ，ぴしゃっ(鞭などの
　　　　　　　　　音)）
　　　schwips!　（→ schwipp!）
　　　schwupp!　（ぱっと，さっと(素早い動作を表す)）
　　　Schwupp　（1 ぱっと跳ぶ(さっと動く)こと．2 ちょっとつくこと．
　　　　　　　　　3 (水を)ざーっとかける(あける)こと）
　　　schwatzen　（ぺちゃくちゃしゃべる）
　　　schwätzen　（<südd.> → schwatzen）
　　　Schwan　（白鳥：mhd., ahd. swan. 擬声語．おそらく起源は
　　　　　　　　　Singschwan「鳴禽としての白鳥」の名称であったと思
　　　　　　　　　われる：*Duden in 10 Bdn.*）
　　　schwirren　（(昆虫・モーターなどが)ぶーん(ぶんぶん)と音を立て
　　　　　　　　　る）
　　　schwupp!　（1 ぱっと，さっと(素早い動作を表す)．2 ざーっ(水を
　　　　　　　　　かけるときなどの音)）

III. 仮説の定立

Schwups　　(→ Schwupp)
'schwuppdi'wupp!　(ぱっぱっと，さっさと(素早い動作を表す))
schwups!　(→ schwupp!)
Schwarm　((移動中の，又は動き回っている同種類の昆虫・鳥・魚などの)群れ)
'Schwumse*([語源の詳細は不明．おそらく擬音・擬態語]〔方〕：↑Prügel《複数で》<ugs.> 殴打))

⑤ 子音音素 /ʃ/ のあとに子音音素 /m/ が続いている場合（2例）．
　schmaddern (<nordd.> 泥などでよごす)
　schmettern (がしゃーん(どーん・ばたん)と叩きつける(投げつける))

⑥ 子音音素 /ʃ/ のあとに子音音素 /n/ が続いている場合（21例）．
　schnapp!　(1 (**a**) ぱたん，かちっ(蓋・錠などのしまる音). (**b**) ぱっと)
　schnappen (1 (**a**) nach et.³ (jm.) 〜或事(人)にぱくっと食いつく．2 (**a**) (蓋などが)ぱたんと音を立てる；(ドアの錠のボルトが)かちっと音を立てる；(鋏の)ちょきんという音がする)
　schnattern (があがあ鳴く(あひる・鵞鳥などが))
　schnackeln (1<bayr.>mit den Fingern 指をぱちっと鳴らす．2 非人称的 <ugs.>es schnackelt ぱりっ(めりっ・どかん)と音がする)
　schnipp!　(ぱちっ(指ではじく音；指を鳴らす音)；ちょきっ(糸などを鋏で切る音))
　schnips!　(→ schnipp!)
　schnicken (〔方〕 mit den Fingern〜指をぱちんと鳴らす)
　Schnucke　(<nordd.>〔稀〕(Schaf) 羊)
　Schnuckelchen　(子羊)
　schnullen (an et.³ 〜或物(おしゃぶり・指などを)しゃぶる)
　schnarren (じりじり(じじじ・ぶんぶん)と音を立てる)
　schnurren ((扇風機・糸車などが)ぶんぶん(ぶーん)と音を立てる；(目覚まし時計・電話が)じりじりと鳴る；(猫が)の

どをごろごろ鳴らす)
 schnauben（激しく鼻で息をする）
 schnaufen（((はーっと)深い息をする）
 schneuzen（sich³ die Nase 〜鼻をかむ）
 schnarrchen　（いびきをかく）
 schnips!　（→ schnipp!）
 schnapp, schnapp!（ちょきちょき(鋏で切る音)）
 schnipp, schnapp!（同上）
 'schneddereng'teng!（たったかたったったー，ぷっぷくぷっぷっぷー(らっぱの音)）
 'schnedderengteng'teng（同上）

⑦ 子音音素 /ʃ/ のあとに子音音素 /l/ が続いている場合（8例）．
 schlabbern（ぴちゃぴちゃ音を立てて飲む）
 Schlappe（痛手，打撃）
 schlappen（(床に)足をするようにして歩く）
 schlotzen（(ボンボンなどを)なめる，しゃぶる）
 schlorren（〔方〕足を引きずって歩く）
 schlurren（<nordd.> → schlurfen）
 schlurfen（→ schlürfen の別形）
 schlürfen（ずるずる(ちゅーちゅー)と音を立てて啜る）

⑧ 子音音素 /ʃ/ のあとに子音音素 /r/ が続いている場合（5例）．
 schreien（叫ぶ）
 schrumm!（ジャン，ジャジャーン(弦楽器の終止和音の擬声語)）
 'schrumm'fidebum!（ジャン，ジャジャーン(弦楽器の終止和音の擬声語)）
 schrill（adj. 甲高い，けたたましい）
 schrillen（甲高く響く，けたたましく鳴る）

（計65例）

　次に，これら65例から，オノマトペの語源がすでに明らかでなくなっている場合（①の Scharade）や異形の11例を除いて，残りの<u>54例</u>を辞書の意味説明を手がかりに考察する．語義が二つに分かれている場合は二重に分類する必要があった．観察の結果，下のように音源の音響の特徴から四つの

Ⅲ. 仮説の定立

グループに分類することができた．辞書の意味説明は主として *Duden in 10 Bdn.* に依ったが，その他から引用した場合は，訳のあとに出典を記した．下線部が音源の音響の特徴を表していると考えられる部分である．説明の理解を確かめる意味で，本論文の記述の原則から外れるが，原文を先に引いた．そして，後の（　）内に乙政訳を添えた．訳は，原文が音響の有り様を言葉で説明している場合はそのまま訳した．しかし，原文がオノマトペの説明にオノマトペを使っている場合（例えば，„schnackeln" の説明に使われた „knacken") は，オノマトペには独和辞典の訳にとらわれることなく文脈に合った訳を与えた．しかし，音源が実際上特定されている場合は，音源の個別的な具体名を挙げて訳した（例えば，„schnattern" の説明に現れた „Gänsen u. Enten")．
① 「音による空気の排除」に関連している場合．

　物理的な音にせよ，人間や動物の叫び声や動物の鳴き声にせよ，あたりに響きわたる場合のイメージは，その音声があたりの空気を切り裂いて伝わるかのようである．この印象が物理学的に正しくないことは言うまでもないけれども，感覚的な表現としては正当であると考える．そこで，音声があたりの空気を切り裂いて伝わることを，「音による空気の排除」と呼んだ（10例）．

1) **schack**e*rn**, **schäck**e*rn** : (von Vögeln) schnarrend schreien ((鳥類が) あたりに響く声で鳴く)
2) **schepp**e*rn* : (bes. von aneinander schlagenden, durcheinander fallenden o.ä. Gegenständen, Teilen [aus Metall]) klappern ((とくに，ぶつかりあいながら，入り乱れて倒れるなどする(金属製の)物体ないし物体の部分が)衝突音を発する)
3) **schnack**e*ln* : 2. ein knackendes Geräusch von sich geben (破裂的な衝撃音を発する)
4) **schmett**e*rn* : hell und durchdringend tönen (高い，耳をつんざくように響く : *Klappenbach / Steinitz*†)
5) **schnarr**e*n* : [schnell aufeinanderfolgende] durchdringende, sich hölzern-trocken anhörende Töne ohne eigentlichen Klang von sich geben (so, als ob zwei Gegenstände vibrierend aneinander reiben) ((すばやく連続的に)響き渡る，あたかも乾燥した木をぶる

ぶる震えるほどにこすり合わせるような，しかし楽音ではない音を立てる）

6) **schnatt**ern : 1. (bes. von Gänsen u. Enten) schnell aufeinanderfolgende, helle, harte, fast klappernde u. schnalzende Laute von sich geben（（とくに鵞鳥と鴨が）すばやく連続的に，高い，硬い物を打ち合わせるような硬質の音を立てる）

7) **schnedderengteng, schnedderengtengteng** : lautm. für den Klang der Trompete（トランペットの音の擬音語）

8) **schrei**en : einen Schrei, Schreie ausstoßen（叫ぶ）

9) **schrill** : unangenehm, durchdringend und grell klingend（耳障りな，耳をつんざくような，鳴り響く音響を立てる：*Klappenbach / Steinitz†*）

10) **schrill**en : schrill tönen（けたたましい響きを立てる）

② 「固体による空気の排除」に関連している場合．

　固体の大小にかかわらず，固体が空気中を移動するとき，移動の速度はさまざまであるにせよ，とにかくその固体は空気を排除しつつ移動する（13例）．

1) **schmett**ern : 1. a) mit Wucht irgendwohin werfen, schleudern（激しい勢いでどこかへ投げる，投げつける）

2) **schnack**eln : 1. (landsch., bes. bayr.) (bes. mit den Fingern od. der Zunge) ein schnalzendes Geräusch hervorbringen（〔方〕とくにバイエルン地方の）指をパチンと鳴らす，打舌をする）

3) **schnapp!** : lautnachahmend für eine kurze, schnell zufahrende Bewegung / bes. für das Einschnappen eines Schlosses, für das schnelle Zufallen eines Deckels, beim Schneiden mit der Schere（一定の方向へすばやく進む短い運動の擬音語．とくに錠がかかる音，蓋がさっと落ちて閉まる音，鋏で切る行為の擬音語：*Steinitz / Klappenbach†*）

4) **schnapp**en : etw., jmdn. rasch mit dem Maul, Schnabel zu greifen suchen, um es, ihn festzuhalten（何かを，あるいは誰かを口で，あるいは嘴で捉えて離さない：*Klappenbach / Steinitz†*）

5) **schnick**en : 1. schnippen (2b) : 2. mit einer schleudernden Be-

III. 仮説の定立

wegung abschütteln（1. 指をパチンと鳴らす．2. 勢いよく投げとばして払いのけること）

6) **schnipp, schnapp!** : lautm. für das Geräusch, das beim Schneiden mit einer Schere entsteht（鋏で切るときの音の擬音語）

7) **schnipp!** : lautm. für ein schnippendes Geräusch（指をパチンと鳴らす擬音語）

8) **schnips!** : lautm. für ein schnipsendes Geräusch（同上）

9) **schnurr**en : a) ein anhaltendes, verhältnismäßig leises, tiefes, gleichförmiges, summendes, aus vielen kurzen, nicht mehr einzeln wahrnehmbaren Lauten bestehendes Geräusch von sich geben（持続的な，比較的静かな，低い，規則正しい，ぶーんとうなる，多くの，短い，もはや個々に聞き分けることはできない音から成り立っている噪音を発する）

10) **schnurr**en : a) ein leises, rollendes Geräusch von sich geben（低い，ものが転がるような音を発する）
b) behaglich und freundlich, zutraulich knurren（心地よさげに，そして親しげに，かつ人なつっこくうなる）(Klappenbach / Steinitz†)

11) **schrumm** : lautm. für den Klang von Streichinstrumenten bes. beim Schlussakkord（(弦の音，特にひき終わりの音) ブン：『小学館独和大辞典』）

12) **schrumm, schrummfindebum!** : lautm. für den Klang von Streichinstrumenten, bes. beim Schlußakkord（擦弦楽器の響き，とくに終止和音の響きの擬音語）

13) **schwirr**en : sich mit surrendem, zitterndem Geräusch schnell durch die Luft bewegen（ぶんぶんいう振動音と唸りを立てながら空中をすばやく移動する）

③「気体による空気の排除」に関連している場合

気体（空気であることが多い）が空気中を移動するとき，当然，固体の移動の場合とおなじく，周りの空気を排除する（4例）．

1) **schnarch**en : beim Schlafen meist mit geöffneten Mund tief ein- und ausatmen u. dabei ein dumpfes, kehliges Geräusch（ähnlich

Ach-Laut）von sich geben（睡眠中，たいていは口を大きく開けて，深く息を吸い込み，吐き，同時に鈍い喉音の（Ach-Laut に似た）騒音を出す）

2) **schnauben** : heftig u. geräuschvoll durch die Nase atmen, bes. Luft heftig u. geräuschvoll aus der Nase blasen（鼻を通して激しく，かつ騒々しく息をする，とくに空気を激しくかつ騒々しく鼻から出す）

3) **schnaufen** : tief und geräuschvoll, zumindest deutlich hörbar atmen（深々と，かつ騒々しく，少なくともはっきりと聞き取れるくらいの息をする）

4) **schneuzen** : die Nase durch kräftiges Ausstoßen der Luft von Ausscheidungen der Nasenschleimhaut befreien（鼻の穴から勢いよく空気を出して鼻の粘膜の分泌物を排除すること）

④「液体による空気の排除」に関連している場合.

液体を吸い込んだり飲み込んだりするとき，液体は空気中を移動するので，空気を排除する．あるいは，液体をどこかへこぼしたり，液体が容器の壁にぶつかるときは，液体は衝突に先立って，到着点に存在する空気をまず排除する（16 例）．

1) **schülpen, schülpern** : soviel wie → **schwappen**
2) **schnullen** : saugend lutschen（吸いながらしゃぶる）
3) **schlabbern** : umg. Nahrung, bes. Flüssigkeit geräuschvoll mit der Zunge aufnehmen（日常語．食べ物，とくに液状の食べ物をペちゃペちゃと音を立てながら摂取する：*Klappenbach / Steinitz*†）
4) **schlappen** : /von Tieren/（etw.）geräuschvoll, schlürfend trinken（/動物が/（何かを）音高く啜るように飲む：*Klappenbach / Steinitz*†）
5) **schlotzen** :（bes. Wein）genüßlich trinken（（とくにワインを）ちびりちびり飲む）
6) **schlürfen** : **1. a)** Flüssigkeit geräuschvoll in den Mund einsaugen（液体を音高く啜る）
   b) etwas schlürfend trinken（何かを啜る）
7) **schwapp!** : lautnachahmend für das Geräusch, das entsteht,

— 112 —

III. 仮説の定立

wenn eine Flüssigkeit (plötzlich) gegen etw. platscht, sich über den Rand des Behälters ergießt und auf den Boden klatscht oder wenn ein Schlag auf etw. mit der flachen Hand ausgeführt wird ((突然) 液体が何かに打ち当たる音，あるいは容器から床にこぼれて立てる音，あるいは何かに平手打ちを食らわせるときに生じる噪音の擬音語)

8) **schwapp**en: (von Flüssigkeit) sich in etw. hin u. her bewegen, überfließen [u. dabei ein klatschendes Geräusch von sich geben] ((液体が) 何かの中で揺れてあふれ出ること．(そして，その際にぴちゃっという音を立てること))

9) **schwaps!*** → **schwapp!**

10) **schwipp!** → **schwapp!** (*Duden in 10 Bdn.; Klappenbach / Steinitz*†)

11) **schwipp, schwapp!*** → schwapp

12) **schwips!*** → **schwapp!**

13) **schwupp!**: Ausdruck für einen schnellen, plötzlichen Guß (液体が突然さっとかかる様の表現)

14) **schwuppdiwupp!** → **schwupp!**

15) **schwups!** → **schwupp!**

16) **schnull**en: saugend lutschen (吸いながらしゃぶる)

このように見ると，子音音素 /ʃ/ で始まるオノマトペには「空気の排除」という現象が共通していることが分かる．しかも，子音音素 /ʃ/ がオノマトペの冒頭に置かれているので，これらのオノマトペは，起源となった音現象がまずは「**空気の排除**」から始まると捉えていることが推測される．子音 /ʃ/ は，しっかりとかみ合わせた上下の歯の間から，「ゆっくり息を吐いて力強い無声の摩擦音を出す」ことによって得られる（伊藤，169）．このときの口の構えと息の通い方こそは，/ʃ/ で始まるオノマトペに根元的に関連する「空気の排除」の**音声器官による音のジェスチュア**である．「空気の排除」によって引き起こされる音響現象は，排除される空気の量や，排除の激しさの程度や，排除の速度などによって，実際の聞こえ方はさまざまであるから，子音音素 /ʃ/ がオノマトペに導入された契機は「音模倣」である可能性は受け入れることができない．契機は「音のジェスチュア」である．

— 113 —

そこで，慣行型オノマトペ全般の語頭に立つ子音音素について，下のような仮説を立てる．

> 《仮説1－語頭の子音音素に関して－》
>   慣行的オノマトペの語頭の子音音素は，音源となった音響現象がまずどのような現象上の「始発形態」をとるかをイメージとして示す．導入の契機は「音模倣」ではなくて，「音のジェスチュア」である．

語頭の子音音素に関する《仮説1》の定立とあわせて，オノマトペの語頭に立つ子音音素については次のことが確かめられた．すなわち，
   ◆ /ʃ/：「空気の排除」のイメージを表す．
以下，オノマトペに使われている子音音素のはたらきが確認される都度，◆の印の下にそのはたらきを記す．

2-3. 語頭の子音音素 /ʃ/ に子音音素 /n/ が続いている理由

以上がオノマトペの冒頭に来た子音音素 /ʃ/ についての考察であるが，そのあとに続く子音音素 /n/ はどのようなはたらきをしているのであろうか．この疑問に答えるために，こんどは子音音素連続 /ʃ/ + /n/ に始まるオノマトペだけを取り出して考察しよう．子音連続 /ʃ/ + /n/ で始まるオノマトペは全てで16例見られる．これらの16例を，上とおなじ基準によって四つのグループに分類してみる．ただし，オノマトペ „schnackeln" が①の2)と②の1) で二度それぞれ別の意味で分類されるので，合計17例となる．
① 「音波による空気の排除」に関連している場合（4例）．
   1) **schnedderengteng, schnedderengtengteng**：lautm. für den Klang der Trompete（トランペットの響き）
   2) **schnack**eln：2.<unpers.> (ugs.) einen Knall, Krach verursachen, hervorrufen（破裂的な衝撃音を発する）
   3) **schnarr**en：[schnell aufeinanderfolgende] durchdringende, sich hölzern-trocken anhörende Töne ohne eigentlichen Klang von sich geben（so, als ob zwei Gegenstände vibrierend aneinandertreiben）（(すばやく連続的に)響き渡る，乾燥した木を叩き合わせる

― 114 ―

Ⅲ. 仮説の定立

ような,しかし楽音ではない音を立てる)
   4) **schnatt**ern : schnell aufeinanderfolgende, helle, harte, fast klappernde u. schnalzende Laute von sich geben ((とくに鵞鳥と鴨について)すばやく連続的に,硬い物を打ち合わせるかような高い硬質の音を立てる)
② 「固体による空気の排除」に関連している場合 (8 例).
   1) **schnack**eln : (landsch., bes. bayr.) **2.** ein knackendes Geräusch von sich geben, krachen (1) (〔方〕とくにバイエルン地方) 指をパチンと鳴らす,舌打ちをする)
   2) **schnapp!** : lautnachahmend für eine kurze, schnell zufahrende Bewegung / bes. für das Einschnappen eines Schlosses, für das schnelle Zufallen eines Deckels, beim Schneiden mit der Schere (一定の方向へすばやく動く短い運動の擬音語.とくに錠がかかる音,蓋がさっと落ちて閉まる音,鋏で切る行為の擬音語：*Klappenbach / Steinitz†*)
   3) **schnapp**en : etw., jmdn. rasch mit dem Maul, Schnabel zu greifen suchen, um es, ihn festzuhalten (何かを,あるいは誰かを口で,あるいは嘴で捉えて離さない行為：*Klappenbach / Steinitz†*)
   4) **schnick**en : **2.** mit einer schleudernden Bewegung abschütteln (2. 勢いよい動作で払いのけること)
   5) **schnipp!** : lautm. für ein schnippendes Geräusch (指をパチンと鳴らす擬音語)
   6) **sch**nipp, **sch**napp! : lautm. für das Geräusch, das beim Schneiden mit einer Schere entsteht (鋏で切るときの音の擬音語)
   7) **schnips!** : lautm. für ein schnipsendes Geräusch (指をパチンと鳴らす擬音語)
   8) **schnurr**en : **1. a)** ein anahltendes, verhältnismäßig leises, tiefes, gleichförmiges, summendes, aus vielen kurzen, nicht mehr einzeln wahrnehmbaren Lauten bestehendes Geräusch von sich geben (**1. a)** 持続的な,比較的静かな,低い,規則正しい,ぶーんとうなる,多くの,短い,もはや個々に分けて感知することはできない音から成り立っている噪音を発する)

③「気体による空気の排除」に関連している場合（4例）．

1) **schnarch**en : beim Schlafen meist mit geöffneten Mund tief ein- und ausatmen u. dabei ein dumpfes, kehliges Geräusch (ähnlich Ach-Laut) von sich geben（睡眠中，たいていは口を大きく開けて，深く息を吸い込み，吐き，同時に鈍い喉音（Ach-Lautに似た）騒音を出す）

2) **schnaub**en : heftig u. geräuschvoll durch die Nase atmen, bes. Luft heftig u. geräuschvoll aus der Nase blasen（鼻を通して激しく，かつ騒々しく息をする，とくに空気を激しくかつ騒々しく鼻から出す）

3) **schnauf**en : tief und geräuschvoll, zumindest deutlich hörbar atmen（深々と，かつ騒々しく，少なくともはっきりと聞き取れるくらいの息をする）

4) **schneuz**en : die Nase durch kräftiges Ausstoßen der Luft von Ausschneidungen der Nasenschleimhaut befreien（鼻の穴から勢いよく空気を出して鼻の粘膜の分泌物を排除すること）

④「液体による空気の排除」に関連している場合（1例）．

1) **schnull**en : saugend lutschen（吸いながらしゃぶる）

子音音素 /ʃ/ のあとに来る子音音素 /n/ のはたらきを端的に分からせてくれるのは，③の「気体（たいていは空気）による空気の排除」の4例であろう．通う息は通う通路にある空気を排除しようとして「抵抗」を受ける．鼻をかむ者は，通気の勢いによって鼻の穴につまった分泌物を排除しようとするが，鼻腔に存在する空気がまずもって通気にとって抵抗となる．[n] を発音する際に，「舌の先は上の前歯の裏側ハグキあたりにつけたまま，息を鼻の方に抜けさせる」（伊藤，71）が，その際の舌のあり方はまさに息という気流に対する「抵抗」そのものである．つまり，オノマトペ „schnurren" に含まれた子音音素 /n/ は，この「抵抗」を音声器官がジェスチュアとして模倣した結果なのである．

これまでオノマトペ „schnurren" の音源について辞書が挙げている六つの特徴のうち，①から④まではそれぞれがどの音素によって再現されているかはすでに説明してきたが，今やっと残る⑤の „summend" と⑥の „aus vielen kurzen, nicht mehr einzeln wahrnehmbaren Lauten bestehend" を

Ⅲ. 仮説の定立

説明することができる．すなわち，固体の回転（糸車やモーター）あるいは振動（ベルの振動子や猫の舌）は，その運動によって空気を排除するが，その際に発生する抵抗音は „summend" として捉えられる．しかし，空気の排除にともなう「抵抗」のゆえに，もはや単純に „summend" として聞こえるのではなくて，„aus vielen kurzen, nicht mehr einzeln wahr nehmbaren Lauten bestehend" であると形容されるのである．なお，空気の排除が音波の伝播によって引き起こされるにせよ，固体の移動によって，あるいは，気体や液体の移動によって引き起こされるにせよ，そこに生じる音の聞こえ方は実際にはさまざまであるから，子音音素 /n/ がオノマトペに取り入れられた契機が「音模倣」であるとは考えられない．取り入れられた契機は「音のジェスチュア」である．

ちなみに，子音音素 /ʃ/ のあとにどんな種類の子音音素が来るかは，空気の排除ないしは移動に対する「抵抗」の程度に応じて異なる．すなわち，子音音素 /ʃ/ の次に置かれた子音音素 /l/ または /r/ は軽い抵抗を，子音音素 /n/ はどちらかと言えば軽い抵抗を，/m/ はかなり強い抵抗を，そして，/v/ は強い抵抗を表す．そのことは，[l], [r], [n], [m], [v] の<u>調音様式の違い</u>に現れていると考える．[l] は「舌尖が上の歯茎の前部の中央で接し，呼気が中央部の盛り上がった舌の両側面（または片側面）を流れ出て生じる言語音」（枡田, 118）であるが，呼気の流れは盛り上がった舌によって抵抗を受ける．しかし，大きな抵抗とは言えない．ドイツ語の子音音素 /r/ の実現形態は四種に分けられるが，「舌尖歯茎ふるえ音」の場合は，「上の歯茎に接近させられるか軽く接触させられた舌尖が強い呼気によって歯茎との間で数回振動」するという調音様式によるため，やはり呼気は舌の動きによって軽い抵抗を受ける．/r/ が「後舌面口蓋垂ふるえ音」として実現される場合は，「後舌面の中央線に出来たくぼみ」に沿って口蓋垂が振動する」（枡田, 120）．この場合も，口蓋垂の振動は呼気の流れにとって軽い抵抗となる．「口蓋垂摩擦音」[ʁ] は，「後舌面が後方へ向かってもち上げられ，口舌面後部と軟口蓋最後部の口蓋垂との間に狭めが作られ，呼気が口蓋垂の左右を通る際にその間に生じる摩擦音」（枡田, 111）であるが，摩擦音であるから，当然，呼気に対しては抵抗が呈される．また，/r/ が母音化されて [ɐ] として発音される場合は，呼気の流れは母音の場合と同じく抵抗は受けないであろう．子音 [n] は，「唇と歯はいくぶん開きぎみにして，舌の先は上

の前歯の裏側ハグキにつけたまま，息を鼻の方に抜けさせて音を出す」（伊藤，71）のに対して，子音［m］は，「上下の唇を合わせたまま，息を鼻の方に抜けさせて」発音される（伊藤，66）．息が鼻に抜ける点では共通しているが，息を鼻へ導く要因が［n］の場合は上の前歯の裏側ハグキに押しつけられた舌の先であるのに対して，［m］の場合は，はっきりと閉ざされた両唇であるから，呼気の流れに対する抵抗は［m］の場合の方が［n］の場合よりも大きい．さらに，子音［v］の場合は，「口蓋垂を上げて息が鼻の方へ流れないようにした」上で，「下唇が軽く上の前歯の下端にふれている」ようにして，「この閉じられたすきまから息を出して発音する」（伊藤，116）．摩擦音なのであるから，鼻音である［n］と［m］と比べて［v］における抵抗ははるかに大きい．

　こうして，オノマトペ „schnurren" においては /ʃ/ で表された「始発形態」である「空気の排除」が軽い抵抗を受けることが子音音素の連続 /ʃ/＋/n/ によって表される．もし /ʃ/ で表された根元的現象である「空気の排除」に対して環境から何ら「抵抗」に類する影響が及ぼされない場合は，子音 /ʃ/ の次にいかなる子音も置かれないで，その代わりに，直接，母音が続く．それは，/ʃ/ によって表される叫び声も鳴き声もその他の音響も，環境から何ら「抵抗」に類する影響も受けずに空気を震わせて響きわたるものと捉えられていることを意味している．

> 《仮説２－語頭第２位の子音音素のはたらき－》
> 　慣行型オノマトペの語頭の子音音素にさらに別の子音音素が加わる場合，この子音音素は，語頭の子音音素が示す現象上の始発形態に何らかの「付随現象」が限定として加わることをイメージとして示す．もしさらに第３の子音音素が加わるならば，それはさらに別の「付随現象」がこの上に加わることをイメージとして示す．どの場合も，導入の契機は「音模倣」ではなくて，「音のジェスチュア」である．

　語頭第２位の子音音素に関する《仮説２》の定立とあわせて，オノマトペの語頭第２位に立つ子音音素については次のことが確かめられた．すなわち，

　　◆ /n/：軽い「抵抗」をイメージとして表す．

なお，子音音素はそれぞれ固有のイメージを有する．それゆえ，子音音素のイメージ機能を言う場合，それが語頭に位置するか，第2位か，あるいは第3位か，それとも追加の位置にあるかという「位置」は度外視してもさしつかえないと考える．/n/そのものは，どの位置に置かれようと軽い抵抗を表すだけである．**schnurr**en の /n/ の場合は，語頭の子音音素 /ʃ/ の後に立っているので「空気の排除」という現象上の始発形態に何らかの「付随現象」を限定として加えるはたらきをするのであって，「付随」というイメージはありえない．「付随現象」を限定を加えるというのは，その置かれた位置から来るはたらきにすぎない．

2-4. オノマトペ „schnurren" の音色

　Duden in 10 Bdn. は „schnurren" の意味を説明したあとに，„schnurren" で表される音を立てる音源を列挙している．それは，換気扇，つむぎ車，冷蔵庫，ムービーカメラ，猫が鳴らす喉の音である．*Klappenbach / Steinitz*† も同様で，説明のあとに例が並べてある．*Duden in 10 Bdn.* が挙げる以外の音源としては，目覚まし時計，電話，エンジンの回転音．これらの例から，ドイツ語では „schnurren" によって，糸車をはじめとしてテレビカメラやベンチレーター／扇風機，あるいはモーターそのものや車輪の回転音，自動車のエンジンの回転音のほかに，電話や目覚まし時計のベルの音，はては猫が喉を鳴らす音までカバーされていることが分かる．これらの音響の聞こえ方が現実にはそれぞれ異なっているにもかかわらず „schnurren" の下にまとめられているということは，ドイツ人の聴覚がこれらの音響を統べている共通する特徴を認めていることを意味する．現実の聞こえ方が異なる複数の音響に共通する特定の音的特徴を認めるとは，どういうことなのだろうか．そして，その共通する特定の音的特徴とは何だろうか．音声学は「**音色**」(Klangfarbe) について次のように説いている．「音色」とは「**楽音**」(musical sound; musikalischer Ton, Klanglaut) について言われる性質である．「楽音」は「単純音」(Ton) と「複合音」(Klang) とに分けられる．「複合音」は複数の「部分音」(partial tone[s]．いずれも単純音) から構成されているオトであるが，構成している「部分音」のうちで振動数がもっと小さいオトを「基本音」(fundamental tone) といい，その他のオトを「上音」(overtone) という．

(甲)

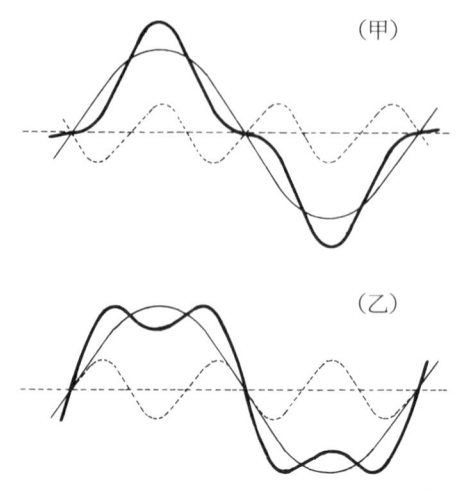

(乙)

(第 1 図)（服部, 40）

　二つの「複合音」を比べた場合，たとえ双方の「基本音」の高さが同じであっても，「上音」の数や高さや強さが異なる場合には，この二つの複合音は波形（音波の形）を異にし，「音色が違う」という印象を与える」（服部, 39-40）．第 1 図は，（甲）（乙）とも細い実線と細い点線の部分音が数と種類において同じであるが，組み合わせの位相が異なるために，太い実線の複合音の波形が互いに異なっていることを示している．そこで「たとえば，ヴァイオリンのねと，笛のねとは高さと強さが同じでも**音色**が異なる．『アー』『エー』『オー』などという母音は大体において楽音であるが，同じ高さ強さで発音してもはっきり区別できるのは，音色が違うためである」（服部, 40）．逆に言えば，波形を共にする二つの複合音は「音色が同じ」である印象を与えるということになるわけであるが，実際には，波形が違っているにもかかわらず「音色（の相違）には影響しない」場合がある．それは，「基本音」の高さが同じであって，かつ，「上音」の「数と種類が同じでも，その組み合わせの位相が異なる」場合である．その場合は，「複合音の波形は違ってくる」が，音色は影響を受けないからである（服部, 40）．

　糸車やテレビカメラやベンチレーター／扇風機の回転音，あるいはモーターそのものや車輪やエンジンの回転音，電話や目覚まし時計のベルの音，はては猫が喉を鳴らす音が，すべて同じに聞こえることなどありえない．し

III. 仮説の定立

かし，これらの音の「音色が似通っている」とは言うことができるであろう．つまり，より正確に表現すれば，「ドイツ語を母語とする人々はこれらの音響の音色が似通っていると聞いている」と言うことができるであろう．この意味で，これらの音響を統べている共通の音的特徴とは特定の種類の「音色」であると言い表す．

ここで音響から言語音へと目を移すと，言語音のうち「**母音**は大体において楽音である」（服部，147）．この記述の仕方ははなはだ歯切れが悪いように聞こえるが，母音と子音という分け方は音韻論の立場からする分け方であって，純粋に音声学的な見地からすれば，音を母音と子音に分けること自体がそもそも問題的なのである．したがって，母音はすなわち楽音，子音はすなわち噪音であるという風に截然と分けることには異論が唱えられる．子音であっても楽音に数えられるものもあるし（[m], [n], [l]），噪音である母音も存在する（[i], [u]）からである．

内藤は，「母音は，口腔の通路に何の邪魔もなくて，破裂や摩擦のために生じる騒音（Geräusch）を含まない，純粋な楽音（musikalischer Ton, Klanglaut）である」と述べたあと，母音と子音に分けることに関連して，「母音と子音との境はあまりはっきりしていないので，中間音を立てるのが便利である」と述べている（内藤，26）．そして，子音を「騒音子音」（Geräuschkonsonant）と「楽音子音」（Klangkonsonant）と「半母音」（Halbvokal）の三種に分け，それぞれを次のように説明している．

「1. 騒音子音．無声閉鎖音，無声摩擦音，無声破擦音のように騒音のみから成る音と，有声閉鎖音，有声摩擦音，有声破擦音のように騒音と楽音との混合から成る音とがある．これらはキコエの最も小さい純粋な子音である．

2. 楽音子音．鼻音と流音とはほとんど雑音を含まず，キコエも母音についで大きい．母音に近い子音である．母音に代わって音節の主音になることもある．これらを楽音子音と名づけることにする．

3. 半母音．比較的口の開きの小さい（したがってキコエの小さい）母音 [i] [u] などが，ほかの母音の前（または後）に来ると，母音としての独立性を失って子音化することがある．…このような音を半母音という．…」（内藤，27）

この記述を参考にすれば，「破裂や摩擦のために生ずる騒音を含まない」母音は音色を持つことができると言うことができる．したがって，オノマトペにおいて音色を言語音的に再現するのは母音であると考えて間違いなさそうである．このことから，複数の音響に音色が似通っていると感じられるとき，共通点としての音色は言語的に同一の母音で再現されると推定する．
　オノマトペの起源となった音響の特定の音色をオノマトペの母音で再現するとは，とりもなおさず，音響の特徴を模倣することに通じるから，音響の特定の音色を言語音によって再現する目的で母音音素がドイツ語のオノマトペに取り入れられるときの契機は，つねに「音模倣」であると言わなければならない．
　さて，それではオノマトペ „schnurren" に含まれる母音 [ʊ] はどのような「音色」を再現しているのであろうか．
　上で見たとおり，„schnurren" が再現しようとしている音響の特徴は次の六つであった．すなわち，
　　① „anhaltend"（持続的）
　　② „verhältnismäßig leise"（比較的静か）
　　③ „tief"（低い）
　　④ „gleichförmig"（規則正しい）
　　⑤ „summend"（ぶーんとうなる）
　　⑥ „aus vielen kurzen, nicht mehr einzeln wahr nehmbaren Lauten bestehend"（多くの，短い，もはや個々に分けて感知することはできない音から成り立っている）
これら六つの特徴のうち „schnurren" が写している音響の特定の「音色」に関わっていると思われるのは，③の „tief" である．Duden. Bedeutungswörterbuch によると，„tief" は „durch eine niedrige Zahl von Schwingungen dunkel klingend"（下線は筆者）であることを意味する．つまり，音が「低い」とは，振動数が低いために聞こえ方が「暗い」ことを意味する．このことを音声学は次のように言い表している．「オトの高さはその振動数に比例し，それが大きいほど高い．普通，楽音のみについていい，楽音の高低はその基本音の大小による」（服部，173-174）．この説明から引き出すことができるテーゼは，「低い」あるいは「暗い」「音色」を持つと言うことができるのはほとんどもっぱら楽音だということである．そこで，す

Ⅲ. 仮説の定立

でに見たとおり,「破裂や摩擦のために生ずる騒音を含まない」母音は即ち楽音と見て差し支えなかったから,③ „tief" という楽音に関する特徴は,„schnurren" の語幹に含まれる母音［ʊ］について言われている性質であると断定してよいと考える.

母音を聴覚的に分類する場合,「前舌の母音」を「**明るい母音**」,「奥舌の母音」を「**暗い母音**」と呼ぶことがある. ここでは,「明暗」という色彩を区別する用語がメターファーとして用いられている. このような聴覚と色彩の関連についての, R. Jakobson の研究によれば, 下の図のように, 母音三角形は**明度**（brightness）を横軸に, **彩度**（saturation）を縦軸にとって示すことができるという（『言語学大辞典・術語編』, 3). このように「奥舌の母音」は「暗い」とする分類は, „tief" の説明に含まれる „dunkel klingend" という表現と一致する. すなわち, ここにも „tief" という評言はオノマトペ „schnurren" の語幹に含まれる母音 /ʊ/ に関わっていると考えてよいと推測できる理由がある. なお, 母音の聴覚的な分類によれば, /ʊ/ の彩度は「淡い」. そこで, オノマトペ „schnurren" に含まれる /ʊ/ は, „schnurren" が写している音響の音色が「低く」,「暗く」, かつまた「淡い」ことを表していると言うことができる.

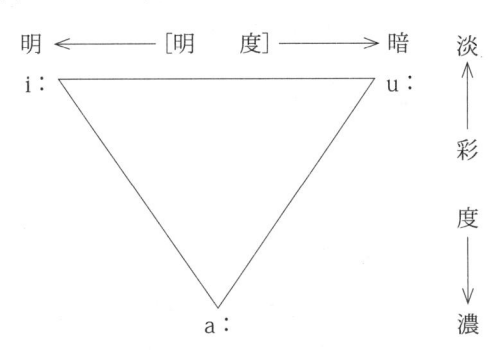

```
       明 ←―――[明  度]―――→ 暗    淡
        i:                    u:    ↑
          \                  /
           \                /      彩
            \              /
             \            /        度
              \          /
               \        /          ↓
                \      /
                  a:              濃
```

(図2)（『言語学大辞典・術語編』, p.3)

2-5. 幹母音音素が短母音である理由

オトの属性は, 長さと, 強さと, 高さである. いま, オノマトペの起源となった音響の高さは「音色」として, オノマトペに含まれる母音によって再現されることを観察した. 引き続いて, 音響の長短とオノマトペに含まれる

― 123 ―

母音の長短のあいだにも平行的な関連が認められるかどうかを考察したい。まず，音響の「長さ」を長母音で再現している例を挙げる．第Ⅱ章で収集したドイツ語の慣行型オノマトペ 400 語のうち長母音を含む例をすべて下に引用する．音声学的には複母音は長母音に含められるので，複母音を持つ例もあわせて引用した．すべてで 85 個，全体の約 5 分の 1 である．全体を見通しやすくするために，さきの分類法（77～80 ページ）に従って分け，数の多いグループの順に並べた．最も数が多いのは，

A．動物の鳴き声（鳴き声に由来する名称・部分名称も含む）

Kuh	（雌牛：mhd., ahd. kuo =（雌の）牛，これ以上の由来は未解明．おそらく擬声語：*Duden in 10 Bdn.*）
wiehern	（(馬が)いななく）
Häher	（かけす属）
hui!	（ひゅー(ん)，ぴゅー(ん)（風や疾過するものの音））
Sau	（雌豚）
mäh!	（めえ（羊・山羊の鳴き声））
muh!	（もう（牛の鳴き声））
muhen	（もうと鳴く（牛が））
piep!	（ぴいぴい，ぴよぴよ（小鳥・雛鳥の鳴き声）；ちゅうちゅう（鼠の鳴き声））
Gauch	（〔方〕かっこう）
kakeln	（(鶏が)くわっくわっと鳴く）
Köter	（[<ndd.> „Kläffer"；もと擬声語]かみつく癖のある番犬；吠える犬；〔蔑〕野良犬：『木村・相良独和辞典』）
Kauz	（梟，みみずく）
ziepen	（〔方〕<特に：nordd.>(雛鳥が)ぴよぴよ鳴く）
fiepen	（(鹿などが)かぼそい高い声で鳴く；<ugs.>(子犬が)くんくん鳴く；(一般に)ひいひい泣く）
jaulen	（(犬などが)悲しげに鳴く；〔比〕（風などが)うなる）
Hahn	（雄鶏）
Maul	（(動物の)口）
röhren	（笛のような鳴き声をあげる（特に発情期の鹿などが））
krähen	（(雄鶏が)こけこっこうと鳴く）

III. 仮説の定立

quak!	(1 蛙の鳴き声の擬声語. 2 鴨の鳴き声の擬声語：*Duden in 10 Bdn.*)
quaken	((蛙・あひるなどが)くわっくわっと鳴く)
quieken	((豚などが興奮して)きいきい鳴く；(鼠が)ちゅうちゅう鳴く)
Triel	(いしちどり(石千鳥))
Knäkente	((前半は雄の鳴き声の擬声：乙政)しまあじ(縞味)属(がんかも科))
quiek!	(きいきい(興奮した豚の鳴き声))
Schwan	([白鳥：mhd., ahd. swan. 擬声語. おそらく起源は Singschwan「鳴禽としての白鳥」の名称であったと思われる]：*Duden in 10 Bdn.*)
knören	(〔猟師の用語〕(鹿などが)低い声で鳴く：*Duden in 10 Bdn.*)
wau, wau!	(わんわん(犬の鳴き声))
Fitis	(きたやなぎむしくい(鳥))
Star	(椋鳥)
ruckedi'gu	[rʊkədi'guː, '- - -'-]　((ハトの鳴き声)クークー：『小学館独和大辞典』)
Zi'kade*	([ラテン語の cicada. 地中海語より]. こおろぎに似た小型の昆虫. 雄がじいじいと高い音を立てる：*Duden in 10 Bdn.*)
kikeri'ki!	[kikəri'kiː]　(こけこっこ)
'Wiedehopf	(〔動〕やつがしら(ぶっぽうそう目))
'Schuhu	(鷲木菟, 縞梟)

(計 36 個)

次いで多いのは,

B. 音源が行為／動作／動きである場合

Pup	(〔俗〕おなら)
pudeln	(〔方〕水をばちゃばちゃやる)
plaudern	(おしゃべりする)
plauschen	(<südd., östr., schweiz.> おしゃべりする)

— 125 —

präpe*ln*	（〔方〕おいしいものを食べる）
prahle*n*	（大きなことを言う）
dude*ln*	（一本調子で演説する（歌う））
to**i, t**o**i, t**o**i!**	（【悪魔のねたみを買わないためのまじないになる唾を3回吐く音】1(うっかり口に出した後でせっかくのつきを落とさないために)unberufen, 〜,〜,〜! 言うんじゃなかった，くわばらくわばら．2(成功を祈って)〜,〜,〜für deine Prüfung! 試験がんばれよ）
trabe*n*	（〔馬術〕速歩で馬を走らせる；(馬が)はやあしで走る）
tröte*n*	（〔方〕blasen(吹奏楽器を)吹く：*Duden in 10 Bdn.*）
Jar'gon	（きたない言葉づかい）
kneipe*n*	（〔方〕おそらく擬音語．つねる，つまむ：*Duden in 10 Bdn.*）
quäke*n*	（1(赤子が)ぴいぴい泣く．2きいきい声を出す）
knote*rn*	（〔おそらく(ぼそぼそと聞き取りにくい声で話す)の擬声語から〕不満げに不平を鳴らす：*Duden in 10 Bdn.*）
klöne*n*	（<nordd.>（schwatzen）おしゃべりをする）
zuze*ln*	（<bayr., öster.>［tutschen］しゃぶる［saugen］吸う）
ziefe*rn*	（<md.> すぐにめそめそする）
schnaube*n*	（激しく鼻で息をする）
schneuze*n*	（sich^3 die Nase 〜鼻をかむ）
schnaufe*n*	（(はーっと)深い息をする）
schreie*n*	（叫ぶ）
'wiesche*ln*	（→ wiescherln）
'wiescher*ln*	（［オーストリア．幼児語］小便をする）
wuze*ln*	（<bayr., öster.> 回す［drehen］，巻く［wickeln］の擬音語にして擬態語）
wuse*ln*	（せわしなく(活発に)動き回る）
johle*n*	（(群衆が)大声で叫ぶ）
hauche*n*	（（Ⅰ）息を吐きかける(鏡・窓ガラス・手など)）
murre*n*	（1ぶつぶつ言う．2どろどろ鳴る(遠くで雷や大砲が)）
niese*n*	（くしゃみをする）

III. 仮説の定立

    nölen   （<nordd.> 1 のろのろやる．2 やたらと不平を言う）
    rufen   （叫ぶ，呼ぶ）
    tral'la!   （ら・ら・らん（メロディー）を口ずさむ音）
    tralla [la] la![trala[la]'la:, '- - (-) -]   （同上）
    tra'ra!   （トララー（角笛・トランペットの音をまねた喜びの叫び声））

                                                        （計 34 個）

 現象が音源である場合と本来音を発生する装置が発している音の例はそれほど多くなかった．

C．音源が現象である場合

    bauz   （どしん，ばたん（衝突音又は落下音））
    bar'dauz   （どたん，がたん）
    par'dauz   （どたん，がたん）
    pusten   （（風が）ぴゅうぴゅう吹く）
    plauz!   （<ugs.> どしん，ばたん）
    Ra'dau   （<ugs.> やかましい音）
    quiek!   （ぎいっ，きいっ（戸・ブレーキなどの音））
    quietschen   （（戸・ブレーキなどが）きいっと音を立てる；（階段・床板などが）ぎいぎいいう；（靴が）ぎゅっぎゅっと鳴る）
    quieksen   （<ugs.> → quieken）
    knotern   （〔おそらくぼそぼそと聞きとりにくい声で話すのを模倣〕〔方〕不満げに不平を鳴らす：*Duden in 10 Bdn.*）
    rauschen   （（風・波・木の葉などが）ざーざー（ざわざわ）と音を立てる）
    Tok'kata [tɔˈkaːta]   （〔音楽〕トッカータ）

                                                        （計 12 個）

D．本来音を発するための装置が発している音

    tut!   （〔幼児語〕（警笛・角笛などの音）～,～！ぶーぶー，ぷーぷー）
    tuten   （（警笛・号笛・角笛などが）ぶーぶー（ぷーぷー，ぽーぽー）と鳴る）
    tüt!   （〔幼児語〕角笛・クラクションなどの音の擬音語：*Du-*

den in 10 Bdn.)

(計3個)

　語源が分からなくなっている „Scha'rade"（シャラード）を除くと，長い音響を長母音で再現している場合は85例であった．

　このように見てくると，ドイツ語のオノマトペが言語外の世界の音響現象を言語音で再現するにあたって音源に含まれる長い音響は長母音で再現するのが通則になっているように，一見したところ，思われるのであるが，目下，観察の対象に取り上げているオノマトペ „schnurren" はこの通則から外れるように見える．というのは „schnurren" の独和辞典の訳語として「ぶんぶん」のほかに「ぶーん」が含まれているからである．事実，換気扇も糸車もモーターも回転音は，すくなくとも私たち日本語のネイティブ・スピーカーの耳には「ぶーん」と聞こえる．しかし，„schnurren" の「幹母音」は短母音音素 /ʊ/ である．この矛盾をどう説明したらいいのであろうか．

　私は，この事例にドイツ語のオノマトペに関する特徴的な傾向が認められると考える．それは，日本語のオノマトペが音響を「長い」として捉える場合でも，ドイツ語のオノマトペは同じ長い音響を短い単位の集合に還元して，その短い単位を問題の音響の基本単位とみなす．そして，これを短母音で再現しようとする傾向である．オノマトペ „schnurren" はその好例である．すなわち，日本語ではモーターの回転音を連続する長い音として捉え，「ぶーん」と表すが，ドイツ語は連続回転は一回転の集合であるとみなし，連続回転音ではなくて一回転の音として再現する．このやり方は，結果的に，<u>ドイツ語のオノマトペが「長い」と聞こえる音響現象を言語音で再現するにあたって長母音よりは短母音をはるかに好んで使う傾向を持っているように見せる結果となる</u>．さきの統計では，総数400個のオノマトペのうち長さを持っていると見なされ得る言語外の世界の音響現象を長母音で再現していたのは85例に過ぎなかった．言語外の世界の音響現象のうち長い音響はまだ他にも存在する．

　そのような次第で，ドイツ語のオノマトペ „schnurren" においては，糸車の回転も，目覚まし時計や電話の鈴の音も，猫の喉に鳴る音も，いずれも一回の音は瞬時の音であると捉えられる．そして，一回の音は瞬時の音であるという事実に基づいて，„schnurren" に短母音音素 /ʊ/ が使われている．逆説的に言えば，オノマトペ „schnurren" が写している音響が時間的な

III. 仮説の定立

「長さ」が認められないほど「短い」ことをアナロジーによって示すために短母音が使われている．ドイツ語のオノマトペのこのような捉え方をよく示しているのは，日本語のオノマトペでは長母音が使われる場合でも，相応するドイツ語のオノマトペが短母音ですませているという事実である．例えば，

   bam! （bim, bam! ごーんごーん：『木村・相良独和辞典』）
   töff! （töff, töff! ぶーぶー（自動車などの警笛の音））
   platz! （ばぁん：『木村・相良独和辞典』）
   ratsch! （びりびり，ばりばり，めりめり；ritsch, ratsch! びりびり，ばりばり：『木村・相良独和辞典』. ratsch, war der Vorhang zu しゃーっとカーテンが閉まった：『郁文堂独和辞典』）
   hurr! （ひゅー，ぶーん：『木村・相良独和辞典』）
   summ! （ぶーん（昆虫，特に蜂の羽音））

ともあれ，音響の長短を母音の長短によって再現することは，音響を模倣することに通じるから，ここでも，ドイツ語のオノマトペに母音が取り入れられる契機は「音模倣」であると言うことができる．

残るは，音響の**強さ**とオノマトペの関係である．服部によると，オトの強さ（または強度）は，単位時間内に単位面積を通過する音波のエネルギーの総和に比例する．そして，オトの強さには振度数と振幅が関与している．ただし，噪音は「非周期的な構成要素を有し明確な振度数を認め得ない」（服部，171）ので，オトとしての強さを云々できるのは楽音に限られることになる．ドイツ語のオノマトペに関する限り，使われる母音は例外なく楽音であると考えられるので，結局，オトの強さとは母音について言われる評言であると言わなければならない．そこで，オノマトペ „schnurren" の起源となった音響の特徴①から⑥のうち，②の „verhältnismäßig leise" もまた „schnurren" の語幹の母音 /ʊ/ によって再現されていると言うことができる．そして，オノマトペ „schnurren" の起源となった音響が「比較的低い」ことを彩度が淡い母音 /ʊ/ で再現するということは，音響を模倣することに通じるから，母音 /ʊ/ がオノマトペ „schnurren" に取り入れられた契機もまた「音模倣」であると言わなければならない．

このように見れば，オノマトペに母音が取り入れられる契機が「音模倣」であるという意味は三重である．第一に，音響の高低（音色）を模倣するた

め．第二に，音響の長短を模倣するため．そして第三に，音響の強弱を模倣するためである．

こうして慣行型オノマトペに関して第3の仮説が得られた．すなわち，

> 《仮説3－「幹母音」に関して－》
> 　慣行的オノマトペの「幹母音」は音源のオトとしての3要素である高低（音色）・長短・強弱を模倣している．すなわち，「幹母音」導入の契機は「音模倣」である．

オノマトペの「幹母音」に関する《仮説3》の定立とあわせて，オノマトペ „schnurren" の「幹母音」となる母音音素 /ʊ/ については次のことが確かめられた．すなわち，

◎ /ʊ/：低く，暗く，かつまた淡くて弱い，しかし同時に腹に響くような，短い音響のイメージを表す．

ここでも，子音音素の場合と同じく，母音音素 /ʊ/ を含むオノマトペが打撃音ないしは衝突音を表しているからと言って /ʊ/ そのものに「打撃」ないしは「衝突」のイメージを帰させるのは誤りである．成立の経緯を糺せば，/ʊ/ のイメージが「打撃」ないしは「衝突」の音を表すオノマトペにふさわしかったというのが正しい考え方なのである．また，「打撃」ないしは「衝突」に伴う「破裂」のイメージは /ʊ/ そのものに帰せられるべきではない．「破裂」のイメージの表現は別に子音音素が担うべきはたらきである．

以下，オノマトペに使われている「幹母音」のはたらきが確認される都度，◎の見出しの下にそのはたらきを記す．

2-6．「追加子音音素」/r/ のはたらき

これまでの考察で，オノマトペ „schnurren" の音源となった現象は「空気の排除」に関わっていることが子音音素 /ʃ/ によって表され，排除に際し抵抗を受けることが子音音素 /n/ によって表されていることが明らかとなった．それでは「幹母音」に続く「追加子音」音素である**ふるえ音**の /r/ は何を表しているのであろうか．語頭の子音音素連続が意味するところは，オノマトペ „schnurren" の音源となった現象は「空気の排除」に関わっているうえに，排除に際し抵抗を受けることを表していたが，„schnurren" の音源

III. 仮説の定立

となった現象の特徴はそれで尽きるわけではない．その現象は，「空気の排除」に関わっているうえに排除に際し抵抗を受けているばかりか，「長さ」を持っている．オノマトペ „schnurren" の音源となった現象の残る特徴の一つは，オノマトペ „schnurren" が再現している音響である糸車の回転音も，換気扇やテレビ・カメラの回転音も，あるいはモーターそのものの回転音も，目覚まし時計や電話の鈴の音も，さらには猫の喉に鳴る音も，一回限りでは瞬間の長さしか持たないけれども，事実上は，反復されることによって時間的な「長さ」を持っていることである．つまり，„schnurren" で表されるこれらの音現象は，反復されるがゆえに「持続的」である．オノマトペ „schnurren" が再現する音響の特徴の一つを，*Duden in 10 Bdn.* が ① „anhaltend"（持続的）としているのは，この点を指していると考える．そして，音源の特徴の一つが「持続的」であることを言語音で再現するはたらきを引き受けているのが，「幹母音」の次位に置かれた子音音素のふるえ音 /r/ であると考える．すなわち，/r/ の調音方法である舌先ないしノドビコの震えは，「長さ」を作り出す因子としての「反復」を言語器官がジェスチュアによって再現したものである．すなわち，オノマトペ „schnurren" に子音音素 /r/ が投入された<u>契機は「音のジェスチュア」</u>である．とはいえ，回転が空気の振動を伴うことは否定できないから，/r/ がオノマトペに投入されているのが空気の振動を模倣するためであるという考えを全く除外することはできない．ただ，„schnurren" が表す音響現象にはモーターの回転音もあれば猫の喉を鳴らす音も含まれることを考えれば，導入の契機はやはり「音のジェスチュア」であると言わざるを得ない．

　反復される事象は同時にまた「単調」でもある．オノマトペ „schnurren" が再現している音響について，同じ辞書が④ „gleichförmig" と述べているのは，この点を指摘していると推測する．そして，「単調」という音源の音響の特徴を，舌の先あるいはノドビコを震わせるという一種の繰り返しが「ものまね」していると考える．これは，「持続的」という音響の特徴を舌の先あるいはノドビコを震わせるという一種の繰り返しが「ジェスチュア」によって再現されたことを意味する．それゆえ，音響の「単調」という特徴を言語的に再現するために子音音素 /r/ がオノマトペ „schnurren" に取り入れられるときの<u>契機は音声器官による「音のジェスチュア」</u>であると言わなければならない．

以上の考察に基づき次の二つの仮説を立てる．一つは「追加子音」の音素に関して，もう一つはオノマトペに導入されるすべての子音音素の配列順に関して．

> 《仮説4－「追加子音音素」のはたらき－》
> 　慣行型オノマトペにおける「追加子音音素」は，語頭の子音音素によって示された（場合によっては，第2・第3位の子音音素によってさらに限定を加えられた）始発現象が達する最終段階の終末現象を示す．導入の契機は「音模倣」ではなくて，「音のジェスチュア」である．

　オノマトペの「追加子音」に関する《仮説4》の定立とあわせて，オノマトペ „schnurren" の「追加子音」である子音音素/r/については次のことが確かめられた．すなわち，
　◆/r/：持続性を持ち，かつ振動を伴っているイメージを表す．
　上の定義は，何が「持続性を持ち，かつ振動を伴っている」かを明らかにしていないので，表現としては不完全であるが，「何が」かは/r/が置かれているオノマトペの中で占める位置によって決まる．„schnurren" に含まれる/r/の場合は，/r/が「追加子音音素」の位置にあるため，それはオノマトペの語幹が表す「軽い抵抗を伴う空気の排除」が持続性を持ち，かつ振動を伴っているというイメージを表すことである．

> 《仮説5－子音音素の導入順序に関して－》
> 　慣行的オノマトペに複数の子音音素が導入されている場合，それらは導入順序にしたがって音源の音響現象の段階的展開を示す．
> 　すなわち，語頭の子音音素は「始発現象」を示し，第2位以下の子音音素はそれの「付随現象」を示し，「追加子音」は「終末現象」を示す．

3．オノマトペへの子音音素導入に関する補足

　オノマトペへの子音音素の導入に関して《仮説2》，《仮説3》，《仮説4》

III. 仮説の定立

において一貫して契機は「音のジェスチュア」であるとしてきた．しかし，この仮説には一定の制限が必要である．そのことを本節で説明して補足したい．

オノマトペのうち動物の鳴き声を表すオノマトペならびに鳴き声を起源としている動物名のオノマトペ，ならびに幼児語などに由来するプリミティーフなオノマトペは始原的な性格を持っている．そのことは，これらのオノマトペに音素が導入される契機のすべてが「音模倣」であることに現れている．母音音素の導入される契機が「音模倣」であることは，他のより高次なオノマトペの場合と変わらないけれども，語頭の子音音素，第2位以下の子音音素，それに「追加子音音素」の子音音素までもが「音模倣」契機として導入される点が，始原的な性格を持つ「動物の鳴き声を表すオノマトペ，ならびに鳴き声を起源としている動物名のオノマトペ」のほか，プリミティーフな由来のオノマトペに見られる特徴である．語頭の子音音素が「音模倣」を契機としてオノマトペに導入されるということは，これらのオノマトペに関してはドイツ語と日本語のあいだに類似のオノマトペが存在する可能性が大きいことを意味する．まず，「動物の鳴き声を表すオノマトペならびに鳴き声を起源としている動物名のオノマトペ」のうちからドイツ語と日本語のあいだの類似性が大きい例を抜き出してみよう．下に挙げるのは，ドイツ語と日本語とで大きな違いを感じさせない例である．

iah!	（いーよー（ろばの鳴き声））
Uhu	（わしみみずく）
piep!	（ぴいぴい，ぴよぴよ（小鳥・雛鳥の鳴き声）；ちゅうちゅう（鼠の鳴き声））
pink	（（ヒワの鳴き声や明るい打撃音）ピン，チン，カチン）
Turtel**taube**	（こきじばと（小雉鳩）．前半が擬声語：乙政）
Triller	（（鳥の）さえずり）
trenzen	（（発情期の鹿が）せきこんだ短い鳴き声を立てる）
gack, gack!	（くわっくわっ（鶏が卵を生むときの声））
Güggel	（<schweiz.>［Gockel］雄鶏）
gackern	（1（鶏が）くわっくわっと鳴く．2→gackeln）
Gickel	（<md.>［Hahn］雄鶏）
Gauch	（〔方〕かっこう）

'Gockel	(=Gockelhan. 雄鶏)
gluck!	(1 くっくっ，こっこっ(雌鳥の鳴き声). 2 とくとく，ごぼごぼ(液体が立てる音))
gluck!	(1 くっくっ，こっこっ(雌鳥の鳴き声)).
glucken	(1 抱卵しようとしてくっくっと鳴く. 2 こっこっと鳴く(母鶏が雛を呼ぶために))
'Güggel	(<schweiz.>（Gockel）雄鶏)
'Gickel	(<md.>（Hahn）雄鶏)
girren	((鳩などが)くうくうと鳴く)
gurren	((鳩が)くうくうと鳴く)
kikeri'ki! [kikəri'kiː]	(こけこっこ)
'kuckuck!	(かっこう(郭公の鳴き声))
'Kuckuck	(かっこう(郭公))
keckern	((きつね・いたちなどが怒って)ぎゃっぎゃっと鳴く)
kakeln	((鶏が)くわっくわっと鳴く)
kliff, klaff!	(きゃんきゃん(子犬の鳴き声))
krähen	((雄鶏が)こけこっこうと鳴く)
quak!	(1 蛙の鳴き声の擬声語. 2 鴨の鳴き声の擬声語：*Duden in 10 Bdn.*)
quieken	((豚などが興奮して)きいきい鳴く；(鼠が)ちゅうちゅう鳴く)
quieksen	(<ugs.> → quieken)
quiek!	(ぎいっ，きいっ(戸・ブレーキなどの音)；きいきい(興奮した豚の鳴き声))
quaken	((蛙・あひるなどが)くわっくわっと鳴く)
quorren	((鴨が)雌を呼ぶ)
Zi'kade*	(〔ラテン語の cicada. 地中海語より〕. こおろぎに似た小型の昆虫. 雄がじいじいと高い音を立てる：*Duden in 10 Bdn.*)
Sau	(雌豚)
simmen	(〔方〕特に ostniederd. ぶんぶん(ぶーんと)いう)
summ!	(ぶーん(昆虫，特に蜂の羽音))

Ⅲ. 仮説の定立

Schwarm ((移動中の, 又は動き回っている同種類の昆虫・鳥・魚などの)群れ)
schwirren ((昆虫などが)ぶーん(ぶんぶん)と音を立てる)
wiehern ((馬が)いななく)
Wutz (〔方〕豚)
wau, wau! (わんわん(犬の鳴き声))
Hahn (雄鶏)
hui! (ひゅー(ん), ぴゅー(ん)(風や疾過するものの音))
meck! ((ヤギの鳴き声)メエ:『小学館独和大辞典』)
meckern ((山羊が)めえめえと鳴く)
mäh! (めえ(羊・山羊の鳴き声))
'meck'meck! ['- -, - '-] ((ヤギの鳴き声)メエメエ:『小学館独和大辞典』)
muh! (もう(牛の鳴き声))
muhen (もうと鳴く(牛が))
meck! (山羊の鳴き声の擬声語:『小学館独和大辞典』)
ruckedi'gu [rʊkədi'guː, '- - -'-] ((ハトの鳴き声)クークー:『小学館独和大辞典』)

　下の例は,「音模倣」を契機にしているとはいえ, 語頭子音による音源の「始発形態」の捉え方が日本語のオノマトペと違っているために, 語頭の子音音素が日本語の場合と違っている. そのために綴の外見だけでは類似性があまり強く感じられない場合である. しかし, 実際に発音してみると類似性を納得させられる. とりわけ「追加子音音素」がそれに与って力がある事が多い. 例えば, **knurr**en「〔犬などが〕うーっとうなる」の子音音素配列は一見, 音模倣ではないように感じられるけれども, [k] が息をともなって強く発音されるという調音様式の無声破裂音である (*Fiukowski*, 172) 上に, 語頭第2位の子音音素 /n/ の調音様式が舌尖と上歯茎の根元で閉鎖を作り息を鼻に抜けさせるのであるから (*Fiukowski*, 204), 発声器官の構えそのものがうなっている獣のそれを真似ているし, さらに「追加子音音素」の /r/ で以てうなり声が尾を引くさまを模倣しているので, これもまた徹頭徹尾「音模倣」で成立したオノマトペなのである. **Kuh** についても, 牛はかつては *kuh! と鳴いていたのを模倣したと推定するのである.

ドイツ語オノマトペの研究

'Girlitz	(セリン(燕雀目雀科))
'Gecko	(やもり)
Kuh	([雌牛：mhd., ahd. kuo=(雌の)牛，これ以上の由来は未解明．おそらく擬声(擬音)語]：*Duden in 10 Bdn.*)
'Kolkrabe	(わたりがらす．前半が擬声語：乙政)
Knäkente	([前半は雄の鳴き声の擬声]しまあじ(縞味)属(がんかも科))
Köter	(ndd. „Kläffer"；もと擬声語](かみつく癖のある番犬；吠える犬；[蔑]野良犬：『木村・相良独和辞典』)
Kauz	(梟，みみずく)
kollern	((七面鳥などが)ぐっぐっと鳴く)
knurren	((犬などが)うーっとうなる)
knören	([猟師の用語](鹿などが)低い声で鳴く：*Duden in 10 Bdn.*)
Krickente	([前半は雄の鳴き声の擬声]こがも(小鴨))
Triel	(いしちどり(石千鳥))
'Tsetsefliege	([前半は擬声語]ツェツェばえ(蠅))
ziepen	([方]<特に：nordd.>(雛鳥が)ぴよぴよ鳴く)
Zippdrossel	([方](Singdrossel)歌つぐみ．前半が擬声語：乙政)
zwitschern	((小鳥が)さえずる)
winseln	((犬が)くんくん鳴く)
wimmern	((犬・猫などが)哀れっぽい声で鳴く)
'Wiedehopf	([動]やつがしら(ぶっぽうそう目))
fiepen	((鹿などが)かぼそい高い声で鳴く；<ugs.>(子犬が)くんくん鳴く；(一般に)ひいひい泣く)
'Fitis	(きたやなぎむしくい(鳥))
'Schuhu	(鷲木菟，縞梟)
spissen	([狩猟]えぞ雷鳥が雌を呼んで鳴く)
Star	(椋鳥)
Schwan	([白鳥：mhd., ahd. swan. 擬声語．おそらく起源はSingschwan「鳴禽としての白鳥」の名称であったと思われる]：*Duden in 10 Bdn.*)

Ⅲ. 仮説の定立

    'Schwumse* （[語源の詳細は不明．おそらく擬音（擬態）語]〔方〕
                 Prügel（《複数で》<ugs.> 殴打））
    schack_ern_*****（[擬声・擬音語]〔方〕（鳥が）じりじり（じいじい・ぶん
             ぶん）いう声で鳴く：_Duden in 6 Bdn._）
    schnatt_ern_（があがあ鳴く（あひる・鵞鳥などが））
    Schnucke （〔稀〕<nordd.>（Schaf）羊）
    Schnuck_elchen_ （子羊）
    jaul_en_   ((犬などが)悲しげに鳴く；〔比〕（風などが)うなる）
    Häh_er_   （かけす属）
    Lumm_e_   （うみがらす（海烏）属）
    rack_eln_   （〔狩猟〕[balzen] 雌を呼ぶ(交尾期の野鳥が)）
    ruck_en_   （〔方〕（gurren）くうくう鳴く（鳩が））
    röhr_en_   （笛のような鳴き声をあげる（特に発情期の鹿などが））

4．オノマトペ „pardauz!" の考察

　「単綴型」がオノマトペの主流を占めるなかで，アクセントを担う音綴とアクセントを担わない音綴とから成る「複綴型」は少数派に属する．「複綴型」オノマトペにおいては，音綴どうしのあいだにいわば主と従が存在するわけである．「複綴型」オノマトペ „pardauz" を特に仮説を立てるための実例に取り上げたのは，「幹綴」以外の音綴－従の音綴－のはたらきを考察して，それが「幹綴」のはたらきとは異なる独自のはたらきをしていることを実証したかったからである．

4-1．前半部 „par-" について

　語頭の子音音素 /p/ から考察を始めよう．「あるものの転倒で引き起こされた噪音の擬音語」（[lautm. für ein beim Hinfallen von etw. verursachtes Geräusch]）という _Duden in 10 Bdn._ の „pardauz" に対する説明を手がかりに推測すると，子音音素 /p/ もまたオノマトペ „schnurren" の語頭の子音音素 /ʃ/ と同様に，オノマトペ „pardauz!" の音源となった音響現象がまずどのような始発現象から始まるかを示していると考えられる．その始発現象とは，転倒によって二つの固体が瞬間的に衝突するとき，二つの固体がそれなりの質量を持っている以上，物理的に見て，衝突に先立ってまず相互

— 137 —

の間に介在する空気を押しのけることである．この始発現象「空気の圧縮とそれによる駆逐」は，廻りの人間には「破裂」的な響きとして捕捉される．破裂音／閉鎖音 /p/ は，そのことを再現するのにふさわしい．破裂音／閉鎖音の場合，「閉鎖の持続中調音点の後にたまっていた気流が，閉鎖の解除とともに急に飛び出すので，破裂するような感じの音を立てる」（内藤，14）からである．複母音音素 /aʊ/ とともにオノマトペ „pardauz!" の「幹綴」を作っているのは子音音素 /d/ であるが，それにもかかわらず，語頭の子音音素 /p/ が音源となった音響現象がまずどのような始発現象から始まるかを示すはたらきをするのである．このことも，ドイツ語のオノマトペを観察する際に頭に留めておくべき事柄であるように思われる．すなわち，<u>語頭の子音音素の種類が，それを含む音綴にアクセントが置かれているか否かにかかわらず，オノマトペの音源となった音響現象がまずどのような始発現象から始まるかを示す</u>はたらきをするという事実である．ちなみに，私のオノマトペの収集のなかで子音音素 /d/ 単独で始まるオノマトペは „dudeln"「一本調子で演説する（歌う）」ただ一つのみであるのに反して（もう一つは，/d/＋/r/ で始まる „draschen"「騒がしい音を立てる」），子音音素 /b/ あるいは /p/ 単独で始まるオノマトペは 41 例もあって，圧倒的に数多い．なお，*Klappenbach / Steinitz*† が „pardauz" について「„bardauz" を見よ」としていることを根拠に，有声 /b/ か無声 /p/ かという区別はこの際は問題にしない．語頭の /b/ も /p/ もともに，音源の始発現象が「空気の圧縮とそれによる駆逐」であることを表し，そこに「破裂」的な響きがあることを示すと考える．

„par-" における子音音素 /r/ は，先行する母音音素の /a/ にアクセントが置かれていないとはいえ，幹綴における「追加子音音素」に相応するはたらきをしている．すなわち，語頭の子音音素 /p/ によって示された始発現象に追加される― „pardauz!" の場合は „par-" のあとになお „-dauz" という綴りが続いているので「最終的な」とは言えないのだが―追加現象を示す．それは，破裂音がまわりの空気をふるわせるという現象である．この現象を，ふるえ音 [r]／[R] の調音様式の本質をなす舌尖のふるえ，ないしは口蓋垂の振動（枡田，119f.）が音声器官のジェスチュアとして表現する．ここにおいても<u>子音音素 /r/ の導入契機は「音のジェスチュア」</u>である．これは，オノマトペ „schnurren" においてすでに考察した子音音素 /ʃ/ のはたらき

III. 仮説の定立

と同じである.

　„par-" に含まれている母音音素 /a/ には特別な注意を向ける必要があるだろう. 一つのオノマトペに複数の母音が含まれている場合は, アクセントを担っている母音が音源となった音響の音色を言語音として再現するはたらきをしているから, 他のアクセントを担わない母音は音色の言語音としての再現には関与せず, 別の補助的なはたらきをしているのではないかと推測されるからである. オノマトペ „bardauz"/„pardauz"/„pladauz" は構成的にはなるほど「複綴」である. その前半部 „bar-", „par-", „pla-" は後半部とおなじく一つの音綴 (Sprechsilbe) をなしている. けれども, 含まれる母音がアクセントの担い手でないことから, オノマトペ構成部分としてのこれらの「綴」は, „bauz" の „b-" のような一子音や „plauz" の „pl-" のような子音連続にしか匹敵しないのではないかという疑いが生じる. つまりそれは, 二つのオノマトペの前半部分 „bar-"/„par-" に用いられている母音音素 /a/ は, 後半部分の „-dauz" に含まれている母音音素 /aʊ/ のように, アクセントの担い手として, 音源のオトとしての長さ・強さ・高さを再現しているのではなくて, 別のはたらきをしているのではないかという疑いである.

　そもそもドイツ語の母音 [a] は, 「ほかのどの母音よりも口の開きが大きい」. しかも, 「舌やクチビルは自然のまま」である (内藤, 45). そのような母音音素 /a/ が破裂音の子音音素 /b/ や /p/ の直後に, 続いているのは, b [b] / p [p] を発音した結果押し開かれた両唇をいわば大きく開いた形のままに保持することによって, あるいは [b] や [p] に続く子音音素 [l] の調音様式のために半ば閉ざされた両唇をふたたび大きく開いた形にもどすことによって, <u>破裂の印象をより明確にするため</u>であると考える. この推測に従えば, „bar-"/„par-"/„pla-" に母音音素 /a/ が導入されたのは「音模倣」が契機なのではなくて, <u>破裂を両唇の形で真似るという</u>「音のジェスチュア」が契機であると言わなければならない. つまり, 「複綴」のオノマトペにおいて, アクセントを担う母音が起源となった音響の長さ・強さ・高さ (音色) を再現するはたらきをしているのに対して, アクセントを担わない母音は音響の再現には関与せず, もっぱら子音のはたらきを補強するはたらきをしているというわけである. それゆえ, 母音だからと言って, 一概に音響の音色の再現に関与していると考えるのは誤りである. また, アクセントを担う母音の導入契機が「音模倣」であるのに反して, <u>アクセントを担わない母</u>

— 139 —

音［a］の導入契機は「音のジェスチュア」であることにも注意すべきである．

> 《仮説6 －無アクセント綴に含まれる母音音素のはたらき－》
> 「複綴型」の慣行型オノマトペにおいて，無アクセント綴に含まれる母音音素は，音色の再現には関与せず，先行する子音音素の表すイメージを固定化するという補強的なはたらきをしている．
> したがって，導入の契機は「音模倣」ではなくて，「音のジェスチュア」である．

オノマトペの無アクセント綴に含まれる母音音素のはたらきに関する《仮説6》の定立とあわせて，オノマトペ „pardauz" の前半部 „par-" に含まれる母音音素 /a/ については次のことが確かめられた．すなわち，

○ /a/：無アクセント綴に含まれている場合，開口度がドイツ語の母音中最も大きいという特徴を利して，先行する子音の表す音を明確に伝えることによって，先行する子音のイメージを確保するはたらきをしている．

4-2．音源の音色

オノマトペ „pardauz!" を考察するに先立って，まずオノマトペ „pardauz!" の音源の音響的特徴の確定しなければならないが，„pardauz" の場合，それが写している音響の特徴について辞書に十分な説明が記載されていない．これはオノマトペ „pardauz!" だけに限ったことではなくて，音響の特徴を辞書が十分に説明していない事例は他にも多く見られる．„pardauz" に対する *Duden in 10 Bdn.* の説明は次のようである．

pardauz　　＜Interj.＞［lautm. für ein beim Hinfallen von etw. verursachtes Geräusch］（＜間投詞＞何かがつんのめったようにして倒れる際の噪音の擬音語：波線は乙政）

ここでは，辞書の編者は音響の音的特徴そのものを述べるかわりに音響が発生する状況（下線を引いた Hinfallen）を述べて，辞書の利用者が日常の経験から音響を推測することを期待するという方法を採っている．単語の意味の実用的な説明としてはそれで十分に足りるのであるが，私のようにオノマトペの研究のために音響の特徴がどのように記述されているかを知ろうとす

Ⅲ. 仮説の定立

る者は困ってしまう．収録語数が *Duden in 10 Bdn.* に次ぐと思われる *Klappenbach / Steinitz*† を引くと，„s. bardauz" とあり，„bardauz" の項にはこれまた，

    bardauz   Kinderspr./*Ausruf* bei *einem Sturz, Anprall*（幼児語／勢いよく転倒した際の（目撃者の：乙政．下線も）叫び声）

としか説明していない．

　そこで，この場合は，„bardauz"/„pardauz" と音韻構成が似ている別のオノマトペについての辞書の説明を参考にすることによって，„bardauz"/„pardauz" が写している音響の特徴を知るという方法を採らざるを得ない．オノマトペ „bardauz"/„pardauz" と音韻構成が似ているオノマトペとは，„bauz"，„pladauz" ならびに „plauz" である．そして，それらについての *Duden in 10 Bdn.* の説明は下のとおりである．

    bauz   <Interj.> [lautm.]：Ausruf bei einem plötzlichen, dumpf hörbaren Fall, v. a. wenn jmd., bes. ein Kind, hinfällt（突然，鈍い音も高々と転倒したとき，とりわけ子供がつんのめって倒れたときの（目撃者の：乙政）叫び声：下線は乙政）

    pladauz   <Interj.> (nordwestd.)：pardauz（（北西ドイツ方言）：pardauz 同じ）

    plauz   <Interj.> (ugs.)：lautm. für einen dumpfen Knall, der bei einem Aufprall, Aufschlag entsteht（＜間投詞＞（日常語）衝突あるいは激突した際に生じる鈍い破裂的な音：下線は乙政）

　これらの説明のうちで音響の特徴を述べた評言は „dumpf" である．ほかは，„pardauz" の場合とおなじように，音響が発生する状況（波線で示した）を述べて，状況から音響の特徴を推測させようとしている．それゆえ，オノマトペ „bardauz"/„pardauz" が再現しようとしている音響の特徴としては，„dumpf" 以外には知ることができないわけである．挙げられた状況からは，どんな音響が言われているかはなるほど推測できるけれども，状況の説明は状況の説明であって，その音響がドイツ人の耳にどのように聞こえているかが把握できたことにはならない．

問題は，„dumpf" という評語を „pardauz" にも適用できるかどうかであるが，この判断には各語についての状況の説明が役立つ．オノマトペ „pardauz" に含まれる「転倒」（Hinfallen）は，„bauz" の「転倒」（Fall, hinfallen）と合致するし，„bardauz" の説明に使われた「墜落」（Sturz）ならびに「衝突」（Anprall）は，„plauz" の「衝突」（Aufprall）ならびに「激突」（Aufschlag）の類語である．「墜落」，「転倒」，「衝突」，「激突」に共通しているのは，二つの固体の瞬間的な遭遇である．「転倒」と「落下」は垂直方向における遭遇であり，「衝突」と「激突」は水平方向における遭遇であるという点に違いが見られるが，この場合，方向は問題にしなくてもよいと考える．二つの固体の瞬間的な遭遇に際して生じる衝突音という点が，オノマトペ „bauz"，„bardauz"，„pladauz" ならびに „plauz" に共通している．そして，オノマトペ „plauz" と „bauz" の再現している音響の聞こえ方が „dumpf" であるのならば，„bardauz"/„pardauz" が再現している音響の特徴もまた „dumpf" であると推定しても不当ではないと考える．

さて，音源の音色をオノマトペにおいて再現するはたらきを担っているのは，私の推測によれば「幹母音」であった（122ページ，仮説3）．„dumpf"（こもった（音・声））；der dumpfe Schlage von Trommeln 太鼓のにぶい響き；das dumpfe Rollen des Donners 雷の遠鳴り）についてもこの推測はあてはまるだろうか．„dumpf" についてももしあてはまるならば，仮説1は妥当する事例を持つことになり，仮説は規則へと一歩近づくことになる．私の推測がオノマトペ „pardauz" についても当てはまることを根拠づけるためには，„dumpf" が母音について言われる評語であることを明らかにしなければならない．G.Wahrig によると，„dumpf" の意味は，雑音や声について用いられる場合は，「くぐもった，低くかつ不明瞭な，抑えられた，押し殺された」（hohlklingend, tief u. undeutlich, gedämpft, erstickt）である．また，Duden. Bedeutungswörterbuch によれば，「抑えられたような，そして暗い響きの」（gedämpft und dunkel klingend）である．この二つの説明に含まれた「低い」（tief）ならびに「暗い」（dunkel）という評言は，さきに見たように（122, 123ページ），「普通，楽音についてのみ」言われる特徴であった．これもまたすでに上で見たとおり（122ページ），ドイツ語のオノマトペに関する限り，母音は楽音であると解してよい．オノマトペ „bardauz" ならびに „pardauz" の「幹母音」音素/aʊ/もまた楽音

である.それゆえ,オノマトペ „bardauz" ならびに „pardauz" の「こもった」音色はこの /aʊ/ によって言語的に再現されていると言うことができる.

4-3.「幹母音」音素 /aʊ/ の考察

オノマトペ „bardauz" ならびに „pardauz" の「こもった」音色はこの /aʊ/ によって言語的に再現されていることが分かった.さきに引用した母音三角形の図で [aʊ] について考察しよう.

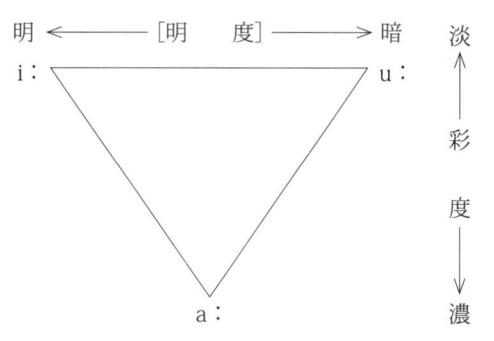

```
       明 ←―――― [明　度] ――――→ 暗    淡
       i :                      u :    ↑
                                       │
            ＼              ／         彩
                                       │
               ＼        ／            度
                                       │
                  ＼  ／               ↓
                   a :                 濃
```

（図 2）（『言語学大辞典・術語編』, 3 ページ）

複母音 [aʊ] の前半の [a] は明度に関しては中位であるが濃度が最も濃い.色のメターファーによらずに言い表せば,[a] の音は高さは中程度であるが,強さは最も強い.そして,後半の母音 [ʊ] は濃度は比較的淡いけれども彩度がかなり暗い.すなわち,[ʊ] は明度に関しては低く,彩度に関してもどちらかと言えば淡い.すなわち,音としてはどちらかと言えば低く,暗い方である.したがって,複母音 [aʊ] の音色は,「調音点が [a] から始まってだんだん弱くなりつつ [ʊ] の方向へ移動して行く」(内藤, 54).色のメターファーを再び使うなら,中位の明るさの濃い色から始まって,ほどほどに暗くて比較的淡い色へと移ってゆく,と言い換えることができる.それはつまり,„pardauz" では母音音素 /aʊ/ によって衝突の鈍い音響がはじめははっきりと聞こえ,やがて曖昧で低くなって消えて行く様子を模倣しているということを意味する.そして,オノマトペ „pardauz" に母音音素 /aʊ/ が取り入れられたのは,そのことを母音音素 /a/ から母音音素 /ʊ/ への転調で以て言語的に再現するためで,しかもこの転調は幾ばくかの時間の長さがあることをも言語音で再現するためであると考えられるので,複母音

― 143 ―

/aʊ/ がオノマトペ „pardauz" へ導入された契機は「音模倣」であると言うことができる．つまり，オノマトペ „pardauz" の場合もまたオノマトペ „schnurren" の場合と同じく，アクセントが置かれている母音にはオノマトペの音源となった音響の長さ・高さ（＝音色）・強さを再現するはたらきが期待されている．この推定は，「幹母音」の導入契機に関する仮説（《仮説 1》）の内容と一致する．

　オノマトペ „pardauz" の「幹母音」に関する考察から母音音素 /aʊ/ については次のことが確かめられた．すなわち，

　◎ /aʊ/：音源の音響が，「低く」，「暗く」かつまた「こもっている」うえに「尾を引く」イメージを表す．

4-4. 後半部 „-dauz" について

　音源の音響現象がまず「空気の圧縮とそれに続く駆逐」という現象上の始発形態で始まったオノマトペにどのような付随現象が限定を加えることになるのかを表すのが，「幹母音」と結びついている子音音素，ここでは破裂音の音素 /d/ のはたらきである．ここでも，子音音素 /d/ が**有声破裂音**であることが意味を持っている．すなわち，「二つの物体の瞬間的な遭遇」に伴う「破裂」の場合に生起する空気の圧縮とそれに続く駆逐を，音声器官のジェスチュアとして再現するのに有声破裂音音素 /d/ ほどふさわしい音素はないであろう．すでに前半部の „par-" において破裂音音素 /p/ が導入されて，起源となった音響の前段階である破裂が「音のジェスチュア」によって始発段階として提示されたが，こんどは有声破裂音の音素 /d/ によって「破裂」が本格的に示されると考える．類似の意味をもつオノマトペ „bauz" ならびに „plauz" に有声破裂音の音素 /d/ が見られないのは，音素 /d/ を含まない „bauz!" ならびに „plauz!" によっても「破裂」は十分に表されるが，音素 /d/ を含むオノマトペ „bardauz"/„pardauz" は「破裂」という現象をより強烈に表現するためであろうと推測する．その意味で，オノマトペ „bardauz"/„pardauz" に子音音素 /d/ が導入されているのは偶然や口調のためではなくて，動機づけられていると言うことができる．

　まず「空気の圧縮とそれに続く駆逐」という始発現象で始まり，さらに「破裂」という付随現象が限定として加えられたオノマトペの音源の音響現象が到達する最終段階である終末現象を示すのは，「幹母音」に続く「追加

Ⅲ. 仮説の定立

子音音素」のはたらきである. „pardauz" の場合, それは子音音素 /ts/ である. /ts/ は, 子音音素 /d/ が閉鎖音であるのに対して, **破擦音**（Affrikata）である. それは, ハグキと舌葉の間を調音点として,「[t] のゆるやかな破裂と同時に [s] の摩擦音になる」（内藤, 74）. „pardauz" に破擦音が, それも無声の破擦音音素が「追加子音音素」として投入されているのは, <u>破裂という音響現象がついには摩擦で終わる有様を,「音のジェスチュア」によって再現しようとしている</u>ことの現れであると考える. すなわち, 破裂に始まった空気の動きはもはや破裂の勢いは持たず, 余勢としての摩擦を名残に消滅して行くのである. オノマトペ „bardauz"/„pardauz" の末尾に「破裂音に始まって摩擦音へと移り変わって行く」破擦音の音素 /ts/ が置かれているのは理に適ったことだと思われる.

オノマトペ „pardauz" の「幹綴」に含まれる子音音素 /d/ ならびに「追加子音」の音素 /ts/ に関する考察から, 次のことが確かめられた. すなわち,

◇**/d/**: 破裂の場合に生起する空気の圧縮とそれに続く空気の駆逐をイメージとして表す.

◇**/ts/**:「追加子音音素」となる場合, 音響現象が破裂から摩擦に移っていって終わることをイメージとして表す.

ちなみに, „pardauz" の説明は *Duden in 10 Bdn.* と *Wahrig* とでは微妙に違う. 前者は, 起源を「何かが倒れたときの騒音の擬音語」（[lautm. für ein beim Hifallen von etw. verursachtes Geräusch]）とし, 意味を「誰かあるいは何かが前方へ倒れたときの（目撃者の：乙政), 驚きその他の叫び」（Ausruf der Überraschung o. Ä., wenn jmd., etw. plötzlich hinfällt）と説明している. 他方, 後者は意味を「誰かがつんのめるように倒れたときの（目撃者の：乙政）叫び声」と説明し, 語源として「推測だが, フランス語の *perdu*（（駄目になって）今さらどうにもならない）が借用され, 擬音語に変えられた」（vermutl. <*frz. perdu* „verloren" lautmalend verändert）と述べている. 私も「つんのめるように倒れた」人物が倒れる際に „pardauz" と叫ぶとはどうしても考えられず, 目撃者が叫ぶと解釈して, そのような訳をつけた. *Wahrig* の説明を, 人がつんのめって倒れたのを見ていた第三者が当事者について「（駄目になって）今さらどうにもならない」という意味で, 同情もこめつつ „pardauz" と叫び声を上げると解釈すること

―145―

が可能だと考えるが，もし可能なら，これは語源についてなかなか説得力のある説明ではなかろうか．

4-5．複綴型オノマトペの構成の意味

「転倒」に伴う音現象は発生的に考えると，二段階に分けられる．すなわち，転倒の結果として「二つの固体」が遭遇した瞬間に「衝突音の発生」する段階と，その衝突音の響きが周囲に伝播する段階とである．オノマトペ „pardauz" が，さきに指摘したようにドイツ語のオノマトペでは少数派の「複綴型」であって，構成上，主となる「幹綴」と従となる無アクセントの先行綴とから成り立っているのは，音響発生と音響伝播という二段階を「単綴型」オノマトペよりも言語的にいっそう精密に再現するためであると考える．つまり，衝突音発生の段階は „par-" によって，そして衝突音伝播の段階は „-dauz" によって表される．すなわちオノマトペ „bardauz"/„pardauz" 全体は，起源となった音響の冒頭が破裂という現象で始まり，続いて衝撃が鈍い音となってまわりに伝わって行き，やがて曖昧で低くなって消えて行くことを，その音韻的構成によって示そうとしていると言うことができる．単綴型オノマトペと複綴型オノマトペにおける音韻構成上の分担をそれぞれモデルを使って示す．

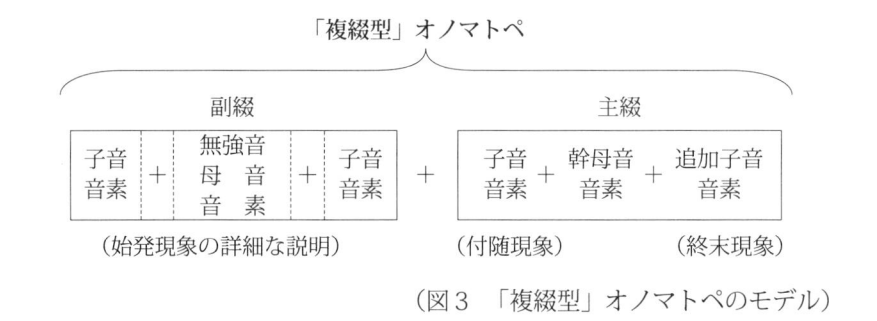

「複綴型」オノマトペ

副綴	主綴
子音音素 ＋ 無強音母音音素 ＋ 子音音素	子音音素 ＋ 幹母音音素 ＋ 追加子音音素
（始発現象の詳細な説明）	（付随現象）　（終末現象）

（図3　「複綴型」オノマトペのモデル）

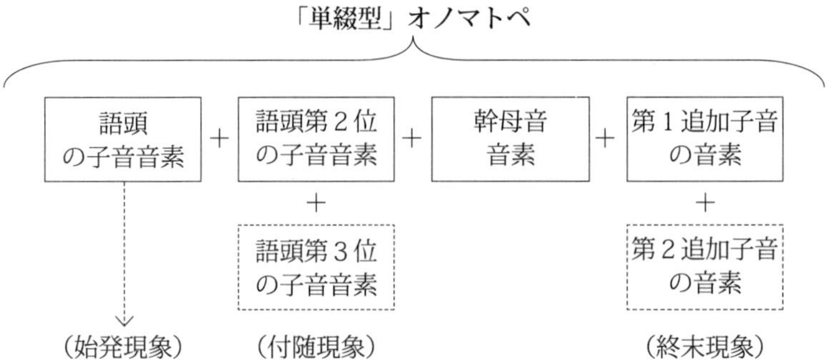

Ⅲ. 仮説の定立

「単綴型」オノマトペ

| 語頭の子音音素 | + | 語頭第2位の子音音素 | + | 幹母音音素 | + | 第1追加子音の音素 |

+ +

語頭第3位の子音音素 　　　　　第2追加子音の音素

（始発現象）　　（付随現象）　　　　　　　　　（終末現象）

（図4 「単綴型」オノマトペのモデル）

Ⅳ．仮説の検証

1．検証の手順

　本章では前章で定立した《仮説1》から《仮説6》までを，第Ⅱ章で収集した慣行型オノマトペのすべてに当てはめてみて（オノマトペの実例は新例の追加によって増加している），当否を検証する．
　検討にあたっては次の手順に従う．

　A．オノマトペを語頭の子音ごとに集め，その調音様式を確認する．

> 本書で認める子音音素は下の **22個**である．
> ① 破裂音／閉鎖音（6個）：/b/, /p/, /d/, /t/, /g/, /k/
> ② 破擦音（3個）：/pf/, /ts/, /tʃ/
> ③ 摩擦音（8個）：/v/, /f/, /z/, /s/, /ʃ/, /j/, /ç, x/, /h/
> ④ 鼻音（3個）：/m/, /n/, /ŋ/
> ⑤ 流音（2個）：/l/, /r/

　B．語頭の子音の調音様式とオノマトペの意味の関わりを考察する．
　この考察の目的は，オノマトペの音源となった音響現象がどのような始発形態のイメージとして言語に取り入れられるかを確認することである．そうすることによって，語頭の子音音素がオノマトペに導入された契機が明らかになる（＝**仮説1**の検証）．
　また，それらの語頭の子音音素にさらに第2の語頭子音音素が続いている場合は，**3．子音音素連続で始まるオノマトペ**において語頭第2位の（場合によっては語頭第3位のも）子音音素の調音様式と，それ（ら）が付随現象をどのようなイメージとして言語に取り入れようとしているかを確認する（＝**仮説2**の検証）．「反復型」ならびに「複綴型」のオノマトペは，それぞれの独立の項目は設けないで「単一型」のオノマトペの後に続けて分類する．

IV. 仮説の検証

> 本書で認める幹母音音素は下の **19個** である.
> ① 四角形の底辺をなす母音（2個）：/a/, /a:/
> ② 前方の母音（5個）：/i:/, /ɪ/, /e:/, /ɛ/, /ɛ:/
> ③ 後方の母音（4個）：/u:/, /ʊ/, /o:/, /ɔ/
> ④ 変母音（4個）：/y:/, /ʏ/, /ø/, /œ/
> ⑤ 複母音（4個）：/ʊɪ/, /ɔɪ/, /aɪ/, /aʊ/

C．「幹母音音素」からオノマトペの音源となった音響現象の音色と長短を見定める（＝**仮説3**の検証）．音響現象が共感覚によって視覚現象として捉えられている場合も含める．

D．最後に，「追加子音音素」の調音様式を確認することによって，語頭の子音音素が示す始発現象が到達する終末現象のイメージを知る（＝**仮説4**の検証）．「追加子音音素」が二つ（あるいは二つ以上）続いている場合もあわせて考察する．そのうえで，すべての子音音素の導入順序が音響現象の段階的発展順序と一致するか否かを検討する（＝**仮説5**の検証）．

E．「複綴型」のオノマトペの無アクセント綴に含まれる母音音素のはたらきを検証する（＝**仮説6**の検証）．なお，この項に該当する例がない場合は記述は省く．

F．「考察のまとめ」として，扱ったすべてのオノマトペに関して，仮説1から仮説6までが余すところなく検証されたかどうかを述べる．

2．単一子音音素で始まるオノマトペ

2-1．/b/で始まるオノマトペ

語頭に単一の破裂音／閉鎖音音素/b/を持つオノマトペは，筆者の収集では次の14個である．**babb**eln, **bauz!**, **baff!**, **bam!**, **bamm**eln, **bim!**, **bimm**eln, **bim bam!**, **bum!**, **bums!**, **bumm**eln, **baller**n, **bar'dauz!**, **bedripst**

A．[b] の調音様式

調音様式からすれば有声の破裂音／閉鎖音に属し，調音位置からすれば両

唇音である．両唇をわずかに突き出し，軽く閉ざして，厳重な閉鎖空間を作る．ただし，唇を横に引いてはいけない．上の歯と下の歯の間隔はわずか．舌の背は丸くするが，軟口蓋や硬口蓋に接しないようにする．口蓋垂は持ち上げて鼻腔への道を閉ざす（Die gering vorgestülpten Lippen liegen aufeinander und bilden einen intensiven Verschluß (Lippen nicht breitspannen und zusammenpressen). Der Zahnreihenabstand ist gering. ...; der Zungenrucken ist flach gewölbt, keine Berührung zwischen Zungenoberfläche und hartem oder weichem Gaumen: *Fiukowski*, 132). この口の構えは 2-2. の［p］と同じであるが，両唇は［p］の場合ほど緊張させない．軟（子）音（Lenis）であるから，音声器官の緊張は全般にゆるく，気圧差が小さく，破裂が弱い（『小学館独和大辞典』）．

B. ［b］の調音様式とオノマトペの意味の関わり

語頭に /b/ を持つオノマトペ 14 個をまず現象を手がかりに系列に分類してみよう．14 個のうち 9 個までは，火器の発射か打撃，あるいは固体どうしの衝突に関わっている．下線は，そう判断する根拠である．なお，意味の説明は原則として *Duden in 10 Bdn.* によることにしたので，出典を一々記していない．それ以外の辞書を参照した場合のみ典拠を挙げた（以下，全項目にわたって同じ）．

I ．音響現象の「始発形態」が発射・打撃・衝突として捉えられている場合
  1) **babb***eln*：［lautm. nach den ersten kindlichen Sprechversuchen ba-ba］（［幼児が話し始める頃の初めての<u>ウマウマ</u>を模倣した語］）
     幼児にとって最も発音が容易なのは，有声破裂音・閉鎖音音素 /b/ と口を大きく開いただけで舌の位置も自然に定まる母音音素 /a/ の組み合わせて音綴とすることであろう．
  2) **bam!**：lautm. für das <u>Glockengeläut</u>（鐘を鳴らす音の擬音語）．
  3) **ball***ern*：**1. a)** anhaltend laut <u>schießen</u>, <u>knallen</u>: **2. a)** mit Wucht gegen etw. <u>schlagen</u>: （**1. a)** 不断に音高く<u>射撃する</u>, ：**2. a)** 力まかせにある物を<u>打つ</u>）．
  4) **bauz!**：Ausruf bei einem plötzlichen, dumpf hörbaren <u>Fall</u>, v. a. wenn jmd., bes. ein Kind, hinfällt（突然，耳へ届くほどの鈍い音を

IV. 仮説の検証

立てて倒れるときの，とくに人が，とりわけ子供がつんのめって倒れるときの（目撃者の：乙政）叫び声).

5) **bar'dauz**：Kinderspr. /Ausruf bei einem Sturz, Anprall.（*Klappenbach / Steinitz*†）：(幼児語／つんのめって倒れたか衝突した際の（目撃者の：乙政）叫び声).

6) **bim!**：lautm. für einen hellen [Glocken] klang（明るい鐘の音の擬音語).

7) **bim bam!**：lautm. für [Glocken] klänge, die in der Tonhöhe wechseln（高さが入れ替わる鐘の音の擬音語).

8) **bim**m*eln*：hellklingend läuten; klingeln, schellen（[鐘が] 明るい音で鳴る，ベルを鳴らす，鈴を鳴らす).

9) **bum!**：lautm. für einen dumpfen Schlag, Schuss o. ä.（鈍い打撃音，発射音の擬音語).

10) **bums!**：lautm. für einen dumpfen Schlag, Stoß, Aufprall（鈍い打撃音，衝突音，衝撃音の擬声語).

いずれの現象も音響現象である．しかし，だからと言って，ただちにこれらのオノマトペの成立契機が「音模倣」であると断定することはできない．なぜならば，もし「音模倣」であるならば，銃や火器の発射音も鐘の鳴る音も子供が倒れたときの衝撃音も等しく語頭の単子音 /b/ で包括的に再現されていることを十分に説明することができないからである．これは，これらのオノマトペが「音模倣」を契機として成立したのではなく，「音のジェスチュア」によって成立したことを意味している．すなわち，弾丸が発射された刹那，あるいは鐘の舌が鐘に衝突する刹那，あるいは，何か物体が他の物体に衝突する刹那，まず弾頭に接して介在する空気が弾丸によって，あるいは鐘の舌に接して鐘とのあいだに介在する空気が鐘の舌によって激しく駆除されるさまを，他の物体に衝突しようとする物体の前面に介在する空気が衝突する物体によって激しく駆除されるさまを，音声器官が「ジェスチュア」によって模倣したのである．介在する空気の駆除という現象に視点をあてるならば，駆除される空気の量の夥多は問題にならず，駆除される現象だけが問題となる．

Ⅱ.「始発形態」の発射・打撃・衝突が視覚現象として捉えられている場合
残る5例のうち „baff!" は，擬音語が転じて比喩的に様態を表す擬態語となったものであり，„bammeln" と „bummeln" も原義に間接的にしか関係がない行為を意味するようになっているが，いずれも「空気の駆除」を音声器官が「ジェスチュア」によって模倣した結果生まれたオノマトペを基として比喩的な意味が作られた．それゆえ，これらの14個の語頭の /b/ は，究極的には「空気の駆除」を音声器官が「ジェスチュア」によって模倣したことに帰することができる．

11) **baff!**：[lautm., eigtl. = verdutzt wie nach einem plötzlichen Schuß, vgl. paff]（擬音語．本来は＝突然の射撃音を聞かされて呆然としている．paff! 参照）

12) **bamm**_eln_：[urspr. lautm. vgl. bam; nach dem Hin- und Herschwingen der Glocke]（起源は擬音語．bam を参照．鐘が揺れること．）

13) **bumm**_eln_：[aus dem Niederd[1], urspr. = hin und her schwanken (von der beim Ausschwingen bum, bum! läutenden Glocke)]（[低地ドイツ語より．起源は＝あちこちに揺れる（からん，からんと鳴る鐘が揺れる）.]）

語頭に /b/ を持つオノマトペ14個のうち「音模倣」を契機とすると考えられる事例は次の1個だけである．

14) **bedripst***：これは _Duden in 6 Bdn._ では lautm. のコメントが付いていたが，_Duden in 8 Bdn._ でも _Duden in 10 Bdn._ でもそれは外されているので，ここでは考察の対象から外す．

以上で見られたとおり，全14個のオノマトペを通じて，/b/ は「打撃」，「破裂」，「射撃」，「衝突」，「衝撃」のイメージを表すのに寄与している．

C. /b/ で始まるオノマトペにおける「幹母音音素」の種類

4種類の母音音素が見られる．前方の母音音素 /i/，中位の母音音素 /a/，後方の母音音素 /ʊ/，複母音音素 /aʊ/.

① /a/：くっきりした打撃音，射撃音に関わるオノマトペに使われてい

---

1) Niederdeutsche 低地ドイツ語

IV. 仮説の検証

る：2) **bam!**, 3) **ball**ern, 7) bim **bam!** 11) **baff!**, 12) **bamm**eln. また，言語音の破裂音に関わるオノマトペに使われている：1) **bab**eln. このことは，明度は中位であるが，濃度がドイツ語の母音音素のうちで最も濃い，すなわち高さは中位であるが，強さがドイツ語の母音音素のうちで最も強い /a/ にふさわしい.

② /ɪ/：明るい打撃音に関わるオノマトペに使われている：6) **bim!**, 7) **bim** bam!, 8) **bimm**eln. 明度がきわめて明るく，彩度はきわめて淡い，すなわち，高さがきわめて高いが，強さはきわめて弱い，母音音素 /ɪ/ にふさわしい.

③ /ʊ/：鈍い打撃音・鈍い衝突音に関わるオノマトペに使われている：9) **bum!**, 10) **bums!**, 13) **bumm**eln. このことは，明度はかなり暗く，彩度もかなり低い，すなわち高さはかなり低く，強さもかなり弱い，母音音素 /ʊ/ にふさわしい.

④ /aʊ/：重量感のある衝突音・衝撃音に関わるオノマトペに使われている：4) **bauz!**, 5) **bar'dauz**. 長母音なので，衝突の鈍い破裂音がはじめははっきりと聞こえ，やがて曖昧で低くなって消えて行く様子を言語音で再現するのにふさわしい．第Ⅱ章において「複綴型オノマトペ」„pardauz" について仮説を立てた際に考察した（143ページ参照）.

D. /b/ で始まるオノマトペにおける「追加子音音素」の種類

「追加子音音素」は，《仮説4》によれば，語頭の子音音素によって示された始発現象が達する最終段階の終末現象を示すはずである．子音音素 /b/ で始まるオノマトペには，下記のように5種類の子音音素が「追加子音音素」として現れる．それぞれの調音様式を記述して，予期されたはたらきが実現されているかどうかを検討する．この検討は，子音音素の導入順序が音響現象の段階的発展順序と一致するかどうかを検討することに通じる.

① /b/：語頭に立っているのと同じ子音音素を繰り返すことにより幼児の単純な発音の繰り返しを「音模倣」していることを示す．反復を表す造語語尾の „-eln" (Fleischer, 321) もその意味を強めるのに与っている：1) **babb**eln.

② /ts/：「[t] のゆるやかな破裂と同時に [s] の摩擦音になる」（内藤, 74) ので，語頭の子音音素 /b/ が示す「破裂」が終末段階では破裂と

いう現象を受けつつやがて摩擦音として終わることを「音のジェスチュア」で示すはたらきをしている：4) **bauz!**, 5) **bar'dauz!**. „bar-dauz" の場合は，語頭の子音音素 /b/ に母音音素 /a/ ならびに子音音素 /r/ が加わって一つの音綴にまで拡張されているので，「破裂」という「始発現象」がいっそう精密に表現されていることはさきに述べた（139 ページ）.

③ /f/：この「上歯と下クチビルの摩擦音」（内藤，72）は，語頭の子音音素 /b/ が示す「破裂」という「始発現象」に空気の「摩擦」という「終末現象」の最終段階が続くことを「音のジェスチュア」で表している：11) **baff!**.

④ /m/：これは「両クチビルを閉じ，口蓋帆を下げて鼻腔へ息を通ずる有声鼻音」（内藤，61）であるが，この鼻腔へ通じる息が，「始発現象」である「衝突」や「打撃」の際に生じる空気の駆除を「音のジェスチュア」によってイメージとして表している．10) の **bums!** のように，/m/ の後にさらにもう一つ摩擦音の子音音素 /s/ が続くことによって，激しい「摩擦」が「尾を引く」ことを表す場合もある．これも，言うまでもなく，「音のジェスチュア」である：2) **bam!**, 5) **bim!**, 7) **bim bam!**, 8) **bimm**eln, 9) **bum!**, 12) **bamm**eln, 13) **bumm**eln, 10) bu**ms!**.

⑤ /l/：流音 [l] の調音様式はすでに見たが（Ⅲ．117 ページ），「舌の両側（または片側）と奥歯との間のスキマから」出す息（内藤，60）が大砲の発射や戸をドンドンと叩く際の「破裂」に伴って起こる空気の流れのイメージを「音のジェスチュア」として表している：3) **ball**ern.

E. 無アクセント綴に含まれる母音音素のはたらき

ここに集めたオノマトペのうち無アクセント綴を持つのは，**bar'dauz** のみである．„bar-" に含まれる [a] は開口度が最も広いため，/b/ の表す破裂のイメージをさらに確実にするために投入された．**par'dauz** の場合と同じ．

F. 考察のまとめ

以上の考察により，《仮説 1》より《仮説 6》は，„bedripst" を除いて，/b/ で始まるオノマトペ 14 個すべてに当てはまると認められる．

Ⅳ. 仮説の検証

2-2. /p/ で始まるオノマトペ

語頭に単独の破裂音／閉鎖音 /p/ を持つ単語は，筆者の収集では次の 31 個である．**patsch**!, **patsch**en, **paff**!, **paff**en; **pansch**en; **peng**!, **pick**en, **piff paff** [**puff**]!, **piep**!; **pimp**ern, **Pinke**, **pink**en, **pink pink**!, **piss**en; **pisp**ern; **pitsch patsch**!, **Pirol**, **poch**en; **polt**ern; **Pup**, **pupp**ern, **pudel**n, **Putsch**, **pusch**en, **puff**!, **Puff**; **pust**en; **Pumpe**, **pump**ern; **par'dauz**!, **'Pingpong**

A. [p] の調音様式

口の構えは [b] と同じであるが，両唇は [b] の場合よりも緊張している．硬[子]音（Fortis）であるから，音声器官の筋肉は全般に緊張しており，気圧差が大きく，破裂が強い（『小学館独和大辞典』）．

B. [p] の調音様式とオノマトペの意味の関わり

語頭に単子音の /p/ を持つオノマトペ 30 個についても，30 個のうち 25 個までもが火器の発射ないし空気中への気体・液体の噴射，あるいは打撃・固体どうしの衝突という現象に関わっている．下線は，それぞれのオノマトペが火器の発射，空気中への気体・液体の噴射，ないし打撃・衝突をイメージとして再現していると判断する根拠である．

Ⅰ．音響現象の「始発形態」が破裂・打撃・衝突として捉えられている場合
1) **paff**!：[lautm. für den Knall bei einem Schuss o.ä.]（[射撃などの際の破裂音の擬音語]）．
2) **peng**!：[lautm. für einen Knall, einen Schuss aus einer Waffe o.ä.]（[火器の発射音や破裂音の擬音語]）．
3) **piff paff** [**puff**]!：(Kinderspr.) lautm. für einen Gewehr- od. Pistolenschuß.（(幼児語) 小銃やピストルの発射音の擬声語）．
4) **puff**!：[lautm. für einen dumpfen Knall, Schuß o.ä.]（[破裂音・発射音などの擬音語]）．
5) **Puff**：[mhd. buff; lautm. für dumpfe Schalleindrücke, wie sie bes. beim plötzlichen Entweichen von Luft u. beim Zusammenprallentstehen]（[mhd. では buff；鈍い印象の音響に対する擬音語]）

ドイツ語オノマトペの研究

(ugs.) **a)** Stoß mit der Faust, mit dem Ellenbogen: .. (ugs.) (**a**) 拳・肘による突き)：**b)** dumpfer Knall: (**b**) 鈍い破裂音).

6) **paff**e*n*：[lautm. (ugs.)：**a)** rauchen u. den Rauch dabei stoßweise ausblasen]（[タバコを吸って煙を断続的に吐き出す]).

7) **pisp**e*rn*：[lautm.] (landsch.)：wispern（[擬音語] (方言)：wispern「ささやく」).

8) **par'dauz!**：[lautm. für ein beim Hinfallen von etw. verursachtes Geräusch]（[何かがつんのめって倒れた際に生じる噪音の擬音語]).

9) **patsch!**：[lautm. für ein Geräusch, das entsteht, wenn man die Hände auseinanderschlägt, wenn etw. klatschend auf eine Wasseroberfläche aufschlägt od. wenn etw. Weiches [Schweres] auf etw. Hartes fällt]（[両手を打ち合わせたとき，水面などをぱちゃんと打ったとき，何か柔らかい物(重い物)が何か硬い物の上に落ちたときに生じる噪音).

10) **patsch**e*n*：[↑ zu patsch] (ugs.)：（[patsch「ぱちゃっ，ぴしゃっ」参照. (ugs.)) **1. a)** ein klatschendes Geräusch hervorbringen: (**1a**) ぱちっという音を立てる) **c)** mit einem Patsch (1) auf etw. auftreffen: (ぱちっという音を立てて何かに当たる)：**2.** (mit der flachen Hand od. einem flachen Gegenstand) klatschend auf etw. schlagen: (平手で，あるいは何か平たい物で何かを打つ)：**3.** (in Wasser, Schlamm o.ä.) gehen, laufen u. dabei ein klatschendes Geräusch hervorbringen: (**3.** (水や泥などのなかを) 歩いて，走って，ぱちゃぱちゃっという音を立てる).

11) **pick**e*n*：ein lautm. Verb für das Geräusch, das entsteht, wenn ein Vogel mit schnellen Schnabelhieben Futter aufnimmt（鳥が嘴をすばやく動かして餌を突つくとき立てる噪音を真似た擬音語の動詞).

12) **pansch**e*n*：[lautm. viell. nasalierte Nebenf. von ↑ patschen od. Vermischung von „patschen" u. ↑ manschen]（[おそらく patschen が鼻音化して別形となったか，あるいは patschen と manschen「(どろどろした物を) 掻き回す」の混交による擬音語]).

13) **pimp**e*rn*：[lautm.] (bayr., österr.: leise klappern（[bayr., ös-

— 156 —

IV. 仮説の検証

terr.:] かたかたと低い音を立てる).

14) **Pink**e：[wohl lautm. nach dem Klang der Münzen]（[おそらく硬貨のちゃらちゃらいう音の擬音語]）.

15) **pink**en：[lautm.]（landsch., bes. nordd.[2]）：hämmern; hart auf. gegen etw. schlagen, so daß ein heller, metallischer Ton entsteht.（[擬音語]（方言．とくに北ドイツ）ハンマーをふるう．はげしく何かを打って，明るい金属的な音を立てる).

16) **pink pink!**：lautm. für die rasche Aufeinanderfolge kurzer, heller, metallisch klingender Töne, die z.B. beim Schmieden erzeugt werden.（短い，明るい，金属的な響きの音をいそがしく続けさまに立てる擬音語，例えば鉄を打って鍛えるときのように).

17) **Putsch**：[schweiz. bütsch (15. Jh.)＝heftiger Stoß, Zusammenprall, Knall (whrsch. lautm.) ... ; vgl. mhd. b(i)uʒ ＝ Stoß]：**1.** 反乱（クーデター）『郁文堂独和辞典』．**2.** (schweiz. ugs.[3]) Stoß (衝突).

18) **poch**en：[mhd. bochen, puchen; lautm.]：**1.** (meist geh.) **a)** svw. ↑ klopfen (1a)；**b)** anklopfen (1)：([mhd. bochen, puchen; 擬音語]：**1.** たいていは格調高い印象) **a)** 弱変化．klopfen の (1a) と同じ．「(釘などを) 叩いて打ち込む」．**2.** (geh.) svw. ↑ klopfen (2)：(**2.** (格高い印象) 弱変化．klopfen の (2) 「鼓動を打つ」).

19) **polt**ern：[spätmhd.[4] buldern, mniederd. bolderen ＝ poltern, lärmen; lautm.]：**1. a)** mehrmals hintereinander ein dumpfes Geräusch verursachen, hervorbringen：**b)** sich plolternd (1a) irgendwohin bewegen：([spätmhd. buldern, mniederd. bolderen ＝ poltern, lärmen「騒がしい音を立てる」；擬音語]：**1. a)** 何回も引き続いて鈍い騒音を立てる．**b)** 騒がしい音を立てながら移動する).

20) **pump**ern：[älter auch ＝ furzen, lautm.]（landsch., bes. südd., österr. ugs.)：laut u. heftig klopfen (1a, c. 2).（[古くは「放屁する」の意にも．擬音語]（方言．とくに南ドイツ・オーストリアの日

---

2) norddeutsch 北ドイツ方言の．
3) schweizerische Umgangssprache スイス日常語．
4) spätmittelhochdeutsch 後期中世高地ドイツ語の．

常語）：音高くかつ激しくノックする）．
21) **Pup**：［lautm.］（fam.）：svw. ↑ Furz.（［擬音語］（家庭内でのみ使われる）：Furz「［俗語］屁」と同じ）．
22) **pupp**ern：［lautm.］（landsch.）：（*bes. vom Herzen*）*zitternd, heftig klopfend in Bewegung sein.*（［擬音語］（方言）：（とくに心臓が）震えながら，かつ，激しく音を立てながら動いている）．
23) **pust**en：［aus dem Niederd. ＜ mniederd. pûsten, lautm.］（usg.）：（［低地ドイツ語＜中世低地ドイツ語 pûsten. 擬音語］（日常語）**1. a)** *blasen*（1a）：「息を吹きかける」：**2.** *schwer, schnaufend atmen*：「はげしい息づかいで呼吸する」）．
24) **piss**en：［aus dem Niederd. ＜ mniederd. pissen ＜ frz. pisser, urspr. lautm.］：**1.**（derb）urinieren：**2.** ＜unpers.＞（salopp）［stark］regnen：（［低地ドイツ語＜中世低地ドイツ語 pissen ＜フランス語 pisser. 根源的には擬音語］（日常語）**1.**（粗野）小便をする．**2.** ＜非人称動詞＞（ぞんざいな言い方）雨が［はげしく］降る）．
25) **pusch**en：［lautm.］（landsch. fam.）：（bes. von Mädchen）［geräuschvoll ins Töpfchen］urinieren．（［擬音語］（方言．家族の中でのみ使う）（とりわけ女児が）小壺に音を立てて小便をする）．

Ⅱ．液体の衝突として捉えられている場合

ドイツ語のオノマトペが固体と液体（水が典型例）との衝突という現象に関わる場合に特徴的なのは，語頭に単子音の音素/p/を持つことである．液体との衝突とは，何かある物体が液体にむかって衝突したか，それとも液体が何かある物体にむかって衝突した場合である．ただし，「衝突」と表現すると，「はげしくぶつかる」ことしか連想させないため，この連想がオノマトペのイメージを制限して正しく理解することを妨げる可能性があると考え，中立性を保持しようとして1985年の「いわゆる『擬声語』の日独対照について」以来「遭遇」を使っている．

26) **pud**eln：［urspr. wohl lautm.］：**2.**（landsch.）im Wasser planschen．（［根源はおそらく擬音］**2.**（方言）水のなかでぱちゃぱちゃやる）
27) **pitsch patsch!**：［lautm. für klatschende Geräusche, bes. für

IV. 仮説の検証

Geräusche, die durch Wasser entstehen.]（ぱちゃっという噪音. とくに水のなかを通り抜けるときに生じる噪音).

28) **Pump**e：[wohl lautm.]（[おそらく擬音語] **1. a**）ポンプ).

前二者では，手や足などを動かすことによって「固体の液体との遭遇」が起こる．後者では，ポンプで水を吸い上げる際に，弁と水との「遭遇」が起こる．

これらのオノマトペが三種の異なる「遭遇」に関わっているということは，これらのオノマトペの成立の共通する契機を「音模倣」に求めることが難しいことを意味している．なぜならば，もし「音模倣」であるならば，銃や火器の発射音が唇を丸めてタバコの煙を吹き出す音とも言えない音と等しく語頭の子音音素 /p/ で再現されているとは考えにくいからである．銃や火器の発射音は耳をつんざくかのようであるが，タバコの煙を吹き出す音はかすかな音である．ましてや，排尿の音が銃や火器の発射音に似て聞こえるとは思えないし，それがまたタバコの煙を吹き出す音とも言えぬ音と共通点を持つとは考えられない．„ein dumpfes Geräusch" と説明される „poltern" の表す音響と硬貨がふれあって立てる音色の明るい音響（Pinke）はどこに共通点を求めればよいのだろう．このような不審は，これらのオノマトペが「音模倣」を契機として成立したのではなくて「音のジェスチュア」によって成立したと説明すれば，一挙に解消する．すなわち，弾丸が発射された刹那，あるいは鐘の舌が鐘に衝突する刹那，あるいは，何か物体が他の物体に衝突する刹那，まず弾頭に接して介在する空気が弾丸によって排除されるさまを，あるいは鐘の舌に接して鐘とのあいだに介在する空気が鐘の舌によって排除されるさまを，他の物体に衝突しようとする物体の前面に介在する空気が衝突しようとする物体によって排除されるさまを，音声器官が「ジェスチュア」によって言語音として取り込んだと考えれば，これらのオノマトペがすべて単一の子音 /p/ で始まっていることに納得がゆく．介在する空気の駆除という現象に視点をあてるならば，駆除される空気の量の夥多は問題にならず，駆除される現象だけが問題となる．

このように語頭に子音音素 /p/ を持つオノマトペ 31 個のうち 28 個までもが，語頭の子音音素 /p/ は音声器官が「音のジェスチュア」によって「空気の駆除」を模倣することを契機として導入されていることになる．

残る 3 個についての *Duden in 10 Bdn.* の説明は下のとおりである．

—159—

29) **piep!**：lautm. für das Piepen. Piepen bes. junger Vögel od. auch bestimmter Kleintiere wie Mäuse o.ä.（ぴいぴい，ちゅうちゅう鳴く声，とりわけ，幼鳥やネズミなどの特定の小動物の鳴く声の擬声語）．

30) **'Pingpong**：[lautm.]（ugs. veraltend. oft abwertend）：(*nicht turniermäßig getriebenes*) *Tischtennis*.（[擬音語]（日常語．往々にして時代遅れ，ないしは軽侮的）スポーツとしてではなく行われる卓球）．

31) **Pirol**：[wahrsch. lautm.] *Singvogel mit auffallend flötender Stimme, bei dem das Männchen ein leuchtendgelbes Gefieder mit schwarzen Flügeln u. einem schwarzen Schwanz, das Weibchen ein grünliches od. graues Gefieder hat.*（[おそらく擬声語] 高麗鶯『郁文堂独和辞典』）．

このうち „piep!" は鳥や特定の種類の小動物の鳴き声が「音模倣」を契機としてドイツ語に取り込まれたことが明らかである．„Pingpong" と „Pirol" はそれぞれ遊技ならびに鳥の名前であることしか述べられていないけれども，この二つの名詞も成立の由来は，それぞれ遊技の際の音響ならびに鳴き声の「音模倣」が成立の契機になっていることはほぼ動かないところであろう．

　語頭に単子音 /p/ を持つオノマトペ 31 個のうち 28 個では，語頭の /p/ が音響現象における「圧迫による空気の駆除」の音声器官による「ジェスチュア」を契機として取り入れられており，残る 3 個では語頭の /p/ が音声器官による「音模倣」を契機として取り入れられていると言うことができる．

C. /p/ で始まるオノマトペにおける「幹母音音素」の種類

① /a/：口の開きが最も大きくて，しっかりとした，そして，角のない，くっきりとしたイメージを表す /a/ は，オノマトペ **patsch!**, **paff!**, **paff**en, **pansch**en の幹母音音素にふさわしい．

② /ɛ/：どちらかと言うと明るくて高い，鋭角的なイメージを表す /ɛ/ はオノマトペ **peng!** の幹母音音素にふさわしい．

⑥ /ɪ/：かなり明るくてかなり高い，やや鋭ったイメージを表す /ɪ/ はオノマトペ **piff** paff [puff]!, **pimp**ern, **Pink**e, **pink**en, **pink pink!**, **'Ping-**

IV. 仮説の検証

pong, **piss**e*n*, **pisp**e*rn* にふさわしい.

④ /iː/：大いに明るくて大いに高い，かなり尖った――一口で言えば「甲高い」イメージを表す /iː/ はオノマトペ **piep!** の幹母音音素にふさわしい.

⑤ /ɔ/：暗いがある程度の強さがある /ɔ/ は，オノマトペ **poch**e*n*, **polt**e*rn* の幹母音音素にふさわしい.

⑥ /oː/：強さはあまり強くないが，高さはある程度の高さを持つ /oː/ はオノマトペ **Pirol** の幹母音音素にふさわしい.

⑦ /ʊ/：かなり低く，かなり暗く，かつまたかなり淡くて弱いが，同時に腹に響くような，短い音響のイメージを表す /ʊ/ はオノマトペ **pupp**e*rn*, **Puff**, **puff!**, **Pump**e, **pump**e*rn*, **pusch**e*n*, piff paff ［**puff**］! の幹母音音素にふさわしい.

⑧ /uː/：強さはきわめて弱く，高さもきわめて低い /uː/ はオノマトペ **pud**e*ln*, **Pup**, **pust**e*n* の幹母音音素にふさわしい.

⑨ /aʊ/：口の開きが最も大きくて強さがきわめて強い /a/ から，強さがあまり強くなくて，高さもある程度の高さの /ʊ/ へ転調する /aʊ/ は，オノマトペ **pardauz!** の幹母音音素にふさわしい.

D. /p/ で始まるオノマトペにおける「追加子音音素」の種類

① /p/：語頭の子音音素 /p/ の繰り返しは単純な音模倣におけるイメージを強めている．そのことは以下の三つのオノマトペにふさわしい.
piep!, **pupp**e*rn*, **Pup**.

② /d/：「始発現象」の破裂が衝突という「終末現象」で終わるイメージを表す．そのことはオノマトペ **pud**e*ln* にふさわしい.

③ /ts/：「始発現象」の破裂が破擦音を伴う衝突という「終末現象」で終わるイメージを表す．そのことはオノマトペ **par'dauz!** にふさわしい.

④ /tʃ/：「始発現象」の破裂が高らかな破擦音を伴う衝突という「終末現象」で終わるイメージを表す．そのことはオノマトペ **patsch!** にふさわしい.

⑤ /f/：「始発現象」の破裂に気流の摩擦が随伴しているイメージを表す．そのことはオノマトペ **paff!**, **paff**e*n*, **piff** paff ［puff］! **Puff**, ［**puff**］! にふさわしい.

⑥ /s/:「始発現象」の破裂に軽い摩擦が随伴しているイメージを表す．そのことはオノマトペ piss*en*, pisp*ern*, pust*en* にふさわしい．

⑦ /ʃ/:「始発現象」の破裂に強い気流の摩擦が随伴しているイメージを表す．そのことはオノマトペ pusch*en* にふさわしい．

⑧ /x/:「始発現象」の破裂に破裂的な気流の摩擦が随伴しているイメージを表す．そのことはオノマトペ poch*en* にふさわしい．

⑨ /m/:「始発現象」の破裂に強い気流の摩擦が随伴しているイメージを表す．そのことはオノマトペ pimp*ern*, **Pump***e*, pump*ern* にあてはまる上，/m/ の後にもう一度語頭の子音音素と同じ /p/ を繰り返してあくまでも破裂のオメージを強調していることも，これら三つのオノマトペにふさわしい．

⑩ /n/:「始発現象」の破裂にかなりあっさりとした，軽い，やや持続的な抵抗が随伴しているイメージを表す．オノマトペ **Pink***e*, pink*en*, **pink pink!** では，/n/ の後にからりとした，それゆえに突っかかるような，かなり鋭角的で軽いイメージを表す /k/ が，また **pansch***en* では「空気の移動」のイメージを表す /ʃ/ が従っていることもそれぞれのオノマトペの意味にふさわしい．

⑪ /ŋ/:「始発現象」の破裂に，あっさりとした，軽い，短い抵抗のイメージを表す /ŋ/ が従っていることはオノマトペ **'Pingpong, peng!** の音響の「音模倣」としてぴったりである．

⑫ /l/:「始発現象」の破裂が空気の振動を伴いつつ流れていくイメージを表す．そのことはオノマトペ **Pirol** にふさわしい．「始発現象」の破裂が空気の流れを伴いつつ，なおも破裂の性格を失わないイメージを表す．そのことはオノマトペ **polt***ern* にふさわしい．語尾の „-ern" が反復のイメージを伝えている．

E. 無アクセント綴に含まれる母音音素のはたらき

pardauz! の „par-" に含まれる /a/ については，„bardauz" の場合と同じ．**'Pingpong** の „-pong" に含まれる母音音素 /ɔ/，は „Ping-" に含まれる /ɪ/ の入れ替わったもので，卓球のボールの跳ね返る音の入れ替わりをイメージとして表すはたらきをしている．

F. 考察のまとめ

以上の考察により，《仮説1》より《仮説6》は，/p/で始まるオノマトペ31個すべてに当てはまると認められる.

2-3. /d/で始まるオノマトペ

子音音素/d/で始まるオノマトペの数は少ない．私の収集には **dud**e**ln**, **Donn**e**r**, **didel'dum**, **dideldum'dei** の4個しか収められていない.

A. [d] の調音様式

子音/d/は「上歯の後面またはハグキの閉鎖音（postdentaler od. alveolarer Verschlusslaut）である」（内藤，66）．そして，調音様式は「有声で，弱く，無気音」である（内藤，66）．Fiukowskiは子音 [t] との違いを次のように記述している．「/t/と違って，歯と歯茎と舌を使った閉鎖は，/t/の場合よりも集中度の低い調音の緊張を以て形成され保持され，かつ，積極的に解かれるが，気音を伴わない軟音（Lenis）である」(Im Unterschied zu /t/ wird der Zahn-Zahndamm-Zungen-Verschluß mit geringerer Artikulationsspannung gebildet und gehalten und ohne Behauchung aktiv gelöst (Lenis): ders. 161)．軟音（Lenis）は，「筋肉の緊張の度合いと呼気圧が硬音よりも弱い」(『ドイツ言語学辞典』）．であるから，/d/は「発声の開始時に声帯が発声の体勢にあって声帯の緊張は固い声立ての場合より弱いため，呼気の圧力が加わると声門閉鎖音を生じることなく発声が始まる」．すなわち/d/の発声は，「静かな声立て（leiser Stimmeinsatz）または軟らかい声立て（weicher Stimmeinsatz）で行われる」（『ドイツ言語学辞典』．「Stimmeinsatz」の項）.

それゆえ，/d/で始まるオノマトペにおいては，音響現象の「始発形態」は<u>腹に響くような，ときには耳障りな，衝突・衝撃や炸裂として捉えられている</u>と言うことができる.

B. 子音 [d] の調音様式とオノマトペの意味の関わり

子音/d/で始まるオノマトペは僅かに4例しか見つからなかった．4例とも，「腹に響くような，ときには耳障りな，衝突・衝撃や炸裂のイメージ」の音響現象に関わっている．このことは **dud**e**ln** についての „eintönig kunstlos"「一本調子と言えるくらいに曲のない」というネガティブなコメントや，Donnerについての „dumpf"「こもった」というこれまた積極的には肯定しない形容や，**didel'dum, dideldum'dei** についての „nach dem Klang des Dudelsachs od. der Drehorgel"「バッグパイプないしは手回しオルガンの響きを音模倣した」という起源の説明から窺うことができる.

1) **dud***eln* ['du:dəln]:(ugs. abwertend): **1.** (auf einem Instrument o. ä.) lange u. eintönig kunstlose Klänge erzeugen: **2.** lange u. eintönig kunstlose Klänge von sich geben.// umg. abwertend. leiernde, lärmende, auf die Nerven gehende Töne auf Blas- und mechanischen Musikinstrumenten hervorbringen; etwas kunstlos, eintönig singen, spielen (*Klappenbach / Steinitz*†)((日常語．軽蔑的に)：**1.**（楽器などで）長い，単調で曲のない音響を作り出す．**2.** 長い，単調で曲のない音響を立てる // 日常語．軽蔑的に．吹奏楽器やメカニックな楽器でだらだらと，騒がしい音を神経にさわる音を作り出す，単調に歌う，演奏する）

2) **Donn***er* ['dɔnə]：dumpf rollendes Geräusch, das den Blitz folgt.（稲妻に続く，鈍い転がるような噪音）

3) **didel'dum, dideldum'dei** [di:dəldʊm, di:dəldʊmdaɪ]：[lautm. nach dem Klang des Dudelsachs od. der Drehorgel] (veraltend): lautmalerisches Fúll- u. Begleitwort in Liedern u. [Kinder] reimen].（バッグパイプあるいは手回しオルガンの音を真似た擬音語（廃れつつあり）：歌謡や童歌ける擬音語的な合いの手，あるいははやし）

C.「幹母音音素」の種類

① /u:/：強さはきわめて弱く，高さもきわめて低い /u:/ はオノマトペ **dud***eln* で表される行為が立てる単調で曲のない音響を表すオノマトペの幹母音音素にふさわしい．

② /ʊ/：強さがあまり強くなくて，高さもある程度の高さの /ʊ/ は，バッグパイプあるいは手回しオルガンの音を真似るオノマトペ **didel'dum** の幹母音音素にふさわしい．

③ /ɔ/：雷鳴の恐ろしい破裂音は /d/ によって表されるので，音色のイメー

IV. 仮説の検証

ジは強さがあまり強くなくて，高さもある程度の高さの /ɔ/ はオノマトペ **Donn*er*** の幹母音音素にふさわしい．

④ /aɪ/：これが前半部の **didel'dum** の幹母音音素 /ʊ/ と対をなしていることは明らかで，Fiukowski によると，「調音が行われる過程ですばやい移行運動が起こって，比較的明るい短母音 *a* と狭い非常に短い母音 *e* が一つの綴として発音される．そして，非常に短くて狭い母音 *e* へ移行する過程でこの力強さが弱められていく訳である」(Eine schnelle Gleitbewegung in einem Artikulationsverlauf verbindet kurzes *helleres a*（vgl. /a/, S.381）und sehr kurzes *enges e*（vgl. /ø/, S.363）zu einer einsilbigen Einheit mit gewisser dynamischer Hervorhebung des ersten Lautbestandteils. Während der Gleitbewegung tritt also eine Dynamikabschwächung ein.)（ders., 430）が，この説明から，母音 /aɪ/ は母音 /a/ と母音 /e/ が連続して一体化した母音であることが知られる．明度は中位であるが彩度が最も高く，したがって印象のくっきりしている母音 /a/ から，明度も彩度も中位である母音への急速な移行は，前半部の **didel'dum** の幹母音音素 /ʊ/ と対照をなし，この長いオノマトペのしめくくりにふさわしいと言えよう．この長いオノマトペに含まれた /iː/-/ə/-/ʊ/-/aɪ/-/iː/-/ə/-/ʊ/-/**aɪ**/ という母音の行列のなかで囃子ことばらしい転調のリズムを作っている．

D. 「追加子音音素」の種類

① /d/：「幹母音」がイメージとして表す耳障りな破裂音を，破裂音の音素である /d/ が同じく繰り返して，音源の単調さのイメージを強めている．そのうえ，反復を表す語尾 „-eln" が使われていて，オノマトペ „dudeln" 全体がオノマトペの意味にふさわしい構成になっている．

② /m/：„didel-" という無アクセントの綴り全体が「始発現象」である破裂をすでに予告しているが，それを明確にしているのが „-dum" の頭にある /d/ である．/m/ はこの /d/ が表す破裂にはかなりどっしりと構えた，重い，持続的な抵抗を伴うことをイメージとして表す：**didel'dum**．

③ /n/：「始発現象」の破裂に，かなりあっさりとした，軽い，やや持続的な抵抗が伴っていることをイメージとして表す．そのことはオノマ

— 165 —

トペ **Donn**er にふさわしい.

E. 無アクセント綴に含まれる母音音素のはたらき

dideldum'dei の無アクセント綴 „did-" と „-del-" にはどちらにも幹綴を作っているのと同じ子音音素 /d/ が含まれていて，バッグパイプあるいは手回しオルガンの音を真似るオノマトペの単調さをイメージとして作り出そうとしているのであるが，同時に囃子としてメロディを持つ必要から，アクセントを担う母音音素 /ʊ/ と /aɪ/ のほかに /ɪ/ と /ə/ を配したのである．これらの母音音素にはオノマトペの音色のイメージを表すはたらきは期待されておらず，メロディを作り出すために転調に参加するという補強作用が期待されているのである．

F. 考察のまとめ

以上の考察により，《仮説1》より《仮説6》は，/d/ で始まるオノマトペ4個すべてに当てはまると認められる．

2-4. /t/ で始まるオノマトペ

子音音素 /t/ で始まるオノマトペは下の25個である．

tacken, **Tam'tam**, **tapp!**, **tick!**, **tick**en, **'tick'tack!**, **'tipp 'tapp!**, **tuck**ern, **tuck'tuck!**, **Toka'dill**e, **Tok'kata**, **'Tingeltang**el, **tatt**ern, **Tic**, **Taub**e, **töff!**, **toi! toi! toi!**, **tüt!**, **tut**en, **tiri'li!**, **turt**eln, **Turt**el**taub**e, **tusch**en, **Tatze**, **tatütata!**

A. [t] の調音様式

子音 /t/ は「上歯の後面またはハグキの閉鎖音（postdentaler od. alveolarer Verschlusslaut）である」（内藤，66）．そして，「無声で，強く，有気音（Aspirata）」である（内藤，66）．Fiukowski はこのことをさらに詳しく，„Der mit intensiver Artikulationsspannung gebildete und gehaltene Zahn-Zagndamm-Zungen-Verschluß wird spreglautartig（Fortis）stimmlos und mit positionsabhängigersowie sprechsituativ bedingter Behauchung aktiv gelöst." (歯と歯茎と舌を使って集中的な調音の緊張を以て形成され保持された閉鎖が，破裂音（強音）のように，つねに有声で，かつま

Ⅳ. 仮説の検証

た，位置と発話状況に条件付けられた気音をともなう発音とともに積極的に解かれる）と説明している（ders., 152）．強音（Fortis）とは「比較的強い呼気圧（Atemdruck）筋肉の緊張を伴って発せられる子音」（『ドイツ言語学辞典』）であるから，/t/ は，無声であるとともに冒頭に声門閉鎖音を伴っていることが分かる．声門閉鎖音を伴っているということは「堅い声立て」（fester Einsatz, attaque dure）（内藤，8）を意味する．それゆえ子音音素/t/ で始まるオノマトペにおいては，音響現象の「始発形態」は，頭に響くような，ときには耳に突き刺さるような，衝突・衝撃や炸裂として捉えられていると言うことができる．

B. [t] の調音様式とオノマトペの意味の関わり

子音 /t/ で始まるオノマトペの多くは，《打撃・衝突》に関わっている．以下にそのことが認められる実例を列挙する．それぞれのオノマトペの説明の中の，《打撃・衝突》に関わっていると判断する根拠となると思われる箇所に下線を付けた．

1) **tack**en：[lautm.] kurze, harte, [schnelle u.] *regelmäßig aufeinanderfolgende Geräusche von sich geben*：（[擬音語] 短い，硬い，（素早い），規則正しく続く噪音を発すること）．

2) **Tam'tam**：[1: frz. tam-tam, aus dem Kreol. über das Engl. < Hindi tamtam, lautm.]: **1.** asiatisches, mit einem Klöppel geschlagenes Becken; Gong. **2.** < o. Pl.> (ugs., abwertend) laute Betriebsamkeit, mit der auf etw. aufnmerksam gemacht weden soll. ([**1.** フランス語の tam-tam から．英語を経て（<ヒンディー語の tamtam）クレオールより．擬音語]：撥で叩くシンバル；銅鑼．**2.** <複数形なし>何かに人の注意を引き つけようとする喧しいけたたましさ)．

3) **tapp!**：[lautm. für das leise, klatschende Geräusch auftretender [nackter] Füße（[擬音語] ぴたぴたと音高く歩む（裸足の）足音の擬音語）．

4) **Tatz**e：[mhd. taze, H. u.; viell. Lallwort der Kinderspr. od. lautm.] **1.** Fuß, Pfote eines größeren Raubtiers (bes. eines Bären): **2.** (ugs. emotional od. abwertend) [große, kräftige] Hand: ([mhd. taze. 由来の詳細は不明．おそらく幼児語から．擬音語] **1.**

ドイツ語オノマトペの研究

大型の猛獣(とりわけ熊の)足，前足．2．(日常語．情緒的に，あるいは軽蔑的に)(大きくて力強い)手)．

5) **tick!**：lautm. für ein tickendes (1a) Geräusch：(カチカチいう音の擬音語)．

6) **tick*en*** [1: lautm. zu tick!: 2: ... ; 3: viell. unter Einfluss von ↑ tickern nach engl. to tick (off) = abhaken; 4: wohl zu älter, noch landsch. Tick (zu ↑ tick!)= tickender (1a) Schlag, kurze Berührung; ...] ([1: tick! より作られた擬音語．2: ...; 3: おそらく英語の影響．英語の to tick (off) から作られた tickern の影響による「(の)フックをはずす」; 4. おそらく古くはもっと方言的な Tick (tick! より)＝「チックタックいう音」，「短い接触」)．

7) **'tick'tack!**：lautm. für das Ticken (1a) (bes. einer Uhr)．(カチカチという音(とりわけ 時計の)の擬音語)．

8) **'tipp 'tapp!**：[lautm.] für das Geräusch leichter, kleiner Schritte．(軽い，小さな足音の擬音語)．

9) **tuck*ern***：[lautm. 1. gleichmäßig aufeinanderfolgende klopfende, stumpf-harte Laute von sich geben. 2. sich mit tuckerndem Geräusch (irgendwohin) fortbewegen]：([擬音語．[1. 規則正しく打つ，鈍く硬い音を立てること．2. 規則正しく打つ，鈍く硬い音を立てながらどこかへ移動すること])．

10) **tuck'tuck!** [lautm.]: Lockruf für Hühner．(鶏を呼びよせる呼び声) ニワトリを呼びよせるかけ声は，本来はニワトリが餌をつつく際の《打撃・衝突》音の模倣が起源になっている．

11) **Toka'dille** [span. tocadillo, zu: tocado = berührt, zu: tocar = schlagen, klopfen, lautm.]: spanisches Brettspiel mit Würfeln．([スペイン語のtocadillo < tocado =「触られた」< tocar =打つ．叩く．擬音語]：サイコロで遊ぶスペインの盤上遊技)．

12) **Tok'kata** [ital. toccata, eigentl. = das Schlagen (des Instrumentes), zu: toccare - (an) schlagen, lautm.] ([イタリア語の toccata「(楽器を) 打つ」< toccare「弾奏する」より．擬音語]) 説明の中の „das Schlagen (des Instrumentes)" は語源の説明にある „anschlagen"「鍵盤を叩く」の意味である．

— 168 —

Ⅳ. 仮説の検証

13) **'Tingeltangel** [urspr. berlin. für Café chantant（frz. veraltet）Café mit Musik]: **1.** als niveaulos, billig empfundene Unterhaltungs-, Tanzmusik.;]（[本来は（古くなった）フランス語の Café chantant「歌える喫茶」. ベルリン方言]：**1.** レベルの低い，安っぽいと感じられている娯楽音楽・ダンス音楽).

　„Unterhaltungs-Tanzmusik" という説明で以てとくに打楽器の演奏が暗示されており，打楽器の演奏は打撃・衝突のイメージに通じるところから，このオノマトペを《打撃・衝突》のイメージに関係づけることが許されると考える.
　さらに，次の2例は打撃・衝突との直接的な関連を説明できないけれども，指や身体が震えることおよびチック症状に見られる顔を初めとする身体各部の痙攣は，打撃・衝突に起因する震動に通じると解されて比喩的に表されたもので，擬態語であると考える.

14) **tatt*ern***：[urspr.=schwatzen, stottern, wohl lautm.]（ugs.）(bes. mit den Fliegern, auch am ganzen Körper) zittern（[根元的には „schwatzen, stottern"「おしゃべりをする，どもりながら言う」の意．おそらく擬声語]．日常語．(とくに指が，また全身が) 震えること).

15) **Tic** [frz. tic, wohl lautm- u. bewegungsnachnahmend]（Med.）: *in kurzen Abständen wiederkehrende, unwillkürliche, nervöse Muskelzuckung (bes. im Gesicht)*．（[フランス語の „tic" より．擬音語ならびに擬態語]（医学用語）チック).

　子音音素/t/で始まるオノマトペ25例のうち上の15例を除いた残りの10例は，Fiukowskiの言う「歯と歯茎と舌を使って集中的な調音の緊張をもって形成され保持された閉鎖が，…気音をともなう発音とともに積極的に解かれる」という意味での《破裂》に関わっている．すなわち，ハトが鳴くときにも，鳥がさえずるときにも，エンジンが回転音や排気音を発するときにも，自動車のホーンやクラクションが音を立てる際にも，まじないのためにつばを吐くときにも，上の意味の《破裂》が共通して認められる.

16) **Taub*e*** [mhd. tūbe, ahd. tūba. H. u. viell. lautm. od. egtl, = die Dunkle]: **1. a)**…[mhd. tūbe, ahd. tūba. 由来についてこれ以上の詳細は不明．おそらく擬声語．あるいは，本来は „die Dunkle"「色

― 169 ―

黒の女」の意か］．1. 鳩).

17) **töff!** (Kinderspr.): lautm. für das Geräusch des Motors, Auspuffs, der Hupe eines Autos, Motorrads. ((幼児語)：自動車やバイクの発動機や排気音やクラクションの噪音の擬音語).

18) **toi! toi! toi!** [lautm. für dreimaliges Ausspucken] (ugs.): **1.** drückt aus, daß man jmdm. für ein Vorhaben, bes. für einen künstlerischen Auftritt, Glück, Erfolg wünscht. **2.** (häufig zusammen mit „unberufen!", dieses verstärkend) drückt aus, daß man etw. nicht berufen(4) will: ［3回唾を吐くときの擬音語］人がある人の企てに対して，とりわけ芸術上の登場，幸運，成功を祈っていることを表す．**2.**（しばしば「言うんじゃなかった」という言葉で意味を強めて）人が何かを招来する意志はないことを表す).

19) **tüt! tüt!** (Kinderspr.): lautm. für den Klang eines Horns, einer Hupe o. ä.. ((幼児語) ホルンやクラクションなどの響きの擬音語).

20) **tut**en [aus dem Niederd. mniederd. tuten, lautm.]: **a)** (von einem Horn, einer Hupe o. ä.) [mehmals] einen gleichförmigen [langgezogenen, lauten, dunklen] Ton hören lassen. **b)** (mit einem Horn, einer Hupe o. ä.) einem tutenden (a) Ton ertönen lassen: ([低地ドイツ語より．mdiederd. tuten. 擬音語]：**a)**（複数回にわたって）同じに聞こえる，引き伸ばされた，喧しい，暗い音]を聞かせる．**b)** ホルンやクラクションなどで**a)**の音を響かせる).

21) **tiri'li!**：lautm. für das hohe Singen, Zwitschern von Vögeln.（鳥の甲高い鳴き声やさえずりに対する擬声語).

22) **turt**eln [2. lautm.]: **1.** ... **2.** (veraltet) gurren. ([2. 擬声語] **2.**（古くなってしまった）（鳩などが)くうくう鳴く).

23) **ta'tüta'ta!**：lautm. für den Klang eines Martin-Horns o. ä. ((パトカーや救急車の)サイレンの響きの擬音語).

24) **Turt**el**taub**e [mhd. turteltûbe, ahd. turtul(a)tûba lat. turtur, lautm.]: ([mhd. turteltûbe, ahd. turtul (a) tûba ＜ラテン語のturtur. 擬音語]：... 鳩の種類．前半部後半部ともに擬音語：乙政).

「閉鎖が気音をともなう発音とともに積極的に解かれる」という《破裂》との関連を明確に説明しにくいのは，下の1例だけである．

— 170 —

25) **tusch*en*** [mhd. tuschen, wohl lautm.] (landsch.): (durch einen Befehl) zum Schweigen bringen. ([mhd. tuschen, おそらく擬声語] (方言):(命令によって) 静粛にさせる. おそらく一喝して黙らせる際の発声のいきおいを《破裂》と関連させているのであろう.

ここで考察した子音 /t/ で始まるオノマトペが《破裂》に関わっていると言っても, その意味は子音 /t/ が実際の《破裂》音そのものを模倣したと言うにしては, 上に集めた実例は意味が多様である. これらのオノマトペの冒頭に子音 /t/ が取り入れられたのは,《破裂》そのものを言語音によって再現するためであるとは考えられない. むしろ子音 /t/ は,《破裂》という現象が生起する状況を音声器官によって模倣するために導入されたと考えなければならない. すなわち, ここで子音 /t/ がオノマトペに導入された契機は「音模倣」ではなくて, 音声器官による「音のジェスチュア」である.

C. /t/ で始まるオノマトペにおける「幹母音音素」の種類

① /a/:口の開きが最も大きくて, 強さがきわめて強い /a/ は, しっかりとした, そして, 角のない, くっきりとしたイメージを表す. それゆえ, くっきりした打撃音, 射撃音のイメージを表すオノマトペ **tapp!**, **tatt*ern***, **tack*en***, **Tam'tam**, **'tick'tack!**, **Tok'kata** にふさわしい.

② /ɪ/:強さはとくに強くはないが, 高さがかなり高い /ɪ/ は, 音高らかに響くイメージのオノマトペ **tick!**, **tick*en***, **'tick'tack!**, **tipp tapp!**, **'Tingeltangel**, **Tic**, **Toka'dille** の幹母音音素にふさわしい.

③ /iː/:大いに明るくて大いに高い, かなり尖った―一口で言えば「甲高い」イメージを表す /iː/ は, 明るい音色でさえずる鳥の鳴き声のオノマトペ **tiri'li!** の幹母音音素にふさわしい.

④ /ʊ/:かなり低く, かなり暗く, かつまたかなり淡くて弱い, しかし同時に腹に響くような, 短い音響のイメージを表すので, どちらかと言えば音色の暗い鳩の鳴き声や, 鶏を呼び寄せる声や, 静粛を求める注意の声などのオノマトペ **turt*eln***, **Turt*el*taube**, **tusch*en***, **tut*en***, **tuck*ern***, **tuck'tuck!** の幹母音音素にふさわしい.

⑤ /œ/:「クチビルの形は [ɔ] に等しく, 舌の位置は [ε] に等しい」(内藤, 50) 調音様式で発音される母音 [œ] は, 明るさはあまり明るくなく, 強さもそれほど強くない. そのうえ調音様式が二重になってい

るため聞こえ方もかならずしも明瞭であるとは言えない．この母音音素はクラクションの音色を再現しようとするオノマトペ **töff!** の幹母音音素にふさわしい．

⑥ /y:/：「クチビルの形は［u:］に等しく，舌の位置は［i:］に等しい」（内藤，51）調音様式で発音される母音［y:］は，明度がきわめて明るい［i:］と明度がきわめて暗い［u:］とが同居していると言えるため，音色は単純に明るくはない．そのうえ長母音であるから，音源の長さを模倣することになって，ホルンやクラクションの音色を「音模倣」するオノマトペ **tüt!** の幹母音音素にふさわしい．

⑦ /aʊ/：口の開きが最も大きくて強さがきわめて強い［a］から，強さがあまり強くなくて，高さもある程度高い［ʊ］へ転調する［aʊ］は，鳩の鳴き声に由来するオノマトペ **Tau**b*e* の幹母音音素にふさわしい．

⑧ /ɔʏ/：高さもそれほど高くなく，強さもそれほど強くない母音［ɔ］から高さもやや高く，強さもやや強い［ɪ］へと変調する母音［ɔʏ］は，唾を吐く口の形を真似た「音のジェスチュア」である．それゆえ，唾を吐くまじないの模倣としてのオノマトペ **toi! toi! toi!** にまったくふさわしいと言えよう．なお，『小学館独和大辞典』の **toi! toi! toi!** の説明に「指で机を叩きながら唱える」という解説があるけれども，指で机を叩くのはまじないを唱えながら調子を取るために机を指で叩くことを指しているのであって，起源が机を叩く音の模倣によるというのではない．同辞典も「本来は嫉妬深い悪魔の介入をおそれて唾を吐く音」が起源だと記している．

D．/t/ で始まるオノマトペにおける「追加子音音素」の種類

① /p/：足音は足と地面や床との衝突音であるから，当然，「圧縮による空気の駆除」を伴っている．圧縮された空気の駆除が引き起こす高くて軽やかな，瞬間的・破裂のイメージは「追加子音音素」/p/ によって表される：**tapp!**, **'tipp 'tapp!**．

② /t/：頭に響くような，ときには耳に突き刺さるような，衝突・衝撃や炸裂のイメージを表す /t/ は，「始発現象」の破裂のだめ押し的な繰り返しであって，音源の音響の単調さのイメージを表す：**tatt**e*rn*, **tu**-**t**e*n*, **tüt!**．

Ⅳ. 仮説の検証

③ /k/：[k] は「中舌から後舌にかけて舌の背面が硬口蓋から軟口蓋にわたって押しつけられ，集中的な閉鎖が形成される」(der mittlere bis hintrellere Zungenrucken liegt am hinteren Hart- bis vorderen Weichgaumen und bildet einen intensiven Verschluß: Fiukowski, 172) ので，この「集中的な調音の緊張で以て形成され，保持された閉鎖は<u>爆破的</u>に (Fortis：硬音)，常に無声で，かつ調音位置と調音様式からして<u>気音を伴って</u>積極的に解消される」(Der mit intensiver Artikulationsspannung gebildete und gehaltene Gaumen － Zungen － Verschluß wird sprenglautartig (Fortis), stets stimmlos und mit positionsabhängiger sowie sprechsituativ bedingter Behauchung aktiv gelöst.：下線は乙政). それゆえ子音音素 /k/ は，からりとした，それゆえに突っかかるような，かなり鋭角的で軽いイメージを表すオノマトペ **tack**en**, tick!, tick**en**, 'tick'tack!, tuck**ern**, tuck'tuck!, Toka'dille, Tok'kata** にふさわしい．なお，「複綴のオノマトペ」において，無アクセントの母音の後に立つ場合 (**Toka'dille** と **Tok'kata**) もそのはたらきは変わらない．このことは „par'dauz!" の例で考察を済ませた．

④ /ʃ/：調音様式は，すでに „schnurren" の場合に考察したとおり，しっかりと噛み合わされた上下の歯のすき間からラッパの先のように前方に突き出された唇を通して発音される無声の摩擦音であるから，「空気の移動」の一つの形態である発射のイメージを伝えるオノマトペ **tuschen** にふさわしい．

⑤ /m/：語頭の子音音素 /t/ が表す「始発現象」の破裂に強い気流の摩擦が随伴しているイメージを表すので，「タムタム」と呼ばれる打楽器の発するかなりどっしりと構えた，重い，持続的な抵抗のイメージを表す打撃音を再現するのにふさわしい：**Tam'tam**．

⑥ /ŋ/：この子音は「舌の奥・後方を軟口蓋に向かって高くもちあげ息を鼻の方に抜けさせて発音する」(伊藤，80) ので，„tin-" の語頭の子音音素 /t/ が表す「始発現象」の破裂に随伴して，„-gel" があっさりとした，軽い，短い抵抗のイメージを表すのにふさわしい．「複綴」のオノマトペである „Tingeltangel" では，同じことが後半部の „-tangel" でも繰り返され，このオノマトペが全体として楽器の奏でる音響の「音模倣」に成功している．なお，/l/ は音響が尻切れトンボになることな

くさらに流れることをイメージとして表す.
⑦ /r/:「追加子音音素」/r/ は「始発現象」が空気の「震動」という最終段階で終わることをイメージとして表すが,「第2追加子音音素」の /t/ が震動にはなおも破裂のイメージが伴うことをだめ押ししている: **turt**e**l**n.「複綴」のオノマトペでは,あとに続く「第2追加子音音素」/t/ の表す空気の破裂がさらに気流となって続くことを,無アクセントの母音音素 /ə/ を挟んだ子音音素 /l/ がイメージとして表している: **Turt**e**ltaube**. 子音音素 /t/, /r/, /l/ を配したオノマトペ **tiri'li!** では,明るい打撃音のイメージを表す,母音音素 /ɪ/ を二度使ったうえに「幹母音」に最も高く明るい母音音素 /iː/ を使うことによって,甲高くて明るい鳥のさえずりのイメージを表している.

E. 無アクセント綴に含まれる母音音素のはたらき

① /a/:始原的なオノマトペの通例として同じ綴りの繰り返しで単純な楽器の明るい音色のイメージを伝えている:**Tam'tam**/**"Tamtam**.
② /ʊ/:上と同じく始原的なオノマトペであって,鶏の餌をつつく動作の低い音のイメージを伝えている:**tuck'tuck!**.
③ /ɔ/:**Toka'dill**e の „Toka-" に含まれる子音音素 /t/, /k/ も母音音素 /ɔ/, /a/ もともに盤の上で跳ねるサイコロの音のイメージを再現している. **Tok'kata** の „Tok-" についてもおなじように楽器が立てる硬質の音のイメージを再現するのにふさわしい:**Toka'dill**e, **Tok'kata**.
④ /ə/:「重複型」のオノマトペと同じ技巧を使って,母音音素のみ入れ換えて転調を図っている:**Tingel'tang**e**l**.
⑤ /ɪ/:**tiri'li!** では,幹母音が /iː/ で無アクセント綴に含まれる母音音素は /ɪ/ という組み合わせは始原的なオノマトペにおける単純な反復を思わせる. 母音音素の入れ換えによってリズム感を作り出している点でやや技巧的であるが **'tick'tack!** も始原的なオノマトペに近い.

F. 考察のまとめ

以上の考察により,《仮説1》より《仮説6》は,/t/ で始まるオノマトペ25個すべてに当てはまると認められる.

2-5. /g/で始まるオノマトペ

　私の収集のうち子音 /g/ で始まるオノマトペは，**gaga**, **gack gack!**, **Gak**e, **gack**eln, **gack**ern, **gack**sen, **gargari'**sieren, **Gauch**, **Geck**, **Gi**ckel, **gick**eln / **gick**ern, **gick**sen, **Gig**erl, **Gisch**t, **Girl**itz, **girr**en, **Gecko**, **Gock**el, **gurr**en, **gluck!**, **gluck**en, **gluck**ern, **gluck**sen, **Glocke**, **Güggel** の 26 個である．ただし，**gack**ern, **gack**sen, **girr**en, **gick**sen, **gluck!** は二度分類したので，累計は 31 個となる．

A. [g] の調音様式

　Fiukowski によると，[g] の調音には [k] と共通する点が多い．すなわち，両唇と歯はぴったりとくっついてはいずにやや離れ，かつ，上下に開いているが，上下の歯も間隔を以て開いている．舌葉は下のハグキにくっついている．しかし，閉鎖を形成しているのは，何と言っても，前舌の中央部から後半部にかかる部分が持ち上がって硬口蓋後部から軟口蓋前部にかかる部分に接していることである．さらに，中舌から奥舌にかけて両側面が上の奥歯とハグキに接していることも閉鎖を助けている．ノドヒコは持ち上がって鼻腔への通路を塞いでいる（Fiukowski, 172）．

　しかし，重要な相違点がある．それは，「前舌の中央部から後半部にかかる部分が持ち上がって硬口蓋後部から軟口蓋前部にかかる部分に接していること」によって閉鎖が形成される際の音声器官の緊張が /k/ の場合ほど強くないため気圧の差が大きくならず，そのため破裂が弱いことである（Fiukowski, 183）．つまり /g/ は，/k/ が「硬子音」（Fortis）であるのに反して，「軟子音」（Lenis）である．

　音声学的な説明は以上のとおりであるが，[g] の音を耳にするときのイメージは，この音が軟口蓋を調音点とすることから来る息の奥で作られているという——つまりはくぐもった印象と，軟子音ゆえの発音器官の緊張の緩さがもたらすゆったりとした，どちらかと言えば重厚な印象である．下の分類でも，I. に集めた鳥・動物の鳴き声に関するオノマトペの語頭の /g/ は，すべて実物が発する音の印象をそのまま模倣するために取り入れられたと解釈して差し支えないものばかりである．

B. [g] の調音様式とオノマトペの意味の関わり
I. 喉の奥から出す太い声を「音模倣」している（17 例）
1) **gack gack!**：<Interj.> lautm. für das Gackern des Haushuhns, nachdem es ein Ei gelegt hat.（＜間投詞＞鶏が卵を生んだあとくわっくわっと鳴く声の擬声語）．
2) **Gak***e*：[lautm., nach den Lauten von Enten u. Gänsen] landsch. salopp abwertend): *dumme, alberne o.ä. weibliche Person.*（［家鴨や鷲鳥の鳴き声の擬声語］方言．Krähe（カラス）『小学館独和大辞典』）．
3) **gack***eln*：[lautm.]: //s. gackern
4) **gack***ern*：[lautm.] **1.** (vom Hünern nach dem Eierlegen) *mehrfach hintereinander einen hohen, kehligen kurzen u. zwischendurch langgezogenen Laut von sich geben.* **2.** (ugs.) svw. ↑ gackeln:（［擬声語］（雌鳥が卵を生んだあと）何度も続けて，高い，喉の奥から出る，短い，ときどき長く引っ張る音を発すること．**2.**（日常語）弱変化動詞．gackeln と同じ）．
5) **gack***sen*：[lautm.] (landsch.):**1.** svw. ↑ gackern..（［擬声語］（方言）**1.** 弱変化動詞．gackern 参照）．
6) **Gauch**：[mhd. gouch, ahd. gauh, lautm.] (veraltet): **1.** *Kuckuck*（[mhd. gouch, ahd. gauh. 擬声語] **1.** かっこう）．
7) **Gecko**：[niederl. gekko od. engl. gecko, gekko < malai. gekok, lautm., nach seinen durchdringenden Kehllauten)]（[niederl. gekko od. engl. gecko, gekkomalai. gekok（ヤモリ．この動物のつんざくような軟口蓋音の擬声語)]）．
8) **Gig***erl*：[mundartl. = Hahn, lautm.] (sdd., österr. ugs.): *Geck.*（［方言＝雄鶏．擬声語］(sdd., österr. ugs.)：（軽蔑して）おしゃれな男，伊達男）．
9) **Gick***el*：[lautm.] (landsch.): Hahn:（［擬音語］（方言）雄鶏）．
10) **Girlitz**：[lautm. wahrsch. aus dem Slaw.]:（[おそらくスラヴ語からの擬声語]．セイオウチョウ(カナリアの原種)『小学館独和大辞典』）．
11) **girr***en*：[spätmhd. girren = zwitschern, pfeifen; lautm.]: **1.** *(von*

IV. 仮説の検証

Vögeln, bes. von Tauben) einen <u>rollenden, glucksenden, gurrenden</u> Laut wiederholt von sich geben; gurren. ([spätmhd. girren =さえずる，(小鳥が)ぴーぴー鳴く，(鼠が)ちゅうちゅう鳴く)，擬声語] 1. (鳥が，とりわけ鳩が) 喉を鳴らすような，<u>くっくっという，くうくういう音を繰り返し発すること</u>).

12) **Gock**el：[wohl lautm.] (bes. südd., sonst ugs. scherz) 1. *Hahn* (1a): ([おそらく擬声語] (とりわけ südd. さもなくば，ugs. で冗談に) 雄鶏).

13) **gurr**en：[mhd. gurren, lautm.]: 1. *(von der Taube)* <u>kehlige, dumpfe, weich rollende, lang gezogene Töne</u> *in bestimmten Abständen von sich geben:* ([mhd. gurren. 擬声語] (鳩が) <u>喉から，鈍い，柔らかく転がるような，長く引っ張った音を一定の間隔で発すること</u>).

14) **Gügg**el：[wohl lautm.] (schweiz. mdal.): *Hahn.* ([おそらく擬声語] (スイス方言)：雄鶏).

15) **gluck!**：<Interj.>: 1. für das <u>Glucken der Henne</u>. 2. lautm. für das Gluckern einer Flüssigkeit: (1. <u>雌鳥のこっこっと鳴く声</u>の擬声語. 2. <u>液体がとくとく／ごぼごぼ／ぼちゃぼちゃと音を立てること</u>の擬音語).

16) **gluck**en：[mhd. glucken, lautm. für die Laute mehrerer Vogelarten, bes. für die Laute der Henne beim Brüten od. Locken, u. für die <u>dunkel klingenden Laute von leicht bewegtem Wasser</u>] : **1. a)** *(von der Henne) brüten wollen:* **b)** *(von der Henne)* <u>tiefe, Kehllaute</u> *hervorbringen u. damit die Küken locken.* ([mhd. glucken. 擬声語. 何種類かの鳥の鳴き声，とりわけ雌鳥が抱卵する際に，あるいはひよこをおびき寄せる際の鳴き声の擬声語. あるいは，<u>軽く揺られる水が立てる暗い響き</u>の擬音語]：**1. a)** (雌鳥が)抱卵しようとして鳴く：**b)** (雌鳥が)<u>低い喉からの音</u>を出して，それでひよこをおびき寄せる).

17) **girr**en：[lautm.]:1. *(von Vögeln, bes. von* <u>Tauben</u>*) einen <u>rollenden, glucksenden, gurrenden</u> Laut wiederholt von sich geben; <u>gurren</u>:* ([擬声語]：1. (鳥が，とりわけ鳩が) 喉を鳴らすよう

な，くっくっという，くうくういう音を繰り返し立てる；鳩がくうくう鳴く）．

雄鶏や雌鶏の鳴き声・雌鶏が卵を生んだときの「喉の奥から出す（kehlig）」鳴き声・カッコウ・鳩・セリンの鳴き声ややもりの鳴く声のなかに有声であって重厚な響きの音の /g/ が聞き取られることも疑えないので，/g/ がこれらのオノマトペに導入された契機は「音模倣」にあると言うことができる．しかも，これらの鳥あるいは動物の鳴き声はいずれも勢いを以て発せられていると言うことができるので，有声の破裂音・閉鎖音の [g] はますますこれらのオノマトペの語頭に立つのにふさわしい．雄鶏や雌鶏の鳴き声の基本的特徴が gackern のように /g/ で表される反面，'kakeln のように /k/ でも表される（**kak**eln [mniederd. käkelen, lautm.]（nordd.）**1.** gackern）という事実は，現実の音を有声と聞くか無声と聞くかというだけの違いであって，二つの音に共通する「破裂」がオノマトペの契機になっていることを否定することはできない．

Ⅱ．喉の奥から出す声あるいは太い声（8 例）
18) **gaga**：[a. frz. gaga = kindisch; lautm. ; b: engl. gaga < frz. gaga]: trottelig:（[a. フランス語の gaga = 子供っぽい．b. engl. gaga < frz. gaga]：ぼけた，もうろくした）．比喩的な意味に転用されているが，語源的には高齢者の分かりにくい発話ぶりを意味したのであろう．
19) **gacks**en：[lautm.]（landsch.）**1.** gack*ern*.（[擬声語]（方言）**1.** きゃあきゃあ言う）．
20) **gargari'si**eren：[lat.[5)] gargarizare < griech.[6)] gargarízein = gurgeln, lautm.]（Med.[7)]）: gurg*eln*.（[ラテン語の gargarizare，ギリシア語の gargarízei ＝「うがいをする」より]（医学用語）擬音語）．
21) **gick**eln / **gick**ern：[lautm.]（landsch.）: *hell kichernd, u. etwas unterdrückt (oft etwas albern u. ohne ersichtlichen Grund) lachen*：（[擬声語]（方言）: 明るくくすくすと，高い調子でくっくっ

---
5) lateinisch ラテン語の．
6) griechisch ギリシア語の．
7) Medizin 医学．

IV. 仮説の検証

と声を立てながら，また，やや抑えて（しばしば，何か馬鹿げた，よく分からない理由で）笑う）．

22) **gicks**en［1: mhd. gichzen, gigzen, ahd. gicchaz(z)en, lautm.］: **1.** einen <u>leichten, hohen Schrei</u> ausstoßen:（［**1.** mhd. gichzen, gigzen, ahd. gicchaz(z)en. 擬声語］：**1.** <u>軽薄な高い叫び声</u>をあげる）．

23) **girr**en：（［lautm.］：**2.** *schmeichelnd, verführerisch, <u>kokettierend sprechen, lachen:</u>*（［擬音語］：**2.** おもねるように，誘惑するように，<u>媚態を示しながら話す，笑う</u>）．

24) **Geck**：［mniederd. geck = geistig Behinderter, urspr. lautm. für das <u>unverständlich</u> Gesprochene eines solchen Menschen］（［mniederd. geck = 精神障害者．起源的には精神障害者が口にする<u>意味不明の言葉の擬声語</u>］）．

25) **gicks**en：［1. mhd. gichzen, gigzen, ahd. gicchaz(z)en, lautm.）: **1.** *einen <u>leichten, hohen Schrei</u> ausstoßen;（von der Stimme）plötzlich in die Kopfstimme umschlagen u. zu hoch［u. schrill］erklingen:*（［**1.** mhd. gich zen, gigzen, ahd. gichaz(z)en. 擬声語］：**1.** <u>軽薄な高い叫び声</u>を発すること；（声が）突然，頭声[8]に一変し，過度に高く（かつ，金切り声で）響く）．

鳥・動物の鳴き声ないしは鳥・動物の名前のオノマトペへ /g/ が導入された契機が「音模倣」であると考えられるのに反して，人間が発する音響に関わっているオノマトペの場合には契機としてもっぱら「音のジェスチュア」が考えられる．「息が喉頭に近い軟口蓋をこすって出て来る」という印象が，実際の発音からではなくて，調音様式による「ジェスチュア」に置き換わるからである．「オノマトペ」と言っても，音響現象が自然音に由来する度合いが直接的であればあるほど，オノマトペへの子音導入の契機は「音模倣」に近づくのであり，自然音に由来する度合いが間接的になればなるほど，契機としての「音模倣」は背後へと退き「音のジェスチュア」が正面に出てくるという仮説は，ここでも有効であろう．さまざまな音響として私たちの耳に達するはずの音響現象がすべて /g/ によって統一的に再現されているからである．したがって，これらのオノマトペの冒頭に /g/ が導入された契機が

---

[8] 同一の人間の高音域の声；裏声『小学館独和大辞典』．服部，25.

「音模倣」であるとは考えられない.

Ⅲ. 音響現象の「始発形態」が抑圧された破裂として捉えられている場合（6例）

26) **gacks**en：[lautm.]（landsch.）: **2.** knarren: die Tür, der Stuhl, der Fußboden gachst.（[擬音語]（方言）：**2.** ドアや椅子や床がぎいぎい音を立てる).

27) **Gisch**t：[wohl mit lautm. -sch- aus mhd. jest = Schaum, Gischt, zu ↑ gären] *wild aufsprühendes, spritzendes, schäumendes Wasser. Schaum heftig bewegter Wellen.*（[おそらく -sch- は中高ドイツ語の jest= 泡，沸き立つ(沸き返る)波からの擬音語．gären 参照] 荒々しくしぶきを上げる，泡立つ水，激しく泡立つ波).

28) **Glock**e：*Kluge* によると，mhd. glocke, glogge, ahd. gloka, klocke, as. glogga は古アイルランド語の „Schelle"（鈴），Glocke（鐘）を意味する cloc(c) の借用語である.

29) **gluck!**：<Interj.>: **2.** lautm. für das Gluckern einer Flüssigkeit <間投詞>液体がとくとく／ごぼごぼ／ぼちゃぼちゃと音を立てることの擬音語).

30) **gluck**ern：[zu ↑ gluckern] **1.** (*von einer Flüssigkeit*) *durch leichte* [*Wellen*] *bewegung leise, dunkel klingende Laute hervorbringen:* **2.** (*von einer Flüssigkeit*)] *sich fließend fortbewegen und dabei leise, dunkel klingende Laute hervorbringen:*（[glucken 参照] **1.**（液体が）軽い，（波状）運動によって低い，暗い響きの音を発すること．**2.**（液体が）流れ去りながら低い，暗い響きの音を立てること).

31) **glucks**en：[mhd. glucksen, zu ↑ glucken]: **1.** gluckern (1): **2.** dunkel klingende, unterdrückte Laute von sich geben:（[mhd. glucksen, glucken 参照]：**1.** gluckern (1). **2.** 暗く響く，抑えられた音を発すること).

ドアや椅子や床板がきしむ音は耳に突き刺さる破裂音として受け取られることができるし，あるいは水がしぶき泡立つほどにわき立つ音も破裂音の勢いを以て認知される．Fiukowski が記述している調音方式によって軟子音

Ⅳ. 仮説の検証

/g/ が破裂音として，硬子音 /k/ よりは劣るにせよ（内藤，16），ある程度の勢いを以て発音されることを考え合わせると，/g/ がこれらのオノマトペに導入された契機は「音のジェスチュア」であると言えるであろう．

C. /g/ で始まるオノマトペにおける「幹母音音素」の種類（ただし，gargari'sieren は /a/ に分類した）

① /a:/：口の開きが最も大きくて，強さがきわめて強く，しかも長母音である /a:/ は，カラスの鳴き声を音模倣するのに最もふさわしい：**Gake**.

② /a/：しっかりとした，そして角のない，くっきりとしたイメージを表す /a/ は，発音とともに大きく開いた口の形が雄鶏の大きく開いた嘴やうがいをする際の口の形にふさわしい：**gaga, gack gack!, gackeln / gackern, gacksen, gargari'sieren**.

③ /ɛ/：くっきりとしているが，丸ろやかなイメージを表す /ɛ/ はヤモリの鳴き声の音色を再現するのにふさわしい：**Gecko**. オノマトペ **Geck** も gecken「悪ふざけをする」に含まれる „geck-" が「悪ふざけをする男」に転じて「愚か者」の意味になったと思われる．

④ /i:/：大いに明るくて大いに高い，かなり尖った――一口で言えば「甲高い」イメージを表す /i:/ は，雄鶏のときの声の音色を音模倣するのにきわめてふさわしい：**Gigerl**.

⑤ /ɪ/：明るくて高い，鋭ったイメージを表す点で /i:/ と並ぶ /ɪ/ は，雄鶏や，鳩や，セリンの鳴き声の短い単位，くっくっと笑う声一つの単位の音色を音模倣するのにふさわしい．アクセントを担う綴のあとに続く -el は上部ドイツ語の縮小語尾であって（郁文堂：-el; Schmidt, 113），Gickel が「音模倣」とともに対象に対する愛着に由来することを示している．アクセントを担う綴あとに続く綴にも最も明るい /i:/ に準じる母音 /ɪ/ が使われ，セリンの鳴き声が全般的に明るい音色を帯びていることを表している：**Gickel, gickeln / gickern, gicksen, Gischt, girren, 'Girlitz**.

⑥ /ɔ/：後方の母音に属し，暗いがある程度の強さがある /ɔ/ は，それなりに明瞭さと重厚さを持ち，雄鶏の鳴き声，鐘の音の音色に含まれている重々しさのイメージを音模倣するのにふさわしい：**Gockel, Glocke**.

⑦ /ʊ/：同じく後方の母音に属する /ʊ/ は明度も低く，濃度も薄い．そのため，かなり暗い音のイメージを表すが，それは鳩の鳴き声や雌鳥の鳴き声にふさわしい：**gurr**en, **gluck!**, **gluck**en, **gluck**ern, **gluck-s**en.

⑧ /aʊ/：音源の音響が，「低く」，「暗く」かつまた「こもっている」うえに「尾を引く」イメージを表す．衝突の鈍い破裂音がはじめははっきりと聞こえ，やがて曖昧で低くなって消えて行く様子を言語音で再現する /aʊ/ は，同時に音源の音響の力強さのイメージも表すので，なおのこと郭公の鳴き声の音色が持つイメージを表すのにふさわしい：**Gauch**.

⑨ /ʏ/：舌の位置はかなり明るい /ɪ/ であるが，唇の形は /ʊ/ と同じであるため，/ʏ/ の音色は曖昧である．これは雄鶏の鳴き声を明るくも暗くも聞くという曖昧さに通じる．母音音素 /ʏ/ もまた雄鶏の鳴き声のイメージを再現するのにふさわしい母音であると言うことができる．**Gick**el のバリエーションである：**Gügg**el.

D. /g/で始まるオノマトペにおける「追加子音音素」の種類

① /g/：くぐもった，しかしゆったりとした，かなり鈍角的で重厚なイメージを表す /g/ は，語頭の子音音素 /g/ の繰り返しとして同じイメージを強調するはたらきをしている：**ga**ga, **Gig**erl, **Gügg**el.

② /k/：からりとした，それゆえに突っかかるような，かなり鋭角的で軽いイメージを表す /k/ は，語頭の子音音素の無声形として /g/ の持つ重厚さを救うとともに，破裂のイメージを伝えるはたらきをしている．/k/ の後に子音音素 /s/ がなおも続いている場合は，破裂が軽い摩擦を伴うイメージを伝えている：**gack gack!**, **gack**eln, **gack**ern, **Gak**e; **Gick**el, **gick**eln/**gick**ern, **Geck**, **Geck**o, **gick**sen, **gack**sen, **gick-sen**, **Geck**o, **Gock**el, **gluck!**, **gluck**en, **gluck**ern, **Glock**e, **gluck-sen**

③ /x/：軟口蓋を調音位置とする摩擦音 /x/ は，郭公の鳴き声のイメージを「音模倣」したものである：**Gauch**.

④ /ʃ/：**Gisch**t の「追加子音音素」のうち /ʃ/ は，「ハグキおよび硬口蓋前部と舌葉および前舌前部との間の，比較的幅の広いスキマの摩擦音」

Ⅳ. 仮説の検証

（内藤, 75) であるから，水の泡立つイメージを「音のジェスチュア」で表したものである．後続の /t/ は泡立つ際の勢いを破裂として捉え，「音のジェスチュア」で表現していると考えられる．
⑤ /r/ : **girr**e**n** と **gurr**e**n** はともに鳩の鳴き声を「音模倣」したオノマトペである．幹母音が異なっているのは，聞き取られた鳴き声の音色が前者では甲高く，後者では暗くくぐもって聞こえたためであろう．/r/ はともに鳴き声に震えと長さを感じ取って音模倣したと考えられる．**'Girlitz** と **gargari's**i**eren** については次項で扱う： **girr**e**n**, **gurr**e**n**, **'Girlitz**, **gargari's**i**eren**.

E. 無アクセント綴に含まれる母音音素のはたらき

私の収集のうち子音 /g/ で始まるオノマトペで「複綴」なのは，**gargari-'s**i**eren**, **'Girlitz**, **'Gecko** の3個である．**gargari's**i**eren** は頭に „gar-" という綴を繰り返している．同一の子音音素，同一の母音音素を繰り返すのは始源的なオノマトペの特徴で，反復を具体的に示すとともに単純な音模倣であることをも同時に示す．**'Girlitz** の後半部 „-litz" は，幹綴で表された甲高い鳴き声が長さを持っている．さらに引き続いて空気が流れてやがて摩擦を伴いつつ破裂で終わることを「音のジェスチュア」で示している．**'Gecko** の幹綴に続く綴が /k/ と母音 /o/ で出来ていることは，ヤモリの鳴き声が /ε/ で表される明るい響きから始まって同じくやや暗い響きへと移ってゆくイメージを表している．

F. 考察のまとめ

以上の考察により，《仮説1》より《仮説6》は，/g/ で始まるオノマトペ31個すべてに当てはまると認められる．

2-6. /k/ で始まるオノマトペ

語頭に子音音素 /k/ を単独に持つオノマトペは，私の収集では次の17個である：**'kak**e**ln, Kuh, 'keck**e**rn, Köter, kich**e**rn, küssen, Kauz, kaud**e**rn, keuch**e**n, koll**e**rn, kaum, 'Kakadu, kale'kut**i**sch, Ka'zoo, kikeri'ki!, 'Kiwi, 'Kuckuck**. ただし，意味の分類では **kaud**e**rn** を二度分類したので，累計は 18 個になっている．

A. ［k］の調音様式

/k/は，調音様式から言うと破裂音ないし閉鎖音に分類され，調音位置から言えば軟口蓋音である．/k/を発音するとき，両唇と歯はぴったりとくっついてはいずにやや離れ，かつ，上下に開いているが，上下の歯も間隔を以て開いている．舌葉は下のハグキにくっついている．しかし，閉鎖を形成しているのは，何と言っても，前舌の中央部から後半部にかかる部分が持ち上がって硬口蓋後部から軟口蓋前部にかかる部分に接していることである．さらに，中舌から奥舌にかけて両側面が上の奥歯とハグキに接していることも閉鎖を助けている．ノドヒコは持ち上がって鼻腔への通路を塞いでいる．調音の際閉鎖がこうして集中的に形成されるので，発音された /k/ は破裂音である（Fiukowski, 172）．ここで「集中的に」というのは，音声器官の筋肉の緊張を強くすることを意味するが，それは閉鎖された空気の気圧を高め，ひいては破裂を強める結果をもたらす．すなわち，/k/ は「硬子音」（Fortis）である．「一般に有声閉鎖音では気流が声門を通る時に抵抗を受けて弱められているが，無声閉鎖音では気流が声門を素通りするので強い」（内藤，16）．このために /k/ は，からりとした，またそれゆえに突っかかるような，かなり鋭角的で軽い音のイメージを表す．

B. ［k］の調音様式とオノマトペの意味の関わり

Ⅰ．喉から出る甲高い声を音模倣している（13 例）

1) **Kuh**：[mhd., ahd. kuo =（weibliches Rind), H. u., viell. lautm.]（[mhd., ahd. kuo =（雌牛).由来の詳細は不明．おそらく擬声語．*Kluge* の推測に依拠して，鳴き声から由来すると見なす：乙政).

2) **'kak**eln：[mniederd. käkelen, lautm.]（nordd.）**1.** gackern:（[中世低地ドイツ語の käkelen. 擬声語]（鶏が）くわっくわっと鳴く).-eln が反復を表す（*Schmidt*, 122）ことも，オノマトペが鶏の鳴き声を再現しているのにふさわしい．

3) **'keck**ern：[zu älter: kecken (Jägerspr. lautm.]:(bes. von Fuchs, Dachs, Marder, Iltis) *in der Erregung, Gereizheit einige kurz abgehackte Laute in rascher Folge ausssto*β*en:*（[古い kecken（猟師言葉）より]（きつね・いたちなどが怒って）ぎゃっぎゃっと鳴く).

Ⅳ. 仮説の検証

4) **koll**er：[wohl lautm.]:(bes.vom Truthahn) *rollende, gurgelnde [kräftige] Laute austoßen:*)（[おそらく擬声語]：（とくに雄の七面鳥が）喉を鳴らして，ごろごろ音を立てて，[荒っぽい] 鳴き声を発する）.

5) **Köt**er：[aus dem Niederd.; urspr. lautm.]（abwertend）：Hund（[低地ドイツ語より；根元的には擬声語]（軽蔑的に）犬：犬の吠え声の冒頭の音が，高い，突っかかるような，かなり鋭角的で軽い音のイメージとして捉えられたのであろう：乙政）.

6) **kaud**ern：[urspr. = wie ein Truthahn kollern, wohl lautm.]（verlatet, landsch.）：（[根元的には七面鳥のようにぐっぐっと鳴く]（古い．方言））：（七面鳥などが）コロコロ鳴く『小学館独和大辞典』）.

7) **Kauz**：[1. spätmhd. küz(e), lautm.] **1.**：*zu den Eulen gehörender Vogel:*（梟・みみずく）.

8) **'Kakadu**：[niederl. kaketoe < malai. kaka(k)tua, lautm.]:([低地ドイツ語の kaketoe ＜マライ語の kaka(k)tua] 鸚鵡）.

9) **kikeri'ki!**：<Interj.>（Kinderspr.）: lautm. für den Ruf des Hahns:（雄鶏の叫び声）.

10) **'Kiwi**：[aus einer ozeanischen Eingeborenenspr.（Maori）, lautm.]（[オセアニアの原住民(マオリ人)の言語から．擬声語]：キウィ（奇異鳥）属．この鳥の鳴き声の音模倣であると思われる）.

11) **kale'kut**isch[9)]：↑ Hahn (1)（雄の七面鳥の鳴き声の音模倣であると思われる）.

12) **'kuckuck**：<Interj.>**1.** laut. für das Rufen des Kuckucks.（＜間投詞＞ 1. 郭公の鳴く声の擬声語）.

13) **Ka'zoo** [kə'zu:]：[amerik. kazoo, viell. lautm., H.u.]: primitives Rohrblasinstrument in der Volksmusik der amerikanischen Neger.（[アメリカ英語の kazoo より．おそらく擬音語．由来の詳細は不明] アメリカ黒人の民俗音楽で使われる葦で作った原始的な吹奏楽器）この語は，由来不詳とはいえ，吹奏音のなかに，からりとした，それゆ

---

9) Duden in 10 Bdn. には Hahn の項目に kalekutischer Hahn という記載があり，この古い成句は Truthahn（雄の七面鳥）を意味するという．そして kalekutisch の由来はおそらく擬声語であるとしている．

えに突っかかるような，かなり鋭角的で軽い音が聞き取れることは容易に想像できるので，語頭の子音音素が「音模倣」を契機として導入されたオノマトペであると考える．
　これらのオノマトペの音源となった鳴き声あるいは吠える声はいずれも強い勢いを以て発せられていると言うことができるので，共通して冒頭に無声であって，かつ硬質で透明な［k］音が聞き取られていることは首肯できる．そして，［k］がFiukowskiが記述している調音方式のように，強い勢いを以て発音されることは，これらのオノマトペの語頭に /k/ が置かれる契機が「音模倣」であることを裏書きしている．上に挙げられたいろいろなオノマトペの語頭の子音が共通して /k/ であることと，語頭以外の部分では幹母音音素の種類も追加子音音素の種類もそれぞれに異なっていることとは矛盾しない．また，語頭の子音音素 /k/ の導入の契機を「音模倣」だとする考えを否定する理由にもならない．幹母音音素の種類と追加子音音素の種類のさまざまな組み合わせが，それぞれのオノマトペの表そうとするイメージ次第でさまざまに変わることを忘れてはならない．その意味で，語頭に複数の子音音素が並んでいるオノマトペは，いっそう細やかなイメージのニュアンスが表現される可能性を示している訳で，子音音素の組み合わせはその可能性を考察する絶好の素材と言うべきである．

II．喉から出る音を「音のジェスチュア」によって模倣している（3例）
14) **kaud**ern：［urspr. = wie ein Truthahn kollern, wohl lautm.］(verlatet, landsch.)：（［根元的には七面鳥のようにぐっぐっと鳴く］（古い．方言））：訳のわからないことをしゃべる).

15) **kaum**：<Adv.> ［mhd. kum(e), ahd. kumo, zu: kuma = Weh-klage, eigt. lautm.］．（＜副詞＞ ［mhd.kum(e), ahd. kumo. kuma =「悲嘆の声」より．擬声語］）．根源の意味から擬態語に転じて副詞となったと思われる：乙政．

16) **keuch**en：2)［Vermischung aus mhd. kuchen（=hauchen）u. kîchen（=schwer atmen), lautm.］ **1. a)** *schwer, mit Mühe u. ge-räuschvoll atmen.:* (mhd. の kuchen「息を吐きかける」と kîchen「苦しい息をする」の混交．擬音語］ **1. a)** 喘ぐ).

17) **kich**ern：3)［lautm.: vgl. ahd. kichazzan für den hellen Lach-

Ⅳ. 仮説の検証

laut]: leise, gedämpft, unterdrückt u. mit hoher Stimme [vor sich hin] lachen:（[擬声語：朗らかな笑い声を表す ahd. の kichazzan を参照] 低く，曖昧に，抑えたように，また，高い声で(ひとりで)笑う).

これらの人間が発する音響はいずれも強い勢いを以て発せられていると言うことができるので，硬子音 /k/ が強い勢いを以て発音されることを考え合わせると，これら三つのオノマトペの基になっている音響現象に共通して /k/ が聞きつけられると推定できる．したがって，子音音素 /k/ の導入の契機はここでも「音模倣」であろう．

18) **küss**en：[mhd. küssen, ahd. küssen, urspr. lautm.]：（[mhd. küssen, ahd. küssen. 本来，擬音語]：接吻する). 対象に付けられた唇が対象から離れる際に舌の位置が軟口蓋と閉鎖を作っていると捉えられて，語頭に /k/ の音素が置かれていると想像するが，もしこの想像が当たっていれば，/k/ の導入契機は「音模倣」ではなくて「音のジェスチュア」だということになる．この推定があながち根拠がないわけではないことは，幹母音が「音のジェスチュア」を契機として導入されたという推定と関連している．

こうして，私の収集した例で見る限り，子音音素 /k/ が単一で語頭に立つオノマトペは，**küss**en を唯一の例外として，すべて語頭の子音音素は「音模倣」を契機として導入されているのであるが，そのことが「幹母音」や「追加子音音素」の種類の分布とどのように関わっているかを次に考察しよう．

C. /k/ で始まるオノマトペにおける「幹母音音素」の種類

意味との関わりの項で観察されたように，単一の /k/ で始まるオノマトペがすべて「音模倣」を契機としているが，このこととそこで使われている「幹母音音素」の種類が多種多様であること－ほとんどのオノマトペに一対一で対応するために，ほとんどすべての母音が使われている－とは無関係ではない．すなわち，「幹母音」の多様性は音源の多様なニュアンスを「音模倣」によって一々なるべく忠実に再現しようとする傾向の現れにほかならないからである．

① /a:/：語頭の子音音素 /k/ によって始まった鶏の鳴き声に，しっかりとした，そして，角のない，くっきりとしたイメージを表す長母音音素

/a:/ が「幹母音」に取り入れられているのは当然であろう：**kak**e**ln**.

② /a/：鸚鵡や鶏の鳴き声に，/a:/ と同じくしっかりとした，そして，角のない，くっきりとしたイメージを表す /a/ が混じるのは極めて自然であると言わなければならない：**'Kakadu, kale'kut**isch**.

③ /i:/：雄鶏のときの声，奇異鳥(キウイ)の鳴き声のオノマトペが「幹母音」に /i:/ を持たなければ，鳴き声の音色を写す手段をほかのどこに求めることができようか：**kikeri'ki!, 'Kiwi**.

④ /ɪ/：喉の奥で繰り返してくっくっと笑う声のイメージを言語音に移すとしたら，語頭の /k/ と組み合わすのにふさわしい母音音素は短母音の /ɪ/ であろう．そして，このイメージを高めているのは反復を表している造語語尾 „-ern" である：**kich**e**rn**.

⑤ /ø:/：明るさはあまり明るくなく，強さもそれほど強くない．そのうえ調音様式が二重になっているため聞こえ方もかならずしも明瞭であるとは言えない長母音の /ø:/ が「幹母音」であることは，みだりに人に吠えかかり，時には噛みつきかねない犬を軽蔑して，その鳴き声のイメージを再現するのにふさわしいと言えよう：**Köt**e**r**.

⑥ /ɛ/：「きつね・いたちなどが怒ってぎゃっぎゃっと鳴く」声の音色のイメージを再現するのに，「幹母音」はくっきりとしていても角のない，/a/ も不適当だし，やや鋭ったイメージを与えるが明るい /ɪ/ もそぐわない．ふさわしいのは，両者の中間に位置する /ɛ/ である：**keck**e**rn**.

⑦ /ʊ/：郭公の鳴き声は日本語でこそ「カッコー」であるが，実際にはもっと低く暗い響きを持っているに違いない．低く，暗く，かつまた淡くて弱い，しかし同時に腹に響くような，短い音響のイメージを表す /ʊ/ がふさわしいであろう：**'Kuckuck**.

⑧ /ɔ/：暗いがある程度の強さがある /ɔ/ は，七面鳥が喉のなかで転がすように鳴く鳴き声を「音模倣」するのにふさわしい：**koll**e**rn**.

⑨ /u:/：きわめて低く，きわめて暗く，かつまたきわめて淡くて弱い，しかし同時に耳に残るような，長い音響のイメージを表す /u:/ は，牛の鳴き声．葦で作った吹奏楽器の音色を表すのにふさわしいと思われる：**Kuh, Ka'zoo**.

⑩ /ʏ/：[ʏ] を発音する際の唇の形はまさに何かに接吻しようとするときの唇の形である．すなわち [ʏ] は唇の形がそのまま音になったもので，

Ⅳ. 仮説の検証

まさしく「音のジェスチュア」である：**küss**en.

⑪ /aʊ/：音源の音響が，「低く」，「暗く」かつまた「こもっている」うえに「尾を引く」イメージを表す．梟や七面鳥の鳴き声がはじめは破裂音がはっきりと聞こえ，やがて曖昧で低くなって消えて行く様子を言語音で再現するのにふさわしい．悲嘆の声はそのイメージの比喩的応用である：**Kauz**, **kaud**ern, **kaum**.

⑫ /ɔʏ/：/ɔʏ/ は /aʊ/ に次いで力強さのイメージを表す母音音素である．それが息せき切って喘ぐイメージを表現するのに使われているのは当然であろう：**keuch**en.

D. /k/ で始まるオノマトペにおける「追加子音音素」の種類

① /d/：七面鳥の鳴き声を「音模倣」によってイメージを再現しようとすれば，「追加子音音素」として有声の破裂／閉鎖の歯音の音素 /d/ が現れるのは自然であろう．反復を表す造語語尾 „-ern" もこのイメージ再現に協力しているのは言うまでもない：**kaud**ern.

② /t/：闇雲に人に吠えかかり，あまつさえ噛みつくような犬を「音模倣」によって呼ぶのに，「追加子音音素」として，無声の破裂／閉鎖の歯音の音素 /t/ が使われるのはふさわしい：**Köt**er.

③ /k/：語頭の子音音素と同じ子音音素を「追加子音音素」としても使うのは，始原的なオノマトペの常である．語頭の子音音素が表しているイメージをあくまでも保とうとして再び導入されたと考えられるからである．とりわけ郭公の名前は，音綴 „Kuck-" を重ねて並べていることからして，とりわけプリミティーフな印象を与える：**'kak**eln, **'ke-ck**ern, **'Kakadu**, **kikeri'ki!**, **'Kuckuck**.

④ /ts/：無声破擦音で歯音である [ts] は，軽い硬質の破裂から軽い明るい摩擦へと移っていって終わることをイメージとして表すので，「音のジェスチュア」としてオノマトペ **Kauz** の「追加子音音素」として取り入れられた．

⑤ /v/：唇と歯で作る有声摩擦音 [v] は，奇異鳥と呼ばれる翼が退化したためにもはや飛ぶことができないこの鳥の鳴き声のイメージを「音模倣」によって再現するのにふさわしい：**'Kiwi**.

⑥ /z/：素朴な葦でできた素朴な吹奏楽器 **Ka'zoo** の演奏音に歯音の無声

― 189 ―

摩擦音が聞かれるのは自然である．したがって，/z/ の導入の契機は「音模倣」である．
⑦ /s/：接吻は空気の軽い摩擦音で終わるであろう．/s/ が「追加子音音素」として küss*en* に取り入れられた契機は「音模倣」である．
⑧ /ç/：くっくっと笑うときも，喘ぐときも，息が狭い口腔を通って無理に押し出されるイメージを /ç/ が「音のジェスチュア」によって示す：kich*ern*, keuch*en*.
⑨ /m/：悲嘆の声は押し殺そうと努める抵抗に出会う．かなりどっしりと構えた，重い，持続的な抵抗のイメージを表す /m/ が kaum に「追加子音音素」として導入されている契機は「音のジェスチュア」である．しかし同時に子音音素 /m/ は，硬子音 /k/ で始まった悲嘆の声の語尾がうめき声に変わって行くことを，/m/ の鼻から息が排出されるというイメージをも調音様式によって「音のジェスチュア」として表している．
⑩ /l/：幹綴が作り出した七面鳥あるいは雄鶏の鳴き声のイメージに流動のイメージを表す「追加子音音素」が続いていることは，音源のイメージにふさわしい．導入の契機は「音のジェスチュア」である：koll*ern*, kale'kut*isch*.
⑪「追加子音音素」がないのは Kuh だけである．

E. 無アクセント綴に含まれる母音音素のはたらき

「複綴」のオノマトペは，'Kakadu, kale'kut*isch*, Ka'zoo, kikeri'ki!, 'Kiwi, 'Kuckuck. の 6 個である．いずれも鳥の鳴き声や笛の音の「音模倣」を契機として成立した始原的なオノマトペであるから，無アクセント綴もまた「幹綴」と同じ母音音素と子音音素またはそのどちらかを備えているのものが多いのは当然である．'Kakadu の „-ka-", kale'kut*isch* の語頭の „ka-", kikeri'ki! の語頭の „ki-", それに続く „-ke-" がそれに当たる．'Kakadu の末尾の綴 „-du" は腹に響くような，ときには耳障りな，衝突・衝撃や炸裂のイメージを表す /d/ と，きわめて低く，きわめて暗く，かつまたきわめて淡くて弱い，しかし同時に耳に残るような，長い音響のイメージを表す /uː/ によって，長く尾を引く鳴き声を「音模倣」している．kale'kut*isch* の „-ku-" は幹綴であるが，これには子音音素 /t/ が付いて，頭に響くような，ときには耳に突き刺さるような，衝突・衝撃や炸裂のイ

IV. 仮説の検証

メージを添えている．導入の契機は，言うまでもなく「音模倣」であろう．**kikeri'ki!** と **'Kiwi** で繰り返される無アクセントの /i/ や /ɪ/ もまた，「甲高い」あるいはそれに近いイメージを表すのに一役買っている．**Ka'zoo** の „-zoo" は /uː/ を表すが，きわめて低く，きわめて暗く，かつまたきわめて淡くて弱い，しかし同時に耳に残るような，長い音響のイメージを「音模倣」している．

F．考察のまとめ

以上の考察により，《仮説1》より《仮説6》は，/k/ で始まるオノマトペ 18 個すべてに当てはまると認められる．

2-7．/pf/ で始まるオノマトペ

破擦音音素 /pf/ が単一子音音素として語頭に立つオノマトペは 1 個しか見つからなかった：**pfusch**en．他に見つかったのは，/pf/ が連続子音音素として語頭に立っている 2 例だけである：**pfropf**en, **Pfropf**en（4．参照）．

A．[pf] の調音様式

/pf/ は「上歯と下クチビルの間の無声破擦音（stimmlose labiodentale Affrikata）」である（内藤，73）．それゆえ，調音位置で言えば唇および歯である．破裂音の [p] と摩擦音の [f] とが連続して発音される一つの音韻であるので，調音様式で言えば，破擦音となる．ab<u>f</u>ahren の下線部のように破裂音 [p] と摩擦音 [f] が別々に発音されることはない．発音教本の著者伊藤は，このことをもっと具体的に「[pf] は一音ですから，けっして [p] と [f] を別々に切りはなして発音してはいけません」と教えている（伊藤，112）．そして，調音の仕方を，「肩の力を抜いて唇を完全に閉じた状態から，静かにゆっくりと [f] を正確に発音します．閉じた唇の間から息が流れ出る時，わずかに上下の唇が押し開けられ，この時自然に [p] の音が一緒に発音されます」と述べている（同上）．内藤には調音方式を，「普通の [p] よりも下クチビルを少し後へ引くようにした [p] のゆるやかな破裂と同時に [f] の摩擦音になる」と述べていて（内藤，73），両者は一見逆の順序を教えているような錯覚を起こすが，結果は同じ [pf] である．

B．［pf］の調音様式とオノマトペの意味の関わり

1) **pfusch***en*：［wohl zu ↑ futsch, urspr. lautm. z. B. für das Geräusch von schnell abbrennendem Pulver od. für das Reißen von schlechtem Stoff］（［おそらく „futsch" 「消え失せた」から．起源的には，例えば素早く燃える火薬の音，あるいは粗悪な布地が裂ける音の擬音語］）．

破擦音 /pf/ は，明るく高い破裂から，ややはげしいが，あまり粘りのない摩擦へと移っていって終わることをイメージとして表すが，「音模倣」を契機としてオノマトペ „pfuschen" に導入されたと考えるよりは，音声器官の「ジェスチュア」を契機として導入されたと考えるほうが妥当であろう．それは，オノマトペ pfuschen が使われる具体例として挙げられた音響現象の強さの程度が互いにかなり距たっていると考えられるからである．火を吐きつつ地を伝う火薬の炸裂音と布地を引き裂く際の音とでは激しさの程度が異なる．かつて考察した例で言えば，オノマトペ „schnullen" は糸車の回転音も，目覚まし時計や電話のベルの音も，猫の喉に鳴る音も等しなみにカバーしていたのと同じである．

pfuschen の幹母音音素 /ʊ/ は，かなり低く，かなり暗く，かつまたかなり淡くて弱いが，同時に腹に響くような，短い音響のイメージを表す．「追加的子音音素」/ʃ/ は，幹母音音素の前に位置する子音が伝えている「始発現象」がどのような「終末現象」に終わるかを明らかにする役割を担っている．すなわち /ʃ/ は，「空気の移動」のイメージを表す．

ちなみに，„pfuschen" は現在はもはや本源的な意味ではなくて，比喩的な „(ugs. abwertend) schnell, oberflächlich u. deshalb nachlässig u. liederlich arbeiten"（*Duden in 10 Bdn.*）（（日常語．軽蔑的に）素早く，上辺だけ，それゆえになおざりに，かつ，だらしなく仕事をする）の意味でしか用いられないようであるが，前掲の6種の独和辞典のうちでは，『木村・相良独和辞典　改稿新訂版』（1963）は根元的な意味をあわせ載せている．

C．/pf/ で始まるオノマトペにおける「幹母音音素」の種類

pfusch*en* の /ʊ/ は，かなり低く，かなり暗く，かつまたかなり淡くて弱い，しかし同時に腹に響くような，短い音響のイメージを表す．

Ⅳ. 仮説の検証

D. /pf/ で始まるオノマトペにおける「追加子音音素」の種類
/ʃ/：**pfusch**en の /ʃ/ は，「空気の移動」のイメージを表す．

F. 考察のまとめ
以上の考察により，《仮説1》より《仮説5》はすべて **pfusch**en に当てはまると認められる．

2-8. /ts/ で始まるオノマトペ

語頭に子音音素 /ts/ が単独で立つオノマトペは 20 個である：**zack!, ziep**en**, Ziep**chen **/ Ziep**elchen**, zief**ern**, Zipp**drossel**, Zipp**e**, zipp**ern**, Zikad**e**, zisch**en**, Zitsch**erling**, Zirp**e**, zirp**en**, zeck**en**, Zeck, Tsetse**fliege**, zuz**eln**, zutsch**en**, zull**en**, zulp**en**, Zeis**ig．ただし，**zisch**en を二度分類したので累計は 21 個である．

A. [ts] の調音様式

非帯気の /t/ と /s/ が密接に連続している．しかし，/t/ は舌端音であり，/s/ は舌背音であるので，現実には /ts/ はそのどちらかとして調音される．舌端音として調音される場合，両唇は歯列から離れ，正面から見て楕円形を作る．舌の先は上の前歯とその歯槽に押しつけられて閉鎖を形成するが，その閉鎖が破られるやいなや，続く /s/ のために上の門歯あるいはそれの歯槽まで引き下がる．一方，舌の両側面は上の歯の側面あるいは硬口蓋に接する (Fiukowski, 342)．

破擦音 [ts] は，気息が口から出てくるまでに，舌端と前歯・歯槽で作られた閉鎖を押し破り，舌背と硬口蓋のすき間を摩擦しつつくぐり抜けなければならない．この調音様式から，破擦音 [ts] は妨害をかわしつつ辛うじて隘路をすり抜けるというイメージを与える．また音としては，耳に小さく突き刺さるというイメージを持っている．

B. [ts] の調音様式とオノマトペの意味の関わり
Ⅰ．けたたましい鳴声の「音模倣」(11 例)
 1) **Tsetse**fliege：〔Bantu（afrik. Eingeborenenspr.）tsetse lautm.〕
   im tropischen Afrika heimische Stechfliege, die durch ihren Stich

Krankheiten, bes. die Schlafkrankheit, überträgt.（［アフリカ土着民のバンウー語の tsteste より．擬音語］熱帯アフリカに生息するさしばえ（刺蠅科））：ツェツェ蠅の羽音を「音模倣」した命名と思われる．

2) **Zeis**ig：[spätmhd. zīsic < tschech. čížek, Vk. von älter: číž, lautm.]¹⁰⁾: kleinerer, bes. in Nadelwäldern lebender Singvogel, der auf der Oberseite vorwiegend grünlich u. auf der Unterseite gelb u. weiß gefärbt ist:（比較的小型の，針葉樹林に住む鳴禽．胴の上側は緑がかった色，胴の下側は黄色あるいは白；まひわ）．

3) **Ziep**chen / **Ziep**elchen：(landsch.): junges Hühnchen, Küken.（鶏の雛・ひよこ）．

4) **ziep**en：[lautm.]（landsch. bes. nordd.）: 1. einen hohen, feinen pfeifenden Ton hören lassen, der sich wie „ziep" anhört:（[擬声語]（方言．とくに北ドイツの）高い，ぴーぴーいう［ドイツ語のネイティブスピーカーには「チープ」と聞こえる：乙政］，繊細な声を聞かせる；(雛鳥が) ぴよぴよ鳴く）．

5) **Zikad**e：[lat. cicada, lautm.]: kleines, der Grille ähnliches Insekt, dessen Männchen laute Zirptöne von sich gibt.（[ラテン語の cicada より．擬声語]：蟋蟀に似た小型の昆虫．雄は „zirpen" と鳴く；蝉）．

6) **Zipp**e：→ **Zipp**drossel

7) **Zipp**drossel：[lautm.]（landsch.）: Singdrossel（[擬声語]（方言）鳴禽；うたつぐみ）．

8) **zirp**en：[lautm.]: *eine Folge von kurzen, feinen, hellen gleichsam schwirrenden [schrillen] Tönen von sich geben: die Grillen, Heimchen zirpen; die Meisen zirpen*（[擬声語] 一連の，短い，繊細な，明るい，まるでぶんぶん唸るような，（けたたましい）音を聞かせる；(こおろぎなどが) りんりんと鳴く・(せみが) みんみん (じいじい) と鳴く・(小鳥が) ちっちっとさえずる）．

9) **Zirp**e：[↑ zirpen]〔方〕こおろぎ，蝉．

10) **zisch**en：[lautm.] **1. a)** einen scharfen Laut hervorbringen, wie er beim Aussprechen eines s, z, sch entsteht: die Gans, die

IV. 仮説の検証

Schlange zischt; das Wasser zischte auf der heißen Platte. ([擬声・擬音語] **1. a)** s, z, sch の発音に似た，鋭い音を発する．例えば，鷲鳥や蛇が „tschischen" する：水が熱い鉄板にかかって „zischen" する).

11) **Zisch**er*ling*：= Birkenzeisig[10]：『小学館独和大辞典』(1985). (紅鶸).

II. 吸う行為の「音のジェスチュア」として使われた場合

12) **zull**en：[lautm.] (landsch., bes. ostmd.)：(bes. von Säuglingen) saugen, lutschen. ([擬音語] (方言．とくに東中ドイツ地方の)：(とりわけ乳児が) 何かを吸う，しゃぶる).

13) **zulp**en：(landsch., bes. ostm.)：zullen. ((方言．とくに東中ドイツ地方の)：*zullen*).

14) **zutsch**en：[lautm.] (landsch.)：hörbar saugend trinken; lutschen. ([擬音語] (方言)：音を立てて吸いながら飲む，しゃぶる).

15) **zuz**eln：[lautm.] (bayr., österr. ugs.) **1.** lutschen; saugen. **2.** lispeln. ([擬音語] (バイエルン方言，オーストリア方言，日常語) **1.** しゃぶる，吸う．**2.** ささやく).

III. すばやさの「音のジェスチュア」として使われた場合

16) **zack!**：<Interj.> (salopp) drückt aus, daß ein Vorgang, eine Handlung ohne die geringste Verzögerung einsetzt u. in Sekundenschnelle abläuft, beendet ist. (<間投詞> (ぞんざいな) 何か出来事か行為が少しのためらいもなく始められて，あっと言う間に終わる：さっ(と)(動作など)).

17) **zief**ern：[urspr. wohl laut- u. bewegungsnachahemnd] (md.) **1.** wehleidig sein. **2.** vor Schmerz, Kälte zittern. ([起源的にはおそらく擬声語にして擬態語] (中部ドイツ語) **1.** めそめそする．**2.** 痛みで，寒さで震える).

---

10) [spätmhd. zīsic < tschechisch, čížek, Verleinerungsform von älter: číž, lautm.] (後期中高ドイツ語では zîsic <チェコ語の čížek より．古い形 číž の縮小形．擬音語：*Duden in 10 Bdn*.)

18) **zisch**en：[lautm.] **2.** *sich schnell mit zischendem* (*1a*) *Geräusch irgendwohin bewegen*：([擬音語] **2.** しゅーっ(蒸気が釜から噴き出す)・しゅっ(物体が空を切って飛ぶ)).

19) **Zeck** [urspr. wohl lautmal.] (landsch., bes. berlin.)：kurz für ↑ Einkriegeeck.([起源的にはおそらく擬声語](方言. とくにベルリン地方の)：Einkriegezeck「つかまえっこ」の短縮形).

20) **zeck**en：[urspr. wohl lautm.] (landsch.)：**1.** (berlin.) *Fangen spielen:*([起源的にはおそらく擬声語].(方言)：**1.**(ベルリン方言)鬼ごっこをする).

C. /ts/で始まるオノマトペにおける「幹母音音素」の種類

① /aː/：**Zi'kad**e の「幹母音」の /aː/ はドイツ語の母音のうちで最も濃い, すなわち最も強い, 無声破裂音 /k/ とともに, 蝉の鳴き声の力一杯勢いよく鳴くさまを「音のジェスチュア」で再現している.

② /a/：**zack!** は日本語の「さっ」に相応すると考えると理解しやすいが, *Duden in 10 Bdn.* も *Klappenbach / Steinitz*† もこのオノマトペを „salopp" だとしているのは注目に値する. 筆者の考えでは, 視覚現象と音のジェスチュアとのあまりにもストレートな対応ぶりは, 逆に, 視覚現象を言語音の形で再現するにしては「工夫が足りない」か「芸がなさすぎる」と感じられて「無造作な・ぞんざいな」と評されるのではないかと推定する.

③ /iː/：大いに明るくて大いに高い, かなり尖った――一口で言えば「甲高い」イメージを表す「音模倣」を契機として作られた以下のオノマトペの「幹母音」としてふさわしい：**ziep**en, **zief**ern, **Ziep**chen / **Ziep**elchen.

④ /ɪ/：かなり明るくてかなり高い, やや鋭ったイメージを表す /ɪ/ は, 次の動物や虫の鳴き声を「音模倣」するのにふさわしい：**zipp!**, **Zipp**drossel, **Zipp**e, **zipp**ern, **Zi'kade**, **zisch**en, **zisch**eln, **Zitsch**erling, **Zirp**e, **zirp**en.

ちなみに, **Zipp**drossel の後半部の Drossel も語源は „lautmalend" である (*Duden in 10 Bdn.*). Drossel は音綴としては Dros- と -sel に分けられるが, -sel は縮小語尾であって, 「縮小ないしは軽蔑の意味を帯びることが

IV. 仮説の検証

ある」接尾辞である（独和大辞典）.幹母音音素の /ɔ/ は明暗で言えばやや暗く,濃淡で言えばやや濃い,つまり高さも強さも中程度かそれ以下の母音である.その前に置かれた dr- の /d/ は「どちらかというと耳障りな,あるいは,そうは言わないまでも,とりたてて高くは評価できない音韻現象」に関わる（乙政 03, 50）.有声の破裂音であり,続く /r/ は, /d/ の表す破裂の音響現象の第二段階として連続する現象「空気の振動」を音声器官が「ジェスチュア」によって模倣した結果である（乙政 02, 49）.幹母音音素 /ɔ/ のあとに続く /s/ は単独で考察するべきでなく, /ɔ/ が短母音であるため造語語尾 -sel の語頭の /s/ が取り込まれたと考えるべきであろう.

⑤ /ɛ/：「鬼ごっこ」のように,さっと捉え,あるいはさっと身をかわす動きを表すには,くっきりとしているが,丸ろやかなイメージを表す /ɛ/ がふさわしい./a/ ではなくて /ɛ/ になっているのは,動作の素早さが **zack!** の場合に比べて低いからであろう：**zeck**en, **Zeck**.

⑥ /ʊ/：**zutsch**en, **zull**en, **zulp**en が意味する行為はすべて唇が /ʊ/ の形をしている.唇の形の模倣がそのまま「音模倣」になっている.

⑦ /aɪ/：口の開きが最も大きくて強さがきわめて強い /a/ から,高さが /iː/ に次ぐ /ɪ/ へと転調するイメージを表す /aɪ/ は,**Zeisig** の鳴き声を「音模倣」で表すのに必須である.

D. /ts/ で始まるオノマトペにおける「追加子音音素」の種類

無声破擦音の歯音である音素 /ts/ は,本来,気体が間隙から出て行く現象に関わっている.間隙を通って気体が外に出る瞬間は,現象としては「破裂」であるが,出た次の瞬間には「摩擦」に変わる.したがって,音としては,小ぶりだが耳に突き刺さるイメージを持っている.

① /p/：無声破擦音の歯音である音素 /ts/ は,本来,気体が間隙から出て行く現象に関わっている.間隙を通って気体が外に出る瞬間は,現象としては「破裂」であるが,出た次の瞬間には「摩擦」に変わる.「追加子音音素」として /p/ が現れる場合は,この「破裂」のイメージを保持するのが導入の契機である：**ziep**en, **Ziep**chen / **Ziep**elchen, **zipp!**, **Zipp**drossel, **Zipp**e, **zipp**ern.造語語尾 -chen は,音響現象には関わりがなく,ひよこに対する愛着を表す.**Ziepelchen** では,縮小語尾 -el と -chen の二つが重ねられて愛着の度合いを強調している.

② /k/：無声破擦音の歯音である音素 /ts/ は，本来，気体が間隙から出て行く現象に関わっている．間隙を通って気体が外に出る瞬間は，現象としては「破裂」であるが，出た次の瞬間には「摩擦」に変わる．この変化の素早さが「音のジェスチュア」として模倣される場合が **zack!** である．間隙を通って気体が外に出ることを「巧みにすり抜ける」イメージとして捉えた場合が，「鬼ごっこ」遊びに関わる **zeck**en, **Zeck** である．**Zikade** の場合は，/k/ は「追加子音音素」ではなくて「語幹」を作る子音音素であるが，音として小刻みに耳に突き刺さるイメージを持っている /ts/ と，からりとした，それゆえに突っかかるような，かなり鋭角的で軽いイメージを表す /k/ の組み合わせが蝉の鳴き声の「音模倣」にふさわしい．

③ /tʃ/：紅鶸 **Zitsch**erling, の鳴き声の「音模倣」に語頭の /ts/ とともに「追加子音音素」として摩擦を伴った激しい破裂的な衝突のイメージを表す /tʃ/ が使われていることはふさわしいと思われる．おなじことは「ちゅうちゅう音を立てて吸う」ことを意味する **zutsch**en についても当てはまる．/tʃ/ の /ʃ/ の調音の際に下あごとともに唇が丸く突き出されること，また舌の先が上の歯の歯槽に近づくこと（*Fiukowski*, 287）も，円唇母音と相まって，明らかに吸う口の構えの「音のジェスチュア」である．（伊藤，169）は /ʃ/ の調音の際の唇の形を「朝顔またはラッパの先のように前につきだして，先の方を思い切り開きます」と説明している．

④ /ts/：語頭の子音音素と同じ子音音素を **zuz**eln「追加子音音素」として持ってくることは，**zuz**eln が意味する行為が反復を本質としていることを「音のジェスチュア」で表している．そのうえ，造語語尾の „-eln" が「反復的かつ縮小的」である（*Fleischer*, 321）こともその意味を支持している．

⑤ /f/：本来，気体が間隙から出て行く現象に関わっている /ts/ を語頭音として始まる **zief**ern が，ややはげしいが，あまり粘りのない摩擦のイメージを表す /f/ を「追加子音音素」として持っていることは，このオノマトペが全体として「音のジェスチュア」として「めそめそする」様を表そうとしていることを意味する．「幹母音」が長母音であることも，語尾に -ern が使われていることも，この表現に力を添えている．

IV. 仮説の検証

⑥ /z/：**Zeis**ig の幹母音音素あとに続く -sig という綴もまた，かなり明るいと同時にかなり弱い /I/ を核として，歯を調音位置とする有声の摩擦音 /z/ を前に，硬口蓋を調音位置とする無声の摩擦音 /ç/ を後に従えることによってまひわの鳴き声に混じる音響の特徴を「音模倣」として再現している．

⑦ /ʃ/：「しゅっしゅっと音を立てる」ことを意味する **zischen, zischeln** の「追加子音音素」として歯茎の摩擦音 /ʃ/ が現れることは「音模倣」として当然期待されるところである．

⑧ /l/：「ちゅうちゅう吸う」ことを意味する **zullen** の「追加子音音素」として流動のイメージを表す /l/ が投入されているのは「音のジェスチュア」である．

⑨ /r/：(こおろぎなどが)りんりんと鳴く・(せみが)みんみん(じいじい)と鳴く・(小鳥が)ちっちっとさえずることを意味する **zirpen** にまき舌音 /r/ が「追加子音音素」として加わることで，zi- で始まった鳴き声の基礎的な音韻特徴が舌の回転による「音のジェスチュア」によって反復の意味を添えられた．

E. 無アクセント綴に含まれる母音音素のはたらき

① /I/：**Zikad**e の無アクセント綴 „Zi-" に含まれる母音音素 /I/ は，オノマトペ „pardauz" の無アクセント綴 „par-" に含まれる /a/ と同様に，オノマトペの音色の形成には関与せず，むしろ語頭の /ts/ の存在を綴として顕在化してつなぎ止めるはたらきをしている．

F. 考察のまとめ

以上の考察により，《仮説1》より《仮説6》は，/ts/ で始まるオノマトペ21個のすべてに当てはまると認められる．

2-9. /tʃ/ で始まるオノマトペ

/tʃ/ で始まるオノマトペは，私の収集には6個見つかった：**tsching'bum, tsching!, tsching'bum tschingderassa'bum 'tschingderssassa!, 'tschingderassabum!, 'tschingtaratata, tschilpen.**

A. [tʃ] の調音様式

/tʃ/ は「ハグキおよび硬口蓋音部と舌葉および前舌部との間の破擦音」で無声である.「普通の [t] よりもやや舌を後へ引き舌面を凸面にした [t] のゆるやかな破裂と同時に [ʃ] の摩擦音になる」(内藤, 76f.). 本来のドイツ語には /tʃ/ が語頭音として使われることはない. Tscheche や Cello や Champion は例外である (内藤, 77). /tʃ/ で始まるオノマトペが少ないのもうなずける.

/tʃ/ で始まるオノマトペは, 摩擦を伴った激しい破裂的な衝突を音響現象の「始発形態」として捉えている.

B. [tʃ] の調音様式とオノマトペの意味の関わり

1) **tsching!**：<Interj.> lautm. für den Klang eines Beckens.（＜間投詞＞シンバルの音の擬音語).
2) **tsching'bum**：/ lautmalend bes. für den Klang von Becken und Trompete /（シンバルとトランペットの音の擬音語：*Klappenbach / Steinitz†*).
3) **tsching'bum tschingderassa'bum 'tschingderssassa!**：<Interj.> lautm. für den Klang von Becken u. Trommel.（シンバルとドラムの音の擬音語).
4) **'tschingderassabum!**（（どら・太鼓などの音）ドンチャン, ジャンジャンドンドン：『小学館独和大辞典』).
5) **'tschingtaratata**：/ lautmalend bes. für den Klang von Becken und Trompete /（シンバルとトランペットの音の擬音語：*Klappenbach / Steinitz†*).
6) **tschilp**en：[lautm.]:(*vom Sperling*) *kurze, helle Laute von sich geben:*（（雀が）短い, 明るい音を発する).

C. /tʃ/ で始まるオノマトペにおける幹母音音素の種類

① /ɪ/：**tsching!**, **'tschingderssassa!**, **'tschingtaratata**
② /ʊ/：**tsching'bum! tschingderassa'bum!**

一般にオノマトペではアクセントが置かれている綴が核をなす. シンバルとドラムとトランペットの三者の音が入り交じっている場合, シンバルの響

IV. 仮説の検証

きが最も強く耳を打つためか，①の三者では共通して，かなり明るくてかなり高い，やや鋭ったイメージを表す /ɪ/ がアクセントを担っている．一方②では，ドラムの響きをとくに強く意識して，かなり低く，かなり暗く，かつまたかなり淡くて弱い，しかし同時に腹に響くような，短い音響のイメージを表す /ʊ/ にアクセントを担わせている．

D. /tʃ/ で始まるオノマトペにおける「追加子音音素」の種類

① /ŋ/：tsching- という綴はシンバルの音を打ち合わせた際の響きを模倣している．破擦音 /tʃ/ と音色がかなり明るくて淡い，つまりかなり高いがどちらかと言えば弱い母音 /ɪ/ とはシンバルの音の基本的な特徴を模倣によって再現しているが，「追加子音音素」として /n/ ではなくて /ŋ/ が選ばれているのは，/ŋ/ の作る閉鎖の方が /n/ の作る閉鎖よりも大がかりだからである．その効果によってシンバルを打ち合わせた際の響きが小さくて単純な音ではなくて，腹に響くような重みのある音となる．/n/ の場合の閉鎖は舌の先が上の歯の根本に押しつけられるだけで出来るが，/ŋ/ の場合の閉鎖は舌の先が下の歯に押しつけられ舌の背中が持ち上がって硬口蓋から軟口蓋にかけて接するためにできる閉鎖だからである．

② /m/：-bum の方はかなり暗くてかなり淡い短母音 /ʊ/ を核として，前に有声の破裂音 /b/ を配し，後に有声の鼻音 /m/ を配することによって小太鼓の響きを音模倣的に再現しようとしている．/m/ の調音法は「上下の唇を合わせたまま，息を鼻の方に抜けさせる」（伊藤，66）ので，太鼓の響きの余韻を再現するのに適切な子音である．

E. 無アクセント綴に含まれる母音音素のはたらき

tschingderassa'bum! と 'tschingderssassa! の二つのオノマトペに含まれている綴 „-ders-sa-" およびそのバリエーション „-ders-sas-sa-" は，シンバルが打ち合わされた後に続く段階の音響の再現である．有声の歯音／破裂音／閉鎖音の音素 /d/ はシンバルが打ち合わされた直後にそれに伴う破裂音のイメージを「音のジェスチュア」によって模倣し，震え音 /r/ もまた破裂に続く現象としての空気の震えを「音のジェスチュア」によって模倣しているのであるが，その際，„-ders-" に含まれたアクセントのない母音 /ə/

は音色を表すためではなくて，/d/ の綴の頭音として確定するために置かれている．s の字を重ねた /s/ は，„gacksen" で見たように，無声の破裂音 /k/ を強めるはたらきをしているが，その後に置かれた母音 /a/ もまた /s/ の存在を顕示するはたらきをしていると考える，**'tschingtaratata** に含まれる無アクセント綴の連続 „ta-ra-ta-ta" に含まれている /a/ も，破裂のイメージを表す /t/ の存在を明確化するのが期待されたはたらきなのである．

F. 考察のまとめ

以上の考察により，《仮説1》より《仮説6》は，/tʃ/ で始まるオノマトペ6個すべてに当てはまると認められる．

2-10. /v/ で始まるオノマトペ

摩擦音 /v/ で始まるオノマトペは，私の収集では 26 個である：**Wacht**el, **Watsch**e, **wau wau!**, **Welf**, **Werr**e, **Wiedehopf**, **wieh**ern, **wiesch**eln / **wiesch**erln, **wimm**ern, **wins**eln, **Wischiwaschi***, **wisp**eln, **wisp**ern, **witsch**en, **wumm!**, **wupp**, **wuppdich**, **wupp**s, **wurl**en, **wusch**eln, **wu**seln, **wutsch!**, **wutsch**en, **Wutz**, **wuz**eln．ただ，下の B. では **wiesch**eln と **wiesch**erln を同一見出しに入れたので，累計は 25 個になっている．

A．[v] の調音様式

[f] は無声であるのに対して [v] は有声である．「舌を口腔内に水平に保ち，舌の前部は自然に下の前歯にふれる状態にする」が，「下唇はかるく上の前歯にふれていなければな」らない（伊藤, 116). このすきまから息を出して発音するがゆえに摩擦が生じ，そのことによって [v] は摩擦音に分類されるのである．/v/ は，<u>はげしく，かつ粘りのある摩擦のイメージ</u>を表す．下のBⅠ，BⅡともに「始発形態」はこのイメージで捉えられている．

B．[v] の調音様式とオノマトペの意味の関わり

Ⅰ．動物の発する声あるいはそれに由来する名称（7 個）

 1) **wau wau!**：<Interj.>（Kinderspr.）: lautm. für das Bellen des Hundes.（<間投詞>（幼児語）：犬の吠え声）

 2) **Welf**：[mhd. welf(e), ahd. welph, wohl egtl. = winselnder（jun-

IV. 仮説の検証

ger Hund), lautm.]: Nebenf, von ↑ Welpe.（[mhd. welf(e), ahd. welph. おそらく本来は「くんくん鳴く（子犬）」の意味の擬声語．別形は↑ Welpe).

3) **wieh**e*rn*：[mhd. wiheren, Iterativbildung zu : wihen = <u>wiehern</u>, lautm.]: **1.** (von bestimmten Tieren, bes. vom Pferd) eine Folge von zusammenhängenden, in der Lautstärke an- u. abschwellenden hellen, durchdringenden Lauten hervorbringen:（[mhd. wiheren. wihen = wiehern の反復動詞．擬声語]：**1.**（特定の動物が，とりわけ馬が）一連の，つながった，強くなったり弱くなったりする，明るい，耳をつんざくような音を発する：馬が<u>いななく</u>).

4) **Wutz**：[lautm.]（landsch. bes. westmd.): <u>Schwein</u>;（［擬音語］（方言．とくに西中ドイツの）<u>豚</u>).

5) **Wacht***el*：[mhd. wahtel(e), ahd. wahatala, lautm. für den Ruf des Vogels]:（[mhd. wahtel(e), ahd. wahatala. 鳥の鳴き声の擬声語)：<u>鶉</u>．語源の説明では，Wachtel は鶉の鳴き声に由来する．『日本大百科全書』の記述によれば，日本産の鶉の鳴き声は「アッジャッパー」と聞かれ，ヨーロッパ産の鶉の鳴き声は英語話者には"wet my lips"と聞きなされるそうであるから（前掲書 3, 123)，この英語による再現に使われている音素 /w/ がドイツ語の音素 /v/ に相応することから判断して，Wachtel の /v/ は「音模倣」を契機として取り入れられたと推定する．

6) **Werr***e*：[**1.** spätmhd. werre, wohl laum.;.]: Maulwurfsgrille.（[**1.** spätmhd. werre. おそらく擬声語]：<u>螻蛄</u>).

7) **Wiedehopf**：[mhd. witehopf(e), ahd. witihopfa, lautm.]: mittelgroßer, hellbrauner, an Flügeln u. Schwanz schwarzweiß gebänderter Vogel mit langem, dünnem Schnabel u. großer Haube:（[mhd. witehopf(e), ahd. witihopfa. 擬声語]（中ぐらいの大きさの，淡褐色の，羽と尾に白の縞が入った鳥．嘴が細くて長い．冠毛あり：やつがしら).「ぶっぽうそう」目に属する渡り鳥である．『日本大百科全書』(20 巻，410) によれば，「ぶっぽうそう」目は 9 科に分類されるほど雑多な分類群で，「やつがしら」は「ヤツガシラ」科に分類される．上の説明は，まさしく「ヤツガシラ」の姿を指している．

そして，やつがしらの鳴き声は，同書によると「ポポ，ポポ」だそうである（23巻，180）．なお，同じく「ぶっぽうそう」目の「ブッポウソウ」科に分類される「ブッポウソウ」は，「ゲーゲゲゲ」と鳴くそうで，鳴き声が「ぶっぽうそう」と聞きならされているのはコノハズクであるという．

II．音を伴う現象／動作，現象／動作が立てる音（9個）
8) **Watsch**e：[wohl lautm.]（bayr., österr. ugs.）Ohrfeige．（[おそらく擬声語]（バイエルン，オーストリア．日常語）平手打ち）．
9) **wiesch**erln / **wiesch**eln：[lautm.]（österr, Kinderspr.）: urinieren．（[擬音語]（オーストリア．幼児語）小便をする）．
10) **wimm**ern：[zu mhd. wimmer = Gewinsel, lautm.]: leise, hohe, zitternde, kläglich klingende Laute von sich geben; in zitternden Tönen jammern, unterdrückt weinen:（[mhd. wimmer「犬がくんくん鳴くこと，人がめそめそ泣くこと」．擬声語]：かすかな，高い，震える，みじめに聞こえる声を出す；ふるえる調子で悲嘆の声を上げる，声をしのばせて泣く）．めそめそ泣く声は，「声高ではないが」(leise)「人の耳にははっきりと達する」(hoch),「震える」(zitternd)声で，「哀れっぽく聞こえる」(kläglich klingend)．
11) **wins**eln：[mhd. winseln, Intensivbildung zu: winsen, ahd. wsinsôn, wohl lautm.]（vom Hund）hohe, leise, klagende Laute von sich geben:（[mhd. winseln. winsenの反復動詞．おそらく擬声語]（犬が）高いが抑えた，訴えるような声を出す）．
12) **Wischiwaschi***：[wohl zu Wisch（1）u. veraltet waschen = schwatzen, vgl. Gewäsch]（salopp, abwertend）: unklares, verschwommenes Gerede:（[おそらくWuschの(1)から．古くはwaschen「ぺちゃくちゃしゃべる」，Gewäsch「おしゃべり」を参照]（ぞんざいな，軽蔑的な）意味の分からない，あいまいな無駄話）．
13) **wisp**eln：[mhd. wispeln, lautm.]（landsch.）: wispern;（[mhd. wispeln. 擬声語]（方言）ささやく）．
14) **wisp**ern：[lautm.]: **a)** [hastig] flüstern:（[擬声語]：**a)**（あわただしく）囁く）．

— 204 —

IV. 仮説の検証

15) **wumm!**：<Interj.> lautm. für einen plötzlichen, dumpfen Laut od. Knall, Aufprall.（＜間投詞＞突然の，鈍い音，あるいは衝突音の擬音語）.
16) **wuz**eln：[laut u. bewegungsnachahmend]（bayr., österr. ugs.）: **a)** *drehen, wickeln:*）（[擬音語でかつ擬態語]）

これら 16 個のオノマトペの語頭に子音音素 /v/ が立っているのは，いずれの声や音が，抵抗をも押し切るだけの一種の勢いと力を込めて発せられていることを「音模倣」によって表す為である．あるいは，行為が抵抗をも押し切るだけの一種の勢いを以て為されていることを「音のジェスチュア」によって表すためである．/v/ はげしく，かつ粘りのある摩擦のイメージを表し，音・声に関しては「唸り」をイメージとして表すが，/v/ のこのようなイメージを表す力をこれらのオノマトペは利用して成り立っているのである．

Ⅲ．すき間をすり抜けることの「音のジェスチュア」として捉えられている場合（9 個）

17) **witsch**en：[laut- u. bewegungsnachahmend]（ugs.）: schlüpfen (1a)：（[擬音語でかつ擬態語]（日常語）: するりと出る（入る，落ちる））．出る，入る，落ちるに共通するのは「ある場所を通過する」ことである．そのことを歯と唇で作られたすき間を気息が通り抜けるという /v/ の調音様式によって「音のジェスチュア」で再現した．
18) **wupp / wupps**：<Interj.>（ugs.）（＜間投詞＞（日常語）: さっ，ぱっ，ぴょん）.
19) **wuppdich**：<Interj.>（ugs.）: als Ausdruck einer schnellen, schwunghaften Bewegung;（＜間投詞＞（日常語）: さっ，ぱっ，ぴょん）.
20) **wupp**s：↑ wupp（さっ，ぱっ，ぴょん）.
21) **wurl**en：[mundartl. Iterativbildung zu spätmhd. wurren, laut- u. bewegungsnachahmend] bes. bayr., österr. mundartl.）: **1.** durcheinander-, umherlaufen, wimmeln.（[spätmhd. wurren より造られた方言の反復動詞．擬音語でかつ擬態語] とくにバイエルン，オーストリア方言）: **1.** 互いに入り乱れて走り回る，うようよしている）.
22) **wusch**eln：[laut- u. bewegungsnachahmend, viell. beeinflußt

—205—

von ↑ wischen] (landsch.) mit der Hand durch die vollen Haare fahren:（[擬音語でかつ擬態語．おそらく wischen「さっさっと払う」の影響か]（方言）髪の毛の中へ手を突っ込んで掻きまわす).

23) **wus**eln：[laut- u. bewegungsnachahmend] (landsch.): **a)** *sich schnell, unruhig flink hin und her bewegen:* **b)** *sich wuselnd betätigen:*（[擬音語でかつ擬態語]（方言）**a)** 忙しそうに，すばしこく，騒々しく，すばしこくあちこちと動く．**b)** せわしなく活動する).

24) **wutsch!**：[lautm.] Ausruf zur Kennzeichnung einer schnellen, plötzlichen Bewegung:（すばやい，突然の動きを言い表す叫び).

25) **wutsch**en：[laut- u. bewegungsnachahmend, wohl beeinflußt von wischen; vgl. witschen] (ugs.): sich schhnell u. behende bewegen:（[擬音語でかつ擬態語．おそらく wischen「さっと払う」の影響を受けたか．witschen「するりと出る(入る，落ちる)」を参照]（日常語）すばやく，さっと動く).

　抵抗をも押し切るだけの一種の勢いとは，角度を変えて眺めれば，それは一種の素早さである．素早い動きは，同時に抵抗を伴う．/v/ が摩擦音であることがその抵抗を表す．**witsch**en の日本語の訳にある「するりと」という言葉は **witsch**en に円転滑脱というイメージを抱かせる恐れがあるように思う．

　私は，「間投詞」のすべてがオノマトペではなくて，「間投詞」のうちで同時に「擬音語」であるとされているものだけがオノマトペであると考えている．そして，辞書にもそのことが記載されていることを条件としてオノマトペを選んでいるが，ときにはこの二つの条件が明記されていないために判定には辞書の意味説明を手がかりにせざるを得ない場合がある．そのことは，「Ⅰ．序論」の「5．オノマトペの範疇」において述べた（5-4．音響現象の説明から認定されるオノマトペ）．これまでに考察したオノマトペの例で言えば，**zack!**, **wupp** / **wupp**s**t!** の場合がこれに該当する．

　zack! については <Interj.> とだけしか記されていない．けれども，„drückt aus, daß ein Vorgang, eine Handlung ohne die geringste Verzögerung einsetzt u. in Sekundenschnelle abläuft, beendet ist"（何か出来事か行為が少しのためらいもなく始められて，あっと言う間に終わることを表

IV. 仮説の検証

す）という説明は，**zack!** という単語が表す内容を **zack!** 以外の言葉で言い換えているので，これを擬態語であると判断する訳である．**wupp** / **wupp**s についても同様に <Interj.> という説明しか与えられていないけれども，„als Ausdruck einer schnellen, schwunghaften Bewegung"（素早い，活発な動きの表現）という説明からこれを擬態語であるという判定を下すのである．

C. /v/ で始まるオノマトペにおける「幹母音音素」の種類

抵抗をも押し切るだけの一種の勢いと力を込められており，かつ，素早いというイメージを表す /v/ で始まっているオノマトペにさらにいろいろなイメージをつけ加えるのが，「幹母音音素」のはたらきであり，次項で考察する「追加子音音素」のはたらきである．

① /a/：**Wacht**el に含まれる /a/ は，鶉の鳴き声がしっかりとした，そして，角のない，くっきりとしているイメージを表す．一方，**Watsch**e に含まれた /a/ は，平手打ちの音響がしっかりと，そして，くっきりとしているイメージを表す．

② /iː/：**Wiedehopf** や **wieh**ern に含まれている /iː/ は，これらの動物の鳴き声の音色が大いに明るくて大いに高い，かなり尖った――口で言えば「甲高い」イメージを表す．そして，**wiesch**eln や **wiesch**erln に含まれている /iː/ は，排尿の高らかな音を「音模倣」するのに寄与している．

③ /ɛ/：明度も中以下，濃度も中以下のいわば中庸とも言える /ɛ/ が幹母音音素として選ばれているのは，成獣の吠え声とのあいだに音色の差をつけたのであろう．犬の仔や螻蛄の鳴き声は /a/ で表すには明るすぎる．/a/ に準じてくっきりとしているが，丸ろやかなイメージを表す /ɛ/ がふさわしい：**Welf**, **Werr**e．

④ /ɪ/：**wisp**eln の幹母音音素の /ɪ/ は，「ささやく」行為の音色にはゆったりとした長さがないことを示している．犬や猫が哀れっぽい声で鳴く **wimm**ern も，人がめそめそ泣く **wins**eln も，人が囁くときの **wisp**eln や **wisp**ern も，くだらないおしゃべりを意味する **Wischiwaschi*** も，共通する音色は高さはかなり高いが強さがない点である．そのことを「音模倣」によって表すために，かなり明るいが彩度が低

い /ɪ/ が用いられている．捉まえにくいすばしこさをイメージする **witsch**en に同じ母音が用いられているのも，明度は高いが彩度が低い母音の特性を比喩的な「音模倣」によって表しているのである．

⑤ /uː/：「せわしなく動き回る」ことを意味する **wus**eln に長母音音素 /uː/ が使われているのは，一見したところ矛盾しているようであるが，「絶えず」そのような動きを示すことは一種の継続的な状態であって，長母音が投入されることを閉め出す理由にはならない．「せわしなさ」はむしろ語尾の „-eln" によって表されていると見るべきであろう．これに対して，「捲く」を意味する **wurl**en に /uː/ が使ってあるのは，語頭の /v/ で表された，はげしく，かつ粘りのある摩擦のイメージを伴う行為が，/uː/ で以て表されるような，きわめて低く，きわめて暗い，しかし同時に耳に残る長さを持つことをイメージとして表す．

⑥ /ʊ/：豚の鳴き声から作られた **Wutz** は，当然のことに，「幹母音」にかなり低く，かなり暗く，かつまたかなり淡くて弱い，しかし同時に腹に響くような，短い音響のイメージを表す /ʊ/ を持っている．鈍い衝突音を表す **wumm!**，髪に手を突っ込んで掻き回す動作の立てる低い抵抗をまじえた音 **wusch**eln についても同じことが言える．**wupp**, **wuppdich**, **wupp**s, **wutsch!**, **wutsch**en が再現しようとする行為が瞬時的な早さで行われるため目立たないことを，暗くかつ淡い語幹の短母音 /ʊ/ が表している．

D. /v/ で始まるオノマトペにおける「追加子音音素」の種類

① /p/：**wupp, wupp**s の「追加子音音素」/p/ は，語頭の /v/ が表そうとしている行為の瞬間的な特徴をいわばだめ押ししようとしてつけ加えられた．無声破裂音 /p/ が持つ破裂的な鋭い早さを示そうとしたのである．**wupp**s の末尾の子音音素 /s/ は行為の瞬間性を強めるはたらきをしている．私の考えでは，この -s と „wuppdich" の -dich のはたらきに関しては同じである．

② /ts/：**Wutz, wuz**eln の「追加子音音素」の /ts/ は，「音源の現象が「軽い破裂と軽い摩擦で終る」（乙政 2002, 84）ことを「音のジェスチュア」によって示そうとしている．

③ /tʃ/：**Watsch**e の「追加子音音素」/tʃ/ の調音様式は「ハグキおよび

— 208 —

Ⅳ. 仮説の検証

硬口蓋音部と舌葉および前舌部との間の破擦音」であって,「普通の [t] よりもやや舌を後へ引き舌面を凸面にした [t] のゆるやかな破裂と同時に [ʃ] の摩擦音になる」(内藤, 76f.). それゆえ, „Watsche" に含まれる /tʃ/ には「音のジェスチュア」として, 幹綴 /va/ によって再現された平手打ちの音色をさらに敷衍して, そこに「ゆるやかな破裂」と「摩擦」とが伴われていることを表すはたらきが期待されている. **witsch**en, **wutsch!**, **wutsch**en の「追加子音音素」子音音素 /tʃ/ は, その調音様式を通して,「通過」が時間を要しないばかりか軽やかであることに付随して「破裂」的な早さと空気との「摩擦」をも伴うことを追加的に説明した. この子音音素の導入の契機は「音のジェスチュア」である.

④ /s/ : **wisp**eln, **wisp**ern の /s/ は「ささやく」発声に「軽い摩擦」が含まれていることを, 続く /p/ は「ささやく」発声が「破裂」で終わることを表す.

⑤ /z/ : **wus**eln は, „wuscheln" に含まれる子音音素 /ʃ/ を /z/ で置き換えた形である. 造語語尾 -eln の冒頭の母音のせいで有声に発音されるけれども, 本来は無声子音 [s] が導入されたと考えて差し支えないと思われる.「ハグキと舌葉との間の細いスキマの摩擦音」という調音様式 (内藤, 73) は,「せわしない」動きが伴う環境との摩擦の「音のジェスチュア」による再現である.

⑥ /ʃ/ : **wiesch**erln, **wusch**eln. 前者の後半部 -erln を説明するには, 別形の „wiescheln" が推測の根拠を与えてくれるであろう. すなわち,「反復」を表す動詞派生語尾 -eln にさらに子音音素 /r/ が加わって -erln となったという考え方である. 音素 /r/ は, „schnurren" の例で考察したように, 調音の際の舌の震えによって「音のジェスチュア」として反復, つまり時間的な「長さ」を表す. つまり,「持続性」を表す (乙政 1998a, 32). すなわち, 排尿に一定の時間の長さを要するという事実が「持続」と「反復」として捉えられている.「追加子音音素」子音音素 /ʃ/ がその動きの特徴をさらに敷衍するはたらきをしている. すなわち, その動きには空気との摩擦が伴うのである. その意味で子音音素 /ʃ/ 導入の契機は「音のジェスチュア」である.

⑦ /x/ : **Wacht**el の /x/ は, 鶉の鳴き声に息を大きく吐き出すことを思わ

せる響きが感得されることを「音のジェスチュア」によって再現した. -tel の部分に含まれる子音音素 /t/ と /l/ はともに，鶉の鳴き声のなかに感じ取られる「破裂」的な響きと「流れる」ような響きをそれぞれ「音のジェスチュア」によって再現した. Ahd. の時代には /t/ と /l/ にそれぞれ添えられていた母音音素 /a/ は，子音音素の表そうとした鶉の鳴き声に含まれる印象を明確にする任務を負わされていた.

⑧ /m/：**wumm!, wimm**ern の「追加子音音素」/m/ は，「上下の唇を合わせたまま，息を鼻の方に抜けさせて音を出す」という調音様式（伊藤，66）によって，音源現象が耳に聞こえるよりはむしろ腹に響くことを「音のジェスチュア」によって再現している.

⑨ /n/：**wins**eln の /n/ は，犬が鳴らす鼻の音に「軽い，持続的な抵抗」が，続く /s/ はさらに「軽い摩擦」が混じることを表す.

⑩ /l/：**Welf** の「追加子音音素」子音 /l/ と /f/ は，ともに仔の獣の鳴き声に含まれる音響を同じく「音模倣」によって再現していると考える. ただ，それらの音響があまり強くもなく明瞭でもないと認識されていることは，母音とともに音綴を作っていない（mhd. では e がカッコのなかに入れられているが）ことで知られる.

⑪ /r/：**Werr**e, **wurl**en; けらの鳴き声は，『日本大百科全書』によると，「ジージー」と聞こえるらしい.「追加子音音素」/r/ は，尾部をふるわせて鳴く際の振動の「音ジェスチュア」である. 語尾の -e は，spät-mhd でも付いているから，すでに考察したごとく，/r/ で再現された振動の印象をより明確にするために付加された. **wurl**en の場合，身体の動かし方には身をうねらせる印象がある. この印象は二つの流音の調音における舌の動き，あるいは息の通い方がもたらすものである. これら二つの子音音素が導入された契機は「音のジェスチュア」であることは明らかである.

⑫ 「追加子音音素」なし：**wau wau!, wieh**ern.

E. 無アクセント綴に含まれる母音音素のはたらき

ドイツ語の鳴き声や吠え声に由来する動物名が，ドイツ語のオノマトペとしては例外的に形態素の数が多いという例に漏れず，Wiedehopf もまた 3 綴から成るが，幹母音音素に続く -de-，またそれに続く -hopf のそれぞれ

Ⅳ. 仮説の検証

に含まれる子音音素 /d/ (mhd. および ahd. では /t/)，/h/，/pf/ は，語頭の子音が伝えている鳥の鳴き声の音響現象としての特徴をさらに詳しく説明するために導入された．すなわち，やつがしらの鳴き声には「破裂」の特徴，「気息」の特徴，それに「破裂のあとに連なる摩擦」という特徴が認められたのである．それぞれの子音音素に従っている母音音素（mhd. や ahd. では /pf/ の後にさえ母音音素が従っていた）は，それぞれの子音音素によって再現されている特徴の一つ一つを明確にするはたらきをしており，一部はして過去においてしていた．**Wacht**e**l**, **Wiedehopf**, **Wischiwaschi***, **wuppdich**．**Wischiwaschi** のように，鳴き声や吠え声に由来する動物の名前以外でこのように長い形のオノマトペはドイツ語には例が少ない．前半部の Wischi- とアクセントを有する後半部の -waschi を比べると，前半部は後半部の幹母音音素 /a/ を /I/ に置き換えたバリエーションであることが分かる．相互にバリエーションであると言える二つの構成部分を並べることによって，„Wischiwaschi" が再現しようとしている元の音源現象が「反復」の性格を帯びていることを表そうとしている．二つの構成部分のそれぞれ先頭に立つ /v/ も，それぞれの母音の後に立つ子音 /ʃ/ も「大して意味を持たない事柄」を口角泡を飛ばしてまくし立てる行為の「音によるジェスチュア」である．母音 /I/ と /a/ の交替も「似たり寄ったりの内容の繰り返し」を「音によるジェスチュア」として再現したのである．「追加子音音素」/ç/ は，同じ行為が空気との摩擦を伴うことを示すために導入された．共に導入の契機は「音のジェスチュア」である．**wuppdich** は，オノマトペ „pardauz!" について考察したように，二つの部分から成るオノマトペは契機となった現象を二段階に分解して各段階をそれぞれ言語的に再現していると考えることができる．„wuppdich!" では，第一段階で行為者が行為を開始し，第二段階で行為を終了していることが表されている．「ぱっ」と身を動かした行為者は次の瞬間にはもはや元の位置にいない，あるいは姿を消しているといった類の行為である．„wuppdich" の „-dich" に含まれる母音音素の /I/ は，むしろ子音音素 /d/ の存在をより明確にするのが任務である．

F．考察のまとめ

以上の考察により，《仮説１》より《仮説６》は，/v/ で始まるオノマトペ25 個すべてに当てはまると認められる．

2-11. /f/ で始まるオノマトペ

私の収集には合計 19 個のオノマトペが見つかる：**fiep**en, **Fitis**, **Fink**, **futsch**, **fisp**ern, **Fips**, **fips**en, **fiss**eln, **flapp**en, **Furz**, **fisp**eln, **'Flick-flack**, **Flipflop**, **flupp**en, **flusch**en, **flutsch**en, **fumm**eln, **fusch**eln, **flüst**ern. **fusch**eln を四度分類したので累計は 22 個である.

A. [f] の調音様式

上歯と下クチビルの間で摩擦音として調音され，無声である．„labiodentaler Reibelaut" という名称は調音の位置と調音様式とをあわせて表している．/f/ で始まるオノマトペが表す音響現象を /f/ の調音方法と関連づけて考察しようとすると，伊藤の実際的な解説が大いに役立つ．「上下の唇はかるく開いていて，上の前歯で下唇のやや内側をかるくおさえるようにして，息の通路をさえぎります．このかるく閉じられたすきまから息を出すと摩擦音 [f] が発音されます」（伊藤，95）．前歯と下唇でいったんせき止められた息がすき間から押し出される，という記述から摩擦音 /f/ で始まるオノマトペに共通するイメージは，気流がすき間から押し出されることである．同時にまた「ややはげしいが，あまり粘りのない摩擦」でもある．

B. [f] の調音様式とオノマトペの意味の関わり

摩擦音 /f/ が関わっているオノマトペを現象ごとに分類すると下記のように 3 種類に分けることができる．

I．「始発形態」が息の通いとして捉えられている場合（3 個）
  1) **fiep**en：**1.** (Jägerspr.) (von Rehkitz u. Ricke) einen leisen, hohen Lockruf hervorbringen. **2.** einen leisen, hohen Ton von sich geben: ...（**1.**（猟師用語）（のろ（じか）の仔や雌ののろ（じか）が）かすかな，高い仲間を誘い寄せる鳴き声を出す．**2.** かすかな，高い音を立てる：鹿や子犬がかぼそい声で鳴く）．
  2) **Fink**：**1.** in vielen Arten vorkommender, Körner fressender kleiner Singvogel mit buntem Gefieder u. kegekförmigem Schnabel.（穀類を食べる小型の鳴禽．多種類あり．羽根の色はとりどり．嘴は円錐形：ほおじろ属の鳴禽）．

— 212 —

Ⅳ. 仮説の検証

3) **Fitis**：kleiner, auf der Oberseite graugrüner, auf der Unterseite gelblichweißer, zu den Laubsängern gehörender Singvogel（小型で，上側は灰色がかった緑色で，下側は黄色がかった白色の，むしくい属（うぐいす科）の鳴禽：きたやなぎむしくい鳥）．

Ⅱ．「始発形態」が気体（ほとんどの場合，空気）の移動として捉えられている場合（6 例，10 個）

4) **fips**en：mit Daumen u. Mittelfinger schnipsen（親指と中指でぱちんといわせる：指を鳴らす）．

5) **fisp**ern：(veraltet, noch landschftlich) ↑ wispern.（古くなったが，まだ地方では使われている．wispern を参照）．

6) **fiss**eln：(landsch.) längere Zeit hindurch dünn, fein regnen od. schneien; nieseln.（（方言）かなり長期間にわたって細かい雨／雪が降る，霧雨が降る）．

7) **flapp**en：(meist von Gegenständen aus Stoff) sich mit klatschendem Geräusch [im Wind] bewegen.（（たいていは布で出来た物が）ぱたぱたと音を立てて（風の中を）動く；はためく）．

8) **flüst**ern：a) mit tonloser, sehr leiser Stimme sprechen [um nur von einem od. wenigen Zuhörern gehört zu werden]（ささやく）

9) **Furz**：(derb)：[hörbar, meist laut] entweichende Darmblämung: …：（（粗野）：［聞こえるような，たいていは音高い］放屁）．

10) **Fip**s：[aus dem Niederd., wohl rückgebildet aus ; fipsen = schnelle Bewegungen machen ; lautm.] (landsch.) *kleiner, unscheinbarer Mensch*（[低地ドイツ語より．おそらく fispen「ちょこまかと動く」から逆成されたもの．擬音語]（方言）小さな，見栄えのしない人間）．

11) **fisp**eln：[eigentlich = kleine, schnelle Bewegungen machen; wohl lautm.] (landsch).: *unruhig, aufgeregt sein, unruhig umherlaufen.*（[本来は「小さな，すばやい運動をする」．おそらく擬音語]（方言）落ち着きがなく，興奮している，そわそわとあちこち走り回る）．

12) **'Flickflack** [frz. flic flac = klipp, klapp ; lautm.]：(Turnen):

mehrmals schnell hintereinander ausgeführter Handstand-überschlag rückwärts.（［フランス語の flic flac ＝ぱたぱた；擬音語］（体操）：後方へ向かって数回，続け様に行う倒立宙返り；後転跳び）．

13) **'Flipflop**：［engl. flip-flop（circuit）］（［英語．フリップフロップ（回路）］）
14) **flupp**en：↑ flutschen.
15) **flusch**en：↑ flutschen.
16) **flutsch**en：1.（ugs., bes. nordd.）*rutschen, schlüpfen,*［*ent*］*gleiten.*（**1.**（日常語．とくに北ドイツの）滑る，するっと出る（入る・落ちる），滑り落ちる）．
17) **fumm**eln：**1.**（ugs.）**a**）mit den Händen tastend, suchend sich zu schaffen machen: …（**1.**（日常語）**a**）仕事をしようと試みながら手探りする）．
18) **fusch**eln：［wohl lautm.］（landsch.）**1.** *heimlich od. rasch umherlaufen.* **2.** *pfuschen.* **3.** *täuschen.*（［おそらく擬音語から］〔方〕**1.** こっそりと，あるいは，急いであちこち走り回る）．
19) **fusch**eln：［**2.** *pfuschen.*］（ぞんざいな仕事をする（pfuschen））．
20) **fusch**eln：［**3.** *täuschen.*］（だます）．
21) **fusch**eln：［**4.** *hastig u. tastend mit den Händen etw. suchen.*］（急いで手探りで何かを探す）．
22) **futsch**：（salopp）：verloren; nicht mehr da od. als Besitz vorhanden: …（（ぞんざいな）失った，もはや無い，あるいは，所有物としては存在していない）．

C. /f/ で始まるオノマトペにおける「幹母音音素」の種類

① /a/：アクセントを担う短母音 /a/ は，„flappen" で表される現象の音色の明度が極度に明るくも暗くもなく，彩度が非常に濃いことを「音模倣」によって表している．オノマトペ **flapp**en, **'Flickflack** は二つの部分からできているが，後半部 -flack は前半部 Flick- のバリエーションである．どちらの部分にも語頭に破擦音 /f/ と流音 /l/ の連続が立っている．それは，„Flick" ならびに „Flack" の表す現象が，„flap-

— 214 —

Ⅳ. 仮説の検証

pen" や „flüstern" と同じく,「息がすき間から押し出される」という現象を基本としながらも,その現象には抵抗を伴う「空気の移動」が関わっていることを示す．後転跳びを行うとき,運動者の身体は空中を素早く移動する．そして,その移動は空気の抵抗と排除を伴う．素早い運動に伴う音響現象は短母音 /ɪ/ ならびに /a/ によって「音模倣」として表される．

② /iː/：長母音 /iː/ は,ドイツ語の母音のうちで最も明度が高く,彩度は最も淡い．鹿や子犬がかぼそく,かつ長く尾を引くように鳴く音色を再現するのにふさわしい母音であると言うことができる：fiep*en*．

③ /ɪ/：**Fink** の短母音 /ɪ/ は,鳴き声の音色の明るさを表すと同時に,尻を引くようにではなくて単発的な短さが単位であることを表しているのに反し．**Fitis** の実際の鳴き声は,この単位が繰り返されると捉えられている．**fisp*ern*, fiss*eln*** は霧雨が降る現象を,「雨粒が落下する」というよりも雨粒とも呼べぬような細かな雨粒が「息が音声器官の唇のすき間から押し出される」かのように雨雲から空気中へ押し出される現象として捉え,そのことを音声器官のジェスチュアによって模倣している．「幹母音」/ɪ/ は,霧雨が降る際に立てる音はささやかであること,短い音単位で構成されること,ならびに音色が極めて明るいとは言えないにせよ,暗くはないことを「音模倣」によって再現している．**Flickflack** の運動に伴う音響現象の音色は短母音 /ɪ/ ならびに /a/ によって「音模倣」として表される．中指が親指の付け根に当たる際に空気が排除される現象を音声器官が「息がすき間から押し出される」ジェスチュアとして模倣している **Fip*s*, fips*en*** の「幹母音」/ɪ/ は,指を鳴らす現象の音色が明るく,かつまた瞬間的に短いことを「音模倣」によって再現している．**fisp*eln*** 人がささやく際の秘めやかな声の出し方を音声器官が「息がすき間から押し出される」ジェスチュアとして模倣しているが,「幹母音」/ɪ/ は,「ささやき」は短い音単位で構成されること,ならびに音色が極めて明るいとは言えないにせよ,暗くはないことを「音模倣」によって再現している．

④ /ʊ/：**futsch**, **Furz** この生理現象の実際を考えるとき,語頭の子音 /f/ が如実に「息がすき間から押し出される」現象を表すことは容易に肯定されるであろう．しかも,„Furz" の音色は現実に「暗く」かつ「淡

い」のが通例である．そのことを母音の /ʊ/ が「音模倣」によって再現している．**fumm**_eln_，オノマトペ „fummeln" は，「手探りする」という本来音響の領域の現象に関わっていない行為を音韻によって表現しようとして，音響の領域の現象が共感覚によって視覚の領域へと音転写されるのを利用した表現である．「手探りする」際の手の動きの特徴の一つは，探すという目的からして素早いことが要請されていながら，他方で視覚に頼らずに探すという制限を伴っていることである．そのため，「手探り」はどこかストレートさを欠いている．このどこかストレートさを欠いたあり方を音韻で表すとすれば，ふさわしいのは息が閉鎖された両唇を押し開いてストレートに発射される破裂音 /p/ よりは「息が唇のすき間から押し出される」/f/ であろう．そして，「手探り」のどこかストレートさを欠いたあり方は共感覚として幹母音音素 /ʊ/ によって音転写されている．というのは，/ʊ/ は明度が /uː/ に次いで暗く，彩度は /uː/ に次いで淡いからである．上で pfuschen について見たように，「音模倣」によって再現しようとする音響現象がそれほど大げさな炸裂音ではない場合，/ʊ/ は適当な母音であった．**fusch**_eln_. 「なくなった」を意味する **futsch** のドイツ語の説明に含まれる „nicht mehr da" が，事態の本質的な意味を最もよく表している．すなわち，「なくなった」とは「ついさっきまで目の前に存在したものが瞬時にして眼前から姿を隠している」ことである．「瞬時にして眼前から姿を消す」のが瞬間の現象であることを，明度が /uː/ に次いで暗く彩度は /uː/ に次いで淡い短母音 /ʊ/ が共感覚によって音転写している．また，この現象には顕著な音響現象をほとんど伴わないことを，息が「唇のすき間から押し出される」/f/ 音のジェスチュアが共感覚によって「音転写」している．

⑤ /ʏ/：**flüst**_ern_ の語頭に破擦音 /f/ と流音 /l/ の連続が立っているのは，上で見た „flappen" の場合と同じように，「息がすき間から押し出される」という現象を基本としながらも，その現象には抵抗を伴う「空気の移動」が関わっていることを表す音声器官のジェスチュアであると説明できる．アクセントを担う短母音 /ʏ/ では，舌の調音位置が /ɪ/ に等しく，唇の調音の形態が /ʊ/ に等しいことから，„flüstern" で表される現象の音色が単純ではないことが「音模倣」として表されている．

/ɤ/ の彩度は /ʊ/ とほとんど変わらない反面，明度は /iː/ に引き寄せられた分だけ /ʊ/ よりは高い．

D. /f/ で始まるオノマトペにおける「追加子音音素」の種類

① /p/：息がすき間から押し出されることが共通する基本的な現象であることを冒頭の摩擦音 /f/ が表しているのに対して，「追加子音音素」無声の破裂音 /p/ は，冒頭の摩擦音 /f/ が表す「すき間から押し出される息」という現象をさらに詳しく説明するのだとすれば，それが「噴射」の勢いの性格を帯びていることを「音のジェスチュア」によって表している：**fiep**en．「追加子音音素」/p/＋/s/ は，冒頭の摩擦音 /f/ が表す「すき間から押し出される息」という現象をさらに詳しく説明して，それが「破裂音」の性格を帯びていること，および「破裂」がさらに「摩擦」を引きおこしていることを「音のジェスチュア」によって表している

らである．これもまた音声器官のジェスチュアによる模倣である．「追加子音音素」/p/ は，冒頭の摩擦音 /f/ が表す「すき間から押し出される息」という現象をさらに詳しく説明して，それが「破裂音」の性格を帯びていることを音声器官のジェスチュアによる模倣で再現している．

オノマトペ „fipsen"「親指と中指とで指を鳴らす」から造語形態素 -en を除くと，オノマトペ „Fips"「見栄えのしない小男」と音韻上の構成が同じとなる．中指が親指の付け根に当たる際に空気が排除される現象は，それ自体としては大きくて目立つ現象ではない．「見栄えのしない小男」も，特に人の耳目を惹く行為をしでかさない限り，普通，目立つことはあり得ない．「目立たないこと」が両者に共通している．„Fips"「見栄えのしない小男」が一般に何と言っても目立たないという印象を引きおこすのは，/f/ と短母音 /ɪ/ と，それに続く子音連続 /p/ と /s/ のはたらきである．„fispen" では，アクセントを担う短母音 /ɪ/ が現象の瞬間的に短いことを「音模倣」によって再現していた．また，「追加子音音素」/ps/ が冒頭の摩擦音 /f/ が表す「すき間から押し出される息」という現象をさらに詳しく説明して，それが「破裂音」の性格を帯びていること，および「破裂」がさらに「摩擦」を引きおこしていることを「音のジェスチュア」によって表していたが，母音ならびに子音による

「指を鳴らす」行為の描写のすべてが，共感覚によって目立たなさの印象の描写へと音転写されたのである：**Fip**s, **fips**en, **flapp**en, **flupp**en の「追加子音音素」/p/ は，語頭の子音群が表す現象の原因が「発射的」であることを説明している．

② /t/ : **Fitis** きたやなぎむしくい鳥．

上の場合とおなじく短母音 /ɪ/ が使われていることから考えて，この鳥の鳴き声の音色が明るく，かつまた尻を引くようにではなくて単発的な短さが単位でできていると捉えられている．冒頭の /f/ が示す「すき間から押し出される」息がそのまま押し出されるのではなくて，いったんは抵抗を受けたのちに破裂的に放出されることを表しているのが「追加子音音素」/t/ である．/t/ は破裂音／閉鎖音であるが，Fiukowski の詳しい説明を借りると，„Der mit intensiver Artikulationsspannung gebildete und gehaltene Zahn-Zahndamm-Zungen-<u>Verschluß</u> wird <u>sprenglautartig (Fortis)</u>, stets stimmlos und mit positionsabhängiger sowie sprechsituativ bedingter <u>Behauchung</u> aktiv gelöst"「歯と歯茎と舌を使って集中的な調音の緊張をもって形成され保持された<u>閉鎖</u>が，<u>破裂音(強音)に似て</u>，つねに無声で，かつまた，音声器官の位置と発声状況から生まれる<u>気音をともなう発音</u>とともに積極的に解かれる」(*Fiukowski*, 52. 訳ならびに下線は筆者)．それゆえ，きたやなぎむしくい鳥の鳴き声に強い呼気の噴出を連想させる特徴が聞き取られ，その特徴が調音のジェスチュアによる模倣で再現されたのである．/t/ に続く短母音 /ɪ/ は，この鳥の鳴き声の音色が明るく短いことを重ねて強調している．また，/t/ が無声であることも鳴き声の明澄を表すのに貢献している．しかし，きたやなぎむしくい鳥の鳴き声が明澄なままでは終わらないで，どこか息が放出される際に摩擦を感じさせる印象があることを，末尾の /s/ の調音様式によってジェスチュアとして模倣したのである：**Fitis**.

③ /k/ : **'Flick'flack** の「追加子音音素」/k/ は，語頭の子音群が表す現象が「瞬間的」で「破裂的」な勢いを伴うことを追加的に説明している．

④ /tʃ/ : **futsch; flutsch**en. **futsch** の「追加子音音素」破擦音音素 /tʃ/ は「眼前から姿を消す」という現象が「瞬時にして」完結したことを念押しするはたらきをしている．この解釈は説明を必要とするだ

IV. 仮説の検証

ろう．「追加子音音素」破擦音 /tʃ/ のはたらきについては，すでにオノマトペ „platsch", „platschen", „platschern" の例で考察した．これらのオノマトペは三つながらに「水の衝突」に関わっていた．そして，「追加子音音素」破擦音 /tʃ/ は，語頭の /pl/ によってすでに基本的に「破裂」として性格づけられた „platsch", „platschen", „platschern" の表す現象に多かれ少なかれ「摩擦」も入り交じっていることを追加的情報として表していた（乙政 1999, 107）．オノマトペ „futsch" は音響現象ではなくて視覚現象であるから，「追加子音音素」破擦音 /tʃ/ のはたらきについて同じ解釈を当てはめることはできない．「水の衝突」は瞬時にして完了する現象である．そこで，音響現象が共感覚によって視覚現象へと音転写される場合には，「水の衝突」の音響現象に対する情報追加が現象の瞬時的な完了という情報追加に転じると考えるのである．

⑤ /s/：**fiss**e*ln*; **fisp**e*ln* の「追加子音音素」/sp/ は，語頭の子音 /f/ が表す「息がすき間から押し出される」現象を「さらに限定する」はたらきをしている．すなわち，無声摩擦音 /s/ は冒頭の /f/ が表す「すき間から押し出される息」と空気との摩擦を，さらに無声破裂音 /p/ は空中への「発射」を伴うことをそれぞれ音声器官のジェスチュアとして模倣している．造語語尾 -ern は，„fispern" という行為が「反復的」(iterativ) であること (*Fleischer*, 322) を表している．「追加子音音素」/s/ は，落下する雨粒と空気との摩擦を音声器官がジェスチュアによって模倣したものである．造語語尾 -eln は，„fisseln" という現象が「反復的」(iterativ) であることを表すと同時に，その現象を「縮小している」(diminuieren) (*Fleischer*, 321)．オノマトペ „fispeln" は，「ささやく」という音響の領域の現象に関わっているオノマトペ „fispern" がささやく際の秘めやかな声の出し方や，「ささやき」が短い音単位で構成されること，さらには，声の出し方に摩擦と発射が伴っていること，これらはすべて，共感覚によって視覚の領域へと音転写されて「落ち着きなく反復して身体を小さく動かしている」ことを意味している．**flüst**e*rn* における「追加子音音素」/st/ は，語頭の子音 /f/ が表す「息がすき間から押し出される」現象を「さらに限定する」はたらきをしている．すなわち，冒頭の /f/ が表す「すき間から押し出さ

れる息」と空気との摩擦を無声摩擦音 /s/ が，さらに摩擦が空中への「発射」を伴うことを /t/ が，それぞれ音声器官のジェスチュアとして模倣している．造語語尾 -ern は，„flüstern" という行為が「反復的」(iterativ) であること (*Fleischer*, 322) を表している．

⑥ /ʃ/ : **fusch***eln*, **flusch***en* は同じ「手探りする」であっても，„fuscheln" の場合は「探り方」が少々異なるようである．つまりオノマトペ „fuscheln" の説明にはわざわざ „hastig" が添えられている．幹母音音素 /ʊ/ に続く子音が fummeln の /m/ から /ʃ/ へと交替したのは，オノマトペ „fuscheln" では「手探りする」際の手の動きの特徴の一つである「ためらい乃至は用心深さ」が失せて，代わって慌ただしさ，乃至せわしなさがこれに取って代わったことを表すためである．無声破擦音 /ʃ/ は「がさがさ」と無遠慮にあたりを探る手の動きに伴う周囲との摩擦音を音声器官のジェスチュアの模倣により視覚へと共感覚によって音転写したのである．「あちこち走り回る」を意味する „fuscheln" の説明に含まれた „heimlich od. rasch" という特性は，/f/ と短い幹母音音素 /ʊ/ の両者によって再現されている．というのは，/f/ は息が吐き出される現象を模倣しているとはいえ，吐き出される息は「唇のすき間から押し出される」程度であって，/h/ のように喉頭を経て大量に吐き出される訳でもなく，/p/ のように明確な破裂も伴わないからである．/ʊ/ は明度が /u:/ に次いで暗く，彩度は /u:/ に次いで淡いため，どちらかと言えば目立たない．しかも短母音であることが，„fuscheln" という行為が「ちょこまか」していることを共感覚によって音転写している．-eln という造語形態素が行為の反復を表すのに貢献していることは言うまでもない．**flupp***en* / **flusch***en* / **flutsch***en* の「追加子音音素」の配置は三者に共通している．すなわち破擦音 /f/ と流音 /l/ の連続が幹母音音素の前に立っている．ここでもまたそれは，„fluppen"，„fluschen"，„flutschen" の表す現象が，「息がすき間から押し出される」という現象を基本としながらも，その現象には抵抗を伴う「空気の移動」が関わっていることを示す．「(物が)滑り落ちる」という物体の下降運動に伴う音響現象は短母音 /ʊ/ によって「音模倣」として表されている．**flupp***en*, **flusch***en*, **flutsch***en* の「追加子音音素」である無声破裂音 /p/，あるいは無声摩擦音 /ʃ/，あるいは無声破

Ⅳ. 仮説の検証

擦音 /tʃ/ は，語頭の子音群が表す現象つまり物体の下降運動が時には破裂的であり得，時には摩擦的であり得，場合によってはまた破擦的であり得ることを説明している．**fuscheln** の「いかさま」の行為と「あちこち走り回る」行為の第一の共通点は「素早い動き」である．そして，第二の共通点は「素早さのゆえに目につかない」ことである．目につきにくい状態がここではネガティブに評価されている．「目につきにくい」イメージを引きおこすのは，„fuscheln" の原義の項で考察したような母音ならびに子音のはたらきである．

⑦ /m/：**fumm**e**ln**「手探りする」際の手の動きのもう一つの特徴であるためらい，ないし，用心深さは，視覚上の制限を受けていることに起因しているが，この制限は「追加子音音素」/m/ によって表されている．すなわち，/m/ は「上下の唇を合わせたまま，息を鼻に抜けさせて音を出し」て発音するが（伊藤, 66），上下に合わせられた唇の作っている抵抗がそのまま「手探りする」際の手の動きに対する抵抗を表している．すなわち，„fummeln" に含まれる /f/ も /m/ も，音声器官のジェスチュアによる模倣が共感覚によって視覚へと音転写されたものである．さらに，「手探りする」際の手の動きに付き物とも言うべき反復の特徴は，「反復的」(iterativ) であることを表す表造語語尾 -eln (*Fleischer*, 322) によって表現されている．

⑧ /n/：冒頭の /f/ が示す「すき間から押し出される」息がそのまま押し出されるのではなくて，なおも抵抗を受けることを表しているのが「追加子音音素」/n/ である．/n/ を発音する際に，「舌の先は上の前歯の裏側ハグキあたりに点けたまま，息を鼻の方に抜けさせる」（伊藤, 71）が，この舌のあり方が息の流通に対する抵抗を形成している．抵抗は /n/ に続く破裂音／閉鎖音の /k/ によっても支援されている．/k/ が調音される際に，前舌の中央部から後半部にかかる部分が持ち上がって鼻腔への通路を塞いでいるからである：**Fink**．しかしながら，この抵抗も呼気によって突破される．ただ，音声器官の筋肉が強く緊張させられているので，閉鎖された空気の気圧が高い．その結果，破裂が強まる．/k/ が硬子音と呼ばれる所以である．ほおじろ属の鳴禽の鳴き声にどこか強い破裂が感じられるのを，この /k/ の調音のジェスチュアによる模倣で再現していると考える．

⑨ /r/：末尾の無声破擦音 /ts/ は，破擦音が「破裂音に始まって摩擦音へと移り変わって行く」音であることから考えて，„Furz" の音響現象が破裂に始まって摩擦で終わる有様を，「音のジェスチュア」によって再現しようとしている．

E. 無アクセント綴に含まれる母音音素のはたらき

'**Flickflack**, '**Flipflop** はともに「重複型」を一語にまとめたバリエーションである．'**Flipflop** の後半部 -flop は前半部の Flip- のバリエーションである．どちらの部分にも語頭に破擦音 /f/ と流音 /l/ の連続が立っている．それは，„Flip" ならびに „Flop" の表す現象が，„flappen" や „flüstern" と同じく，「息がすき間から押し出される」という現象を基本としながらも，その現象には抵抗を伴う「空気の移動」が関わっていることを示す．とんぼ返りを打つ運動者の身体は空中を素早く移動する．そして，その移動は空気の抵抗と排除を伴う．'**Flickflack** では，/k/ が破裂的な硬質の音を「音模倣」している．

F. 考察のまとめ

以上の考察により，《仮説1》より《仮説6》は，/f/ で始まるオノマトペ 19 個すべてに当てはまると認められる．

2-12. /z/ で始まるオノマトペ

有声摩擦／歯音 /z/ で始まるオノマトペは，次の 10 個が見つかった：
Sau, **saus**en, **seufz**en, **simm**en, '**Singsang**, **sirr**en, **summ!**, **summ**en, **supp**en, **surr**en

A. [z] の調音様式

摩擦音 [s] ならびに [z] は，「ハグキと舌葉とのスキマ（舌葉の中央に細いミゾが出来る）の摩擦音（aveolarer Reibelaut）．[s] は無声（stimmlos）で，強く，[z] は有声（stimmhaft）で，弱い．[z] は語頭では初めの部分は無声で，途中から有声になる」と説明されている（内藤，73）．日本語のザジズゼゾの子音部分と同一視されがちであるが，語頭やンの次では破擦音の [dza dzi dzu dze dzo] になるのが普通」だそうで，ゾウゲは [dzoːŋe] と

IV. 仮説の検証

発音される（内藤, 73）. ドイツ語の [z] にはワタリ音の [d] が伴わないことに注意しなければならない.

B. [z] の調音様式とオノマトペの意味の関わり
I. 摩擦とともに息が通う
1) **Sau**：[mhd., ahd. sû, viell. eigtl. = Gebärerin od. lautm. (u. eigentl. Su[su]-Macherin]：weibliches Hausschwein, Mutterschwein；（[mhd., ahd. sû. 根本的な意味は Gebärerin「産むもの」, あるいは擬声語で「ズーズーという声を立てる生き物」]：家畜としての雌豚・母豚).
2) **seufz**en：[mhd. siufzen, älter: siuften, ahd. sûft(e)ôn, zu ahd. sûfan =schlürfen（↑ saufen）, lautm. für das hörbare Einziehen des Amtes]：**a)** ...（[mhd. siufzen. 古くは siuften. ahd. sûft(e)ôn. ahd. sûfan=schlürfen「啜る」（↑ saufen）より.：ため息をつく).
3) **Singsang**：**a)** [eintöniges] kunstloses, leises Vor-sich-hin-Singen]：**b)** einfache Melodie, die jmd. vor sich hin singt：（**a**)（単調に）芸のない, 低い声でひとりで歌う. **b)** 人がひとりで口ずさむ単純なメロディ).

II. 摩擦とともに空気が動く
4) **saus**en：[mhd. sûsen, ahd. sûsôn, lautm.] **1.** ein anhaltend starkes, scharfes od. gleichmäßig an- und abschwellendes Geräusch wie bei einer Reibung von sich geben: ... **2.** sich [mit sausendem (1) Geräusch] sehr schnell fortbewegen : ...（[mhd. sûsen, ahd. sûsôn. 擬音語] **1.** 持続的な, 強い, 鋭い, あるいは等間隔で高くなったり低くなったりする噪音. 例えば, 何かを擦ったときのように. **2. 1.** のような音を立ててどこかへ猛スピードで移動する)：びゅーびゅー（びゅんびゅん・ごうごう）うなりを上げる；びゅーん（ごーっ）とうなりを上げて進む（走る・飛ぶ)).
5) **simm**en：[lautm.]（landsch. bes. ostniederd.）: in *heller, fein vibrierender* Weise tönen；（[擬音語]（方言. とくに東低ドイツの）明るい, 細かく震える音を立てる). 語頭の /z/ は羽音の「音模倣」

— 223 —

である．羽の高速度の運動によって音色は高く，かつ，明るい．母音音素 /ɪ/ は，そのことを「音模倣」によって再現するのにふさわしい．

6) **sirren**：[lautm.]：**1.** *einen feinen, hell klingenden Ton von sich geben:* ...（**1.**［擬音語］細やかな響く音を立てる：（ぶんぶん（ぶーん）という）．語頭の /z/ が羽音の「音模倣」であるのは言うまでもない．

7) **summ!** <Interj.>：lautm. für das Geräusch fliegender Insekten, bes. Bienen.（<間投詞>飛ぶ昆虫の羽音．とりわけ蜜蜂の擬音語）．語頭の /z/ がここでも羽音の「音模倣」であるのは言うまでもない．

8) **summ**en [lautm.]：**1.a)** *einen leisen, etwas dumpfen, gleichmäßig vibrierenden Ton von sich geben, vernehmen lassen:*；**b)** *summend*（1a）*irgendwohin fliegen:* **2.**（Töne, eine Melodie）mit geschlossenen Lippen summend（1a）singen:（［擬音語］**1. a)** 低い，やや鈍い，均等に震える音を立てる，聞かせる；**b)** 羽音を立ててどこかへ飛んで行く．**2.**（音，メロディを）口を閉ざしたままハミングする）．

9) **supp**en：[eigtl. = triefen, tröpfen, urspr. lautm. nach dem Geräusch, das nasse, klebrige Masse von sich gibt, wenn man in sie tritt]：（［本来は＝ぽたぽた落ちる，滴る．根源的には，水分を含んだねばい塊を踏みつけたとき，塊の立てる音の擬音語］じくじくする（傷などが））．

10) **surr**en：[lautm.]：**a)** *ein dunkel tönendes, mit schneller Bewegung verbundenes Geräusch von sich geben, vernehmen lassen:*...；**b)** *sich surrend*（a）*irgendwohin bewegen, fahren o. ä.:*...（［擬音語］**a)** 素早い運動と結びついた，暗い音を立てる，聞かせる；**b)** そのような音を立ててどこかへ移動する，飛んで行くなどする）．

C. /z/ で始まるオノマトペにおける「幹母音音素」の種類

① /ɪ/：*Duden in 10 Bdn.* の挙げる **sirr**en の用例を見ると，蚊や蟋蟀の羽音ばかりでなく，矢や弾丸が空を切って飛ぶ音，換気扇の回転音，電線が風にうなる音もこの動詞で表現される．語頭の /z/ は羽音その他

の音源現象の「音模倣」である．羽その他の音源固体の高速度運動によって音色は高く，かつ，明るい．母音音素 /ɪ/ は，そのことを「音模倣」によって再現するのにふさわしい：**simm**en, **'Singsang**, **sirr**en, **simm**en.

⑨ /ʊ/：母音音素 /ʊ/ は，羽音の音色が暗くかつ淡いことを同じく「音模倣」によって表している：**summ!**, **summ**en, **supp**en, **surr**en, **summ**en にⅡ．として「ハミングで歌う」が加えられているのは注目に値する．動詞としての品詞を認めるとき，意味にも抽象的・比喩的な拡がりが加わるのである．*Duden in 10 Bdn.* の用例を見ると，**supp**en は傷口などから分泌液がにじみ出る現象ばかりでなく，靴の中に水がしみこんでいて歩くたびに体重の圧力を受けてにじみ出てくる現象をも含んでいることが分かる．とくに後者の例は，幹綴 /zʊ/ の /z/ も /ʊ/ も「音模倣」を契機として導入されたことを明らかにしてくれる．

③ /aʊ/：複母音音素 /aʊ/ は，うなるように響く音色全般を再現するのに好んで使われる：**Sau**, **saus**en.

④ /ɔʏ/：今日の「ためいきをつく」という意味は本来は逆の「音高く息を吸い込む」（das hörbare Einziehen des Amtes）であった．それゆえ，語頭の子音 /z/ の導入の契機は摩擦の「音模倣」であると言うことができる．複母音 /ɔʏ/ は，複母音 /aʊ/ と逆に，暗い母音から明るい母音への転調であり，うなるように響くのではなくて，暗さに明るさで打ち止めを加えるように響く音色を表すのにふさわしい．導入の契機は「音模倣」である：**seufz**en.

D. /z/ で始まるオノマトペにおける「追加子音音素」の種類

① /p/：**supp**en の「追加子音音素」子音音素 /p/ は，分泌液や水分が押し出されるありさまを破裂音の調音様式の「音のジェスチュア」によって再現した．

② /f/：**seufz**en では「追加子音音素」は連続している．/f/ ＋ /ts/ はためいきという音源現象の音響的な特徴にさらに限定を加えるための「音のジェスチュア」である．すなわち，ためいきには /f/ の調音様式に見られる歯と唇のすき間から気息を押し出す言語器官の動きと，/ts/ の調音様式に見られるように後に摩擦を伴う破裂的な勢いが感じられる．

③ /z/：**Sau** は，語源の推測的説明からして，語頭の子音音素 /z/ が豚の鳴き声の「音模倣」を契機として導入されたことは明らかであろう．明度が中立的で彩度が最も高い /a/ から暗くて彩度の低い /ʊ/ へ転じる複母音 /aʊ/ が豚の鳴き声の音色を「音模倣」によって再現している．**saus**en の「追加子音音素」/z/ は次の造語語尾が母音で始まっているために有声であるけれども，無声の /s/ と同一視しても差し支えないと思われる．オノマトペのアクセントを担わない綴に含まれる摩擦音 /s/ は，オノマトペが再現している音源現象が強い摩擦を伴うことを表す．

④ /m/：「追加子音音素」/m/ は，「上下の唇を合わせたまま，息を鼻の方に抜けさせて音を出す」という調音様式（伊藤，66）によって，音源現象が耳に聞こえるよりはむしろ腹に響くことを「音のジェスチュア」によって再現している．もっとも，ここでは微かな羽音が「腹に響く」というのは誇張に過ぎるので，単に「響く」と言い直さなければならないけれども，それにしても子音音素 /m/ は「響く」という音源現象の音響的な特徴を「音のジェスチュア」によって再現するはたらきをすることは確認されると言えよう．**summ!** の「追加子音音素」/m/ が「ハミング」の「音によるジェスチュア」であることは，„simmen" でも同じ．一般的に表現するなら，/m/ はハミングの「音のジェスチュア」であると言ってよいであろう：**simm**en, **summ!**, **summ**en.

⑤ /r/：**sirr**en, **surr**en の「追加子音音素」/r/ は，音源現象が継続的な長さを特徴とすることを「音のジェスチュア」によって再現している．*Duden in 10 Bdn.* の用例から，„surren" が単に昆虫類の羽音にだけ関係している訳ではないことが知られる．すなわち，換気扇や機械や車輪の回転に伴う空気を切る音響現象，さらにはエレベーターの昇降音や鳥の群れが空を飛ぶ音もすべて „surren" で再現される．これらの音源の現象が立てる音の音色が暗いこと（dunkel tönend）は幹母音音素 /ʊ/ によって「音模倣」として再現され，音源の現象が素早い運動に関わっていること（mit schneller Bewegung verbunden）は，幹母音音素 /ʊ/ に「追加子音音素」/r/ によって「音のジェスチュア」によって表されている．

IV. 仮説の検証

E. 無アクセント綴に含まれる母音音素のはたらき

'Singsang を構成している Sing も Sang も語源的にオノマトペではないのに，合成された Singsang がオノマトペであるという事実が合成に揶揄的な動機が関与していることを物語っている．*Duden in 10 Bdn.* の説明にある「単調で」(eintönig),「上手いとは言えない」(kunstlos) という二つの修飾語がそう断定する根拠である．なお，このオノマトペの前半部 Sing- は動詞 singen の語幹を独立させた形と見ることができ，これは E. J. Havlik が命名したように「書き換え式のオノマトペ」(umschreibende Onomatopóien) である．

F. 考察のまとめ

以上の考察により，《仮説1》より《仮説6》は，/z/ で始まるオノマトペ 10 個すべてに当てはまると認められる．

2-13. /ʃ/ で始まるオノマトペ

破擦音音素 /ʃ/ が単一で始まるオノマトペは数少ない：'**schack**e*rn** / '**schäck**e*rn**, **Scharad**e, '**schepp**e*rn*, **schilip**e*n*, **schirp**e*n*

他方，/ʃ/ を頭とする連続子音音素で始まるオノマトペは，下にように，ドイツ語としては数が多い．これらは「**3. 子音音素連続で始まるオノマトペ**」で扱う．

A. [ʃ] の調音様式

「上下の歯をしっかり嚙み合わせ，唇は朝顔またはラッパの先のように前につき出して，先の方を思い切り開きます．舌は [s] の発音のときよりもいく分後方に引き気味にし，硬口蓋の方に向かって持ち上げます．この時舌は，下の前歯の後側よりはなれ，舌の左右サイドはかみ合わせた左右の小臼歯にふれるようにします．ゆっくり息を吐いて力強い無声の摩擦音を出します」(伊藤, 169) というのが子音 [ʃ] の発音様式である．/ʃ/：「空気の移動」のイメージを表す．

B. [ʃ] の調音様式とオノマトペの意味の関わり

子音 /ʃ/ で始まるオノマトペのすべてに共通しているのは「空気の排除」

という現象である（乙政 1998, 38）．そして，子音 /ʃ/ で始まるオノマトペの後に幹母音音素が直接続いている場合には，「空気の排除」は物理的な音にせよ，人間や動物の叫び声や動物の鳴き声にせよ，あたりに響きわたる場合，それは音声があたりの空気を切り裂いて伝わるのだと解釈できる．そこで，音声があたりの空気を切り裂いて伝わることを，「音波による空気の排除」と呼ぶことにする．下線部はそのことを表していると考えられる部分である（乙政 1998, 35）．

1) **'schack**ern*/ **'schäck**ern* [lautm.] (landsch.) (*von Vögeln*) *schnarrend schreien.* （[擬声語]（方言）（鳥が）<u>がらがら声</u>で鳴く）．

2) **'schepp**ern (bes. von <u>aneinanderschlagenden, durcheinanderfallenden</u> o.ä. Gegenständen, Teilen [aus Metall]) *klappern*: （（とりわけ互いにぶつかりあう，入り乱れて落下するなどする（金属製の）物体や物体の部分が）<u>がらんがらん</u>（がちゃがちゃ）と音を立てる）．

3) **schilp**en [lautm.] ↑ tschilpen. （[擬声語]（雀が）<u>ちゅんちゅん</u>鳴く）．

4) **schirp**en = **tschilp**en/= **schilp**en （＝（雀が）<u>ちゅんちゅん</u>鳴く：『小学館独和大辞典』）

5) **Scharad**e [frz., eigentlich =(seichte) Unterhaltung aus dem Provenzalischen, urspr.wohl lautm.] : Rätsel, Ratespiel, bei dem ein Wort, das zu erraten ist, meist in seine Silleben od. willkürlich in Teile zerlegt, pantomimisch dargestellt wird. （[フランス語の charade から．本来は＝（他愛ない）娯楽を意味するプロヴァンス語．起源はおそらく擬音語] なぞなぞ，なぞなぞ遊び．当てる言葉の意味をたいていは綴に，場合によっては任意の部分に分割して，パントマイムで分からせる）．

„Schrade" だけは，「音波による空気の排除」に関係づけることが難しい．強引に解釈すれば，元のプロヴァンス語ではパントマイムで身振り・手振り・表情などによって意味がパートナーに伝わることを音声が空気中を伝わることに擬したかと想像されるが，ここでは分類の対象からはずす．

Ⅳ. 仮説の検証

C. /ʃ/ で始まるオノマトペにおける「幹母音音素」の種類
① /aː/ : **Schar**a**de**
② /a/ : **'schack**e**rn***
③ /ɪ/ : **schilip**e**n, schirp**e**n**
④ /ɛ/ : **'schäck**e**rn*, 'schepp**e**rn**

上の六つのオノマトペに含まれる幹母音音素は /aː/, /a/, /ɪ/, /ɛ/ の四つである．これらの母音は母音三角形の上で，明度に関しては中から中の上，彩度に関しては最も濃いか，それに準じるから，通りがよく，「音声があたりの空気を切り裂いて伝わる」現象を叙する単語の幹母音音素としてふさわしい．**Schar**a**de** を別にして，導入の原理はいずれも「音模倣」である．

D. /ʃ/ で始まるオノマトペにおける「追加子音音素」の種類
① /p/ : **'schepp**e**rn** の /p/ は，両唇を使って発音する無声の閉鎖音／破裂音で，強い有気音であるから，「あたりの空気を切り裂いて伝わる」音が堅い物体どうしの勢いの遭遇時に生じる衝撃音の性格を帯びていることを印象づけるために導入されたと推測される．したがって，音導入の契機はここでは「音模倣」ではなくて，「音のジェスチュア」であろうと考える．
② /k/ : **'schack**e**rn*** / **'schäck**e**rn*** の「追加子音音素」は /k/ である．/k/ の調音点は軟口蓋の中央辺で，無声で強く発音され有気音 (Aspirata) である（内藤，67）から，鳥の鳴き声が「あたりの空気を切り裂いて伝わる」様を「音のジェスチュア」によって性格づけるために導入されたと考えられる．ちなみに，鶉の雄の鳴き声は日本語では「アッジャッパー」と聞かれ，ヨーロッパ産の鶉の鳴き声は "wet my lips" と聞きなされると言う（『日本百科全書』3，ウズラ）．英語の場合も導入の契機が「音模倣」であるとしたら，「音模倣」といえども言語によって異なる聞こえ方をするよい例であろう．
③ /l/ : **schilip**e**n** の「追加子音音素」/l/ は，流動のイメージを表す．
④ /r/ : **Schar**a**de**, **schirp**e**n** の「追加子音音素」/r/ は，持続的な振動を伴う伝播のイメージを表す．

E. 無アクセント綴に含まれる母音音素のはたらき

Scharade だけが「複綴」であって，ここでは „Scha-" の綴が考察の対象になるところであるが，語源の意味がはっきりしないので対象からはずしたい．

F. 考察のまとめ

以上の考察により，《仮説1》より《仮説5》は，/ʃ/ で始まるオノマトペ6個のうち „Scharade" を除く 5 個に当てはまると認められる．

2-14. /j/ で始まるオノマトペ

摩擦音 /j/ で始まるオノマトペは **Jamm**er, **jaul**en, **johl**en である．（3個）

A. ［j］の調音様式

/j/ は「硬口蓋の有声摩擦音，すなわち /ç/ の有声音である．英語の yes [jɛs]，you [juː] などの［j］（＝［i］）や日本語のヤユヨの頭音のような半母音ではない．他の有声子音と同様語頭では半ば無声音になる」（内藤，70）．

B. ［j］の調音様式とオノマトペの意味の関わり

［j］が表す摩擦音は，歯と唇で作り出す唇歯音［v］と［f］や，歯と歯で作り出す歯音［s］と［z］や，歯茎で作り出される［ʃ］と異なり，また，軟口蓋で調音される［x］や声門で調音される［h］とも違って，硬口蓋と舌が作り出す狭い口腔内の通路を呼気が通り抜ける際の摩擦によって生じる音である．

この呼気の，無理を伴った通り抜け方が，「苦痛」のイメージを表す．したがって，摩擦音［j］で始まるオノマトペは，「苦痛」のイメージと関わっている．„johlen" の原義を見ると，この説明には無理があるように見えるけれども，「喜びのあまり叫ぶ」者も，実は「喉も裂けよとばかり」に大声を張り上げているのであるから，意識していないとはいえ，実はそれなりに「苦痛」を忍んでいるのである．

抑圧をはねのける勢いでほとばしる類の発声である．それゆえ，硬口蓋と

IV. 仮説の検証

舌の間に作られた狭い通路を呼気が通り抜けるという調音様式は，この発声の状況を「音のジェスチュア」によって再現していると言うことができる．

1) **Jamm**er：[mhd. jâmer, ahd. jâmar = Traurigkeit, Herzeleid, schmerzliches Verlangen, Substantivierung von ahd. jâmar = traurig, betrübt, urspr. ein Schmerzensruf u. wahrsch. lautm.]：**a)** *das Wehklagen*. ([mhd. jâmer, ahd. jâmar =「悲しみ，心痛，つらい要求」．ahd. jâmar =「悲しい，悲しんでいる」の名詞化．根源的には悲しみの叫び．おそらく擬声語]：**a)** 声を上げて嘆き悲しむこと). „Jammer" で表される感情がすっきりと表出される類の「嘆き」や「悲嘆」や「悲鳴」ではなくて，腹の底から「絞り出す」かのような類の「嘆き」や「悲嘆」や「悲鳴」であることを「音のジェスチュア」として表していると考える．[j] を発音する際,「まず声門を閉じて息をとめておき，急にこれをゆるめて息を通すと同時に発生する」，いわゆる「堅い声立て」(fester Einsatz)（内藤，8；Die dt. Spr. Bd. 2, 755）が用いられることも，この「音のジェスチュア」に与って力があると考える．

2) **jaul**en：[aus dem Niederd., lautm.]：(von Hunden) laut u. mißtönend winseln, heulen, klagen:] klagend winseln, heulen. ([低地ドイツ語より．擬声語]：(犬が)声高く，耳障りな声で)くんくん鳴く，吠える，訴える] 訴えるようにくんくん鳴く，吠える，訴える).

3) **johl**en [mhd. jolen = vor Freude laut singen, grölen, aus dem lautmalenden Ruf „jo" abgeleitet, also eigentl. = jo schreien] lärmend schreien, grölen（[mhd. jolen =喜んで大声で歌う．擬声的な叫び声 „jo" から派生したもの．ゆえに本源的には「„jo"と叫ぶ」]．大声で叫ぶ，わめく). **johl**en の用例も，„abwertend"（軽蔑的な）という批評が当たるものが多い．„eine *johlende* Horde zog durch die Straßen" (*Duden in 10 Bdn*.)「わめき叫ぶ暴徒の一団が道路から道路へと通り過ぎて行った」(a.a.O.), „fünf junge Soldaten, die ... in Johlen ausbrachen wild von Bier"「ビールの勢いでどっと歓声をあげた5人の若い兵士たち」（前掲書）; „die Halbstarken *johlten* und randalierten an der Ecke"「チンピラどもは街角でわめ

き立て，馬鹿騒ぎをしていた」(Klappenbach / Steinitz†)，„die Jungen tobten *johlend* auf dem Spielplatzt"「少年たちは遊び場で大声でわめきながら騒ぎ廻っていた」(前掲書)，„am Hafen, wo ... die Matrosen *johlend* durch die Gasse torkeln"「港では，…水夫たちが大声をあげながらその裏通りをよろめき廻っている」(前掲書).

C. /j/ で始まるオノマトペにおける「幹母音音素」の種類

① /a/：**Jamm***er* の幹母音音素 /a/ は，明度は明るすぎもせず暗すぎもせず中立的であるが，彩度が母音中最も高いため最も色濃い母音であって，「嘆き」や「悲嘆」や「悲鳴」の明瞭さをくっきりと「音模倣」によって表している．この叫び声ないしわめく声はなんらかのエネルギーに突き上げられて，口から発せられているのである．

② /oː/：**johl***en* は，Klappenbach / Steinitz†. の説明によると，„(meist von einer größeren zusammengerotteten Menge von Menschen) anhaltendes wildes, mißtönendes [Freuden-, Triumph] Geschrei ausstoßen"「(たいていは，かなり多人数の群れをなした人間が)(喜び・勝利の)叫び声をあげる」とあり，人間の集団が主語になるのが普通のようである．『郁文堂独和辞典』は「(群衆が)大声で叫ぶ」と訳している．

③ /aʊ/：**jaul***en*．幹母音音素が下降二重母音（fallender Diphthong）/aʊ/ である場合，明度は明るすぎもせず暗すぎもせず中立的であるが，彩度が最も高いため最も色濃い母音 /a/ から始まってだんだん弱くなりつつ，明度が母音中最も暗く彩度が最も淡い /uː/ の方向へ調音点が移動して行く．つまり，犬などの悲しそうな鳴き声も人の悲鳴も始めの部分ははっきりと聞こえるがあとはだんだんと明瞭さを失うことが /aʊ/ が「音模倣」によって示されている．

D. /j/ で始まるオノマトペにおける「追加子音音素」の種類

① /m/：**Jamm***er* の「追加子音音素」子音 /m/ の調音様式は「両クチビルを閉ざし，口蓋帆を下げて鼻腔へ通ずる」(内藤, 61) ようにすることであるから，ここでも呼気が口腔を経ないで鼻に抜けることを意味している．そしてそのことは，語頭の /j/ が „Jammer" で表される感

IV. 仮説の検証

情の種類を規定していたのと軌を一にしている．/m/によっても,「嘆き」や「悲嘆」や「悲鳴」がすっきりと表出される類のものではないことが「音のジェスチュア」によって追補的に表されている．
② /l/：鳴き声ないし悲鳴が発せられた途端に途絶えるのではなくて何となく尾を引いている感じを「音のジェスチュア」によって表すのが，「追加子音音素」流音/l/のはたらきである．/l/は有声で,「一種の狭窄音であるが，摩擦はほとんど聞こえない」（内藤，23).「追加子音音素」である流音の/l/が「音のジェスチュア」によって表すのは，どのような種類の叫び声であれ，それが尾を引いているというイメージである：**johl**en, **jahl**en.

F. 考察のまとめ

以上の考察により,《仮説1》より《仮説5》は，/j/で始まるオノマトペ3個すべてに当てはまると認められる．

2-15. /h/で始まるオノマトペ

摩擦音/h/で始まるオノマトペは，次の15個が私の収集に見つかった．
Hifthorn*; **holterdie'polter**; **Humm**el, **hump**eln; **Hup**e; **hup**en; **husch!**; **husch**en; **Hust**en, **Häh**er, **hui!**, **hiss**en, **hauch**en, **hatsch**en, **Hahn***

A. [h] の調音様式

[h] を調音する際,「舌葉は下の前歯の上面に接している．声帯は両側から互いに接近して間隔を狭めるが，互いに触れることはなくを息を通すだけのゆとりがある．口蓋帆は持ち上げられている．圧力の強くない気流が声帯の縁と，咽腔（Kehlrachen)・喉腔（Mundrachen）ならびに口腔（Mundhöhle）の側壁と摩擦して柔らかな無声の有気噪音（Hauchgeräusch）を作り出す」(Fiukowski, 320). それゆえ [h] は,「声門の無声摩擦音（stimmloser glottaler Reibelaut). 気音（Hauchlaut) ともいう．声門だけでなく，咽頭の辺の摩擦音を含む」（内藤，79f.).

これらの説明をもっと平たい説明で置き換えると,「息を吸うときには声門は全開となり，この状態で出された呼気はほとんど噪音を生じませんが，

— 233 —

声門の幅を徐々に狭め，声門以外の位置では呼気をめだった形で妨害しないで，かつ呼気の流出量を増やすことにより，［h］が聞こえるようになります」（神山，53）ということになる．Essen は，„Öffnungskonsonant: *h*"（開子音）と呼んでいる．ちなみに，［ç］は „Modifikation des Phonems [h]" と呼ばれる（Essen, 116）．要するに，［h］ではほとんど無抵抗に大量の呼気が喉から出される訳で，そのことが音素 /h/ の表すイメージの基をなしている．

B. ［h］の調音様式とオノマトペの意味の関わり

Ⅰ. 空気との摩擦（11個）

1) **Hahn**＊：［1: mhd. hane, ahd. hano. eigtl. = Sänger (wegen seines charakteristischen Rufs bes. am Morgen)］（1: mhd. hane, ahd. hano. 本来 = Sänger「歌手」．（とくに明け方の特徴的な鳴き声から））．*Duden in 6 Bdn.* では語源の説明にあった「擬声語」というコメントが，以降の版では削除されているが，語源がその鳴き声にあることは自明すぎるくらい自明なので，オノマトペとして採録した．ちなみに，次項の Häher には „lautmalend" の注記がある．

2) **Häh**er：［mhd. heher, ahd. hehara, lautm.］：(*in verschiedenen Arten vorkommender*) *größerer, in Wäldern lebender Vogel mit buntem Gefieder, der helle, krächzende Warnrufe ausstößt* (z. B. Eichel-, Tannenhäher). (［mhd. heher, ahd. hehara. 擬声語］：比較的大型の，森に住む鳥．（種類はさまざまだが）羽根の色はとりどりで，明るいがあがあ声で警告を促す鳴き声を発する．（例えば，かけす，ほしがらす））．

3) **Humm**el：［mhd. hummel, hmbel, ahd. humbal wohl lautm., u. eigtl. = die Summende］（［mhd. hummel, hmbel, ahd. humbal. おそらく擬声語．本来＝＝ぶーんと羽根音を立てる女性的存在］円花蜂）．子音［h］が無声摩擦音であること，それが「気音」とも呼ばれることから，**Humm**el の語頭音の /h/ が蜂の羽の運動が引きおこす羽と空気との摩擦が立てるかすかな摩擦音の「音模倣」として導入されたことは，語源の説明からも明らかである．

4) **Hift**horn＊：［frühneuhd. hift = Jagdruf mit dem Jagdhorn, wohl

— 234 —

IV. 仮説の検証

zu ahd. hiûfan = klagen]（Jägerspr.）：（[frühneuhd. hift ＝ 狩猟ホルン．おそらく ahd. hiûfan=「嘆き悲しむ」より］角笛）．（ただし前半部のみが擬声語由来）．推定される語源からすれば，語頭の子音音素 /h/ は悲しみを訴える叫び，悲鳴の「音模倣」である．

5) **holterdie'polter**：[lautm. für ein polterndes Geräusch]（ugs.）：（[ごろごろいう音の擬音語]（日常語)大あわてで，大急ぎで：ごろごろと）．

6) **hiss**en：[aus dem Niederd.; lautm.]（*eine Fahne, ein Segel o. Ä.) am Mast, an der Fahnenstange hochziehen:*（(旗や帆やその他を)マストに，旗竿にかかげる)．マストに掲げられる旗，帆桁へ引き上げられる帆が風を切る音を「気音」としての音素 /h/ が「音模倣」によって再現した．

7) **hui!**：<Interj.>**a）** lautm. für ein Sausen, Brausen, für eine schnelle Bewegung o. Ä., die ein Sausen, Brausen erzeugt:（<間投詞> **a)** ごうごうといううなり，ごうごうという波の音，ごうごうと音を立てる動きなどの擬音語)．

8) **Hup**e：[im 19. Jh. aus den Mundarten (vgl. mundartl. Hupe = kleine, schlecht klingende Pfeife in die Fachspr. übernommen; urspr. lautm.]（[19世紀に方言の Huppe「小さな，響きのよくない笛」が専門語へ取り入れられたもの．本来は擬音語]：クラクション)．クラクションを鳴らす原動力は移動する空気であるから，このオノマトペが「気音」/h/ で始まっているのは当然であると言うことができる．そして子音音素 /h/ のオノマトペへの導入の契機が「音模倣」であることもまた言をまたない．

9) **hup**en：*die Hupe ertönen lassen; ...*（クラクションを鳴らす)．

10) **Hust**en [mhd. huoste, ahd. huosto, Substantivierung eines das Hustengeräusch nachahmenden lautm. Wortes]：（[mhd. huoste, ahd. huosto.] 風邪を引いて咳をする音を真似た擬音語を名詞化したもの)．咳もまた移動する空気がその本体である．したがって，このオノマトペの冒頭の子音音素 /h/ の導入契機は「音模倣」である．

11) **hauch**en [mhd. (md.) hūchen, wohl lautm.]：（[mhd. (md.) hūchen，おそらく擬音語]．大きく開いた口からあたたかい呼気を何

— 235 —

かに吐きかける).

II. 空気との摩擦が視覚現象として捉えられている場合（4個）

12) **hatsch**en：[urspr. = gleiten, rutschen, streichen, wohl <u>laut- od. bewegungsnachahmend</u>]（bayr., österr. ugs.）: **a**) lässig, schleppend gehen; schlendern; **b**) hinken:（[本来は「滑空する，滑る，(風が)撫でるように吹き過ぎる」より．おそらく擬音・擬態語]（バイエルン方言，オーストリア方言）: **a**) なげやりに，<u>足を引きずって歩く</u>).

13) **hump**eln：[aus dem Niederd.; viell. <u>lautm</u>.]: **a**) (*aufgrund einer [schmerzhaften] Verletzung o. Ä.*) *mit einem Fuß nicht fest auftreten können u. daher mühsam u. ungleichmäßig gehen: …* **b**) sich humpelnd (a) fortbewegen, irgendwohin bewegen:… ([低地ドイツ語より．おそらく擬音語]: **a**)（怪我などが傷むので)片足ではしっかりと立つことができず，それゆえに骨折って，不規則な歩き方をする． **b**) 上のような歩き方で進んで行く).「びっこを引く」という動作がどうして /h/ の音と結びつくかを説明するには，[h] が「[ʔ] と同じくドイツ語においては母音の声立て（Vokaleinsatz）である」こと（内藤, 80), そして，声門閉鎖音 [ʔ] について，「語音以外では，セキをする（husten）時に，激しい [ʔ] が聞かれる」（内藤, 8）ほかに「重い物を持ち上げようとしていきむ時にも，しばしばこの音が発せられる」（内藤, 8) ことを思い起こす必要がある．片方の脚を痛めた者は痛めた脚をかばおうとして一方の健全な脚で体重を支えようとする．それは重い物を一方の脚力で支えようとすることであるから，本人は当然いきまざるを得ない．humpeln の語頭の /h/ は，この「いきみ」がそのまま「音模倣」として再現されたというよりは，もっと一般化されて「音のジェスチュア」として再現されたのである．

14) **husch!**：<Interj.> [mhd. hutsch]: (lautm) zur Kennzeichnung einer schnellen, fast geräuschlosen Bewegung: …（<間投詞> [mhd. hutsch]:（擬音語）素早い，ほとんど音を立てない動きを表す). 語頭の /h/ は空を切って瞬時に移動する動作を「音模倣」ないし「音の

IV. 仮説の検証

ジェスチュア」によって再現している.

15) husch*en*：［zu husch］：**a)** sich lautlos u. leichtfüßig schnell fortbewegen u. nur flüchtig gesehen werden:...; **b)** sich lautlos u. schnell ［über etw. hin］ bewegen: ... ([husch より]：**a)** 音もなく，軽い足取りで移動する，そして眼にも止まらない. **b)** 音もなく，そして素早く(何かを乗り越えて)移動する).

C. /h/ で始まるオノマトペにおける「幹母音音素」の種類

① /aː/：**Hahn*** の「幹母音」/aː/ は，しっかりとした，そして，角のない，くっきりとした鳴き声のイメージを表すのにふさわしい.

② /a/：**hatsch***en* の幹綴 „ha-" が固体と空気との摩擦が立てるかすかな摩擦のイメージを表す /h/ と，しっかりとした，そして，角のない，くっきりとしたイメージを表す /a/ でできているのは，摩擦を伴った激しい破裂的な衝突のイメージを表す「追加子音音素」/tʃ/ とのイメージのあいだの落差を際だたせるためである．イメージのあいだの落差が，足を引きずって歩く際の左右の足の不揃いで不自由な歩き方を「音のジェスチュア」で再現しているのである.

③ /ɪ/：**Hift**horn* の語頭の子音音素 /h/ が悲しみを訴える叫び，悲鳴の「音模倣」に由来するとすれば，「幹母音」には明るくて高い，同じように鋭ったイメージを表す母音音素 /ɪ/ がふさわしい.

hiss*en* では，掲げられる旗や上げられる帆の空を切る音が音高く響き渡るような音色ではなくてかそけくも明るく澄んでいる音色であることを，明度が高いけれども彩度は低い母音音素 /ɪ/ で「音模倣」した.

④ /ɛː/：**Häh***er* の「幹母音」/ɛː/ は，**Hahn** の「幹母音」/aː/ と異なって，どちらかと言うと明るくて高い，鋭角的なイメージを表す.

⑤ /uː/：**Hup***e*, **hup***en*, **Hust***en*. クラクションの音は，他人の耳に達しやすいことは確かであるが，いわゆる甲高い音ではない．明度が暗くて彩度が淡い母音音素 /uː/ はこれを再現するのに適している．つまり，母音導入の契機もまた「音模倣」である.

⑥ /ʊ/：**husch!**, **husch***en*, **Humm***el*, **hump***eln* 幹母音音素に明度も彩度も低い短母音 /ʊ/ が選ばれているのは，例えば **humpeln** ならば「いきむ」動作に継続的な長さがないことを表すと同時に，表面的に顕著な

現れがないことも「音のジェスチュア」として表すためである.
⑦ /ɔ/：**holterdie'polter** の「幹母音」/ɔ/ は,「ごろごろ転がり落ちる」音響の暗いがある程度の強さがある．破裂音の音色を「音模倣」するのにふさわしい．
⑧ /ʊɪ/：**hui!** 明度がかなり低くかつ彩度も弱い母音［ʊ］から明度がかなり高いが彩度はかなり淡い母音［ɪ］への転調は，風のうなる音の「音模倣」による再現である．
⑨ /aʊ/：口を大きく開いて息を吐きかける **hauch**en の幹母音 /aʊ/ は口の形そのものが持続を表わして「音模倣」となった．

D. /h/ で始まるオノマトペにおける「追加子音音素」の種類

① /p/：**Hup**e, **hup**en「追加子音音素」/p/ は，原動力である移動する空気の「発射」を「音のジェスチュア」によって再現している（乙政 2002, 83f.）．最後に添えられたアクセントを有しない母音音素 /ə/ には，子音音素 /p/ の存在を確かにするはたらきが期待されている．

② /tʃ/：**hatsch**en の幹綴 „ha-" が明晰で安定したイメージを与えるのに反して,「追加子音音素」の /tʃ/ は，摩擦を伴った激しい破裂的な衝突のイメージを表す．「幹母音音素の種類」の項で述べたように，これはイメージのあいだの落差を際だたせるためである．イメージのあいだの落差が，足を引きずって歩く際の左右の足の不揃いで不自由な歩き方を「音のジェスチュア」で再現している．

③ /f/：**Hift**horn* の „Hift-" の部分の「追加子音音素」の /f/ は，気流がすき間から押し出されるイメージを表し，さらに追加された子音音素 /t/ が頭に響くような，ときには耳に突き刺さるような，衝突・衝撃や炸裂のイメージを表し，全体として角笛の音響のイメージを「音のジェスチュア」によって再現しようとしている．

④ /ʃ/：**husch!**, **husch**en. **husch!** の「追加子音音素」/ʃ/ も空を切って瞬時に移動する動作が伴う摩擦音の「音模倣」ないし「音のジェスチュア」による再現である．「ないし」とは曖昧な表現であるが，実際，例えば蜥蜴のすばやい動きが微かながらも実際に音を伴っていると考えるべきなのか，それとも実際には音を伴っているというよりも「音のジェスチュア」による音転写なのかは判断のつきかねるところである．

IV. 仮説の検証

⑤ /s/：**hiss**en における「追加子音音素」子音音素 /s/ は，旗や帆が風を切る音に摩擦音が混じることを「音模倣」によって再現している．**Husten** の「追加子音音素」/s/ と /t/ は，咳という音源現象に含まれる音響的特徴をさらに詳細に描写して，そこに「摩擦」も「破裂」も混じっていることを「音模倣」によって示している．

⑥ /x/：**hauch**en に含まれる「追加子音音素」/x/ は hauchen の意味のとおり「息を吐きかける」行為の「音のジェスチュア」である

⑦ /m/：**Humm**el の「追加子音音素」/m/ が羽音やハミングに関わっていることはこれまでの考察で明らかである．-el は縮小語尾（Diminutivsuffix）である．**hump**eln の「追加子音音素」/m/ の，「上下の唇を合わせたまま，息を鼻の方に抜けさせて音を出す」（伊藤，66）という調音様式の前半部「上下の唇を合わせたまま」にするという部分は，「重い物を持ち上げようとしていきむ時」「ム」と言って力をこめることを連想させる．つまり導入の契機はやはり「音のジェスチュア」である．本来ならば [m] の調音様式の後半部で「鼻の方に抜け」るべき息が「破裂」的な激しい勢いで唇から噴出するのも，びっこを引くという動作を一貫して「いきみ」に関係づけ，これまた「音のジェスチュア」によって再現していると解釈することができる．

⑧ /n/：**Hah**n の「追加子音音素」/n/ は口を大きく開いて発せられた雄鳥のときの声が持続的な抵抗感ともに伸びてゆくイメージを表す．

⑨「追加子音音素」がない場合：**Häh**er, **hui!**, 語頭の子音音素 /h/ は，「気音」として，風や疾過するものが立てる音を「音模倣」によって再現した．風ないし疾過するものが立てる音の音色を幹母音音素 /ʊʏ/ が「音模倣」によって再現している．かなり暗くてかなり淡い母音 /ʊ/ からかなり明るくてかなり淡い母音 /ɪ/ への転調は，尾を引いて聞こえる風の音や疾過するものの音を再現するのにふさわしい．

E. 無アクセント綴に含まれる母音音素のはたらき

オノマトペ **holterdie'polter** は三つの部分から成り立っている．holter と die と polter である．アクセントが最後の部分にあることから，第三の構成部分がこのオノマトペの最重要部分であり，残りはそれを側面的に支えている部分であると判断する．holter は polter（<poltern：原義は「鈍い騒音

を繰り返し立てる」）のバリエーションであり，そのことで **holterdie'polter**「ごろごろと転がり落ちる」音が噪音ではないことを表している．すなわち，冒頭の子音音素 /h/ は「気音」として polter の再現している音源現象に「空気の移動」が伴うことを示している．/d/ という噪音もまたその音のなかに混じって聞きつけられるが，その存在をはっきりさせるために母音 [iː]」がわざわざ挿入されている．これは，オノマトペ „wuppdich" における „-dich" の /I/ のはたらき，„pardauz" における „par-" の /a/ のはたらきと同じである．„holter-" と „-polter" の末尾の子音音素 /r/ は，造語語尾 -ern の「生き残り」であると思われ，音源現象の音響が尾を引く長さを持つことを表している．

F. 考察のまとめ

以上の考察により，《仮説1》より《仮説6》は，/h/ で始まるオノマトペ 15 個すべてに当てはまると認められる．

2-16. /m/ で始まるオノマトペ

鼻音 /m/ で始まるオノマトペは，次の 23 個が私の収集に見つかった．
mäh!, **matsch**en, **mampf**en, **muh!**, **muh**en, **meck!**, **meck**ern, **'meck 'meck!***, **muck**en, **mumm**eln, **munk**eln, **murr**en, **murm**eln, **mauz**en, **maunz**en, **Maul**, **mi'au!**, **mi'au**en, **Mücke**, **mümm**eln, **Möwe**, **'Motto**, **'Mun**i.

A. [m] の調音様式

[m] の調音様式の要点は「上下の唇を合わせたまま，息を鼻の方に抜けさせて音を出す」ことにある（伊藤，66）．上下の唇を閉じれば声道は当然のことに鼻腔に成立するが，上の調音様式の記述そのものが，音素 /m/ のオノマトペにおける使われ方を暗示している．すなわち，上下の唇が閉ざされた結果息が鼻に流れる点に視点を合わせれば，音素 /m/ は猫を始めとする動物たちの鼻にかかった鳴き声のオノマトペに関わることになるし，上下の唇を合わせたままにすること自体に重きを置けば，「分かり切ったことだが，口を閉ざしただけなのに息が鼻に抜けざるを得ないので，発話することができない」（Wängler, 37）ため，いわば「声なき声」を発する現象／動作に

Ⅳ. 仮説の検証

関わることになる．

B. ［m］の調音様式とオノマトペの意味の関わり
Ⅰ. 息が鼻に抜ける発声の「音模倣」
1) **mäh!**：<Interj.>lautm. für das Blöken von Schafen.（<間投詞>擬声語．羊・山羊の鳴き声）．語頭の子音音素/m/は，羊・山羊が鳴くときにまず口を閉ざして息を鼻に抜けさせることによって立てる音の「音模倣」である．

2) **maunz**en：[nasalierte Form von ↑ mauzen]（ugs.）：[lang gezogene] klägliche Laute von sich geben: der Kater maunzt; ein maunzendes Baby; …（［↑ maunzen の鼻音化した形］（日常語）：（長く尾を引いて）悲しげな鳴き声／鳴き声を立てる：「雄猫が哀れっぽく鳴く」；「悲しげに鳴いている赤ん坊」）．**maunzen**の語頭の子音音素/m/は，猫などが鳴くときにまず口を閉ざして息を鼻に抜けさせることによって立てる音の「音模倣」である．

3) **mauz**en：[Weiterbildung von älterem mauen = miauen, mhd. mâwen]：maunzen:（miauen を意味した古い形 mauen から作った語．意味は maunzen に同じ）

4) **meck!**：<Interj.>lautm. für das Meckern der Ziege.（<間投詞>ヤギの鳴き声の擬声語）．語頭の子音音素/m/は，羊・山羊が鳴くときにまず口を閉ざして息を鼻に抜けさせることによって立てる音の「音模倣」であることは，mäh! の場合と同じである．

5) **meck**ern：[älter: mecken, spätmhd. mechzen, zu mhd. mecke = Ziegenbock; lautm.]：**1.** (von Ziegen) [lang gezogene] helle, in schneller Folge stoßweise ununterbrochene Laute von sich geben: **2.** mit heller, blecherner Stimme lachen od. sprechen:（［古くは mecken. spätmhd. の mechzen, mhd. mecke = Ziegenbock. が作られた．擬声語］**1.**（ヤギが）めえええと鳴く．**2.** けけと笑う；きんきん声で話す．ヤギは断続的に（stoßweise）ではあるが途切れることなく（ununterbrochen），しかも続けさまに（in schneller Folge）鳴く．ときには長く尾をひいて鳴いている（langgezogen）ように聞こえないでもない．音色が明るくかつ高いことは「金属的」であると

いう印象に通じるので，ドイツ語では 2. のように人間の話し方や笑い方にまで適用される．ただし，日本語にはこの感覚はないように思われる．

6) **'meck 'meck*** ['- '-]：umg. / lautnachahmend für das Meckern der Ziege / （日常ం. ヤギの鳴き声の擬声語：*Klappenbach / Steinitz*†)．ドイツ語ではヤギの鳴き声と羊の鳴き声は別の動詞で再現される．すなわち，前者は meckern で再現され，後者は blöken で再現される．このオノマトペは間投詞 meck! を単純に繰り返すことによって「反復」と「長さ」を再現した．

7) **miau!**：<Interj.>lautm. für den Laut der Katze. （<間投詞>猫の鳴き声）間投詞 mäh! や meck! と同じように，語頭の子音音素 /m/ は，猫が鳴くときにまず口を閉ざして息を鼻に抜けさせることによって立てる音の「音模倣」である．

8) **miau**en：（von Katzen) einen wie „miau" klingenden Laut von sich geben:...（(猫が)ミアオと聞こえる鳴き声を立てる）．

9) **Möw**e：[aus dem Niederd. mnd. mêwe, H. u.; wohl lautm.]（[低地ドイツ語より．mnd. mêwe. 語源の詳細は未解明．おそらく擬声語]）．音源現象としてはかもめの鳴き声を考えるのが妥当であろう．日本の沿岸や内湾，港湾でもっともよくみられるカモメは，猫の声に似たミャオミャオの鳴き声によって「ウミネコ」と呼ばれている（『日本大百科全書』）から，Möwe もまた鳴き声の擬声を契機として成立したと考えてよいであろう．オノマトペ Möwe の音韻構成については，オノマトペ miau! についての考察をそのままあてはめる事ができるであろう．

10) **Mück**e：[mhd. mücke, ahd. mucke, urspr. lautm.]：(mhd. mücke, ahd. mucke. 本来は擬音語)：（**1.** 蚊．**2.** [方言 landsch.] 蠅）．蚊．蚊の羽音は上下の唇を閉ざしたハミングになぞらえることができるであろう．語頭の子音音素 /m/ の導入契機は，蚊の羽音の「音模倣」であると言えよう．

11) **muh!**：<Interj.>（Kinderspr.）：lautm. für das Brüllen des Rindes:（<間投詞>（幼児語)牛の鳴き声）．牛の鳴き声が羊，山羊，猫の鳴き声と共通するのは，鳴くときにまず口を閉ざして息を鼻に抜け

IV. 仮説の検証

させることである．そのことを「音模倣」するために語頭の子音音素/m/が選ばれている．

12) **muh**en：[lautm.]：(vom Rind) brüllen.（(牛が)もうと鳴く）．
13) **'Mun**i：[H. u., viell. lautm.]（schweiz.）Zuchtstier.（[語源の詳細は未解明]（スイス方言）種牛）．音源現象としてはやはり鳴き声を想定するのが妥当であろう．Muni の語幹 /mu:/ の部分については，オノマトペ muh! とおなじことが推定できるであろう．

II．不自由な動きの「音のジェスチュア」

/m/ が「音模倣」として表すイメージと「音のジェスチュア」として表すイメージとはいちじるしく隔っている．「音のジェスチュア」として表すイメージは「不自由な動き」である．

14) **mampf**en：[eigtl. = mit vollem Munde sprechen u. nur undeutliche Laute hören lassen]：（[本来は口一杯頬張って，そのために不明瞭な発声しかできない]）：口に食べ物をいっぱい頬張って口を動かすさまはほとんど音を立てないように思われるけれども，*Duden in 10 Bdn.* は感知される音源とみなしている．語頭の子音音素 /m/ は，何よりもこのオノマトペが再現しようとする現象が「口一杯頬張るために」上下の唇が閉じられていることを出発点の条件としていることを表す．導入の契機は「音のジェスチュア」である．

15) **matsch**en：[lautm.]（ugs.）：*im Matsch* (2a) *herumrühren, mit Matsch spielen:...*（[擬音語]ぬかるみの中でぱちゃぱちゃ（水・泥）を跳ね飛ばす）．

16) **muck**en：[aus dem Niederd. < mniederd. mucken, ursrpr. lautm.]（ugs.）: aufmucken;....（[低地ドイツ語より．< mniederd. mucken. 擬音語] ぐずぐず言う）．「ぐずぐず言う」とは聞き取りにくい発声で口の中でものを言う事であるから，語頭の子音音素 /m/ は口を閉ざした有様を「音のジェスチュア」によって再現したのである．

17) **mumm**eln：[aus dem Niederd. < mniederd. mummelen, lautm.]：**1. a)** *mümmeln (1a)* :...; **b)** *mümmeln (1b)*．**2.** *unverständlich murmeln:...*　[低地ドイツ語より．< mniederd. mum-

melen. 擬音語]：**1. a)**（歯のない老人などが）もぐもぐ噛む. **b)**（兎が）もぐもぐ食う. **2.** むにゃむにゃ(ぶつぶつ)つぶやく).「歯のない老人などが」もぐもぐ噛むにせよ,「兎が」もぐもぐ食うにせよ, はたまた, 口の中で聞き取りにくい言葉をつぶやくにせよ, 前提は口が閉ざされていることである. 語頭の子音はそのことを「音のジェスチュア」によって再現するために導入された.

18) **mümm**e*ln*：[lautm.]（landsch. fam.）：**1.a)** *mit kleinen, meist schnelleren Bewegungen über eine längere Zeit kauen*: … ; **b)**（bes. von Hasen）[mit den Vorderzähnen] mit schnellen Bewegungen fressen, Nahrung zerkleinern: … **2.** mummeln（2）：…;（[擬音語]：(方言. 打ち解けた間柄で使う)**1.a)** 小刻みに, たいていは早い動かし方で, 長い時間をかけて噛む：…**b)**（とくに野兎が)(前歯を)すばやく動かして食べる, 食べ物を噛み砕く：…**2.** むにゃむにゃ(ぶつぶつ)つぶやく). **mümm**e*ln* と **mumm**e*ln* の相違点は「幹母音」音素だけである. **mumm**e*ln* の「幹母音」音素 /ʊ/ の導入の契機が「音模倣」であったように, ここでも導入の契機は「音模倣」である. 舌の位置が /ɪ/ でありながら唇の形は /ʊ/ である変母音 /y/ もまた, 音源現象のあいまいな音色を再現するのにふさわしい.

19) **munk**e*ln*：[aus dem Niederd. mniederd. munkel(e)n, wohl lautm.]（ugs.）：*in geheimen reden, erzählen*: …（[低地ドイツ語より. mniederd. munkel(e)n. おそらく擬声語](日常語)：ひそひそ話す, 噂する). 噂話とは陰口と考えてよいから, 当然, それは人に聞かれないように「ひそひそ」と話される.「ひそひそ」と話される言葉はつぶやきと同じで口のなかで話される. 語頭の子音音素 /m/ の導入契機は, 上下の唇が閉ざされている様子を「音のジェスチュア」によって再現することである.

20) **murm**e*ln*：[mhd. murmeln, ahd. murmulôn, lautm.]：*mit gedämpfter Stimme [in tiefer Tonlage], meist nicht sehr deutlich etw. sagen, was oft nicht für andere bestimmt ist*: … ;（[mhd. murmeln, ahd. murmulôn. 擬声語]：ひそめた声で(低い声で), たいていははっきりさせないで, 往々にして誰か他の人について何かを言う：…：つぶやく).「つぶやく」とは口の中でものを言う

IV. 仮説の検証

ことである．口の中でものを言うためには，まず口が閉じられていなければならない．それゆえ語頭に置かれた子音音素 /m/ は口のこの状態を「音のジェスチュア」として再現するために導入されたのである．

21) **murr**en：[mhd. murren; lautm., verw. mit ↑ murmeln]（[mhd. murren. 擬声語．↑ murmeln と語源的に関係あり] つぶやく）．

Ⅲ. 不自由な動きが視覚現象として捉えられている場合

22) **Maul**：[mhd. mûl(e), ahd. mûl(a), urspr. lautm.]：...（[mhd. mûl(e), ahd. mûl(a). 本来的には擬音語]：...：(動物の)口）．語頭の子音音素 /m/ は，[m] を発音するのにまず上下の唇を合わせるという調音様式によって，唇そのものの存在を聞き手に意識せしめるために導入されている．導入の契機は「音のジェスチュア」である．

23) **'Motto**：[ital. motto = Wahlspruch < spätlat, muttum = Muckser, lautm.]：**a)** *Wahlspruch*:...（[イタリア語の motto「標語」より．motto は後期ラテン語の muttum= Muckser「抗議・反抗のつぶやき」より]：**a)** 標語）．『小学館独和大辞典』の説明では，„Motto" は後期ラテン語の muttum を語源とする外来語であるが，この muttum はイタリア語で „Wort"（単語）を意味し，ラテン語の動詞 muttire（= mucksen）にまで遡る．„mucksen" はオノマトペ „mucken"「ぶつぶつ不平を言う，低くつぶやく」と語源を共にする．つまり，„Motto" の語頭の /m/ は「音のジェスチュア」を契機として取り入れられたものである（唇を閉ざした口のなかであれこれ話してみても，それはせいぜい低くつぶやくことにしかならないではないか）．

C. /m/ で始まるオノマトペにおける「幹母音音素」の種類

① /**a**/：**mampf**en, **matsch**en. ぬかるみの表面は水が張りつめている．このことを語頭の子音音素 /m/ の調音様式が「音のジェスチュア」で再現している．閉ざされた上唇と下唇は口腔から噴出しようとする気息を抑えて張りつめている．この張りつめたぬかるみに明確な打撃を加えるとき，現象の音色はきわめてはっきりと伝わるであろう．その音色の印象を「音模倣」によって再現するには，明度は中位であるが彩度が最も高い母音音素 /a/ がふさわしい．

― 245 ―

② /aʊ/：**mi'au!**, **mi'au**e**n**. 幹母音音素 /aʊ/ は明度こそ中位だが彩度が最も濃い /a/ から明度もかなり低く彩度もかなり低い /ʊ/ へと転調する．「幹綴」の前に /ɪ/ を置くことによって，転調にさらにバラエティを加え，猫の鳴き声の音色の特徴を打ち出した．

③ /ɛː/：**mäh!** の幹母音音素は /ɛː/ が明度が高く，彩度は低くて，しかも長さを持つのは，山羊の鳴き声の音色の「音模倣」である．

④ /ɛ/：**meck!**, **meck**e**rn**, **'meck 'meck!***. 幹母音音素の /ɛː/ は明度が高く彩度はヤギの低い鳴き声の音色の「音模倣」である点も同様である．

⑤ /uː/：**muh!**, **muh**e**n**, **'Mun**i. 牛の鳴き声は羊，山羊，猫の鳴き声と違って低音で太い．しかも尾を引いている．この特徴を同じく「音模倣」によって再現しているのが幹母音音素の /uː/ である．

⑥ /ʊ/：**muck**e**n**.「ぐずぐず言う」ことの音色の明確でないあいまいさは，かなり明度が低くて彩度も低い母音音素 /ʊ/ によって「音模倣」として再現されているのは自然である．**mumm**e**ln**, **munk**e**ln** の幹母音音素の /ʊ/ は，「ひそひそ」と話される言葉の聞き取りにくさをこれまた「音模倣」によって再現したのである．**murr**e**n**, **murm**e**ln** の幹母音音素の /ʊ/ は，「ひそひそと話す」場合と同様に，つぶやかれる言葉の聞き取りにくさを「音模倣」によって再現した．„mummeln" の幹母音音素 /ʊ/ 導入の契機も，„mucken" の場合と同じく「音模倣」である．

⑦ /ɔ/：「ぶつぶつ不平を言う，低くつぶやく」という語源まで遡ると，**'Motto** の「幹母音」に開口度が /a/ に比べてはるかに劣る /ɔ/ を持ってくることで「音のジェスチュア」として再現したと考えることができる．

⑧ /aʊ/：**Maul**, **mauz**e**n**, **maunz**e**n**. 幹母音音素の /aʊ/ は，音色は中立だが彩度が最も高い /a/ から明度がかなり低く彩度もかなり低い /ʊ/ への転調によって鳴き声の特徴を「音模倣」した．**Maul** の「幹母音」音素の /aʊ/ は，mhd. では /uː/ であったし（mûl[e]），Ahd. でも /uː/ であった（mûl[a]）．唇を突き出して発音する /uː/ の調音様式は，これまた唇の存在を誇示するジェスチュアである．

⑨ /ʏ/：**Mück**e, **mümm**e**ln**. 蚊の羽音の音色の特殊性は，変母音と呼ばれる母音音素 /ʏ/ を語幹とすることで再現されている．唇の上下間隔が /ɪ/ に対応するが舌の背の最も高い点が /ʊ/ に一致するこの変母音は，音源現象の特徴を映すために導入された．したがって導入の契機は「音

Ⅳ. 仮説の検証

模倣」である．「口の中でむにゃむにゃつぶやく」行為を意味する **mümm**e*ln* の場合も導入の契機は同じく「音模倣」である．

⑩ /ø:/：**Möw**e．鴎の鳴き声の音色の特殊性は，変母音と呼ばれる母音音素 /ø:/ を「幹母音」とすることで再現されている．唇の形が /o:/ に対応するが舌の背の最も高い点が /e:/ に一致するこの変母音は，音源現象の特徴を「音模倣」するために導入された．

D. /m/ で始まるオノマトペにおける「追加子音音素」の種類

① /k/：**meck!**, **meck**e*rn*, **'meck 'meck!***, **Mück**e．「追加子音音素」/k/ は，[k] が「有気音（Aspirata）であって，なおかつ強い」（内藤，67）という調音上の特色でもってヤギの鳴き声の音色に伴う特徴を「音模倣」によって再現している．語幹の子音ならびに母音の導入の契機はともに「音模倣」である．**muck**e*n* の「追加子音音素」/k/ は，その音色をさらに説明して，目立たないとはいえ「破裂」的なニュアンスを伴っていることを説明している．

② /t/：*Duden in 10 Bdn.* が muttum の言い換え説明に用いている Muckser は，動詞 mucksen の語幹に行為者を表す派生語尾 -er を付けて造ったと推定される．mucksen は上で見たオノマトペ mucken「ぶつぶつ言う」に遡る．-tto に含まれる /t/ はラテン語の -tum に由来するとは言え，口の中のつぶやきが破裂の勢いを以て発せられるイメージを伝えている．

③ /ts/：猫などが悲しげな鳴き声を立てることを意味する **mauz**e*n* は，音源としてその終末現象に「小刻み」，「硬質」，「破裂」などのイメージを伴っていることを「音模倣」で再現している．

④ /tʃ/：**matsch**e*n* ぬかるみに加えられる打撃音の音色に「破裂」と「摩擦」のニュアンスが混じっていることを，「追加子音音素」/tʃ/ が「音模倣」によって表している．

⑤ /v/：鴎の鳴き声は「激しい摩擦」，「粘り」，「うなり」のイメージを含んでいる．そのことを表すためにオノマトペ **Möw**e は「追加子音音素」として /v/ を持っている．

⑥ /m/：**mampf**e*n*．「口一杯頬張るために」は口腔が大きく開いている必要がある．この口腔の形を「音のジェスチュア」で再現してるのが幹

母音音素の /a/ である．音源現象の音色の「音模倣」ではない．この点でオノマトペ „mampfen" は特色がある．口一杯頬張ったまま息は鼻に抜けざるを得ないから，幹母音音素につづく「追加子音音素」/m/ はそのことの「音のジェスチュア」による再現である．「追加子音音素」に続く子音音素 /pf/ は，息が鼻腔から排出されるさまに「破裂」と「摩擦」が連続して伴っていることを「音のジェスチュア」によって再現している．**mumm**eln, **mümm**eln の「追加子音音素」が語頭の音素を繰り返しているのは，音源現象の根底に相変わらず口を閉ざした有様が横たわっていることを補強的に説明するとともに，音源現象が目立たないとはいえ「破裂」的なニュアンスを伴っていることを表すためである．語尾 -eln は，言うまでもなく反復を表す．

⑦ /n/：**maunz**en．「追加子音音素」/n/ と子音音素 /ts/ は，鳴き声の特徴をさらに限定して，鼻に抜けようとする息がさらに鼻にかかること，および，「破裂」と「摩擦」を伴うことを同じく「音模倣」で再現している．*Duden in 10 Bdn.* の用例を見ると，猫の鳴き声を赤ん坊の泣き声と聞くのも日独語で共通していることが分かる．mauzen が maunzen と同じ意味であること，および，mauzen が mauen から造られたことを見ると，上の maunzen で幹母音音素の後に「追加子音音素」/n/ や子音音素 /ts/ のはたらきは鳴き声の特徴に本質的なのではなくて，特徴をさらに限定するといういわば副次的なはたらきをしているという見方が当たっていることが分かる．

⑧ /ŋ/：**munk**eln の幹母音音素に続けて子音音素 /n/ を置くことによっては，オノマトペが表す行為の特徴を同系統の鼻音によってだめ押ししようとしたが，後に子音音素 /k/ が続くために鼻音音素 /ŋ/ に変化した．/k/ が強い無声有気音であることは，「ひそひそ」とした話し方のなかにどこか耳につく「破裂」的な特徴が隠れていることを示す．導入の契機は「音模倣」である．造語語尾の -eln が「ひそひそ」話の「反復」性を再現しているのは言うまでもない．

⑨ /l/：**Maul** の「追加子音音素」/l/ は，調音の際に舌先を歯茎に押しつけるのも舌の存在を誇示するジェスチュアである．ドイツ語の 2 人称単数の代名詞 du に含まれる [d] が相手を指さす仕草の言語器官による真似であり，幼児語の mamá が食べ物を噛む仕草の言語器官による

Ⅳ. 仮説の検証

真似であるという解釈を聞けば（Porzig, 24），上の解釈もさほど荒唐無稽であるとは思えまい．Ahd. では /l/ の後に付けられていた母音音素の /a/ は，アクセントが置かれていないことから判断して，子音音素 /l/ の存在を確認させるはたらきをしていたと考える．

⑩ /r/：**murm**e**ln**, **murr**en．「追加子音音素」二つの子音音素のうち二つ目の /m/ は頭の /m/ の繰り返しである．すなわちこの子音音素は，オノマトペが表す行為の特徴をだめ押しするために導入されている．その前の子音音素 /r/ は，「音のジェスチュア」によって「つぶやく」行為が「繰り返し」の性格を帯びていることを表している．/r/ のこのはたらきは，オノマトペ schnurren の例で考察した．ここでもまた「反復」を表す造語語尾の -eln が用いられているのは，オノマトペの意味からして当然であろう．**murr**en がオノマトペ **murm**eln と類縁関係にあることは外形から知られる．「反復」を表す造語語尾が姿を消したが，「持続」が子音音素 /r/ によって表されている．/r/ の導入契機は，言うまでもなく，「音のジェスチュア」である．

⑪ 「追加子音音素」を持たないオノマトペ：「追加子音音素」を持たないオノマトペは「幹綴」が表す「音模倣」そのものがオノマトペのイメージである：**mäh!**, **muh!**, **muh**en．

E. 無アクセント綴に含まれる母音音素のはたらき

mi'au!, **mi'au**en の語頭の無アクセント綴 „mi-" に含まれた母音音素の /ɪ/ は，C. 項で記したように，猫の鳴き声を「音模倣」するにあたって発音における転調を助けている．**'Mun**i の「追加子音音素」/n/ は，牛の鳴き声の特徴をさらに限定して，息が鼻に抜ける特徴を付加するはたらきをしていると考える．末尾の /ɪ/ は，単なる Vati や Mutti に見られる愛称を表す縮小語尾ではなくて，「追加子音音素」/n/ の存在を顕示するはたらきをも期待されているのであろう．**'Motto** の „-to" に含まれる /o/ は，「幹母音」の繰り返しであるので，「音のジェスチュア」によって「ぶつぶつ不平を言う，低くつぶやく」という原義を強調しようとしたと考えられる．

F. 考察のまとめ

以上の考察により，《仮説 1》より《仮説 6》は，/m/ で始まるオノマト

ペ 23 個のすべてに当てはまると認められる．

2-17. /n/ で始まるオノマトペ
/n/ で始まるオノマトペは 7 個見つかった：**nies**en, **nasch**en, **nuck**eln, **nutsch**en, **nusch**eln, **nöckr**ig, **nöl**en.

A．[n] の調音様式
[m] が上下の唇を合わせることによって口を閉ざしたうえになお口蓋帆を下げることによって息を鼻腔へと通じる声道を作るのに反して，[n] は「[t], [d] の時と同じく舌葉を上歯の後面またはハグキに付けて口腔の通路を閉ざし，口蓋帆を下げ」る（内藤，62）ことだけによって鼻腔へ息を導く声道を作る．「舌葉を上歯の後面またはハグキに付け」ることは同時に「舌葉の両側面が上の左右の歯ならびに歯茎に接して閉鎖を形成する」からである（*Fiukowski*, 204）．声道を形成する際の障害の設け方の違いが [m] と [n] の決定的な違いである．この違いが，/m/ のかなりどっしりと構えた，重い，持続的な抵抗のイメージと /n/ のかなりあっさりとした，軽い，やや持続的な抵抗のイメージの違いとなる．

B．[n] の調音様式とオノマトペの意味の関わり
Ｉ．鼻腔に息を通わす
　1) **nies**en：[mhd. niesen, ahd. niosan, lautm.]：(u. Mund ausstoßen: くしゃみをする人間に最も普遍的であるばかりでなく，おそらく哺乳動物すべてに普遍的な現象であろう．くしゃみをすると，息が鼻と口を通って衝撃的に (ruckartig) 排出される．語頭の子音音素 /n/ は，息が鼻腔を通り抜ける現象を「音のジェスチュア」として再現した．
　2) **nuck**eln：[lautm.] (ugs.)：**1.** (bes. in bezug auf Säuglinge u. kleinere Kinder) an etw., was mit einem Ende in den Mund gesteckt worden ist, saugen: am Schnuller, Daumen, Kissenzipfeln.; an der Zigarre, Pfeifen.; er ... nuckelte bißchen an ihren Haaren; Sie langte nach einer Limonadenflasche mit Strohhalm und nuckelte laustlos daran; ...; Leute ..., die Dauerlutscher nuckeln. ((或

IV. 仮説の検証

る物を)しゃぶる,ちゅうちゅう吸う(特に乳児が). 用例の目的語に「シガレット」や「パイプ」や「髪の毛」が見られることから,幼児に限った行為ばかりを指す訳ではないことが見て取られる.

3) **nusch**e*ln*：[wohl lautm.; zu Nase, eigtl. = durch die Nase sprechen] (ugs.) **a)** undeutlich sprechen: ... ; **b)** etwa. nuschelnd (a.) sagen: もぐもぐ言う. 調音に際して口腔の通路を閉ざすため舌葉を上歯の後面またはハグキに付ける動きは,何かをしゃぶるか吸う行為の舌による「ジェスチュア」であり,幹母音音素の /ʊ/ もまた何かをしゃぶるか吸う行為の唇による「ジェスチュア」である. *Duden in 10 Bdn.* は語源を Nase「鼻」に求めている (= durch die Nase sprechen「鼻声で話す」). この成句を文字どうりに解して「鼻を通して喋る」なら,たしかに聞き取りにくいにちがいない. その意味で,語頭の子音音素 /n/ は「鼻を通して喋る」行為の「音によるジェスチュア」である. 幹母音音素に明度も低く彩度も低い /ʊ/ が選ばれているのは,nuscheln で再現される音源現象の聞き取りにくい「あいまいさ」を表現するのに適切である. その意味で,幹母音音素の導入契機も「音によるジェスチュア」である.

4) **nutsch**e*n*：[lautm.]：**1.** (landsch.) saugen, lutschen. ([擬音語] **1.** (方言). 吸う,しゃぶる). [n] を調音する際に舌葉を上歯の後面またはハグキに付ける動きは,何かをしゃぶるか吸う行為の舌による「ジェスチュア」である.

II. 擬態語

5) **nasch**e*n*：[mhd. naschen, ahd. nascôn, urspr. = knabbern, schmatzen, lautm.]：**1.** Süßigkeiten o. ä. [Stück für Stück] genießend verzehren: ... **2.** [heimlich.] kleine Mengen von etw. [wegnehmen u.] essen: ([mhd. naschen, ahd. nascôn. 本来の意味は = knabbern「ぼりぼり食べる」, schmatzen「ぴちゃぴちゃ(ちゅうちゅう)音を立てる(飲食の際などに)」. 擬音語]：**1.** おいしいものなどを(一個一個と)味わいながら食べつくす. **2.** (こっそりと)何かから少量を(取り去って)食べる). この起源的意味を重視するならば,このオノマトペは擬態語よりも,むしろ「音を伴う現象／動作,現象／動

作が立てる音」に分類するべきかとも思われるが，現在の意味「つまみ食いをする」を尊重して，本項に分類しておく．起源的には対象を摂取する際の音響を「音模倣」によって再現することで成立したオノマトペである．つまんだ食べ物で口がいっぱいになると，息は鼻へ抜けざるを得ない．

6) **nöckr**ig：[zu niederd. nöckern = nörgeln, wohl lautm.]（landsch. abwertend）：[*ständig*] *unzufrieden; nörglerisch:*（[低地ドイツ語の nöckern = nörgeln「不平を言う」より．擬声語]：（絶えず）不満である，不平ばかりの）．動詞 nörgeln の原義は「聞き取りにくい言葉を口の中でぶつぶつ言う」である．「口の中でぶつぶつ言う」ための前提は口を閉ざしていることであるから，口を閉ざしたために息は鼻に抜ける．語頭の子音音素 /n/ は，この「口を閉ざしたために息は鼻に抜ける」ことの「音によるジェスチュア」である．

7) **nöl**en：[urspr. wohl lautm.]（bes. nordd. ugs. abwertend）：*etw. (ärgerlicherweise) nur sehr langsam tun:*（[本来はおそらく擬音語]（とくに北ドイツ方言．軽蔑的に）：何かを（腹立たしいことに）のろのろとしかやらない）．

C. /n/ で始まるオノマトペにおける「幹母音音素」の種類

① /iː/：くしゃみをする際の勢いのよさを母音音素 /iː/ の音色によって「音の模倣」として再現している：**nies**en．

② /a/：幹母音音素に上下の唇の間隔が最も広い /a/ を選んでいるのも，「食物の摂取」という原義に照らすとふさわしい選択であると思われる：**nasch**en．

③ /ʊ/：**nuck**eln, **nusch**eln, **nutsch**en は，三者とも幹母音音素の /ʊ/ もまた何かをしゃぶるか吸う行為の唇による「ジェスチュア」である．

④ /øː/：**nöl**en は，幹母音音素に明度も中位，彩度も中位ではあるが舌の高さと唇の形が [oː] と食い違っている変母音 /øː/ を用いて，「鼻を通して喋る」ときの音色のあいまいさを再現した．導入の契機は起源的には「音模倣」である．

⑤ /œ/：**nöckr**ig が派生される基になった動詞 nörgeln の原義は「聞き取りにくい言葉を口の中でぶつぶつ言う」であるが，変母音 /œ/ の音

— 252 —

Ⅳ. 仮説の検証

色は，この原義の「音によるジェスチュア」である．

D. /n/で始まるオノマトペにおける「追加子音音素」の種類

① /k/：**nöckr**ig「追加子音音素」/k/ は，「絶えず不平をぶつぶつ口の中で繰り返している」話し方にどこか硬質の「破裂」的な響きが認められることを再現しようとして導入されたと推定する．したがって，/k/の導入契機は「音模倣」である．**nuck**eln の「追加子音音素」/k/ もまた語頭子音の /n/ にならって，調音の際に舌先が軟口蓋にむかって持ち上がり強く押し当てられているのは，何かをしゃぶるか吸う行為の唇による「ジェスチュア」である．「反復」を表す造語語尾の -eln が用いられているのは当然である．

② /tʃ/：何かをしゃぶる際に発声する音の「音模倣」が **nutsch**en に使われた /tʃ/ である．

③ /z/：**nies**en の「追加子音音素」/s/ は，造語語尾 „-en" の母音の影響を受けて /z/ に変っているが，/s/ にしても /z/ にしても，いずれにせよくしゃみに混じる摩擦音の「音模倣」である．

④ /ʃ/：**nasch**en, **nusch**eln．「追加子音音素」の /ʃ/ は，聞こえも明瞭な無声破裂音 [s] があいまいに発音された結果「摩擦音化」して破擦音となったと推定され，その導入契機も「音によるジェスチュア」であると推定する．「追加子音音素」が **nuck**eln の /k/ に代わって /ʃ/ になっているが，/ʃ/ もまた「しゃぶる」行為に伴う音響の副次的な特徴を示すはたらきをしている．導入の契機は，言うまでもなく「音模倣」である．

⑤ /l/：**nöl**en の「追加子音音素」/l/ は，「流音」として行動・行為に折り目や節目がない「だらしなさ」を表すために導入された．したがって，この子音音素の導入契機もまた「音のジェスチュア」である．

F. 考察のまとめ

以上の考察により，《仮説1》より《仮説6》は，/n/ で始まるオノマトペ7個すべてに当てはまると認められる．

2-18. /l/ で始まるオノマトペ

語頭に他の子音音素を伴わないで単一の流音 /l/ で始まるオノマトペは次の8個である：すなわち，**lisp**e**ln, Lemm**i**ng, latsch**e**n, lach**e**n, lutsch**e**n, lall**e**n, Lumm**e**, lull**e**n**.

A. [l] の調音様式

/l/ は「舌先をハグキに付け，舌の両側(または片側)と奥歯との間のスキマから息を出す有声側音（stimmhafter aveolarer Laterallut)」(内藤, 60. 下線は筆者) である.

B. [l] の調音様式とオノマトペの意味の関わり

単子音 /l/ を語頭に持つオノマトペの一つのグループは「話し方」に関わっている. /l/ は「舌先をハグキに付け，舌の両側(または片側)と奥歯との間のスキマから息を出す有声側音（stimmhafter aveolarer Laterallut)」(内藤, 60. 下線は筆者) であるから，この調音様式から /l/ には二つの意味が生じる. 一つは「舌の両側(または片側)と奥歯とのスキマから息を出す」という部分から生じる「空気の移動」という意味である. 他方，「舌先をハグキに付ける」という調音様式そのものが音声器官の「ジェスチュア」として取り込まれて，「舌先をハグキに付け」るために舌先を自由に震わせることを封じられているもどかしさという意味を生む. /l/ が単独で語頭に立つ場合は後者の意味を表し，/l/ が他の子音音素と結んで語頭に立つ場合にのみ前者の意味になる.

1) **lisp**e**ln**：[urspr. lautm.]：**2.** (geh.) *mit <u>tonloser</u> Stimme und einer gewissen Scheu od. Zaghaftigkeit sprechen:* ...（[本来は擬声語]：**2.**（雅語）<u>抑揚のない声</u>で，ある畏敬の念を以て，あるいはおずおずと話す）.

2) **lall**e**n**：[lautm. aus der Kinderspr.]：**1.** *mit <u>versagender Zunge</u>, undeutlich artikulierend sprechen; undeutlich artikulierte, sprachähnliche Laute [ohne Bedeutung] äußern, hervorbringen:* ...（[幼児語の擬声語]）：**1.** 回らぬ舌で，不明瞭な調音で話す；調音の不明瞭な，言葉まがいの(意味のない)音を発する，作り出す）.

3) **lull**e**n**：[urspr. lautm.]：**1.** *leise und in einförmigen Rhyth-*

IV. 仮説の検証

mus singend o.ä. in einen bestimmten Zustand versetzen, bes. zum Einschlafen bringen:... （[本来は擬声語] **1.** 低い声で，単調なリズムで特定の状態へ移す，とりわけ，眠り込ませる）．

4) **lach**en：[urspr. lautm.] : **1. a)** *durch eine Mimik, bei der der Mund in die Breite gezogen wird, die Zähne sichbar werden u. um die Augen Fältchen entstehen, [zugleich durch eine <u>Abfolge stoßweise hervorgebrachter, unartikulierter Laute</u>] Freunde, Erheiterung, Belustigung o.ä. erkennen lassen:* ...（[本来は擬音語] **1. a)** 口が横方向に大きく引かれて，歯が見え，眼尻にしわを寄せるという顔つきによって，（同時に断続的に送り出される未調音の音声の連続によって）喜び，愉快，面白がっていることなどを表現する）．

「笑う」というオノマトペの冒頭になぜ「もどかしい発声」のイメージを表す /l/ が立つかというと，「大口を開けて笑う」ことで口腔に息を通わせるには，まず舌尖を上歯茎の根元におしつけて呼気気流をせき止めることが必須の前提となるからである．導入の契機は「音のジェスチュア」である．

5) **latsch**en：[wohl laut- u. bewegungsnachahmend, H. u. ; 2: wohl = jmdm. eins mit <u>Latschen</u> geben] : **2.** (landsch.)：*jmdm. eine Ohrfeige versetzen.* （[おそらく擬音語でかつ擬態語．由来の詳細は不明；2.：おそらく＝「或る人の横っ面に一発かます」]：**2.**（方言）或る人に<u>平手打ち</u>を食らわせる）．

6) **lutsch**en：[lautm.] :**a)** [saugend] im Mund zergehen lassen [u. auf dieser Weise verzehren]．（[擬音語]：**a)**（吸いながら）口のなかで溶かす（そして，そのやり方で無くなってしまうまで口の中に放置する））．

「舌先をハグキに付ける」という動作はまた，舌の先で口のなかの物体を押しつけることに通じるから，lutschen「しゃぶる」の語頭の /l/ は，しゃぶる際の人間の口の動きの調音方式による「ジェスチュア」として成立したと言うことができよう．

7) **Lemm**ing*：[dän.[11] lemming, ; H. u. viell. urspr. lautum. : H. u.]:

---

11) dänisch　デンマーク語の．

Wühlmaus der nördlichen kalten Zone.（[デンマーク語 lemmig；おそらく根源的には擬音語：由来は未解明]北方の寒冷地帯に生息するはたねずみ亜科）．Lemming の名も「はたねずみ」が土中で土を掘るさまが子音 /l/ の調音方式による「ジェスチュア」を楔機として成立したと考えられる．

残る 1 例は鳥の鳴き声から「音模倣」を契機として成立したオノマトペであると思われる．

 8) **Lumm**e：[dän., schwed.[12] lom < isl.[13] lômr < anord.[14] lômr, wohl lautm.]：(*in großen Kolonien auf steilen Felsenküsten der Nordmeere nistender*) *Vogel mit schwarzer Oberseite, weißer Unterseite u. kurzen Flügeln.*（[dän., schwed. lom < isl. lômr < anord. lômr. おそらく擬声語]：(北方の海の険しい岩の多い海岸に群体をなして巣を作っている)鳥．上体は黒く，下体は白く，翼が短い：うみがらす）．

C. /l/ で始まるオノマトペにおける「幹母音音素」の種類

① /I/：**lisp**e*ln*「ささやく」の幹母音としては音色として「繊細」のイメージを表す /I/ がふさわしい．

② /ɛ/：**Lemm***ing* の /ɛ/ は，はたねずみの鳴き声の音色を音模倣するために導入されたと考える．これを臆測の域を出ないと考えたのか．*Duden in 8 Bdn.* 以降では「根源的には擬声語」というコメントをはずしているけれども，犬の鳴き声の音色を同じ母音で「音模倣」している例があるので（297 ページ⑤），ここでは音模倣説を主張しておく．

③ /a/：**latsch**e*n* による「平手打ち」の高らかな音色を再現，**lach**e*n* による「大口を開けて哄笑する」音色の再現には，開口度が最も高い ［a］で以て「音模倣」するのが最適である．また，言語を操ることを覚え始める幼児の調音ぶりを「音模倣」するのにも ［a］がふさわしい：**lall**e*n*．この場合，/a/ のイメージは「明確」よりは「簡易」のイメージに通じる．

---

12) schwedisch スウェーデン語の．
13) isländisch アイスランド語の．
14) altnordisch 古ノルド語の．

Ⅳ. 仮説の検証

④ /ʊ/：**lutsch**en の /ʊ/ は「しゃぶる」行為が立てる音のさほどでもない高さとさほどでもない強さから決まったと考えるが，たまたまそれは同時に「しゃぶる」際の口の形でもあったと推測できる．もしこの推測が正しければ，このオノマトペに母音が導入された契機は「音模倣」でありながら同時に「音のジェスチュア」でもあることになる．**Lumm**e の「幹母音」/ʊ/ はうみがらすの鳴き声の音色を「音模倣」したものである．

D. /l/ で始まるオノマトペにおける「追加子音音素」の種類

① /s/：**lisp**eln の /s/ は「ささやく」発声に「軽い摩擦」が含まれていることを，続く /p/ は「ささやく」発声が「破裂」で終わることを表す．

② /tʃ/：**latsch**en, **lutsch**en の /tʃ/ は平手打ちに伴う激しい破裂音の「音模倣」であるとともに，「しゃぶる」行為に潜む「激しさ」，「破裂」，「衝突」，「摩擦」，「迅速」のイメージを「音のジェスチュア」によって再現したものである．

③ /x/：**lach**en に「追加子音音素」として /x/ が導入された契機は，誰が考えても「呵々大笑」する際に大きく開かれた口から呼気が大量に排出されるのを「音模倣」することであろう．

④ /m/：**Lemm**ing の語頭の /l/ が「はたねずみ」の土中で土を掘るさまが子音 /l/ の調音方式による「ジェスチュア」として表されたとしたら，「追加子音音素」の /m/ も同じく掘る際に受ける「重々しい抵抗」のイメージを「音のジェスチュア」によって表す．**Lumm**e の /m/ もうみがらすが鳴く際の喉の中の呼気に対する「重々しい抵抗」のイメージを「音のジェスチュア」によって表す．

⑤ /l/：**lall**en も「追加子音音素」として語頭の子音を繰り返すタイプの始原的なオノマトペである．/l/ は「もどかしさ」，「たどたどしさ」，「単調」のイメージを表すが，同じ子音音素を語頭と語中で繰り返すことによってイメージを強調しているのである．

E. 無アクセント綴に含まれる母音音素のはたらき

Lemming に含まれる „-ing" は造語語尾 „-ingen" がつづまった形である．„-ingen" は《本来は「…に属する人々・土地」を意味し，地名に見ら

れる．..ing という形もある．中部ドイツでは ..ungen となることが多い》：Mein*ingen* ｜ Gött*ingen* ｜ Freis*ing* ｜ Bad Salzu*ngen*（『小学館独和大辞典』，下線は乙政）．この由来からして，**Lemm***ing* に含まれる無アクセント綴に含まれる母音音素の /ɪ/ は，オノマトペを構成する音素としてははたらきをしていないことになる．

F．考察のまとめ
以上の考察により，《仮説1》より《仮説6》は，/l/ で始まるオノマトペ8個すべてに当てはまると認められる．

2-19．/r/ で始まるオノマトペ
/r/ で始まるオノマトペは，私の収集には25個見つかった：**rapp**el*n*, **ratt**er*n*, **Rack**e, **rack**el*n*, **ratsch**, **ratsch**en, **rasch**el*n*, **Rach**en, **rips!**, **rips raps!**, **ritsch!**, **ritsch ratsch!**, **ruf**en, **Run**e, **ruck**en, **rutsch**en, **rumm**el*n*, **rums!**, **rausch**en, **röhr**en, **röch**el*n*, **rülps**en, **Rha'barb**er, **Ra'dau**, **ruckedi'gu**.

A．子音 [r]／[R]／[ʁ] の調音様式
音素 /r/ の実現形態は3種類ある．[r] は「舌尖のR」（Zungenspitzen-R），[R] は「口蓋垂（ノドビコ）のR」（Zäpfchen-R），[ʁ] は「口蓋のR」（Gaumen-R）と呼ばれる．

[r] の調音様式は次のようである．「両唇の間隔と形態ならびに歯列の上下間隔は，発音の環境によって異なる．舌尖は上の前歯の内側ならびに歯茎まで持ち上げられ，舌の外縁は両側の上歯ならびに歯茎の内側に接する．口蓋帆は持ち上げられて鼻腔への通路を塞ぐ．声（帯）唇は震える．有声となった発声気流が<u>舌尖の震動</u>を引き起こすので，舌尖が前歯ならびに前歯の歯茎と／前歯あるいは前歯の歯茎とで形成している閉鎖に連続する中断が生じ，その結果息の流れが周期をもって中断される．巻き舌音の音色は暗い」(Lippenöffnung sowie -formung und Zahnreihenabstand richten sich nach der Lautumgebung. Die Zungenspitze ist zu den palatinalen Flächen der oberen Frontzähne und deren Zahndamm gehoben; die seitlichen Zungenränder berühren die palatinalen Flächen der seitlichen

— 258 —

IV. 仮説の検証

oberen Zähne und deren Zahndämme. Das gehobene Gaumensegel schließt den Nasenweg ab. Die Stimmlippen schwingen. Der sth. Phonationsstrom versetzt die Zungenspitze in pssive Schwingungen, so daß sie unterbrochene Verschlußfolgen an den Frontzähnen und /oder deren Zahndamm bildet, die ihrerseits den Luftstrom periodisch unterbrechen, und ein dunkles Rollen erzeugt wird: *Fiukoeski*, 221）

　[R] は次のようにして調音される.「両唇の間隔と形態ならびに歯並の上下間隔は，発音の環境によって異なる．舌の前縁は下の前歯の内側に接している．舌の背の後部は丸く持ち上がり軟口蓋ならびに口蓋垂に近づいている．舌の後部の両側縁は両側の大臼歯ならびにそれらの歯茎に接している．そのため，とくに後舌の表面には縦長の凹みが出来る．口蓋帆は持ち上げられて鼻腔への通路を塞ぐ．声（帯）唇は震える．有声となった発声気流が口蓋垂を後舌の表面に出来た縦長の凹みのなかで震動させるので，後舌の表面に形成された閉鎖に連続する中断が生じ，その結果息の流れが周期をもって中断される．口蓋垂による震え音の音色は明るい」(Lippenöffnung sowie -formung und Zahnreihenabstand richten sich nach der Lautumgebung. Der vordere Zungenrand hat Kontakt mit den lingualen Flächen der unteren Frontzähne und bildet eine Enge; der hintere Zungenrücken ist zum Weichgaumen und Zäpfchen aufgewölbt; die seitllichen Ränder der Hinterzunge sind gehoben und berühren die palatinalen Flächen der oberen Mahlzähne und deren Zahndämme, so daß insbesondere die hintere Zungenoberfläche zu einer Längsrinne geformt wird. Das gehobene Gaumensegel schließt den Nasenweg ab. Die Stimmlippen schwingen. Die sth. Phonationsstrom versetzt das Zäpfchen in der Rinne des hinteren Zungenrückens in passive Schwingungen, so daß es unterbrochene Verschlußfolgen am hinteren Zungenrücken bildet, die ihrerseits den Luftstrom peroiodisch unterbrechen, und ein helles Rollen erzeugt wird: *Fiukowski*, 220f.）.

　[ʀ] の調音様式は次のようである.「両唇の間隔と形態ならびに歯並の上下間隔は，発音の環境によって異なる．前舌の縁は下の前歯の内側に接している．後舌の背面は軟口蓋と口蓋垂にむかって丸く持ち上がって，隘路を作っている．後舌の両側面は持ち上がって，上の両大臼歯ならびにその歯茎

の内側に接しているので、とくに後舌の表面には縦長の凹みが出来る。口蓋帆は持ち上げられて鼻腔への通路を塞ぐ。声(帯)唇は震える。ゆるやかな調音の緊張でもって作られた口蓋垂と舌の間の隘路のなかで、圧力の下がった呼気が<u>弱い摩擦の噪音</u>を作り出す。二重調音のせいで音は無声となり得る」(Lippenöffnung sowie -formung und Zahnreihenabstand richten sich nach der Lautumgebung. Der vordere Zungenrand hat Kontakt mit den lingualen Flächen der unteren Frontzähne; der hintere Zungenrücken ist zum Weichgaumen und Zäpfchen aufgewölbt und bildet eine Enge; die seitlichen Ränder der Hinterzunge sind gehoben und berühren die palatinalen Flächen der oberen Mahlzähne, so daß ins besondere die hintere Zungenoberfläche zu einer Längsrinne geformt wird. Das gehobene Gaumensegel schließt den Nasenweg ab. Die Stimmlippen schwingen. In der mit geringer Artikulationsspannung gebildeten Zäpfen — Zungen-Enge erzeugt verminderter Exspirationsdruck ein <u>schwaches Reibegeräusch</u> (Lenis). Durch Koartikulation kann der Laut stimmlos werden: *Fiukowski*, 220).

B. [r]／[R]／[ʁ] の調音様式とオノマトペの意味の関わり

語頭に /r/ を持つオノマトペは、音響現象の「始発状態」を「空気の振動」として捉えている。そして「空気の振動」を音声器官による「ジェスチュア」として再現している。紙ないし布を引き裂くという行為はまず空気の振動を引き起こす。その空気の振動が裂ける音となって聞こえる。

 1) **ratsch**：[lautm. für das Geräusch, das bei einer schnellen, <u>reißenden</u> Bewegung, z.B. beim Zerreißen von Papier, Stoff, entsteht:…（素早い、<u>引き裂く動き</u>の擬音語。例えば、紙、布地などを引き裂く場合）.
 2) ¹**ratsch**en：[zu ↑ ratsch] : **1.** (ugs.) *ein Geräusch wie bei einer schnellen, <u>reißenden</u> Bewegung hervorbringen:* …（[ratsch ↑ より]：**1.**（日常語）素早い、引き裂く動きに伴って噪音を引き起こす）.
 3) **rips!**：lautm. für das Geräusch des <u>Reißens</u>.（引き裂く噪音の擬音語。激しく引き裂く動き、素早く反復的に噛みつく動きの擬音語による描写）.

IV. 仮説の検証

4) **rips raps!**：1. lautm. für das Geräusch des Reißens. 2. lautm. Darstellung einer heftigen reißenden Bewegung, eines wiederholten schnellen Zubeißens o.Ä.:（**1.** 引き裂く噪音の擬音語. **2.** 引き裂く動作，くり返し素早く噛みつく動作などの擬態語).

5) **ritsch!**：1. lautm. für das helle Geräusch, das bei einer schnellen, reißenden Bewegung entsteht: ... 2. zur Kennzeichnung einer schnellen, heftigen Bewegung, eines plötzlich eintretenden Ereignisses:（**1.** 素早く引き裂く動きの際に生じる明るい噪音の擬音語. **2.** 素早い，激しい動きや，突然起こる出来事を表す擬態語).

6) **ritsch ratsch!**：1. lautm. für die Geräusche, die durch einanderfolgende schnelle, reißende Bewegungen, z.B. beim Zerreißen von Papier entstehen. 2. risch（2）:...（**1.** 連続する，素早く引き裂く動き，例えば紙を引き裂く際に生じる噪音の擬音語. **2.** ritsch の（2）に同じ).

7) **Run**e：[mhd. rûne, ahd. rûna = Geheimnis; geheime Beratung; Geflüster, wahrsch. eigtl. lautm.]：*Zeichen der von den Germanen benutzten Schrift:*.[15] ..（[mhd. rûne, ahd. rûna = 秘密，秘密の相談;（絶え間のない）ささやき，ささめき. おそらく本来は擬声語]：ゲルマン人の使っていた文字).

残る 18 例では，語頭の /r/ が表す「空気の振動」が「空気の排除」へと続く. これを表すのは「追加子音音素」のはたらきである.「空気の排除」が端的に見て取られる人間の生理現象が二つある.

8) **röch**eln：[mhd. rü(c)heln, Itertivbildung zu: rohen, ahd. rohôn = brüllen, grunzen, lautm.]：*schwer atmen u. dabei（mit dem Luftstrom）ein rasselndes Geräusch hervorbringen:*...（[mhd. rü(c)heln. rohen の反復動詞. ahd. rohôn「(猛獣が)吼える，(豚が)ぶうぶう鳴く」. 擬声語]：激しい息をしながら(強い気流で)がらがらと音を立てる).

9) **rülp**sen：[lautm.]（ugs.）：ungebührlich geräuschvoll u. laut

---

15) Kluge も語源についてこれと同じ解説をしながらも，Morris の説を「きっとより正しい」（sicher richtiger）としている. それによると，語源はインドゲルマン語の *reuə- >graben<「彫る」にあるという.

aufstoßen（4a）：…（[擬音語]（日常語）不作法に，騒がしく，かつ音高くげっぷ（おくび）を出す（4a））．

人が大声で叫ぶ場合も，発する大音声はまず口の前の空気を排除しなければ音波として外界に伝わって行かない．同じ理由から，動物が鳴く場合も程度の差こそあれまずは空気の排除が起こる．Racke は鳥の名前（仏法僧）であるが，*Duden in 10 Bdn.* が „lautmalend" と記しているのは，その鳴き声にちなんで命名されたことを意味していると判断する．そして，Racke の冒頭の音 /r/ が導入されたのは，仏法僧が鳴く場合に起こる空気の排除の音声器官による「ジェスチュア」が契機であって，「音模倣」が契機ではないと解釈する．人間の大きく開かれた口は，空気の排除を連想させる．

10) **ruf**en：[lautm.]：**1.a)** *sich durch einen Ruf（1）bemerkbar machen:* …. **b)** *einen Ruf（2a）ertönen lassen:* ….**2.** (<r.+sich>) *durch [längeres] Rufen（1a）in einen Zusatnd geraten:* … **3.** *mit lauter Stimme äußern, ausrufen:* …**4.** *rufend（1a）nach jmdm., etw. verlangen:*…（[擬声語]：**1. a)** 叫ぶことで自分に気づかせる．**b)**（鳥が）鳴き声を響かせる．**2.**（再帰動詞．sich とともに）（かなり長時間）叫ぶことによってある状態に陥る．**3.** 大声で何かを叫ぶ．**4.** 叫びながら誰かに何かを要求する）．

11) **ruck**en：[lautm.]（landsch.）：gurren*（[擬声語]（方言）：（鳩が）くうくう鳴く）．

12) **Rack**e：[lautm.]：（*in mehreren Arten vorkommender）etwa taubengroßer Singvogel mit buntem Gefieder*．[擬声語]：（いくつも種類あり）およそ鳩くらいの大きさの鳴禽．羽根の色はとりどり：ぶっぽうそう）．

13) **rack**eln：[lautm.]（Jägerspr.）：（vom Hahn des Rackelwildes) in der Balz dunklere, etwas rauhe Laute austoßen;（[擬声語]（猟師用語)：（大雷鳥と黒雷鳥の雑種の雄が）求婚動作をしながら，暗い，ややしわがれた声を出す）．

14) **röhr**en：[lautm.]：**1.**（*bes. vom brünstigen Hirsch) schreien, brüllen, einen längeren lauten, hohl u. rauh klingenden Laut von sich geben:* **2.**（ugs.）*röhrend（1）irgendwohin fahren:* （[擬声語・擬音語]：**1.**（とくに発情した鹿が）鳴く，かなり長い，

— 262 —

IV. 仮説の検証

高い，くぐもった，しわがれた声を出す．2.（日常語）上のような音を立てながらどこかへ走って行く）.

15) **ruckedi'gu**：[lautm. für das Gurren der Tauben]（[鳩がくうくう鳴く声の擬声語]）

16) **Rha'barb**er：[lautm. wegen der lautl. Ähnlichkeit angelehnt an Rhabarber[16)]](ugs.)：unverständliches, undeutliches Gemurmel: ...（[発音が似ているので Rhabarber に倣って造られた擬声語]（日常語）意味の分からない，不明瞭なつぶやき）.

17) **Rach**en：[urspr. lautm.]：**1.** (*bei Säugetier u. Mensch*) *hinter der Mundhöhle gelegener, erweiterter Teil des Schlundes; Pharynx: ...* **2.** *großes, geöffnetes Maul bes. eines Raubtieres:*（[起源は擬声語]：**1.**（哺乳動物や人間の）口腔の奥の，喉から拡がった部分；声門．**2.** 大きく開いた口，とくに猛獣の）.

固体と固体が衝突する場合，あるいは固体が落下して固体に衝突する場合，まず起こる現象は衝突する固体の前面に介在する空気の排除という現象である．踏みしめようとした足が滑る場合も，まずは踏みしめようとした足が足の下に介在した空気を排除している．排尿の場合も事態は変わらない．排出される尿はまず発射される尿の前にある空気を「排除」している．

18) **Ra'dau**：[vermutl. lautm.]（salopp）：Lärm, Krach（1a）：（[おそらく擬音語]（ぞんざいな）：騒音，すさまじい音(1a)）.

19) **ratt**ern：[lautm.]：**a)** kurz aufeinanderfolgende, metallisch klingende, leicht knatternde Töne erzeugen: ... ; **b)** sich ratternd (a) fortbewegen, irgendwohin bewegen:....（[擬音語] **a)** 短く連続する，金属的な響きの，軽快な衝撃を思わせる音．**b)** 上のような音を立てて進んでいく，どこかへ移動する）.

20) **rumm**eln [lautm.]（landsch. ugs.）：ein dumpfes, dröhnendes

---

16) Rha'barber：ルバーブ，食用（丸葉）大黄（だいおう）．*Duden in 10 Bdn.* の語源の説明は次のとおり．[itl. rabarbaro (älter: reubarbaro) < mlat. rheu barbarum (rha barbarum), eigtl. = fremdländische Wurzel, zu spätlat. r(h)eum = Wurzel (< spätgriech. rhā, rhêon) u. lat. barbarus = fremdländisch < griech. bárbaros]（[イタリア語の rabarbaro（古くは reubarbaro）<中世ラテン語の rheu barbarum (rha barbarum). 本来は「外国産の根」の意．後期ラテン語の r(h)eum「根」（<後期ギリシア語の rhā, rhêon）およびラテン語の barbarus「外国の」<ギリシア語の bárbaros より]）.

— 263 —

ドイツ語オノマトペの研究

Geräusch von sich geben:... ([擬音語]（方言．日常語）：鈍い，轟く噪音を発する）．

21) **rums!**：**a)** lautm. für das Geräusch, das bei einem dumpf tönenden Fall, Aufprall entsteht: ... **b)** Ausdruck für ein plötzliches Ereignis, eine schnelle Bewegung: ... (**a**) 鈍い音を立てて落下する，衝突する際に立つ噪音の擬音語．**b)** 突然の出来事，素早い動きの表現）．

22) **rutsch**en：[wahrsch. lautm.]：**1.a)** sich [unter Überwindung einer größeren Reibung] gleitend über eine Fläche hinbewegen: ...; **b)** (landsch.) schlitten (1): ... ; **c)** ausrutschen: ... ; **d)** (ugs.) zur Seite rücken: ...;（[おそらく擬音語]：**1.a)**（かなり大きな摩擦を克服しながら）平面を滑って移動する．**b)**（方言）橇で滑って行く．**c)** 足を滑らせる．**d)**（日常語）脇へ移動する）．

23) **rapp**eln：[4: lautm.] **4.** (landsch. Kinderspr.) urinieren（[4.は擬音語] **4.**（方言．幼児語）放尿する）．

固体が空気中を移動する場合も，当然，空気の排除が起こる．この空気の排除は音響として聞こえる．

24) **rasch**eln：[lautm., Iterativbildungen zu veraltetet (noch mundartl.) raschen = ein raschelndes Geräusch verursachen]：**a)** ein Geräusch wie von bewegtem [trockenem] Laub von sich geben: ... ; **b)** ein raschendes (a) Geräusch erzeugen:...（[擬音語．もう古くなってしまった（まだ方言に残っているが）raschenから作った作爲動詞＝「かさこそ（さらさら）いう噪音を立てさせる」：**a)** 動く（枯）葉のような音を立てる．**b)** かさかさいう(a)音を立てる）．

25) **rausch**en：[wohl lautm.]：**1.** ein gleichmäßiges, anhaltendes dumpfes Geräusch hören lassen（wie das Laub von Bäumen, wenn es sich im Wind stark bewegt）：**2.** sich irgendwohin bewegen u. dabei ein Rauschen (1) verursachen: ...; **3.** sich rasch, mit auffälligem Gehabe o.Ä. irgendwohin bewegen: ... ; **4.** (Jägerspr.) brünstig sein. [17] **5.** sich geräuschvoll bewegen:...（[おそらく擬音

---

17) 今日では使われないが，LessingからFontaneに至るまでの古典文学作品の理解には欠かせない用例（*Duden in 10 Bdn.*）．

IV. 仮説の検証

語]：1. 均等な，持続性の鈍い噪音を立てる（<u>木の葉が強い風に吹かれて動くときのように</u>）．2. どこかへ移動する際に 1. の音を立てる．3. 気取った様子などをしてどこかへ移動する．4.（猟師用語）発情している．5. 騒々しい音を<u>立</u>てて移動する）．

　上の観察から，語頭の単一子音音素 /r/ の例はもっぱら音響現象に関わっていると言うことができる．そして，/r/ がオノマトペに取り込まれる契機はもっぱら音声器官による「ジェスチュア」である．しかし，「ジェスチュア」が模倣しようとする現象の局面は二大分できる．すなわち，「空気の振動」（7 例）と「空気の排除」（18 例）である．

C. /r/ で始まるオノマトペにおける「幹母音音素」の種類

① /a/：**rapp**e**ln**「排尿する」, **ratt**e**rn**「がらがら（かたかた）音を立てる」, **Rack**e「ぶっぽうそう」, **rack**e**ln**「雷鳥などが鳴く」, **ratsch**「びりっ（紙・布などの裂ける音）」, **ratsch**e**n**「びりっと音を立てる」, **rasch**e**ln**「（木の葉などが）かさこそ（さらさら）音を立てる」, **Rach**e**n**「（猛獣の大きく開けた）口」には，いずれも，「明確」，「確乎」，「中立」のイメージが認められる．木の葉などが立てる音とがらがら（かたかた）いう音との間には量的な差が認められるけれども，オノマトペの場合，質的に同じであれば量的な差を問わない．

② /ɪ/：「明晰」，「やや甲高い」，「やや鋭角的」，「太くはなくて細い」イメージを表す：**rips!, rips raps!, ritsch!, ritsch ratsch!**.

③ /u:/：「低い」，「暗い」，「薄い」，「長い」イメージを表す：**ruf**e**n**, **Rune**.

④ /ʊ/：「低い」，「暗い」，「薄い」，「太い」，「短い」イメージを表す：**ruck**e**n, rutsch**e**n, rumm**e**ln, rums!**

⑤ /aʊ/：**rausch**e**n**「木の葉がざわめく」に含まれる母音音素 /aʊ/ は音源現象が「明確だが鈍角的」であるイメージを表す．

⑥ /ø:/：**röhr**e**n** に含まれる母音音素 /ø:/ は，明るさはあまり明るくなく，強さもそれほど強くないが，陰にこもって根強い尾を引く「雄鹿が雌を呼ぶ声」の音色を「音模倣」によって表す．

⑦ /œ/：**röch**e**ln**「喉をごろごろ鳴らす」に含まれる母音音素 /œ/ は，明るさはあまり明るくなく，強さもそれほど強くないが，陰にこもった

あいまい性を持つ音色を表す．

⑧ /ʏ/：**rülp**sen「おくびを出す」に含まれる母音音素 /ʏ/ は，どこか明るくてどこか暗い，複雑な明るさで短い音色を表す．

⑨「複綴」のオノマトペ **Rha'barb**er の „'barber" に含まれる /a/ は，オノマトペ **lall**en に含まれている /a/ と同じで「明確」というよりもむしろ「簡易」のイメージを表すための母音音素であって，„Volksmurmel"「民衆のつぶやき」(*Kluge*, Barbar の項) を再現するために使われたと思われる．**Ra'dau** の „'dau" に含まれる /aʊ/ は「騒しさ」の音色が「明確だが鈍角的」であるイメージを表す．**ruckedi'gu** の „'gu" に含まれる /uː/ は鳩の鳴き声の基本的な音色を表す．

D. /r/ で始まるオノマトペにおける「追加子音音素」の種類

① /p/：子音音素 /p/ が持つ「明朗」，「軽快」，「高音」，「瞬間的」，「炸裂」というイメージは，以下のオノマトペにおいて顕著に認められる：**rapp**eln「（震動のために）がたがた音を立てる」，**rips!**, **rips raps!**「さっ，びりびり，ぱくっ」．

② /t/：子音音素 /t/ が持つ「頭に響く」，「耳に突き刺さる」，「衝突」，「衝撃」，「炸裂」というイメージは，次のオノマトペにおいて顕著に認められる：**ratt**ern「がらがら（かたかた）音を立てる」．

③ /k/：子音音素 /k/ が持つ「晴朗」，「攻撃的」，「鋭角的」，「軽快」，「瞬間的破裂」というイメージは，以下のオノマトペにおいて顕著に認められる：**Rack**e「ぶっぽうそう」，**rack**eln「野鳥の雄が雌を呼ぶ」，**ruck**en「（鳩が）くうくう鳴く」，**rutsch**en「滑る」．

④ /tʃ/：子音音素 /tʃ/ が持つ「激しさ」，「破裂」，「衝突」，「摩擦」，「迅速」というイメージは，以下のオノマトペにおいて顕著に認められる：**ratsch**「びりっ」，**ratsch**en「びりっと音を立てる」，**ritsch!**「びゅーん（高速で風を切って進む音）」，**ritsch ratsch!**「びゅんびゅん」．

⑤ /f/：子音音素 /f/ の「ややはげしいが，あまり粘りのない摩擦」，「気流の漏出」のイメージは，オノマトペ **ruf**en「叫ぶ」の「追加子音音素」において認められる．

⑥ /ʃ/：子音音素 /ʃ/ が持つ「空気の移動」，「音声の伝播」というイメージは，次のオノマトペによく認められる：**rasch**eln「（木の葉などが）

IV. 仮説の検証

かさこそ（さらさら）音を立てる」, **rausch**en「さわめく」.

⑦ /x/：子音音素 /x/ の「気体の大量の排出／流出」というイメージは，次のオノマトペにおいて顕著に認められる：**Rach**en「（猛獣の大きく開けた）口」.

⑧ /ç/：子音音素 /ç/ の「気体の隘路からの排出」,「抵抗排除」というイメージは，次のオノマトペによく認められる：**röch**eln「喉をごろごろ鳴らせる」.

⑨ /m/：子音音素 /m/ の「重々しい」,「構えた」,「重量感」,「持続的な抵抗」,「閉鎖」,「あいまい」というイメージは，次のオノマトペによく認められる：**rumm**eln「がたがた（ごとごと）音を立てる」, **rums!**「どすん」.

⑩ /n/：子音音素 /n/ の「かなりあっさりとした，軽い，やや持続的な抵抗」というイメージは，**Run**e「ルーネ文字」を書くために引っ掻く際の抵抗感に認められる.

⑪ /l/：子音音素 /l/ の「もどかしさ」,「たどたどしさ」,「単調」,「流動」,「通気」というイメージは，次のオノマトペによく認められる：**rülp-sen**「げっぷをする」. 子音音素 /l/ に続く子音音素 /s/ は「気体移動に伴う軽い摩擦」を表す.

⑫ /r/：子音音素 /r/ の「持続」,「振動」,「回転」,「素早い運動」というイメージは，次のオノマトペによく認められる：**röhr**en「笛のような鳴き声を上げる（特に発情期の鹿などが）」.

⑬「複綴」のオノマトペにおける「追加子音音素」の種類：**Rha'barb**er の „Rha-" に含まれる /r/ は「幹綴」„'barber" に含まれる /r/ を強調しようとして重複して語頭に置かれている. **Ra'dau** の „Ra-" に含まれる /r/ は，「幹綴」によって「音模倣」される「衝突」に先だって「持続」と「振動」が起こっていることを示す. **ruckedi'gu** に含まれている „ruckedi-" の /r/ と /k/ と /d/ は，鳩の鳴き声が単なる /gu:/ では再現できなくて，/r/ と /k/ と /d/ が表すイメージが混じっていることを「音模倣」するために投入されたものである.

F. 考察のまとめ

以上の考察により，《仮説1》より《仮説6》は，/r/ で始まるオノマトペ

25個のすべてに当てはまると認められる．

3．子音音素連続で始まるオノマトペ

子音音素連続で始まるオノマトペとは，第Ⅱ章の分類の型で言えば，次の7種類である．
① K1K2V1K3（129個）
② K1K2V1K1K3（4個）
③ K1K2V1K3K4（27個）
④ K1K2V1K3K1K4（2個）
⑤ K1K2K3V1K4（2個）
⑥ K1K2K3V1K4K5（1個）

これらのうち①のみを語頭の子音音素の組み合わせごとにグルーピングしたが，②以下は「追加子音音素」のバラエティのせいで種類が増えただけであって，数は③以外はあまり多くない．その上，語頭の子音音素もいろいろ混じっている場合が多いため，固有の項目を立てることはかえって煩雑になるだけなので，これらは一々項目を立てずに，①の該当グループのあとに追加配分した．

また，「幹母音」の種類ならびに「追加子音音素」の種類を検討する場合の形式にも変更を加えた場合がある．両者のはたらきは，本来，相互に関連しあっているので，数多くの実例を少数の「幹母音音素」の種類でグルーピングできる場合はグルーピングして，グループのなかで「追加子音音素」の種類を合わせて検討した方が記述が見通しやすくなると考えられた場合は，記述は「幹母音音素」の内部で一本化した．

3-1．/b/ ＋ /l/ で始まるオノマトペ

子音音素連続 /b/ ＋ /l/ で始まるオノマトペは次の8個である：**bläk**en, **blaff**, **Blaff**, **blaff**en / **bläff**en, **Blaff**er / **Bläff**er, **blubb**ern, **Blubb**er-wasser, **blök**en. 子音音素連続 /b/ ＋ /l/ で始まるオノマトペは，**B.** で見るように，ほとんどもっぱら音響現象に関わっている．語頭に単一の子音音素 /b/ が立つオノマトペ8例もすべて音響現象に関わっていたが，ここで語頭の /b/ の後に追加的に /l/ が加えられることによって，語頭に単一の子音音素 /b/ が立つ場合の /b/ のイメージのうえに何か変化が生じているはずであ

IV. 仮説の検証

る．子音音素を連続させて語頭に置くことは，単一の子音音素が語頭に置かれている場合に表される「始発現象」に何らかの限定を加えることだと考えられるからである．これが語頭の単一の子音音素に追加的に加えられる子音音素の一般的な意義である．

A. /b/ ＋ /l/ が表すイメージ

子音音素 /b/ が表すイメージは，鈍角的で重々しく持続的な爆発とそれに続く震動である．一方，子音音素 /l/ が表すのは，液体であれ，気体であれ「流動する」というイメージである．子音音素 /l/ は，2-18 で述べたように，単一子音として語頭に立つ場合は，もどかしさ，たどたどしさ，単調さのイメージを表す．しかし，/b/ ＋ /l/ という組合せでは，声ないしは音が破裂的に発せられその力で「もどかしさ」をも克服して伝わっていくという「始発現象」のあり方を表すはたらきをしている．

B. /b/ ＋ /l/ とオノマトペの意味の関わり

1) **bläk**en：[Nebenform von ↑ blöken]（ugs. abwertend）*sehr laut u. heftig weinen; schreien:*（[↑ blöken の別形]（日常語．軽蔑的に）大声で激しく泣く，わめく）．

2) ◆ **blaff**：<Interj.> lautmalend für einen Knall, für einen Schuss aus einer Waffe:（<間投詞>破裂音，火器からの発射音の擬音語）．

3) **Blaff**：/kurzes, abgebrochenes Bellen:（短い，とぎれとぎれの犬の吠え声：*Klappenbach / Steinitz*†）；**1.**（犬などの）吠え声．**2.** 銃声：『小学館独和大辞典』）．

4) **blaff**en / **bläff**en：[spätmhd., mniederd. blaffe; lautm.]（ugs.）**1.** [*kurz*] *kläffen:* **2.** *sich wütend äußern, schimpfen:…*（[spätmhd., mniederd. blaffe；擬声語]（日常語）**1.**（短く）きゃんきゃん吠える．**2.** 激怒してものを言う）．

5) **Blaff**er / **Bläff**er：(ugs.)：*Kläffer.*（きゃんきゃん吠え立てる犬．[比] ぎゃあぎゃあ言う(ののしる)人）．

6) **blubb**ern：[wohl lautm.]（ugs.）：**a)**（*von einem flüssigen Stoff*）*dumpf platzende Blasen werfen:* der Blei blubbert und spritzt（Fussenegger, Zeit 47）；**b)** [*ärgerlich u.*] *undeutlich*

— 269 —

reden:...（[おそらく擬音語]：**a)**（液状の物が）鈍い，はじける泡を立てる：「粥が鈍い音を立ててはじけ，はねている」；**b)**（腹を立てて）不明瞭にしゃべる）.
7) **Blubb***er*wasser: mit Kohlensäule versetztes Getränk;（炭酸ガスの入った飲み物）.
8) **blök***en*：[aus dem Niederd. < mniederd. blêken. lautm.]：(*von Schafen u. Rindern*) *die Stimme ertönen lassen:*（羊や牛が）鳴く）.

C. /b/＋/l/で始まるオノマトペにおける「幹母音音素」の種類
① /a/：母音音素/a/は，しっかりとした，そして，角のない，くっきりとしたイメージを表す．次のようなオノマトペの「幹母音」となるのにふさわしい：**blaff**, **Blaff**, **blaff***en*, **Blaff***er*.
② /ɛ:/ならびに/ɛ/：この音素は，音素/e:/ほどは鋭角的ではないけれども，「きゃんきゃん」という犬の鳴き声に感じ取られるように，どことなく耳に突き刺さるような，/a/のまろやかで角のない感じが失われている印象を表すのにふさわしい母音音素であると感じられる：**bläk***en*, **bläff***en*, **Bläff***er*.
③ /ʊ/：後方の母音の一つである/ʊ/は，**blubbern**が意味している泡立つ現象に伴う低くて暗い印象のイメージを伝えるのにふさわしい．**Blubb***er*wasserについても同じ．
④ /ø:/：明度はかなり高い/e:/と同じ舌の高さを持ちながら，唇の形態が/o:/であるために，/ø:/の明度はいちじるしく落ちてしまう．そのうえ彩度もさほど高くないので，聞こえ方は暗くて明瞭さを欠く．羊や牛の鳴き声のイメージを「音模倣」によって表すのにふさわしい母音音素であると思われる：**blök***en*.

D. /b/＋/l/で始まるオノマトペにおける「追加子音音素」
① /b/：語頭子音音素と同じ子音音素が「追加子音音素」となっているオノマトペは，語頭子音音素が表すイメージをあくまでも追求してやまない傾向を示す．**blubb***ern*, **Blubb***er*wasserにおける「追加子音音素」/b/は，破裂という「始発現象」で始まった現象がやはり破裂とい

IV. 仮説の検証

う「終末現象」で終わるというイメージを「音のジェスチュア」によって表しているのである．
② /f/：子音音素 /f/ は，気流がすき間から押し出されるイメージを表すと同時に，ややはげしいが，あまり粘りのない摩擦のイメージをも表すので，**blaff**, **Blaff**, **blaff**en / **bläff**en, **Blaff**er / **Bläff**er のようなオノマトペの「追加子音音素」となるのにふさわしい．
③ /k/：子音音素 /k/ は，硬口蓋から閉鎖を破って発せられるため，からりとした，しかし，突っかかるような，かなり鋭角的で軽いイメージを表す．それゆえ，「追加子音音素」の位置に立つ場合には，語頭の子音群が表す現象が「瞬間的」で「破裂的」な勢いを伴うことを追加的に説明するはたらきをする：**bläk**en, **blök**en．

E. 無アクセント綴に含まれる母音音素のはたらき

ここに集めた 8 個のオノマトペはすべて「単綴」であるため，考察すべき無アクセント綴はない．以下の考察において，無アクセント綴がない場合は，E. 項は省略する．

F. 考察のまとめ

以上の考察により，《仮説 1》より《仮説 6》は，/b/ ＋ /l/ で始まるオノマトペ 8 個すべてに当てはまると認められる．

3-2. /b/ ＋ /r/ で始まるオノマトペ

子音音素連続 /b/ ＋ /r/ で始まるオノマトペは次の 11 個である：**brabb**eln, **Brabb**elwasser, **bräg**eln, **brudd**eln, **Brudd**ler, **brumm**en, **Brumm**er, **brumm**eln, **brümm**eln, **brüll**en, **Brüll**er．子音音素連続 /b/ ＋ /r/ で始まるオノマトペは，B. で見るように，ほとんどもっぱら音響現象に関わっている．

A. /b/ ＋ /r/ が表すイメージ

子音音素 /b/ は，上で見たとおり，鈍角的で重々しい，持続する爆発とそれに続く震動のイメージを表す．他方，子音音素 /r/ は，持続的な空気の振動のイメージを表す．また，振動は「伝播」や「すばやさ」を含意している

のは言うまでもない.

　したがって,/b/＋/r/という子音音素連続が語頭に立つオノマトペに共通するのは「爆発＋振動」というイメージである.爆発と言い振動と言っても,その規模が実際にどの程度の大きさであるかはオノマトペの場合は問題にならない.「爆発＋振動」というのは現象としての性格づけにすぎない.このことはすでに標本としてオノマトペ „schnuren" を考察した際に確認した.私たちはドイツ語のオノマトペを考察するにあたって,「音のジェスチュア」はオノマトペの基になった音響現象の程度の差にはまったく無関係に,もっぱら現象の様態に関係して実現されるものであることを知らなければならないのである.

B. /b/＋/r/とオノマトペの意味の関わり

　見つかった11個のオノマトペについて,語頭の子音音素/b/が「始発現象」としての「爆発」を「音のジェスチュア」で表しており,語頭第2位の子音音素/r/がその「伝播」を「継続現象」として「音のジェスチュア」で以て表しているかどうかを検討する.

1) **brabb**eln：[aus dem Niederd. <mniederd. brabb(e)ln, wohl lautm.]（ugs.）: undeutlich vor sich hin reden:...（[低地ドイツ語より.＜中世低地ドイツ語のbrabb(e)ln.おそらく擬声語]（日常語）: 不明瞭に独り言を言う）.

2) **Brabb**elwasser：in der Fügung **B. getrunken haben**（ugs. scherh.; *redselig sein, unaufhörlich sprechen*）.（**B. getrunken haben** の成句でのみ.（日常語.冗談で；饒舌な,とめどなく喋る）.：火酒『小学館独和大辞典』）.

3) **bräg**eln：[mhd. bregeln, wohl lautm.]（südd.）:（*bes. von Fleisch u. Fett*) *spritzend braten, brutzeln*（（とりわけ肉や脂が）ぱちぱち音を立てて焼ける,（肉などが鍋の中で）じゅうじゅう音を立てて焼ける).

4) **brudd**eln：[zu ↑ brodeln]（ugs. landsch.）: *halblaut vor sich hin schimpfen*（小声で独り何かをののしる).

5) **Brudd**ler：jmd., der bruddelt（小声で独り何かをののしる人).

6) **brumm**en：[mhd., spätahd. brummen, lautm.]：**1.** *einen lang-*

— 272 —

IV. 仮説の検証

gezogenen tiefen Ton od. Laut hervorbringen: **2.** *sich brummend fortbewegen:* **3. a)** *mit tiefer Stimme unmelodisch [falsch] singen:* **b)** *leise, mit tiefer Stimme singen, summen* **4.** *etw. unverständlich u. in mürrischem Ton sagen:* **5.** (ugs.) **a)** *eine Haftstrafe [von bestimmter Zeit] verbüßen:* **b)** *in der Schule nachsitzen:* **6.** (ugs.) boomen: **7.** (Ballspiele Jargon) *wuchtig auf das Tor schießen:* ([mhd., spätahd. brummen. 擬声語]：(1. 長く引き伸ばした低い音あるいは音声を出す．2. 長く引き伸ばした低い音あるいは音声を出しながら移動する．3. a) 低い声で，メロディに乏しく，（間違って）歌う．b) そっと低い声で歌う，ハミングする．4. 何かを意味を聞き取れないくらい不機嫌な音調で言う．5.（日常語）a)［一定期間の］拘留形に服する：b) 学校で（罰として）居残りさせられる：6.（日常語）ブームになる：7.（球技の隠語）激しい勢いでゴールへシュートする）．

7) **Brumm**er：(ugs.)：**1.** *großes Insekt, bes. Schmeißfliege:*...（(日常語)：1. 大型の昆虫．とくに大黒蠅）．

8) **brumm**eln：(landsch. auch:) **brümm**eln **1.** *leise brummen* (3, 4) **2.** *[etw.] leise u.undeutlich [vor sich hin] sprechen, murmeln:*...（1. 低い声で brummen (3, 4) する．2.（何かを）不明瞭に，（誰に言うともなく）話す，つぶやく）．

9) **brüll**en [mhd. brüelen, lautm.]：**1.** *(von bestimmten Tieren) einen dumpfen, durchdringenden Laut ausstoßen:* **2. a)** *(in Erregung od. Wut) sehr laut sprechen, schreien:* **b)** *etw. sehr laut rufen, mit lauter Stimme äußern:* **c)** *laut schreien:* ([mhd. brüelen. 擬声語] 1.（特定の動物が）鈍い, 腹に響くような音を出す．2. a)（興奮して，あるいは激怒して）大声で話す，叫ぶ．b) 何かを声高に呼ぶ，大声で言う；c) 大声で叫ぶ）．

10) **Brüll**er：**a)** (ugs. abwertend) *jmd., der sehr laut spricht od. schimpf:*... **b)** (ugs.) *[vielstimmiges] Brüllen, Schreien:*...（(日常語) 大声で話す, 罵る人．b)（日常語）（多種の声で）うなる，叫ぶ）．

C. /b/ + /r/ で始まるオノマトペにおける「幹母音音素」の種類

① /a/：語頭の子音音素を「追加子音音素」として繰り返しているので，始原的な「音模倣」のオノマトペであるが，口にする内容は聞き分けることができないほど不分明で，しかるにその声だけがしっかりとしていて，そして，角のない，くっきりとしたイメージを与えるのであろう．その点から言えば，「もぐもぐ」という訳語は不似合いなように思われる：**brabb**e*ln*, **Brabb**e*l*wasser.

② /ɛː/：肉が焼け，脂が飛び散る音は，/a/ で表すほど明確ではないにしても，少なくとも暗いイメージは与えない．むしろ，かなりくっきりとしているので，擬音語の「幹母音」に /ɛː/ はふさわしいと言えるであろう．とりわけ，肉が焼けるのは継続的な現象であるから，長母音が使われているのも，オノマトペの基になった音響現象にふさわしいと考えられる：**bräg**e*ln*.

③ /ʊ/：**brudd**e*ln*, **Brudd**l*er*, **brumm**e*n*, **Brumm**e*r*, **brumm**e*ln* に共通しているのは「うなり」である．「うなり」の音色はどちらかと言えば暗い．「どちらかと言えば暗い」音色のイメージを表すには母音音素 /ʊ/ はふさわしい．

④ /ʏ/：**brümm**e*ln*, **brüll**e*n*, **Brüll**e*r* の「幹母音」として /ʏ/ が使われているが，この母音は，舌の位置は /ɪ/ でありながら唇の形は /ʊ/ である．明度がかなり明るい /ɪ/ でもなく，明度がかなり暗い /ʊ/ でもない．/ʏ/ の音色は一色ではなく，どちら付かずであるが，それこそ昆虫の羽根がうなるのにも，「激怒して大声で話す」のにもふさわしい母音である．

D. /b/ + /r/ で始まるオノマトペにおける「追加子音音素」

① /b/：「追加子音音素」が語頭の子音音素と同一であることは始原的なオノマトペの特徴であるが，それは「追加子音音素」があくまでも語頭の子音音素の表そうとした爆発とそれに続く震動のイメージを表そうとしているからである：**brabb**e*ln*, **Brabb**e*l*wasser.

② /d/：腹に響くような，ときには耳障りな，衝突・衝撃や炸裂のイメージを表す /d/ が「小声で独り何かをののしる」ことを表すオノマトペの「追加子音音素」として現れていることは，そのイメージにふさわ

IV. 仮説の検証

しい：**brudd**e**ln, Brudd**l**er.**
③ /m/：かなりどっしりと構えた，重い，持続的な抵抗のイメージを表す /m/ が，震わす羽音あるいはハミングを意味するオノマトペの「追加子音音素」として使われていることは，/m/ のイメージをよく生かしてはいないだろうか：**brumm**e**ln, brümm**e**ln, brumm**e**n, Brumm**e**r.**
④ /g/：**bräg**e**ln.** くぐもった，しかしゆったりとした，かなり鈍角的で重厚なイメージを表す /g/ は，肉が脂を飛び散らしながら焼けていく様を表すオノマトペの「追加子音音素」にふさわしい．反復を表す造語語尾 „-eln" も肉が脂を飛び散らしながら焼けていく様を再現するのに寄与している．
⑤ /l/：**brüll**e**n, Brüll**e**r.** 鈍い，腹に響くような音のイメージを表す語頭の子音音素連続 /b/ + /l/ の後を受ける「追加子音音素」として，腹に響くような音がさらに響き渡るのを再現するのに流動のイメージを表す子音音素 /l/ はふさわしい．

F．考察のまとめ
以上の考察により，《仮説 1》より《仮説 6》は，/b/ + /r/ で始まるオノマトペ 11 個すべてに当てはまると認められる．

3-3．/p/ + /l/ で始まるオノマトペ

語頭に子音連続 /p/ + /l/ を持つオノマトペは，次の 17 個である：**plapp**e**rn, pladd**e**rn, platz!, platz**e**n, platsch!, platsch**e**n, plansch**e**n, plätsch**e**rn, plärr**e**n, plotz**e**n, plump, plumps, plump**s**en, plaud**e**rn, plauz!, plausch**e**n, plitz platz!**

A．/p/ + /l/ が表すイメージ
子音音素 /p/ は，高くて軽やかな，瞬間的・破裂のイメージを表す．一方，子音音素 /l/ が表すのは，上で見たとおり，液体であれ，気体であれ「流動する」というイメージである．下の 17 例では /p/ + /l/ はいずれも，声ないし音が高く軽やかに，破裂的に発せられた後，伝播していくというイメージを表すはたらきをしている．

B. /p/ ＋ /l/ とオノマトペの意味の関わり

1) **plapp**ern：[lautm.] : **a)** (ugs.) *viel u. schnell aus naiver Freude am Sprechen reden.* **b)** (ugs. abwertend) *reden:* nur Unsinn p. ([擬声語]：**a)** 無邪気にただ話すのが嬉しくて早口にいろいろなことを喋る. **b)**（日常語. 軽蔑的に）話す：nur Unsinn p.「大した意味もないことを喋りまくる」).

2) **pladd**ern：[lautm.] (nordd.) : **1.**<unpers.>*in großen Tropfen heftig u. mit klatschendem Geräusch regnen:*... **2.** *mit klatschedem Geräusch an, auf, gegen etw. schlagen:*... ([擬音語]（北ドイツ方言）：**1.** ＜非人称動詞＞大粒の雨がぱらぱらと音を立てて降ってくる. **2.** ぱらぱらと音を立てながら何かに打ち当たる).

3) **platz!**：間投詞.（はじける音, はげしくぶつかる音）パチン, パシン, パタン：『小学館独和大辞典』.

4) **platz**en：[mhd. platzen, blatzen, lautm.] : **1.a)** *durch Druck [von innen] plötzlich u. gewöhnlich unter [lautem] Geräusch auseinandergerissen, gesprengt werden, auseinanderfliegen, zerspringen, in Stücke springen, zerrissen od. zerfetzt werden:* ([mhd. platzen, blatzen. 擬音語]：**1.a)** 圧力によって（内側から）突然, そして普通は（高い）音とともに引き裂かれる, 粉々になる, ばらばらになる, ちぎられる, ずたずたに引きちぎられる).

5) **platsch!** <Interj.>: lautm. für ein Geräusch, das entsteht, wenn etw. auf eine Wasseroberfläche aufschlägt od. wenn etw. Nasses auf den Boden fällt.（＜間投詞＞何かが水面に叩きつけられるか, 何か濡れた物が床に落ちたときの擬声語).

6) **platsch**en：[spätmhd. blatschen, blatzen, lautm.] : **1.** (ugs.) **a)** *ein [helles] schallendes Gräusch von sich geben:* **b)** *mit einem [hellen] schallenden Geräusch auftreffen:* der Regen platscht monoton gegen die Scheiben: **2.** (ugs.) *sich im Wasser bewegen u. dadurch ein helles, schallendes Geräusch verursachen:* **3.** (ugs.) (von etw. Schwerem) [mit einem klatschenden Geräusch] *auf, in etw. fallen:* **4.**<unpers.> (landsch.) *heftig regnen:* ([spätmhd. blatschen, blatzen. 擬音語] **1.**（日常語）**a)**

Ⅳ. 仮説の検証

明るい，あたりに鳴り渡る噪音を立てる：**b)** 明るい，あたりに鳴り渡る噪音を立てながら衝突する：der Regen platscht monoton gegen die Scheiben「雨が単調な音を立てながら窓ガラスに当たる」**2.**（日常語）水中を移動して，明るいあたりに鳴り渡る噪音を立てる：**3.**（日常語）（何か重い物が）（ぱちゃっと音を立てながら）何かの上へ，中へ落ちる：**4.** ＜非人称動詞＞（方言）激しく雨が降る）．

7) **plansch**en：[lautm., nasalierte Nebenf. von ↑ platschen]：*Wasser mit Armen u. Beinen in Bewegung bringen, umherspritzen:*（[擬音語．↑ platschen の鼻音化された別形]：水を両腕と両足で動かす，あたりへ跳ねかける）．

8) **plätsch**ern：[lautm., Interativbildung zu ↑ platschen]：**1. a)** *durch eine Wellenbewegung od. im Herabfließen beim Aufprall ein gleichmäßig sich wiederholendes Geräusch verursachen:* **b)** *sich plätschernd（1a）im Wasser bewegen:* **2.** *plätschernd（1a）fließen:*（[擬音語．↑ platschen の反復動詞]：**1.a)** 波状運動によって，あるいは，流れ落ちながら何かに衝突して均等に繰り返す噪音を立てる；**b)** 上のような音を立てながら水の中を移動する：**2.** 1.a)のような音を立てながら流れる）．

9) **plärr**en：[mhd. bler(r)en, lautm.]（abwertend）：**1. a)** *in unangenehm u. unschön empfundener Weise laut u. breitgezogen-gequetscht reden;* **b)** *plärrend（1a）von sich geben:* **2.** (emotional) *laut [jammernd] weinen:*（[mhd. bler(r)en. 擬音語]（軽蔑的）：**1. a)** 不快かつ非美的に感じられるやり方で声高に，くどくどあれこれと話す；**b)** 1. a)のような話し方で何かを語る；**2.**（感情的）大声で(嘆き悲しみながら)泣く）．

10) **plotz**en：[zu veraltet, noch landsch. Plotz, spätmhd. ploz = klatschender Schlag, hörbarer, dumpfer Fall, Stoß, lautm.; 2: eigtl. = stoßweise rauchen]（landsch., bes. westmd.）：**1.** (von Baumfrüchten) zu Boden fallen, hart aufschlagen (so daß Druckstellen entstehen)：**2.** (bes. Zigaretten) rauchen:（[古くなったが，なお方言で使われる Plotz より．spätmhd. ploz =「ぴちゃっと音を立てて打つ，音高い，鈍い落下音，衝突音；2: 本来は＝断続的にタバコ

— 277 —

をふかす］（方言．とくに西中部ドイツの）：**1．**（果実が）地面に落ちる，激しい勢いで当たる（凹みができるくらいに）：**2．**（とくに葉巻を）くゆらす）．

11）**plump**：[aus dem Niederd. <mniederd. plump, eigtl. = lautm. Interj., vgl. plumps] : **a**) von dicker, massiger, unförmiger Gestalt, Form: **b**) (bes. von Bewegungen von Menschen u. Tieren. aufgrund einer plumpen (a) Gestalt) schwerfällig, unbeholfen, ungeschickt, unbeweglich, ungelenk: **c**) (abwertend) sehr ungeschickt od. dreist [u. deshalb leicht als falsch, unredlich durchschaubar] :...（低地ドイツ語より．<mniederd. plump. 本来は擬音語．lumps を見よ）：**a**) 太った，かさばった，ぶさいくな姿や形：**b**)（とくに人間や動物が plump a) のような形状のゆえに）鈍重である，ぎこちない，不器用である，動かない，たどたどしい：**c**)（軽蔑的に）非常に不器用な，あるいは，図々しい（そしてそれゆえに，容易に偽で，不正直だと見抜かれる））．

12）**plumps**：<Interj.> lautm. für ein <u>dumpfes, klatschendes</u> Geräusch, wie es beim <u>Aufschlagen</u> eines [schweren] fallenden Körpers entsteht.（<間投詞>（重い）落下物体が落ちて地面に<u>衝突</u>したときのような，<u>鈍い衝撃音の擬音語</u>）．

13）**plumps**en：(ugs.) **1.**<unpers.>*ein dumpfes, klatschendes Geräusch, wie es beim <u>Aufschlagen</u> eines schweren fallenden Körpers entsteht, erzeugen; plumps machen:* **2.** mit einem Plumps (a) irgendwohin fallen, auftreffen:（**1．**<非人称動詞>重い落下物体が落ちて地面に衝突したときのような鈍い衝撃音を立てる：**2．1．**のような音を立ててどこかへ落ちる，衝突する）．

14）**plaud**ern：[spätmhd. plūdern, verw. mit mhd. plōdern, blōdern = rauschen, schwatzen, lautm.] : **1. a**) *sich gemütlich u zwanglos unterhalten:* **b**) *in unterhaltendem ungezwungen-leichten Ton erzählen:*（[spätmhd. plūdern. mhd. plōdern, blōdern =「ざわめく，おしゃべりする」と語源的に関係あり．擬音語］：**1. a**) 快適に，のびのびと談笑する：**b**) 談笑するような，のびのびとした軽やかな調子で語る．**2．**秘密などをしゃべってしまう．

Ⅳ. 仮説の検証

15) **plauz!**：<Interj.>（ugs.）: lautm. für einen dumpfen Knall, der bei einem Aufprall, Aufschlag entsteht：(＜間投詞＞（日常語)衝突や激突の際の鈍い打撃音の擬音語).

16) **plausch*en***：[lautm. verw. mit ↑ plaudern]：**1.**（landsch., bes. südd., österr.）sich（im vertrauten Kreis）gemütlich unterhalten: **2.**（österr.）übertreiben, lügen: **3.**（österr.）plaudern（2）:...（[擬音語．↑ plaudern と語源的に関係あり]：**1.**（方言．とりわけ南ドイツ，オーストリア方言）(気心の知れた仲間うちで)快適に談笑する：**2.**（オーストリア方言）誇張する，嘘をつく：**3.**（オーストリア）plaudern（2））.「気楽な」(gemütlich u. zwanglos, ungezwungen-leicht)「おしゃべり」は，軽い水音を立てて流れてゆく水と同じように認知されるのであろう.「おしゃべり」を意味する動詞は，「水の衝突」に関わっているオノマトペと同じ子音群を語頭に与えられている．そして,「気楽なおしゃべり」は「気楽さ」のゆえに無内容に堕しやすく，無内容なおしゃべりは「無内容」のゆえについには周囲によって不快に感じられるに至る．無論，声高なおしゃべりはもともと周囲にとって不快である.「気楽なおしゃべり」から「無内容なおしゃべり」を経て,「声高なおしゃべり」までのグループは「おしゃべりの系列」である.「おしゃべり」とは連続する音声の発射であるから，音響現象としては銃器の発射とおなじく，まず「空気の排除」が第1段階として起こる．続いて，第2段階として「排除」された空気の「移動」が起こると考えてまちがいないであろう.「音転写」(Lautübertragung) を契機とするオノマトペはドイツ語には数多くないのであるが，これはその数少ない例の一つである.

「音転写」(Lautübertragung) を契機とするオノマトペ以外のどのグループの実例にも共通する現象の捉え方として,「空気の排除」の第1段階と，それに続く，排除された空気の「移動」という第2段階が認められると考える．

17) **plitz platz!**：[lautm. für große Schnelligkeit, Unerwartetheit, Plötzlichkeit]（ugs.）: plötzlich:...（[非常なすばしこさ，思いがけなさ，突然さの擬音語]（日常語)：突然). しかも，語頭の破裂音 p [p] から側音 l [l] へのとぎれのない移行，語末の破擦音 tz [ts] の

破裂音から摩擦音への瞬時の移行もまた,「すばやさ」のイメージを音素へ取り入れたものと思われる. „plitz" に „platz" を追いかぶせるように並べているのは,「ぶっきらぼう」のイメージを固定するためであろう.

C. /p/ ＋ /l/ で始まるオノマトペにおける「幹母音音素」の種類

① /a/:「明確」,「簡易」,「確乎」,「中立」のイメージを表す母音音素 /a/ は, 次のオトマトペにふさわしい: **plapp**e*rn*「ぺちゃくちゃ喋る」, **pladd**e*rn*「雨音を立てて激しく降る」, **platz**!「ぱあん」, **platz**en「炸裂する」, **platsch**!「ぱちゃん(水面を打つ音)」, **platsch**en「ぴちゃぴちゃと音を立てる」, **plansch**en「ぱちゃぱちゃ水を跳ね飛ばす」.

② /I/: **plitz platz!** が表す「すばやさ」という「視覚の領域における感覚」がどうして„plitz platz" という音連続と結びつくかは, *Klappenbach / Steinitz*† の説明が簡潔かつ的確に答えている. すなわち, „plitz, platz weist durch seine kurzen, abgebrochenen Silben auf einen unvermuteten, plötzlichen Vorgang hin"(„plitz, platz" は, その短くかつぶっきらぼうな綴によって予期せぬ突然の出来事を指している). 何よりも „plitz" も „platz" も単綴であるうえ, 単語として短く, そのうえ母音が短いため, いかにもぶっきらぼうに切り上げた印象である.

③ /ɛ/: 母音音素 /ɛ/ は「明朗」,「くっきり」,「丸ろやか」のイメージを表す. これは **plätsch**e*rn*「ぴちゃぴちゃ音を立てる」, **plärr**en「ぎゃあぎゃあ言う(泣く・鳴く)」オノマトペの音色を表すのにふさわしい.

④ /ʊ/:「低い」,「暗い」,「厚くなくて薄い」,「細くなくて太い」,「短い前出の „plitz platz" には「すばやさ」というどちらかと言えばポジティヴな意味があるのに, 同じく „pl" /p/ ＋ /l/ という子音音素連続を語頭に頂きながら „plump" には「不格好」とか「不器用」というどちらかと言えばネガティヴな意味があるのは, „plitz platz!" の「幹母音」と „plump!" の「幹母音」の違いにかかっている. 母音 /I/ は明度が高いため「明る」く, 母音 /a/ は彩度が高いがゆえに「濃」く感じられる

— 280 —

IV. 仮説の検証

のに反して，母音 /ʊ/ は明度が低いがゆえに「暗」く感じられるのがその原因である：**plump**「のろまな」，**plump**s「どすん」，**plump**sen「ずしん（どすん・どぼん）と音を立てる」．

　この観察から，ドイツ語のオノマトペに使われる子音が有声であるか無声であるかは，オノマトペの元になった音響現象が与える印象に関係していると言うことができる．オノマトペ „bardauz" と並んで „pardauz" が存在する場合は，元の音響現象が与える印象の違いが，無声子音か有声子音かの使い分けに反映していると見るべきである．

⑤ /ɔ/：「暗さ」，「強かさ」，「断固」，「低いというよりは高い」イメージを表す母音音素 /ɔ/ は，「（果実が）地面に落ちる」，「（タバコを）すぱすぱ吸う」を意味するオノマトペ **plotz**en の「幹母音」にふさわしい．また，「（タバコを）すぱすぱ吸う」の場合は「幹母音」が同時に口による「音のジェスチュア」にもなっている．

⑥ /aʊ/：母音音素 /aʊ/ が表す「明確だが鈍角的」というイメージは **plaud**ern，「どしん，ばたん」を意味するオノマトペ **plauz**! の「幹母音」にふさわしいほか，**B.** の 16) plausch**en** で述べたように，plauschen の /aʊ/ の音色によって「おしゃべり」のイメージに関わっている．

D. /p/ ＋ /l/ で始まるオノマトペにおける「追加子音音素」

① /p/：**plapp**ern の /p/ は，「ぺちゃくちゃしゃべる」を意味するオノマトペにふさわしい．

② /d/：有声／閉鎖・破裂／歯音音素 /d/ が「水の衝突」に関係する場合，有声であることが「水の衝突」の「はげしい」（heftig）ことを意味する：**pladd**ern, **plaud**ern.

③ /ts/：/ts/ が表すイメージのうち「軽快」，「硬質」，「破裂」がオノマトペ **platz**!「ぱあん」，**platz**en「破裂する」，**plitz platz**!「突然に」，**plotz**en「（果実が）地面に落ちる」，「（タバコを）すぱすぱ吸う」，**plauz**!「どしん，ばたん」の「追加子音音素」にふさわしい．

④ /tʃ/：無声子音 ss [s] や tsch [tʃ] が「水の衝突」に関係する場合は，「水の衝突」が生む音響現象は明るいと感じられる．そのことは，„prasseln"/„prassen"/„platsch"/„platschen"/„plätschern" の辞書の説

— 281 —

明にある „hell" という形容によって知ることができる：**platsch!**「ばちゃん（水面を打つ音）」，**platsch**en「ぴちゃぴちゃと音を立てる」，**plätsch**ern「ぴちゃぴちゃ音を立てる」．

⑤ /ʃ/：「空気の移動」，「音声の伝播」をイメージとして表す /ʃ/ は，**plausch**en「おしゃべりする」の「追加子音音素」にふさわしい．

⑥ /m/：「重々しい」，「構えた」，「重量感」，「持続的な抵抗」などをイメージとして表す子音音素 /m/ は，オノマトペ **plump**「のろまな」，**plump**s「どすん」，**plump**sen「ずしん（どすん・どぼん）と音を立てる」にふさわしい．

⑦ /n/：子音音素 /n/ が表す「かなりあっさりとした，軽い，やや持続的な抵抗」のイメージは **planschen** にふさわしい．さらに続く第2の「追加子音音素」の /ʃ/ が「空気の移動」，「音声の伝播」をイメージとして表すから，これまたオノマトペ **plansch**en にふさわしい．

⑧ /r/：**plärr**en は「不快かつ非美的に感じられるやり方で声高に，くどくどあれこれと話す」ことを意味するので，その「くどくど」を表すために「持続」のイメージを表す「追加子音音素」の /r/ が投入されたと考える．

F. 考察のまとめ

以上の考察により，《仮説1》より《仮説6》は，/p/ + /l/ で始まるオノマトペ17個すべてに当てはまると認められる．

3-4. /p/ + /r/ で始まるオノマトペ

語頭に子音連続 /p/ + /r/ を持つオノマトペは次の5個である：**prahl**en, **prass**en, **prass**eln, **präp**eln, **prust**en.

A. /p/ + /r/ が表すイメージ

子音音素 /p/ が表すのは，高くて軽やかな，瞬間的・破裂のイメージである．子音音素 /r/ が表すのは，持続的な振動を伴う伝播のイメージである．下の5例ではいずれも，/p/ + /r/ は声ないしは音が高く，かつ軽やかに，破裂的な勢いを以て発せられ，それが持続的な振動とともに伝わっていくというイメージを表す．あるいは，そのようなイメージを下敷きにした比喩的

IV. 仮説の検証

な意味を表す．

B. /p/ ＋ /r/ とオノマトペの意味の関わり

1) **prahl**en：[urspr. wahrsch. = brüllen, schreien, lärmen; lautm.] : **a)** *sich wirklicher od. vermeintlicher Vorzüge o.ä. übermäßig od. übertreibend rühmen, sie hervorhebend erwähnen:*（[根元的にはおそらく擬声語＝牛が鳴く，叫ぶ，騒ぐ]：**a)** 現実の，あるいは架空の長所を過度に，あるいは誇張して自慢する；それらを強調して述べる）．

2) **prass**en：[aus dem Niederd.<mniedert brassen urspr. wohl lautmal. für das Geräusch bratender Speisen] : *verschwenderisch leben, bes. essen u. trinken; schlemmen :...*（[低地ドイツ語から＜中世オランダ語の brassen．本来はおそらく，肉などを焼く料理の擬音語]：贅沢な生活を，とりわけ飲み食いをする，美食する）．

3) **prass**eln：1. *mit kurz aufeinanderfolgenden knackenden Geräuschen (lichterloh) brennen:* 2. *mit kurz aufeinanderfolgenden knackenden Geräuschen fallen, aufschlagen:...* („lautnachahmend" の表示なし：*Klappenbach / Steinitz*†).（1. 短く相次いで，ぱちぱちいう音を立てて（炎々と）燃える：2. 短く相次いで，ぱちぱちいう音を立てて落ちてくる，打ち当たる）．

4) **präp**eln：[eigtl. = kleine Bissen essen. auch: eine（besondere）Mahlzeit zubereiten, wohl lautm. nach dem Geräusch kochender od. bratender Speisen]（landsch.）: [*etwas Gutes*] *essen:*（[本来は「一口食べる」，また「（特別な）食事を作る」，おそらく食べ物を煮たり焼いたりする噪音をまねた擬音語]（方言）：何か美味なものを食べる）．

5) **prust**en：[aus dem Niederd. <mniederd. prüsten, lautm.] :1. *Atemluft mit dem Geräusch des Sprudelns, Blasens od. Schnaubens heftig ausstoßen:*（低地ドイツ語より．<mniederd. prüsten, 擬音語]：1. 噴き出るような，風が吹くような，激しく鼻で息をするような噪音とともに呼気を吐き出す）．

C. /p/＋/r/で始まるオノマトペにおける「幹母音音素」の種類

① /aː/：「大きなことを言う」を意味するオノマトペ **prahl**en も，起源的には「叫ぶ」であったのであるから，「明確」，「確乎」，「正道」，「ゆとり」，「長さ」のイメージを表す母音音素 /aː/ が「幹母音」としてふさわしいと言えよう．

② /a/：「ぱらぱら」や「ぱちぱち」という音に関わるオノマトペ **prass**en, **prass**eln の「幹母音」は，「明確というよりは簡易」，「確乎というよりは確実」，「中立的」，「短い」イメージを表す母音音素 /a/ がふさわしい．

③ /ɛː/：「おいしく物を食べる」**präp**eln の語源は「食べ物を煮たり焼いたりする噪音」をまねた擬音語であるから，「明朗」，「くっきり」，「丸ろやか」のイメージを表す母音音素 /ɛː/ が「幹母音」に使われていることは適当であると考える．

④ /uː/：「荒い息づかいをする」**prust**en の「幹母音」は「低い」，「暗い」，「薄い」，「長い」イメージを表す /uː/ がふさわしい．

D. /p/＋/r/で始まるオノマトペにおける「追加子音音素」の種類

① /p/：「食べ物を煮たり焼いたりする噪音」のまねが語源である **präp**eln では，語頭子音音素の /p/ がふたたび「追加子音音素」として現れている．始原的なオノマトペの特徴であるが，重複して現れることによって食べ物を煮たり焼いたりする際の破裂的な噪音を強調していると言うことができる．

② /s/：「気体移動に伴う軽い摩擦」のイメージを表す子音音素 /s/ が，肉などを焼いて料理する際の音の模倣を語源とするオノマトペ **prass**en や，「ぱちぱちいう音を立てて(炎々と)燃え上がる」ことを意味するオノマトペ **prass**eln，はげしく呼気を吐き出すことを意味するオノマトペ **prust**en の「追加子音音素」として配置されているのは適切である．**prust**en の場合は，さらに第2の「追加子音音素」として「頭に響く」，「耳に突き刺さる」，「衝突」，「衝撃」，「炸裂」のイメージを表す /t/ がつけ加えられていることもマトペの意味にふさわしい．

③ /l/：現在では「大きなことを言う」を意味する **prahl**en も語源は「牛が鳴く，叫ぶ」であった．その意味においては「流動」，「通気」のイ

IV. 仮説の検証

メージを表す /l/ は当を得た配置である．

F. 考察のまとめ
以上の考察により，《仮説1》より《仮説6》は，/p/＋/r/で始まるオノマトペ5個すべてに当てはまると認められる．

以上 **3-1.** から **3-4.** にかけて考察した，子音音素群 /b/＋/l/, /b/＋/r/, /p/＋/l/, /p/＋/r/ で始まるオノマトペを通じて，次のように言うことができよう．1) 語頭に有声の子音音素 /b/ が立てば，「追加子音音素」の位置にも有声の子音音素が来る傾向がある．2) /b/ と /l/ だけは，「追加子音音素」の位置に有声子音音素が来ることもできるし，無声子音が来ることもできる．3) とりわけ /b/ が「追加子音音素」の位置に出現する頻度は高い．4) 子音連続 /p/＋/l/, /p/＋/r/ で始まるオノマトペは，「追加子音音素」の位置に子音音素連続が来る率が高い．5) すべての母音が等しい頻度で現れているわけではなく，/a/, /ɛ/, /ʊ/ がかなり集中的に使われており，他の母音の使用頻度は散発的である．6) 子音音素連続 /b/＋/l/, /b/＋/r/, /p/＋/l/, /p/＋/r/ で始まるドイツ語のオノマトペに含まれる「追加子音音素」が有声であるか無声であるかは，オノマトペの元になった音響現象の印象に関係している．すなわち，音響現象が有声と感じられた場合は「追加子音音素」は有声となり，音響現象が無声と感じられた場合は「追加子音音素」も無声となると考えられる．その意味で，これらの「追加子音音素」は「音模倣」を契機としてオノマトペに導入されたと言うことができる．

3-5. /t/＋/r/で始まるオノマトペ

子音音素連続 /t/＋/r/ で始まるオノマトペは次の9個である：**trapp**en, **trapp**eln, **tripp**eln, **trenz**en, **tröt**en, **tratsch**en, **Tromm**el, **Triel**, **Trill**er.

A. /t/＋/r/ が表すイメージ
/t/＋/r/ が表すのは，「始発現象」として「頭に響く」，「耳に突き刺さる」，「衝突」，「衝撃」，「炸裂」などイメージを伴う音が発せられて，これに震動しつつ伝わってゆくという「付随現象」が続くというイメージである．

B. の具体例を観察すると，子音連続 /t/＋/l/ がオノマトペに導入された契機は「音のジェスチュア」であることが分かる．この「始発現象」と「付随現象」がその後いかなる経過を辿るかは，「追加子音音素」の種類にかかっている．また，オノマトペが表す音響現象の音色がどのような音色であるかは，「幹母音」の決定するところである．**B.** ではそのバラエティを見ることができる．

B. /t/ ＋ /r/ とオノマトペの意味の関わり

1) **trapp**en：[aus dem Niederd.<mniederd. trappen, urspr. lautm.]：*mit kurzen u. hörbaren Schritten gehen.*（[低地ドイツ語より＜ mniederd. trappen. 本来は擬音語]：短い，聞きとれる<u>足音を立てて歩く</u>）．

2) **trapp**eln：[zu ↑ trappen] **a)** mit kleinen, schnellen u. hörbaren Schritten gehen；**b)** in schnellem Wechsel kurz u. hörbar auf den Boden treten：(小刻みに，素早く，<u>高い足音で歩く</u>；**b)** 左右交替に，小刻みに，<u>足音高く床を鳴らして歩く</u>)．

3) **tripp**eln：[spätmhd. trippeln, lautm.]：**a)** kleine, schnelle Schritte machen:…；**b)** sich trrippelnd (a) irgendwohin bewegen：([spätmhd. trippeln. 擬音語]：**a)** 小刻みに，素早く歩く；**b)** 上のような歩き方でどこかへ移動する)．

4) **trenz**en：[wohl lautm.] (Jägerspr.)：(vom Rothirsch in der Brunst) eine rasche Folge von abgebrochenen, nicht lauten Tönen von sich geben.（[おそらく擬声語]（猟師用語）（発情期の赤鹿が）高くないとぎれとぎれの声を続け様に発する)．

5) **tröt**en：[lautm.] (landsch.)：blasen (2a).（[擬音語]（方言）(吹奏楽器を)吹く)．

6) **tratsch**en：[ursprg., lautm.] (ugs., abwertend)：[gehässig] klatschen (4a)：([本来は擬音語]（日常語，軽蔑的に）(意地悪く)<u>拍手をする</u>)．

7) **Tromm**el：[mhd. trumel, zu：trumme = Schlaginstrument, lautm.]：([mhd. trumel.「打楽器」を意味する trumme より．擬音語]：<u>太鼓</u>)．

IV. 仮説の検証

8) **Triel**：[H. u., wohl lautm.]：schnepfenähnlicher Vogel.（[由来の詳細不詳．おそらく擬声語]：田鴫に似た鳥；いしちどり（石千鳥））

9) **Trill**er：[ital. trillo, wohl lautm.]：rascher, mehrmaliger Wechsel zweier Töne（bes. eines Tones mit einem benachbarten Halb- od. Ganzton als musikalische Verzierung einer Melodie）：（[ital. trillo. おそらく擬声語]：二つの音が何度も忙しく入れ替わること（とりわけ，一つの音が隣の半音あるいは全音と入れ替わってメロディの音楽的装飾となること））．1. [音楽] トリル．2. さえずり）

C. /t/ + /r/ で始まるオノマトペにおける「幹母音音素」の種類

① /a/：高く響く足音は開口度がもっとも広い /a/ によって「明確」に響き渡る：**trapp**en. **trapp**eln の場合は，造語語尾 „-eln" のはたらきによって高く響く足音が繰り返されることがさらに表される．

② /ø:/：吹奏楽器の「耳に突き刺さる」高い音は，「衝撃」として耳を襲い，耳元で「炸裂」する．しかし，音色は，単純ではなくて，陰にこもって根強い尾を引く：**tröt**en.

③ /i:/：いしちどりの鳴く声は，音色が「透明」で「甲高く」，「鋭角的」である．しかし，耳に突き刺さるような濃厚さはなくて，むしろ，「淡泊」である．この鳴き声の音色を再現するのに，「透明」，「甲高い」，「鋭角的」，「淡泊」のイメージを持つ /i:/ が「幹母音」に選ばれているのはふさわしいことであると思われる：**Triel**.

④ /ɪ/：**tripp**eln が「小刻みに，素早く歩く」ことを意味するのは，それが擬態語として使われたのである．「幹母音」が「明晰」，「やや甲高い」，「やや鋭角的」，「繊細」のイメージを表すために「幹母音」/ɪ/ が使われている：**Trill**er.

⑤ /ɛ/：**trenz**en.「くっきり」とした，「まろやか」なイメージを与える母音音素の /ɛ/ は発情期の雄鹿が雌を呼ぶ鳴き声の音色を表すのにふさわしい．

⑥ /ɔ/：ドラム **Tromm**el の音色の「暗さ」，「強かさ」，「断固」のイメージを持つ /ɔ/ で再現している．

— 287 —

D．/t/ ＋ /r/ で始まるオノマトペにおける「追加子音音素」の種類

① /p/：大股で闊歩するのであろうと，小走りに忙しげに歩むのであろうと，履き物が地面に接するとき，そこには小さな「破裂」が起こっている．「追加子音音素」/p/ は，この破裂を「音のジェスチュア」によって再現している：**trapp**en, **trapp**eln, **tripp**eln.

② /t/：**tröt**en では「追加子音音素」として語頭の子音音素と同じ /t/ が繰り返されている．吹奏楽器の「頭に響く」，「耳に突き刺さる」音がずっと続いていることを表すとともに，楽器の音の特徴を強調している．

③ /m/：子音音素 /m/ は「重々しい」，「構えた」，「重量感」，「持続的な抵抗」のイメージを表す．それはドラムの響きのイメージである：**Tromm**el.

④ /n/：男鹿が鼻を鳴らすとき「追加子音音素」に，「かなりあっさりとした，軽い，やや持続的な抵抗」のイメージを表す /n/ と硬質な破裂のイメージを表す /ts/ が配置されているのはふさわしいことに思われる：**trenz**en.

⑤ /l/：子音音素 /l/ は「流動」，「通気」のイメージを表す．いしちどりが鳴く喉にせよ，鳥がさえずる喉にせよ，トリルを奏でる楽器にせよ，そこには声が，あるいは音楽が「流れ」ている：**Triel**, **Trill**er.

F．考察のまとめ

以上の考察により，《仮説1》より《仮説6》は，/t/ ＋ /r/ で始まるオノマトペ9個すべてに当てはまると認められる．

3-6．/g/ ＋ /l/ で始まるオノマトペ

/g/ ＋ /l/ で始まるオノマトペは次の5個である：**gluck!**, **gluck**en, **gluck**ern, **glucks**en（→ **gluck**ern），**Glock**e.

A．/g/ ＋ /l/ が表すイメージ

/g/ ＋ /l/ が表すのは，「始発現象」として /g/ によって表される「不透明」，「くぐもった」，「ゆったりとした」，「鈍角的」，「重厚」なイメージに，/l/ によって表される「流動」，「通気」のイメージの「付随現象」が続くというイメージである．この「始発現象」と「付随現象」がその後いかなる経過を辿

IV. 仮説の検証

るかは,「追加子音音素」の種類にかかっている. また, オノマトペが表す音響現象の音色がどのような音色であるかは,「幹母音」の決定するところである. **B.** でそのバラエティを見ることができる.

B. /g/ + /l/ とオノマトペの意味の関わり

1) **gluck!**：<Interj.> **1.** lautm. für das Glucken der Henne. **2.** lautm. für das Glucken einer Flüssigkeit:... (＜間投詞＞ **1.** 雌鳥のくっくっ, こっこっという鳴き声の擬声語. **2.** 液体がとくとく, ごぼごぼと立てる音の擬音語).

2) **glucken**：[mhd. glucken, lautm. für die Laute mehrerer Vogelarten, bes. für die Laute der Henne beim Brüten od. Locken, u. für die dunkel klingenden Laute von leicht bewegtem Wasser]：([mhd. glucken. 何種類かの鳥の鳴き声の擬声語. とりわけ抱卵しようとしている雌鳥がくっくっと鳴く, あるいは雛を呼ぶために雌鳥がこっこっと鳴く声の擬声語]).

3) **gluckern**：[zu ↑ glucken]：**1.** (von einer Glüssigkeit) durch leichte [Wellen] bewegungleise, dunkel klingende Laute hervorbringen: **2.** (von einer Flüssigkeit) sich fließened fortbewegen u. dabei leise, dunkel klingende Laute hervorbringen: ([glucken を参照]：**1.** (液体が)軽い(波状)運動によって, 暗い響きのする音を立てる：**2.** (液体が)流れながら移動しながら軽い, 暗い響きの音を立てる).

4) **glucksen** → **gluckern**.

5) **Glocke**：[mhd. glocke, ahd. glocca, clocca < air. cloc(c), lautm.; im Rahmen der Missionstätigkeit ir. Mönche übernahmen die Germanen mit der Sache auch das kelt. Wort]：**1.** ... ([mhd. glocke, ahd. glocca, clocca < air. cloc(c). 擬音語：アイルランド人の修道僧の布教活動下にあったゲルマン人たちが鐘とともにケルト語の名称も借用した]：**1.**...：鐘)

C. /g/ + /l/ で始まるオノマトペにおける「幹母音音素」の種類

① /ʊ/：雌鳥が雛を呼び寄せるための鳴き声も, 液体が瓶の口から流れ出

る音も，ともに「不透明」，「くぐもった」，「ゆったりとした」，「鈍角的」，「重厚」な響きであるという点では共通している．そして，これらのオノマトペはそのような響きとともに液体なり声なりが「流れていく」という点でも共通している：**gluck!**, **gluck**en, **gluck**ern, **glucks**en（→ gluckern）．その際の音色は「低い」，「暗い」，「薄い」，「太い」，「短い」というイメージを帯びている．

　② /ɔ/：鐘が鳴るときの音色は，たんに暗い沈んだ音色というだけでは足りない．そこには「暗さ」のほかに，「強かさ」と「断固」たるイメージが共存している：**Glock**e．

D．/g/ ＋ /l/ で始まるオノマトペにおける「追加子音音素」の種類

① /k/：**gluck!**, **gluck**en, **gluck**ern, **glucks**en（→ gluckern），**Glock**e に「追加子音音素」/k/ が共通しているのは，雌鳥の鳴き声にも鐘の音色にも「鋭角的」，「軽快」，「瞬間的破裂」のイメージがつきまとっており，それを /k/ が「音のジェスチュア」として真似たのである．

F．考察のまとめ

　以上の考察により，《仮説1》より《仮説6》は，/g/ ＋ /l/ で始まるオノマトペ5個すべてに当てはまると認められる．

3-7．/k/ ＋ /v/ で始まるオノマトペ

　子音音素連続 /k/ ＋ /v/ で始まるオノマトペは合わせて11個であった：**quabb**eln, **quak!**, **quak**en, **quäk**en, **quiek**en, **quieks**en（<ugs.> → quieken），**quatsch!**, **quatsch**en, **quiek!**, **quietsch**en, **quorr**en．

A．/k/ ＋ /v/ が表すイメージ

　子音音素 /k/ が表すのは，からりとした，しかし，突っかかるような，かなり鋭角的な軽い破裂のイメージである．一方，子音音素 /v/ が表すのは，はげしく，かつ粘りのある摩擦のイメージである．また，音・声に関しては「うなり」を伴うことをイメージとして表す．それゆえ，/k/ ＋ /v/ という子音音素連続が表すのは，からりとした，しかし，突っかかるような，かなり鋭角的で軽い破裂的な音ないしは声が粘りのある摩擦を伴っているイメージ

Ⅳ. 仮説の検証

である.

B. /k/ + /v/ とオノマトペの意味の関わり

1) **quak!**：<Interj.> : **1.** lautm für den Laut, den der Frosch von sich gibt. **2.** lautm. für den Laut, den die Ente von sich gibt.（＜間投詞＞：**1.** 蛙の鳴き声の擬声語. **2.** 鴨の鳴き声の擬声語）. **quak!** は, 蛙の鳴き声のイメージを「音模倣」で表したものである.

2) **quak**en：[lautm.] : **a)** (bes. von Frosch od. Ente) *den Laut quak von sich geben*:...; **b)** (salopp abwertend) *in unangenehmer, als lästig empfundener Weise reden*:... ([擬声語]：**a)** (とりわけ蛙あるいは鴨が)があと鳴く. **b)** (ぞんざいに軽蔑して)不快な, 煩わしいと感じられるやり方で話す).

3) **quäk**en：[lautm.] (meist abwertend) : **a)** *schrill u. zugleich heiser, gepresst, quengelnd tönen:* **b)** *[als Ausdruck der Unzufriedenheit] quäkende (a) Laute von sich geben:* ([擬声語] (たいていは軽蔑的に)：**a)** 鋭く, 同時にしわがれた, 重苦しい, 愚痴っぽい声を立てる；**b)** (不満の表現として)a)のような音声を出す).

4) **quiek**en：[aus dem Niederd., lautm.] : *(von Schweinen, Mäusen, Ratten o. Ä.) [in kurzen Abständen] einen hohen u. durchdringenden, lang gezogenen, gepressten Laut von sich geben:* ([低地ドイツ語より. 擬声語] (豚や二十日鼠や家鼠などが)(短い間隔で)甲高い, 耳をつんざくような, 長く引っぱった, 押し殺したような鳴き声を立てる).

5) **quieks**en → **quiek**en.

6) **quatsch!**：<Interj.> [zu ↑ quatschen (5)] (selten) : lautm. für ein quatschendes Geräusch z.B. beim Treten, Auftreffen, auf eine nasse, breiig-weiche Masse. ([quatschen (5) より] (まれ)：ばちゃばちゃいう音, 例えば水分を含んだ, 粥状の柔らかい塊を踏んだり, それを踏んづけたりしたときの音の擬音語).

7) **quatsch**en：[1: übertr. von 5 od. zu niederd. quat = schlecht, böse (verw. mit ↑ Kot); lautm.] : **1.** (salopp abwertend) **a)**

— 291 —

viel und töricht reden: **b**) *von sich geben* (9)：**2.** (salopp abwertend) *in geschwätziger Weise* [*abfällig*] *reden; tratschen:*（[1: 方言の **quatsch**en「泥などがばちゃばちゃ音を立てる」から転用されたか，もしくは低地ドイツ語の quat「質の悪い，いやな」（語源的に Kot「糞」と関係あり）から来たか．擬音語]：**1.**（ぞんざいに軽蔑して）**a**）さんざん喋りまくる；**b**）くだらないことを口にする．**2.**（ぞんざいに軽蔑して）饒舌に（けなすように）話す，おしゃべりをする）．

　　quatsch!, **quatsch**en は，固体と水との遭遇に関わるイメージを「音模倣」で表している．**quabb**eln は，（プリンなどが）ぶるぶると揺れるイメージを「音模倣」で表すが，共感覚によって擬態語となる．

8) **quiek!**：<Interj.>：lautm. für das Quieken bes. eines Ferkels.（<間投詞>とりわけ子豚の鳴き声の擬声語）

9) **quietsch**en：[urspr. Nebenf. von ↑ quieksen, lautm.]：**1.** (*durch Reibung*) *einen hohen, schrillen, lang gezogenen Ton von sich geben:* **2.** (ugs.) *als Ausdruck einer bestimmten Empfindung hohe, schrille Laute ausstoßen:* vor Vergnügen q.（[本来は↑ quieksen の別形．擬声語]：**1.**（摩擦によって）高い，きんきんした，長く尾を引く音を立てる；**2.**（日常語）或る感覚の表現として，高い，きんきんする声を出す：「喜びのあまり高い，きんきんする声を出す」）．

10) **quorr**en：[lautm.] (Jägerspr.)：(*von Schnepfen*) *knarrende Balzlaute hervorbringen*.（[擬声語]（猟師用語）：（鴫が）があがあと雌を求める声を出す）．

11) **quabb**eln：[lautm., zu mniederd. quabbel = Fettflüssigkeit; Schlamm] (nordd., ugs.)：*sich als quabbelige Masse hin und herbewegen:* ein quabbelnder Pudding）（[擬態語. mniederd. quabbel「液状の脂肪，泥」（北ドイツ方言，日常語）：ぷりぷりした塊があちこちに揺れる：「ぷりんぷりんと揺れるプリン」]）．これは「破裂」＋「摩擦」が視覚現象として捉えられた唯一の場合である．

Ⅳ. 仮説の検証

C. /k/＋/v/で始まるオノマトペにおける「幹母音音素」の種類

① /iː/：**quiek!**, **quieke**n, **quiekse**n, **quietsche**n の幹母音 /iː/ は，大いに明るくて大いに高い，かなり尖った——一口で言えば「甲高い」イメージを表す．それゆえ，語頭の子音連続とともに「音模倣」を契機としてこれらのオノマトペに取り入れられたと言うことができる．

② /ɛː/：**quäke**n は，「幹母音」が **quake**n の /aː/ から /ɛː/ に交替することによって音色が変わり，「きいきい声を出す」意味となる．/ɛː/ は「くっきり」とした，「まろやか」なイメージを表すので，（鴨が）雌を呼ぶ鳴き声にふさわしい．

③ /ɔ/：**quorre**n の「幹母音」/ɔ/ は，暗いがある程度の強さがある音響現象のイメージを再現するために投入された．

D. /k/＋/v/で始まるオノマトペにおける「追加子音音素」の種類

① /b/：**quabbel**n の「追加子音音素」の /b/ は，鈍角的で重々しい，持続する爆発・震動のイメージを同じく共感覚によって表している．

② /k/：**quak!**, **quake**n の「追加子音音素」/k/ は語頭の子音音素が表すイメージを補強するはたらきをしている．「追加子音音素」の /k/ は語頭の子音音素が表すイメージを補強するはたらきをしている．**quieksen** における「追加子音音素」のうち二つ目の /s/ は造語接尾辞ではあるが，軽い摩擦のイメージがさらに伴うことを表す．

③ /tʃ/：**quatsch!**, **quatsche**n の「追加子音音素」の /tʃ/ は水の跳ねるイメージを「音模倣」で表す．また，**quietsche**n における「追加子音音素」の /tʃ/ は，摩擦を伴った激しい衝突のイメージを「音模倣」を契機として取り入れられたもので，戸やブレーキなどが音高くきしむのを表すオノマトペにふさわしい．

④ /r/：持続的な振動を伴う伝播のイメージを表す「追加子音音素」の /r/ は，「音模倣」を契機として **quorre**n に取り入れられたと考えられる．

F. 考察のまとめ

以上の考察により，《仮説1》より《仮説6》は，/k/＋/v/で始まるオノマトペ11個すべてに当てはまると認められる．

3-8. /k/ ＋ /n/ で始まるオノマトペ

子音音素連続 /k/ ＋ /n/ で始まるオノマトペは次の 9 個である：**knack!**, **knack**s! (→ **knack!**), **knick**s!, **knip**s!, **knip**s*en*, **knisp***eln*, **knist***ern*, **knirsch***en*, **knusp***ern*.

A. /k/ ＋ /n/ が表すイメージ

/k/ は，硬口蓋から閉鎖を破って発せられるため，力のこもった，からりとした，それゆえに突っかかるような，かなり鋭角的で軽いイメージを表す．/n/ は，かなりあっさりとした，軽い，やや持続的な抵抗のイメージを表す．/k/ が突出という「始発現象」のイメージを表し，続く /n/ が「随伴現象」として突出に対する抵抗というイメージを表す．

B. /k/ ＋ /n/ とオノマトペの意味の関わり

1) **knack!** (↑ **knacks!**)
2) **knacks!**：<Interj.> lautm. für einen kurzen, harten, hellen Ton, wenn etwas bricht od. springt：（＜間投詞＞何かが折れたり，はじけたりしたときの，短い，硬質の，明るい音の擬音語）.
3) **knicks!**：<Interj.>lautm. für ein Geräusch, das beim Knicken u. Knacken von Holz o. Ä. entsteht.（＜間投詞＞木などが音を立てて折れた場合に生じる噪音の擬音語）.
4) **knips!** <Interj.> lautm. für ein Geräusch, das beim Knipsen entsteht.（(指で)何かに力を加えたときに生じる噪音）.
5) **knip**s*en*：[lautm.; in der Verwendung teilweise vermischt mit ↑ kneipen] (ugs.)：**1. a)** *etw. [mit den Fingern] tun, wobei ein kurzer, heller Laut entsteht:* **b)** *einen Schalter [mit einem knispenden (1a) Geräusch] betätigen u. dadurch etw, ein- od. ausschalten:* **c)** *mit den Fingern wegschnellen:* **2.** *eine Fahrkarte, Eintrittskarte o. Ä. lochen [u. dadurch entwerten]*：（[擬音語；部分的に kneipen「つねる」と用法を混同されることあり]（日常語）：**1. a)**（指で）何かに力を加えて短い，明るい音を立てる；**b)**（パチンと音をさせて）スイッチを入れる，または切る；**c)** 指ではじき飛ばす；**2.** 切符や入場券などにパンチを入れる

IV. 仮説の検証

(そして，前途無効にする)).

6) **knisp**e*ln*：[lautm.] (landsch.)：[durch Nesteln mit den Fingerm, Befingern o. Ä.] ein leises, helles Geräusch verursachen：([擬音語] (方言) (指で何かをはめようとして，いじって)かすかな，明るい音を立てる).

7) **knist**e*rn*：[lautm. für einen helleren Klang]：**a**) ein [durch Bewegung verursachtes] helles, kurzes, leise raschelndes Geräusch von sich geben：**b**) ein helles, kurzes, leise raschelndes Geräusch herursachen, hervorrufen：([比較的明るい音の擬音語]：**a**) (動きによって引き起こされた)明るい，短い，低い音でかさかさと鳴る噪音を発する；**b**) 明るい，短い，低い音でかさかさと鳴る噪音を立てさせる).

8) **knirsch**e*n*：[weiterg. aus ↑ knirren]：**a**) ein hartes, mahlendes, reibendes Geräusch von sich geben：**b**) ein hartes, mahlendes Geräusch verursachen, hervorbringen：([◆ knirren「歯をぎりぎりいわせる」から作られた]：**a**) 硬質の，ぎしぎし擦り合わせるような音を立てる；**b**) 硬質の，ぎしぎし擦り合わせるような音を立てさせる).

9) **knusp**e*rn*：[lautm.] (landsch.) **a**) geräuschvoll knabbern：**b**) geräuschvoll an etw. knabbern：([擬音語] (方言) **a**) さわがしい音を立てて囓る；**b**) 噪音を立てながら何かを囓る).

C. /k/＋/n/で始まるオノマトペにおける「幹母音音素」ならびに「追加子音音素」の種類

「幹母音」と「追加子音」のはたらきは，本来，相互に関連しあっているので，数多くの実例を少数の「幹母音音素」でグルーピングして記述を見通しやすくするため，見出しのように「追加子音音素」の種類と合わせて一本化した．

① 固体どうしが急激に遭遇したときに生じるような硬質の衝突音のイメージを表す点が，次のオノマトペに共通している：**knabb**e*rn*, **knack!**, **knack**e*n*, **knacks!**, **knatt**e*rn*, **Knall**, **knarr**e*n*.「幹母音」がしっかりとした，そして，角のない，くっきりとしたイメージを

表す /a/ であることも，むろん，そのイメージを助けている．「追加子音音素」の種類がオノマトペによって異なっていることも，オノマトペの意味に関係がある．**knabbern** の /b/ は鈍角的で重々しい，持続する爆発・震動のイメージを表し **knack!, knacken, knacks!** の /k/ は，かなり鋭角的で軽い破裂のイメージを表している．**knattern** の /t/ は，頭に響くような，ときには耳に突き刺さるような，衝突・衝撃や炸裂のイメージを表す．**Knall** の /l/ は流動のイメージを表す．**knarren** の /r/ は，持続的な振動を伴う伝播のイメージを表す．

② 「幹母音」が /a/ から /ɪ/ に交替すると，上の硬質の衝突音のイメージがいっそう明確になる．それは /ɪ/ が，かなり明るくてかなり高い，やや鋭ったイメージを表すからである：**knips!, knipsen, knittern, knicken, Knicker**．とりわけ **knittern** が「(布地などが)しわだらけ(しわくちゃ)になる」と訳されて，一見したところオノマトペとしての成立の契機が分かりにくいが，硬いものが折れる際の音響のイメージが共感覚によって，もみくちゃにされるという視覚へと転じられたためである．

③ 「幹母音」が /a/ から /ε/ に交替すると，再現される音響の硬質のイメージはやや柔らかみを帯びることになる．それは /ε/ が，くっきりとしているが，丸ろやかなイメージを表すからである．「追加子音音素」が語頭の子音音素の繰り返しであることも，始原的なオノマトペらしい：**Knäkente**．

④ **knotern, knötern** においては，[k] が硬口蓋から閉鎖を破って発せられるため，力のこもったイメージを呼び起こす点がとくに拡大されて，こめられた力に対する抵抗のイメージもまた拡大されている．この無言で力を込めているイメージが原義の「おそらく，意味不明の内容を低い声で話すことの擬声語」(wohl lautm. für ein unverständliches, dumpfes Sprechen：*Duden in 10 Bdn.*) という説明の根底にあると思われる．「幹母音」が後方の母音に切り替わって，暗くなって行くにつれて，この原義のイメージがいっそう強く前面に押し出されてくるように思われる．

⑤ ここに属する二つのオノマトペの「幹母音」が /ʊ/ であることは，上

Ⅳ. 仮説の検証

記の原義と深い関わりを持っている.「或る人をつつく(こぶし又は肘で)」**knuff**en も「(犬などが)うーっとうなる」**knurr**en も, 原義のイメージがいっそう強く前面に押し出されたオノマトペだからである. 前者の「追加子音音素」が, ややはげしいが, あまり粘りのない摩擦のイメージを表す /f/ であること, 後者の「追加子音音素」が持続的な振動を伴う伝播のイメージを表す /r/ であることも, それぞれのオノマトペの意味にふさわしい.

⑥ **knör**en [lautm.] (Jägerspr.) : (von Hirschen) leise röhren)（[擬声語]（猟師用語）:（牡鹿が）低い声で笛のような鳴き声を上げる）では,「幹母音」の明るさはあまり明るくなく, 強さもそれほど強くない. そのうえ調音様式が二重になっているため聞こえ方もかならずしも明瞭であるとは言えない長母音 /ø/ が使われて, 牝鹿をおびき寄せようとする牡鹿の鳴き声の音色のイメージを「音模倣」で表している.「追加子音音素」に持続的な振動を伴う伝播のイメージを表す /r/ が「音模倣」のために使われている.

⑦ **kneip**en もまた /k/ と /n/ の組み合わせによって表される「力をこめた」イメージが上手に利用されたオノマトペである. 何かを「つまみ」,「つねり」,「締め付ける」には指先に, あるいは手に力をこめなければならない. これは「音によるジェスチュア」である.「追加子音音素」として /p/ のみならず /f/ も認められているのは, 力をこめる「始発現象」が高くて軽やかな, 瞬間的な破裂の「終末現象」で終わるか, ややはげしいが, あまり粘りのない摩擦で終わることを「音のジェスチュア」でイメージとして表している.

F. 考察のまとめ

以上の考察により,《仮説 1》より《仮説 6》は, /k/ + /n/ で始まるオノマトペ 9 個すべてに当てはまると認められる.

3-9. /k/ + /l/ で始まるオノマトペ

語頭に子音音素 /k/ と /l/ が連続して立つオノマトペは 29 個である:
klapp!, klappen**, klapp**ern**, klap**s!**, klap**s**en, klack!, Claque, klacken, klatsch!, klatsch**en**, klipp klapp!, klick!, klick**en**, klick**ern**,

klitt*ern*, **klitsch!**, **klitsch***en*, **'kliff 'klaff!**, **klimp***ern*, **kling!**, **klirr!**, **klirr***en*, **'kling 'klang!**, **klemp***ern*, **klopf***en*, **klön***en*, **kladdera'datsch!**, **Klim'bim**, **kling'ling!**.

A. /k/ ＋ /l/ が表すイメージ

/k/ は，からりとした，それゆえに突っかかるような，かなり鋭角的で軽いイメージを表す．そして，/l/ は，流動のイメージを表す．それゆえ，/k/ ＋ /l/ は，硬質的な音があたりへ流れるイメージを表す．

B. /k/ ＋ /l/ とオノマトペの意味の関わり

1) **klapp!**：lautm. für ein leises klatschendes Geräusch.（ぴちゃっと打つ噪音の擬音語）．

2) **klapp***en*：[aus dem Niederd. -Md. < mniederd. klappen = klatschen; schallen; plappern (vgl. mhd. klapfen, ahd. klapfon = klappen, schlagen), lautm.;] : **1.** *etw., was mit etw. auf einer Seite verbunden ist, in eine bestimmte Richtung bewegen:* **2. a)** *ein kurzes, meist dunmpfes Geräusch, wie es bei einem Schlag entsteht, verursachen:* **b)** *mit einem kurzen, dumpfen Geräusch gegen etw. schlagen, stoßen:*（［低地・中部ドイツ語より．< mniederd. klappen「ぴちゃっと音を立てる，鳴り響く，激突する」．(mhd. klapfen, ahd. klapfon「ぴちゃっと打つ」). 擬音語］：**1.** 片側が何かに固着されている物を或る方向へ動かす：… ; **2. a)** 何かを打った際に生じるような，短い，たいていは鈍い音を立てる：… ; **b)** 短い，たいていは鈍い音とともに或る物を打つ，にぶつかる）．

3) **klapp***ern*：[mhd. klappern, lautm.] : **1. a)** *immer wieder ein helles, hartes Geräusch durch Aneinanderschlagen zweier od. mehrerer fester Gegenstände von sich geben:* **b)** *ein Klappern* (1a) *erzeugen:* **2.** *sich mit klapperndem* (1a) *Geräusch irgendwohin bewegen:*（[mhd. klappern.]：**1. a)** 二つあるいはそれ以上の固い物を打ち合わせて，硬質の明るい噪音を再三再四立てる．**2.** 1a) の音を立ててどこかへ移動する）．

4) **klaps!**：lautm. für ein leises klappendes Geräusch.（低い，かた

Ⅳ. 仮説の検証

んという音の擬音語）.

5) **klaps**en：［lautm. für ein leises klatschendes Geräusch］：einen Klapps geben:（［低い，ぱちっという噪音の擬音語］：低い，ぱちっという音を立てる）
6) **klack!**：<Interj.>：**a)** lautm. für einen kurzen, hellen Ton, wenn zwei harte Gegenstände aufeinander treffen: **b)** lautm. für das Auftreffen breiiger od. dickflüssiger Tropfen auf etw, Festem.（＜間投詞＞：**a)** 二つの固い物体がぶつかったときの明るい，短い音の擬音語：**b)** 粥状の，あるいは濃い液状の粒が何か固い物の上に落ちたときの擬音語）.
7) **Claqu**e：［frz. claque, zu: claqueer = klatschen, lautm.］：bestellte, mit Geld od. Freikarten bezahlte Gruppe Beifallklatschender:（［frz. claque. claqueer「拍手する」より．擬音語］：金あるいは無料入場券で報酬を受けて拍手喝采する約束になっている人々の群）.
8) **klack**en：［lautm. für einen dunklen Klang］：**1.**（ugs.）*einen kurzen, metallischen, harten Ton von sich geben:* **2.** *klatschend zu Boden fallen.*（［暗い響きの擬音語］：**1.**（日常語）短い，金属的な音を立てる：**2.**（方言）ばたんと床に倒れる）.
9) **klatsch!**：［zu ↑ klatschen］：lautm. für ein Geräusch, das entsteht, wenn man die Hände zusammenschlägt od. wenn etw. ［weiches］ Schweres flach auf etw. Hartes fällt:（［↑ klatschen より］：手を打ち合わせたときに，あるいは（何か柔らかいものが）何か固い物の上面にぴたりと落ちたときに生じる噪音の擬音語）.
10) **klatsch**en：［lautm.］：**1. a)** *ein ［helles］ schallendes Geräusch durch das Aufschlagen von etw. ［weichem］ Schwerem auf etw, Hartes von sich geben:* **b)**（ugs.）（*etw. Feuchtes o. Ä.*）*durch Werfen o. Ä. klatschend*（1a）*auf etw, auftreffen lassen:* **3. a)** *mit der flachen Hand klatschend*（1a）*schlagen:* **4. a)**（ugs. abwertend）*in geschwätziger Weise ［über nicht Anwesende］ reden:*（［擬音語］：**1. a)** 何か（柔らかい）重いものを何か固いものに打ち当てることによって（明るい）鳴り響く噪音を立てる：**b)** 平手でぴしゃりと打つ．…**4. a)**（日常語．軽蔑的に）（居ない人のこ

— 299 —

とを)しゃべり散らかす),

11) **klipp klapp!**：lautm. für ein klapperndes Geräusch.（＜間投詞＞かたかたいう音の擬音語）

12) **klick!**：lautm. für ein klickendes Geräusch:（かちゃっという音の擬音語).

13) **klick**en：[lautm. für einen hellen Klang (im Unterschied zu ↑ klacken)]：**a)** einen kurzen, feinen, metallisch klingenden Ton von sich geben: **b)** ein klickendes (a) Geräusch verursachen:...（[(↑ klacken と違って) 明るい響きの擬音語]：**a)** 短くて，繊細で，金属的な響きの音を発する：**b)** かちゃっという音を引き起こす).

14) **klick**ern：[lautm.]（landsch.）：einen hellen, metallischen Ton von sich geben od. erzeugen:（[擬音語]（方言）：明るい，金属的な音を発する，あるいは，発生させる）

15) **klitt**ern：[wahrsch. lautm.; wahrsch. verw. mit den unter Kladde dargestellten lautm. Verben; 1: wohl in Anlehnung an Geschichtsklitterung]：**1.** (bildungsspr. abwertend) **a)** *(ein Werk) zusammenstückeln*: **2.** (landsch.) **a)** *zerkleinern*; **b)** *schlecht schreiben; schmieren*（[おそらく擬音語；Kladde「雑記帳」の項で述べた擬音語的な動詞[klatschen, klacken：乙政]と語源的にはたぶん関係があるであろう；1.は「歴史の歪曲」の意に倣って作られた意味であると思われる]：1.（教養のある社会層の言葉遣い．軽蔑的に）**a)**（作品を）寄せ集めの材料で作る：2.（方言）**a)** 小さく切る；**b)** 下手な字を書く；ぬたくる).

16) **klitsch!**：<Interj.> [zu klitschen]：lautm. für ein helleres klatschendes Geräusch;（＜間投詞＞[↑ klitschen]：比較的明るい，ぴしゃっぴしゃっという音の擬音語).

17) **klitsch**en：[lautm.]（landsch.）：**1.** eine klebrige Masse bilden:... **2. a)** jmdn. (mit der flachen Hand) schlagen: **b)** mit hell klatschem Geräusch aufschlagen:（[擬音語]（方言）：1. 雪・粘土などがべとついて塊になる．2. **a)** 或る人を(平手で)打つ：**b)** 明るい，ぴしゃっという音を立ててぶつかる).

Ⅳ. 仮説の検証

18) **'kliff 'klaff!**：<Interj.> lautm. für Hundegebell. (＜間投詞＞犬の吠え声の擬声語).

19) **klimp**ern：[lautm., eigtl. = stümperhaft Klavier spielen]：**1. a)** (von kleinen metallischen Gegenständen) aufeinander, durcheinander fallend ein helles Geräusch von sich geben: **b)** mit mehreren kleinen metallischen Gegenständen ein helles Geräusch verursachen: **2.** (ugs.) **a)** nur einzelne, zusammenhanglose [hohe] Töne hervorbringen, anschlagen: **b)** (abwertend) ausdruckslos, stümperhaft, schlecht spielen: ([擬音語. もともとは「下手くそにピアノを引く」の意]：**1. a)** (小さな金属片が)次々と入り乱れて落ちていきながら明るい音を発する: **b)** いくつかの小さな金属の物体が明るい音を立てる: **2.** (日常語) **a)** 互いに脈絡のない, ばらばらの(高い)音を(楽器で)出す, ピアノで弾く: **b)** (軽蔑的)表現に乏しく, 未熟に, 下手に演奏する).

20) **kling!**：<Interj.>: lautm. für einen feinen, hellen Ton. (＜間投詞＞繊細な, 明るい音の擬音語).

21) **klirr!**：<Interj.>: lautm. für einen klirrendes Geräusch. (＜間投詞＞かちゃんという噪音の擬音語).

22) **klirr**en：[aus dem Ostmd., lautm.]：**a)** (von zerbrechlichen od. metallischen Gegenständen) durch Aneinanderstoßen, Zerschellen einen hellen, vibrierenden Ton von sich geben: **b)** ein klirrenden Geräusch verursachen: ([東中ドイツ語より. 擬音語]：**a)** (割れやすい, あるいは, 金属で出来た物が)ぶつかり合って, 粉々になることによって, 明るい振動音を生じる: **b)** 上記の音を引き起こす).

23) **'kling 'klang!**：<Interj.>: lautm. für hellere Töne, die in der Tonhöhe wechseln. (＜間投詞＞音高が入れ替わる, 比較的明るい音の擬音語).

24) **klemp**ern：[lautm.] (nordd.)：**a)** *Brech hämmern*; **b)** *ein klapperndes Geräusch verursachen*. ([擬音語] (北ドイツ方言) **a)** 板金をハンマーで叩く；**b)** かたかた叩くような噪音を立てる).

25) **klopf**en：[mhd. klopfen, ahd. clophôn, urspr. lautm.]：**1. a)**

— 301 —

mehrmals leicht gegen, auf, an etw. schlagen: **2.** *in pulsierender Bewegung sein* [*u. dabei ein schlagendes Geräusch von sich geben*]: ([mhd. klopfen, ahd. clophôn. 本来は擬音語]: **1. a)** 何度も或る物を軽く打撃する；**2.** 脈を打っている(そしてその際に脈拍の音を立てる)).

26) **klön**en：[wahrsch. lautm., älter niederd. klönen = tönen; durchdringend od. weitschweifend reden] (nordd.)：*gemütlich plaudern:* ([おそらく擬音語。古くは低地ドイツ方言の klönen「鳴り響く」から現在では「ひたすら，冗長に話す」(北ドイツ方言) 気楽におしゃべりをする).

27) **kladdera'datsch!**：<Interj.>: lautm. für das Krachen u. Klirren, das zu hören ist, wenn etw. Festes, Hartes [zu Boden] fällt. (<間投詞>何か硬い固体が(床に)落ちたときに聞こえる割れて粉々に砕ける音の擬音語).

28) **Klim'bim**：[lautm., urspr. bes. berlin. abwertend für Musik, dann für alles Unwesentliche] (ugs.)：**a)** *überflüssiger, unnützer Kram:* **b)** lautes, ausgelassenes Treiben; Klamauk: **c)** Aufheben, überflüssige Aufregung：([擬音語。もともとはベルリン方言で軽蔑的に音楽に対して言われていたのが，一切の大したことのないものすべてについて用いられるようになった] (日常語) **a)** 余計物になった役に立たないがらくた：**b)** 羽目を外した大騒ぎ；馬鹿騒ぎ：**c)** 大騒ぎ，余計な興奮：).

29) **kling'ling!**：<Interj.>：lautm. für den Klang von Klingel od. Glöchohen；(<間投詞>呼び鈴あるいは小さな鐘の響きの擬音語).

C. /k/ + /l/ で始まるオノマトペにおける「幹母音音素」ならびに「追加子音音素」の種類

「幹母音」と「追加子音」のはたらきは，本来，相互に関連しあっているので，数多くの実例を少数の「幹母音音素」でグルーピングして記述を見通しやすくするため，ここでも見出しのように「追加子音音素」の種類と合わせて一本化した．

① **klapp!**, **klapp**en, **klapp**ern, **klaps!**, **klaps**en, **klack!**, **Claqu**e,

IV. 仮説の検証

klack*en*, klatsch!, klatsch*en*, kladdera'datsch! はすべて「幹母音」が /a/ であるから，これらのオノマトペはすべて，角のない，くっきりとした音現象の音色をイメージとして表す．しかし，「追加子音音素」の違いによって，さらにイメージにニュアンスの違いが加わる．「追加子音音素」が /p/ であるときは，そのオノマトペは二つの固体の遭遇音が破裂的であるニュアンスが，/k/ であるときは「晴朗」な金属的なニュアンスが，/tʃ/ であるときは「激しい衝突」的なニュアンスが，そして /d/ であるときには「重量感のある耳障りな」音のニュアンスが加わる．

② **klipp, klick!, klick*en*, klick*ern*, klitt*ern*, klitsch!, klitsch*en*, 'kliff 'klaff!, kling!, klirr!, klirr*en*, Klim'bim, kling'ling!, 'kling 'klang!** はすべて「幹母音」が /ɪ/ であるから，これらのオノマトペはすべて，「明晰」，「どちらかといえば高い」，「どちらかといえば鋭角的」，「太いというよりは細い」音現象の音色イメージがつきまとう．しかし，「追加子音音素」の違いによって，さらにイメージにニュアンスの違いが加わる．「追加子音音素」が /p/ であるときは，そのオノマトペには二つの固体の遭遇音が破裂的であるニュアンスが，/k/ であるときは「晴朗」な金属的なニュアンスが，また /t/ であるときには「頭に響く」，「耳に突き刺さる」，「衝突」，「衝撃」，「炸裂」のニュアンスが加わり，/tʃ/ であるときは「激しい衝突」的な音のニュアンスが加わる．「幹母音」が /ɪ/ である場合，「追加子音音素」の種類が上よりもさらに増える．それは子音音素 /f/, /ŋ/, /r/, /m/ である．「追加子音音素」が /f/ であるときは「ややはげしいが，あまり粘りのない摩擦」あるいは「気流の漏出」のニュアンスが，/ŋ/ であるときは「追加的な，軽微な，短い抵抗」のニュアンスが，/r/ であるときは「持続」，「振動」，「回転」，「素早い運動」のニュアンスが，/m/ であるときは「重々しい」，「構えた」，「重量感」，「持続的な抵抗」，「閉鎖」，「あいまい」のニュアンスが加わる．

③ **klemp*ern*** の「幹母音」/ɛ/ は，オノマトペが関わる音源に「明朗」，「くっきり」，「丸ろやか」な音色があることを表している．「追加子音音素」/m/ はこれに「重々しい」，「構えた」，「重量感」，「持続的な抵抗」，「閉鎖」，「あいまい」のイメージを加え，第2の「追加子音

音素」/p/ はそのうえに「明朗・軽快な瞬間的炸裂」のイメージで以て，音源の音響現象が終わりを告げることを表している．

④ **klopf**en の「幹母音」/ɔ/ は，オノマトペの関わる音源が「暗さ」，「強かさ」，「断固」，「低いというよりは高いこと」を表わす音色であることを表す．そして，「追加子音音素」/pf/ は「破裂」や「粘りのない摩擦」のニュアンスを音色のイメージに加え，オノマトペが関わる音源がいかなる終末現象で終わるかを表している．

⑤ **klön**en の「幹母音」/ø:/ は，オノマトペの関わる音源の音色が「暗く」，「強かで」，「断固としていて」，「低いというよりは高い」ことを表している．そして，「追加子音音素」/n/ は「かなりあっさりとした，軽い，やや持続的な抵抗」のニュアンスが音源現象の終末を飾ることを表している．

E. 無アクセント綴に含まれる母音音素のはたらき

kladdera'datsch! の無アクセント綴 „klad-" と „-de-" と „-ra-" には母音音素 /a/, /ə/, /a/ が含まれているが，これらはオノマトペの音色を担う力はなく，それぞれの綴の核となって，子音の存在を明らかにし，そのことによって子音が表すイメージを支えている．同じことは **Klim'bim**, **kling'ling!** の „Klim-" および „kling-" に含まれる /ɪ/ についても言える．

F. 考察のまとめ

以上の考察により，《仮説1》より《仮説6》は，/k/ + /l/ で始まるオノマトペ29個すべてに当てはまると認められる．

3-10. /k/ + /r/ で始まるオノマトペ

子音音素連続 /k/ + /r/ で始まるオノマトペは次の6個である：**krach!**, **krach**en, **Krick**ente, **krisp**eln, **kross**, **Kro'kant**.

A. /k/ + /r/ が表すイメージ

子音音素 /k/ が表すイメージは，「晴朗」，「攻撃的」，「鋭角的」，「軽快」，「瞬間的破裂」である．一方，子音音素 /r/ が表すのは，持続的な空気の振動というイメージである．それゆえ，/k/ + /r/ が表すイメージは，「軽快な瞬

Ⅳ. 仮説の検証

間的破裂音の伝播」である．

B. /k/ + /r/ とオノマトペの意味の関わり

1) **krach!**：<Interj.> lautm. für plötzliches, meist nur kurzes, hartes, lautes Geräusch, das bes. dann entsteht, wenn ein fester Gegenstand mit Wucht getroffen wird od. auf den Boden fällt [u. dabei zerbricht]：(<間投詞>とりわけ，固体がはげしい勢いで当たったとき，あるいは地面に落ちた(そして壊れた)ときに生じる，短い，硬質の，高い，突然の，ほんの短い噪音の擬音語：).

2) **krach*en***：[mhd. krachen; ahd. krahhôn, lautm.]：**1.** einen Krach (1b) verursachen, auslösen: **2.** (ugs.) **a)** krachend (1a) gegen etw. prallen, irgendwo heftig auftreffen: **b)** mit Wucht irgendwohin befördern, werfen, stoßen: **3.** (ugs.) <k + sich> mit jmdm. miteinander Krach (2) haben:.. ([mhd. krachen; ahd. krahhôn. 擬音語]：**1.** ばんという衝突音を立てる：**2.** (日常語) **a)** ばんという音を立てて何かに衝突する，どこかへはげしく突き当たる：**b)** 何かをはげしい勢いでどこかへやる，投げつける，突き当てる：**3.** (日常語) 誰かとばんという音を立てて衝突する).

3) **Krick*ente***：[lautm., nach dem Balzruf des Männchens]：(雄が雌に求愛する鳴き声の擬声語).

4) **krisp*eln***：[wohl zu md. krispeln = rascheln, knistern, lautm.] (Gerberei: (Leder) mit einem entspre-chenden Holz od. einer Maschine weich u. geschmeidig machen u. dabei die Narbung hervortreten lassen. ([おそらく中部ドイツ方言の krispeln「(木の葉などが)かさこそ(さらさら)音を立てる」，「(雪が)きしきしと音を立てる」から．擬音語] (製革業用語)：(皮革を)専用の丸太ないしは機械を使って柔らかくしなやかにし，その工程で表面に瘢痕をつける).

5) **kross**：[niederd., eigtl.=brüchig, spröde, lautm.] (bes. nordd.)：*knusprig*: (低地ドイツ方言より．本来の意味は「割れやすい，もろい．擬音語] (とくに北ドイツ方言)：ぱりっと焼き上がった(パン・焼き肉など)).

6) **Kro'kant**：[frz. croquante = Knusperkuchen, zu: croquer, Kro-

kant]：（［フランス語の croquante「はたんきょう入り乾菓子」<croquer「(噛んで)がりがりいう」］）．

C. /k/＋/r/ で始まるオノマトペにおける「幹母音音素」ならびに「追加子音音素」の種類

硬質な破裂音・衝突音に由来する **krach!** ならびに **krach**en の幹母音には「中立的な明確さ」のイメージを表す /a/ が，鴨の雄の求愛の鳴き声に由来する **Krick**ente と「かさこそ」，「きしきし」音を立てることを語源とする **krisp**eln の幹母音には /ɪ/ が，その歯触りに由来する **kross** ならびに **Kro'kant** には /ɔ/ が，それぞれ「音模倣」を契機として導入されている．**krach!** ならびに **krach**en の「追加子音音素」には大量の気息の排出をイメージとして表す /x/ が使われている．鴨の雄の求愛の鳴き声の「終末現象」には，/k/ の表す「晴朗」，「攻撃的」，「鋭角的」，「軽快」，「瞬間的破裂」のイメージがふさわしい．**krisp**eln には「気体移動に伴う軽い摩擦」のイメージを表す /s/ に続いて，「明朗」，「軽快」，「高音」，「瞬間的」，「炸裂」のイメージを表す /p/ が「追加子音音素」として配置されているのもこのオノマトペにふさわしい．そして，ぱりっと焼き上がったパンを噛み砕く音響現象 **kross** の末尾に「気体移動に伴う軽い摩擦」のイメージを表す /s/ がふさわしいと思われる．

E. 無アクセント綴に含まれる母音音素のはたらき

Kro'kant の無アクセント綴 „Kro-" は，「軽快な瞬間的破裂音の伝播」のイメージを表す子音音素連続 /k/＋/r/ で始まっているが，「幹母音」として最も「明確」なイメージを表す /a/ が用いられている以上，従属的な音綴の母音として /a/ よりも暗いイメージを表す /ɔ/ が用いられているのは当然の選択であると思われる．

F. 考察のまとめ

以上の考察により，《仮説1》より《仮説6》は，/k/＋/r/ で始まるオノマトペ6個すべてに当てはまると認められる．

3-11. /f/ ＋ /l/ で始まるオノマトペ

/f/ ＋ /l/ で始まるオノマトペは計 6 個ある．ここに「複綴」のオノマトペ 2 個を加えると，合計 8 個である：**flapp**en, **flusch**en, **flupp**en, **flutsch**en, **flopp**en, **flüst**ern, **'Flipflop**, **'Flickflack**.

A. /f/ ＋ /l/ が表すイメージ

/f/ は「ややはげしいが，あまり粘りのない摩擦を伴いつつ気流が漏出」するイメージを表し，/l/ は「通気が流動する」イメージを表す．それゆえ /f/ ＋ /l/ が表すのは，「摩擦を伴いつつ空気が流動する」イメージである．

B. /f/ ＋ /l/ とオノマトペの意味の関わり

1) **flapp**en：［aus dem Niederd.; wohl lautm.］：(meist von Gegenständen aus Stoff) sich mit klatschendem Geräusch ［im Wind］ bewegen:（［低地ドイツ語より；おそらく擬音語］（たいていは布製の物が）ぱたぱたいう音を<u>立てて</u>(風の中を)動く）．

2) **flusch**en：［aus dem Niederd.; wohl lautm.］(nordd.)：<u>flutschen</u> (1,2).（［低地ドイツ語より；おそらく擬音語］：flutschen (1,2)「<u>滑る</u>，するりと抜け落ちる」）．

3) **flupp**en：［1: aus dem Niederd.; lautm.; 2: lautm. für das Geräusch beim Ziehen an einer Zigarette］(landsch. ugs.)（［1. 低地ドイツ語より．擬音語］；2：紙巻きタバコを<u>吸う音</u>］**1.** flutschen (2)「<u>支障なく進む</u>」：**2.**（紙巻きタバコを）吸う）．

4) **flutsch**en：［aus dem Niederd.; wohl lautm.］：**1.** (ugs.) <u>rutschen, schlüpfen, ［ent］gleiten:</u> **2.** (ugs.) *glatt vonstatten gehen, flott und reibungslos vorangehen:*（［低地ドイツ語より；おそらく擬音語］：**1.** (日常語) <u>滑る</u>，するりと出る(入る・落ちる)：**2.** (日常語) 円滑にはかどる，さっさと支障なく進む：）

5) **flopp**en：(Leichtathletik Jargon)：**1.** *im Fosbury-Flop springen:*（(陸上競技の特殊語)**1.** <u>背面跳びをする</u>：『小学館独和大辞典』）．

6) **flüst**ern：［aus dem Niederd. < mniederd. flistern = leise zischen; lautm.］：**a)** *mit tonloser, sehr leiser Stimme sprechen (um nur von einem od. wenigen gehört zu werden)*］：**b)** *sehr*

ドイツ語オノマトペの研究

leise, nur für einen od. wenige hörbar sagen:（[低地ドイツ語より．< mniederd. flistern「低くしゅっと音を立てる」．擬音語]：**a)**（とくに一人だけに，あるいはごく少数の人々だけに聞こえるように）抑揚のない，非常に低い声で話す：**b)** 非常に低い声でとくに一人だけに，あるいはごく少数の人々だけに言う）．

7) **'Flipflop**：[engl. flip, flip-flop（circit）]（英語の flip「（爪の先で）はじく」． flip-flap / flip-flop「ぱたぱた（鳴る音）；フリップフロップ（真空管回路の一種）：『旺文社英和中辞典』）．

8) **'Flickflack**：[frz. flic flac = klipp, klapp; lautm.]（Turnen）：*mehrmals schnell hintereinander, meist rückwärts ausgeführter Handstansüberschlag.*（[frz. flic flac「かたかた，ぱたぱた」；擬音語]（器械体操）：何回も続け様に，たいていは後方へ向かって行う倒立回転）．

C. /f/ + /l/ で始まるオノマトペにおける「幹母音音素」の種類ならびに「追加子音音素」の種類

① 「ぱたぱた」はためく布きれの立てる音の音色ははっきりとした明るさをイメージとして持っているが，**flopp**en は音響としては「暗さ」と「強かさ」のイメージを持っている．これが，**flopp**en と **flapp**en の「幹母音」の相違がもたらす相違である．「追加子音音素」/p/ であれば，そのイメージは「明朗・軽快な炸裂」である：**flappen, fluppen, floppen, 'Flipflop**．これらのオノマトペの「幹母音」/ɔ/ は「暗さ」，「強かさ」，「断固」，「低いというよりは高い」イメージを表す．**'Flipflop** も **'Flickflack** も，それらが表す全体的な音響のイメージが「明晰」で「鋭角的」なのは「追加子音音素」が硬音の /k/ あるいは /p/ のせいである．しかし，現実の音響は大きな音ではないので，「太いというよりは細い」イメージは「幹母音」の /ɪ/ で表されている．**fluschen** の「追加子音音素」の /ʃ/ は，「空気の移動」のイメージを表す．しかし，**flutschen** の「追加子音音素」の /tʃ/ は，「激しい摩擦」とともに「迅速」のイメージを表す．**flüstern** の「幹母音」/ʏ/ は，どこか明るくてどこか暗い，複雑な明るさと短かさをその幹母音でイメージ化している．

E. 無アクセント綴に含まれる母音音素の種類ならびに「追加子音音素」の種類

オノマトペ '**Flipflop** の „-flop" の部分は無アクセント綴である．前半部のバリエーションであって，母音が明るい前方の母音 /ɪ/ から暗い後方の母音 /ɔ/ へと入れ替わり，スイッチが切れ味よく切り替わり，新たな状態に収まる音響のイメージを表している．'**Flickflack** でも前半部の母音が後半部では入れ替わって転調を表現しているが，こちらはかなり明るくてかなり高い，やや鋭った /ɪ/ を「幹母音」とすることによって，後転跳びのきびきびした身のさばきの開始のイメージを表し，後半部でしっかりとした，そして，角のない，くっきりとしたイメージを表す /a/ によって動作がきれいにきまるイメージを表している．

F. 考察のまとめ

以上の考察により，《仮説 1》より《仮説 6》は，/f/ + /l/ で始まるオノマトペ 6 個すべてに当てはまると認められる．

3-12. /ʃ/ + /v/ で始まるオノマトペ

/ʃ/ + /v/ で始まるオノマトペは，次の 16 個である：**schwapp!**, **schwapp**en, **schwap**s!* (→ **schwapp!**, → **schwatz**en), **Schwarm**, **schwatz**en, **schwätz**en, **Schwan**, **schwipp!** (→ **schwapp!**), **schwip**s!* (→ **schwipp!**), **schwup**s! (→ **schwupp!**), **schwupp!**, **Schwupp**, **Schwup**s (→ **Schwupp**), **schwirr**en, **Schwum**se*, **schwuppdi'wupp!** (→ **schwupp!**).

A. /ʃ/ + /v/ が表すイメージ

子音音素 /ʃ/ が表すイメージは「空気の移動」，「音声の伝播」であり，子音音素 /v/ が表すのは「激しい摩擦」，「粘り」，「うなり」である．それゆえ，子音音素連続 /ʃ/ + /v/ が表すイメージは，「激しい摩擦を伴う空気の移動」である．

B. /ʃ/ + /v/ とオノマトペの意味の関わり

1) **schwapp!**：<Interj.>: lautm. für ein schwappendes, klatschendes

Geräusch.（＜間投詞＞ぱちゃぱちゃ，ぴしゃぴしゃいう噪音の擬音語）.

2) **schwapp**en：[zu ↑schwapp!] **1.a**)（von Flüssigem）sich in etw. hin u. her bewegen, überfließen [u. dabei ein klatschendes Geräusch verursachen]：**b**) sich schwappend（1a）irgendwohin bewegen: **2.** etw. überschwappen lassen u. dabei vergießen:（[↑ schwapp! より]**1.a**)（液体が）或る物の中であちこちと動き，あふれる（そして，その際にぱちゃぱちゃいう音を立てる）：**b**) 1.a）の動きをしながらどこかへ移動する：**2.** 何かにa)の動きをさせ，あふれさせる）.

3) **schwap**s!* → **schwapp!, schwatz**en.

4) **Schwarm**：[1. mhd., ahd. swarm= Bienenschwarm, zu ↑ schwireen; 2. rückgeb. aus ↑ schwärmen]：（[1. mhd., ahd. swarm「蜜蜂の群」. ↑ schwireen より；2. ↑ schwärmen より逆成された] 1. [無秩序に]入り乱れて群がって共に移動して行く，かなり多くの同種の動物あるいは人間).

5) **schwatz**en：[spätmhd. swatzen, ↑schwätzen]：**1.** *plaudern*（1）: **2.**（abwertend）**a**) *sich wortreichüber oft belanglose Dinge auslassen:* **b**) *etw. schwatzend*（2a）*vorbringen:* **c**) *sich während des Unterrichts leise mit seinem Nachbarn unterhalten:* **3.**（abwertend）*aus einem unbeherrschten Redebedürfnis heraus Dinge weiter erzählen über die man schweigen sollte:*（[spätmhd. swatzen, ↑ schwätzen 参照]：**1.** 雑談する：**2.**（軽蔑的に）**a**) ぺちゃくちゃあれこれとなく喋る：**b**) 或る事柄を2a)の話し方で話題に持ち出す：**c**) 授業中に隣席の者と私語をする：**3.**（軽蔑的に）おしゃべりをしたいがために人には話してはいけないことを話してしまう).

6) **schwätz**en：[spätmhd. swatzen, swetzen, zu mhd. swateren = rauschen, klappern, wohl lautm.; vgl. schwadern]（bes. südd.）: **1.** schwatzen（1）: **2.**（abwertend）schwatzen（2a）: **b**) schwatzen（2b）: **c**) schwatzen（2c）: **3.** schwatzen（3）: **4.**（westmd., südd.）sprechen, reden:（[spätmhd. swatzen, swetzen. mhd. swateren「ざ

わめく，かたかた音を立てる」．おそらく擬音語；schwadern「ぺちゃくちゃとおしゃべりをする」参照］（とくに南ドイツ方言）：**1.** schwatzen (1)；**2.**（軽蔑的に）schwatzen (2a)；**b)** schwatzen (2b)；**c)** schwatzen (2c)；**3.** schwatzen (3)；**4)**（西中ドイツ方言，南ドイツ方言）話す）．

7) **Schwan**：[mhd., ahd. swan, lautm. u. urspr. wohl Bez. für den Singschwan] :**1.** 白鳥．（[mhd., ahd. swan. 擬声語．根元的にはおそらく鳴禽としての白鳥の名前より］．

8) **schwipp!** → **schwapp!**

9) **schwip**s!* → **schwipp!**

10) **schwup**s! → **schwupp!**

11) **schwupp!**：<Interj.> [lautm.] : bezeichnet eine plötzliche, ruckartige, rasche u. kurze Bewegung:... （＜間投詞＞［擬態語］：突然，急に，短く，がくっと動く動きを表す：）．

12) **Schwupp**：**1.** plötzliche, ruckartige, rasche u. kurze Bewegung: **2.** Stoß: **3.** Guss (2a): (**1.** 突然，急に，短く，がくっと動く動き：**2.** 突き：**3.** ぶっかけること）．

13) **Schwup**s → **Schwupp.**

14) **schwirr**en：[aus dem Niederd. < mniederd. swirren, lautm.] : **1.a)** ein helles, zitternde Geräusch hervorbringen, hören lassen: **b)** mit schwirrendem (1a) Geräusch fliegen: **c)** sich schnell irgendwohin bewegen: **2.** von etw. erfüllt u. deshalb unruhig u. voller Geräusche sein: （[低地ドイツ語より．< mniederd. swirren. 擬音語］：**1.a)** 明るい，震える騒音を立てる，聞かせる：**b)** 上のような音を立ててどこかへ飛んで行く；**c)** どこかへ素早く移動する：**2.** 何かがいっぱい詰まっていて，そのために騒音に満ちていて静かでない：）．

15) **Schwum**se*：[H. u. , wohl laut- u. bewegungsnachahmend] (landsch.) : ↑ Prügel. (*Klappenbach / Steinitz*†)（［語源の詳細は未解明．おそらく擬音・擬態語］（方言）：↑ Prügel「棍棒」）．

16) **'schwuppdi'wupp!** → **schwupp!**

C. /ʃ/ + /v/ で始まるオノマトペにおける「幹母音音素」ならびに「追加子音音素」の種類

schwapp!, **schwapp**en, **schwaps!**, **schwatz**en, **Schwan**, **Schwarm**, はいずれも，上で見たそれぞれの意味を表すのに，開口度のもっとも大きい [a] を「幹母音」とすることによって,「明確というよりは簡易」,「確乎というよりは確実」,「中立的」のイメージの音色を再現している．これらのオノマトペは「追加子音音素」が /p/ であれば音源の音響現象に「破裂的」なイメージが加わることを表し，/ts/ であれば「はげしい破裂」に「摩擦」が随伴するイメージを追加する。また，/n/ であれば，「かなりあっさりとした，軽い，やや持続的な抵抗」を伴うイメージを表す．**schwipp!** の「幹母音」/ɪ/ は「明晰」,「どちらかといえば高い」,「どちらかといえば鋭角的」，「太いというよりは細い」イメージによって，音源の音響現象の音色を「音模倣」している．'**schwuppdi'wupp!** の第1の「幹母音」/ʊ/ は，音源の音響現象の音色の暗さを「音模倣」するために導入された．他方，„-diwupp" に含まれる第2の「幹母音」/ʊ/ は，第1の「幹母音」の /ʊ/ に合わせてあって，オノマトペの基調を作っている．**schwätz**en の /ɛ/ は，行為が **schwatz**en ほどにはポジティブな評価は受けず，むしろ往々にしてネガティブであることと無関係ではない．それは，/a/ との対比においては「中立性」において劣るからである．

E. 無アクセント綴に含まれる母音音素の種類

'schwuppdi'wupp に含まれる無アクセント綴．„-di-" に含まれる /ɪ/ は „schwupp" の「幹母音」の /ʊ/ との対比をつくることで転調をもたらすことを期待されている．

F. 考察のまとめ

以上の考察により，《仮説1》より《仮説6》は /ʃ/ + /v/ で始まるオノマトペ16個すべてに当てはまると認められる．

IV. 仮説の検証

3-13. /ʃ/ ＋ /m/ で始まるオノマトペ
schmaddern, **schmett**ern, **schmollis**

A. /ʃ/ ＋ /m/ が表すイメージ
　/ʃ/ ＋ /m/ で始まるオノマトペが関わる現象は，二つに分けられる．一つは音波による空気の排除である．物理的な音にせよ，人間や動物の叫び声や動物の鳴き声にせよ，あたりに響きわたる場合，それは音声があたりの空気を切り裂いて伝わるのだと解釈できる．そこで，音声があたりの空気を切り裂いて伝わることを，「音波による空気の排除」と呼ぶことにする．下線部はそのことを表していると考えられる部分である．もう一つは，固体による空気の排除である．固体の大小にかかわらず，固体が空気中を移動するとき，移動の速度はさまざまであるにせよ，とにもかくにもその固体は空気を排除しつつ移動する．

B. /ʃ/ ＋ /m/ とオノマトペの意味の関わり
1) **schmadd**ern：[wahrsch. verw. mit ↑ schmettern, urspr. lautm.] (nordd. salopp abwertend)：**1.** <u>*kleckern*</u> (1a), <u>*sudeln.*</u> **2.** (unpers.) *regnen u. schneien zugleich; nass schneien:*（[おそらく語源的に↑schmettern と関係あり．根元的には擬音語]（北ドイツ方言．ぞんざい，軽蔑的）：**1.**（スープなどを）<u>ぽたぽたこぼす</u>，（<u>べとべとしたもので</u>）<u>よごす</u>．**2.**（非人称動詞）雨と雪が同時に降る，<u>べとついた雪が降る</u>：）．

2) **schmett**ern：/ *hell und <u>durchdringend</u> tönen* /（*Klappenbach / Steinitz*✝）（明るく響き渡る）．

3) **schmett**ern：[1. mhd. smetern = klappern, schwatzen, lautm.; Bedeutungswandel im Frühnhd.]：**1. a)** mit Wucht irgendwohin werfen, schleudern; **2. a)** laut klingen schallen: **b)** mit lauter Stimme singen od. rufen:...（[1. は mhd. smetern「かたかた（がたがた）音を立てる，ぺちゃくちゃしゃべる」．擬声語．初期新高ドイツ語において意味変化が起こった]：**1. a)** 何かをはげしい勢いでどこかへ投げつける：**b)** 大声で歌う，あるいは，叫ぶ：）．

C. /ʃ/ + /m/ で始まるオノマトペにおける「幹母音音素」ならびに「追加子音音素」の種類

schmaddern の /a/ はぽたぽたこぼす音色を「音模倣」したものである．「追加子音音素」/d/ が床に落ちたスープが「衝突」する様を「音のジェスチュア」で表した．**schmett**ern の /ɛ/ は「かたかた（がたがた）音を立て」たり「ぺちゃくちゃしゃべる」行為の音色は /a/ ほどは「明確」ではなくて，はっきりしてはいても，せいぜい「簡易」といえる程度であることを表そうとしている．「追加子音音素」/t/ が音源の音響現象が持つ「頭に響く」，「耳に突き刺さる」，「衝突」，「衝撃」，「炸裂」のイメージを表している．

F. 考察のまとめ

以上の考察により，《仮説1》より《仮説6》は，/ʃ/ + /m/ で始まるオノマトペ3個すべてに当てはまると認められる．

3-14. /ʃ/ + /n/ で始まるオノマトペ

/ʃ/ + /n/ で始まるオノマトペは次の18個である：**schnapp!**, **schnapp**en, **schnipp!**, **schnatt**ern, **schnack**eln, **schnarr**en, **schnarch**en, **schnipp!**, **schnips!**, **schnick**en, **Schnuck**e, **Schnuck**elchen, **schnurr**en, **schnaub**en, **schnauf**en, **schneuz**en, **'schneddereng'teng**, **schnedderengtengteng**. これらについては，「Ⅲ. 仮説の定立」で実例として詳しく分析したので，ここでは繰り返さない．

3-15. /ʃ/ + /l/

/ʃ/ + /l/ で始まるオノマトペは次の8個である：**schlabb**ern, **Schlapp**e, **schlapp**en, **schlotz**en*, **schlorr**en, **schlurf**en（→ **schlürf**en），**schlürf**en, **schlurr**en．

A. /ʃ/ + /l/ が表すイメージ

/ʃ/ + /l/ で始まるオノマトペが関わる現象とは「液体による／固体による空気の排除とそれに伴う空気の移動」である．液体を吸い込んだり飲み込んだりするとき，液体は空気中を移動するので，空気を排除する．あるいは，液体をどこかへこぼしたり，液体が容器の壁にぶつかるときは，液体は衝突

に先立って，到着点に存在する空気をまず排除する．そして，排除の結果として空気の移動が起こる．/ʃ/ + /l/ が導入された契機は，「音模倣」ではなくて，「音のジェスチュア」である．

B. /ʃ/ + /l/ とオノマトペの意味の関わり

1) **schlabb**ern：umg. Nahrung, bes. Flüssigkeit geräuschvoll mit der Zunge aufnehmen (*Klappenbach / Steinitz†*)（日常語．食べ物，とりわけ液体を音高くすする）．

2) **Schlapp**e：[eigt. = Klaps, Ohrfeige, lautm.; schon früh zu schlapp gestellt]：Niederlage, die jmdn. vorübergehend zurückwirft, Misserfolg, die jmds. Position zunächst schwächt（[本来は「平手打ち」を意味した．擬音語．すでに早くから schlapp「たるんだ」に対置された]：或る人を以前の状態へ押し戻す敗北，或る人の立場をさしあたって弱めるような失敗：）．

3) **schlapp**en：/ von Tieren / (etw.) geräuschvoll, schlürfend trinken（動物が何かを音高くすすって飲む）．

4) **schlotz**en*：(bes. Wein) genüßlich trinken（（とくにワインを）味わうようにして飲む）．

5) **schlorr**en：[laut- u. bewegungsnachahmend; vgl. schlurren] (landsch.): **a)** schlurfend (1) gehen: **b)** sich schlurfend (1) zu etw.,über etw. hin bewegen:（[擬音・擬態語；schlurren 参照]（方言）：足を引きずって歩く：b) 足を引きずりながら何かの方へ，何かの上を横切って移動する：）．

6) **schlurf**en：(Nebenform von ↑schlürfen]：**1. a)** *geräuschvoll [u. schleppend] gehen, indem man die Schuhe über den Boden schleifen lässt:* **b)** sich schlurfend (1a) zu etw., über etw. hin bewegen: **2.** (landsch.) schlürfen (1,2). ([↑schlürfen の 別形]：**1. a)** 靴を床に引きずって，騒がしく（そして，足をひきずるようにのろのろと）歩く：**b)** 足を引きずって何かの方へ，何かの上を移動する：**2.** (方言) schlürfen (1,2))．

7) **schlürf**en：**1. a)** Flüssigkeit geräuschvoll in den Mund einsaugen：**b)** etwas schlürfend trinken：**2.** etw. langsam u. mit Genuss

— 315 —

in kleinen Schlucken trinken:（**1. a**）液体を音高くすする：**b**）何か
をすすりながら飲む：**2.** 何かをゆっくりと楽しみながら一口ずつ飲
む：）．

8) **schlurr**en：［laut- u. bewegungsnachahmend; vgl. schlorren］
（landsch., bes. nordd.）：schlurfen（1）：（擬音・擬態語．schlorren
「足を引きずって歩く」参照）：足を引きずって騒がしい音を立てなが
ら歩く）．

C. /ʃ/ ＋ /l/ で始まるオノマトペにおける「幹母音音素」ならびに「追加
子音音素」の種類

① /ʃ/ ＋ /l/ で始まるオノマトペ 8 個のうち半数は，「液体による空気の
排除」のイメージに関わっている：**schlabb**er*n*, **schlapp**e*n*,
schlotze*n**, **schlürf**e*n*．また半数は「固体による空気の排除」の
イメージに関わっている：**Schlapp**e, **schlorr**e*n*, **schlurf**e*n*,
schlurre*n*．液体／固体との接し方に応じて行為の音色は少しずつ
ニュアンスが異なる．そのニュアンスの差の表現には「幹母音」の
種類が対応している．音高く飲んだり，「平手打ち」を食らわせる
高らかな破裂音は「幹母音」［a］の明快さで表され，追加子音の破
裂音子音の /b/ や /p/ が追加現象のイメージを表している．

②「ワインを味わいつつ一口ずつ飲む」**schlotz**e*n** には，「暗さ」，「強
かさ」，「断固」のイメージを表す /ɔ/ が「幹母音」に使われ，「軽快」，
「小刻み」，「硬質」，「破裂」，「軽い摩擦」，「すり抜ける」のイメージ
を表す /ts/ が「追加子音音素」として投入されている．**schlurf**e*n*,
schlürfe*n* の「幹母音」/ʊ/, /ʏ/ は，「低く暗い」音色あるいは「ど
ことなく明るくて暗い」複雑な音色を表すが，「追加子音音素」とし
て使われた /f/ や，**schlurr**e*n* に「追加子音音素」として使われた
/r/ は，それぞれ「ややはげしいが，あまり粘りのない摩擦」，「気流
の漏出」ないしは「持続」，「振動」という追加現象のイメージを再
現するはたらきを担っている．

F. 考察のまとめ

以上の考察により，《仮説 1》より《仮説 6》は，/ʃ/ ＋ /l/ で始まるオノ

IV. 仮説の検証

マトペ8個すべてに当てはまると認められる．

3-16. /ʃ/ + /r/ で始まるオノマトペ

/ʃ/ + /r/ で始まる「単綴型」のオノマトペは3個である．これに「複綴型」のオノマトペを1個加える：**schrei**en, **schrill**, **schrill**en; **schrumm!**, **'schrummfide'bum**.

A. /ʃ/ + /r/ が表すイメージ

/ʃ/ + /r/ で始まるオノマトペが関わる現象とは，音波による空気の排除である．物理的な音にせよ，人間や動物の叫び声や動物の鳴き声にせよ，あたりに響きわたる場合，それは音声があたりの空気を切り裂いて伝わるのだと解釈できる．そこで，音声があたりの空気を切り裂いて伝わることを，「音波による空気の排除」と呼ぶ．/r/ は，その際音波が「振動」するとともに「持続」することをイメージとして「音のジェスチュア」で再現している．

B. /ʃ/ + /r/ とオノマトペの意味の関わり

1) **schrei**en：[mhd. schrien, ahd. scrian, lautm.]：**1. a)** *einen Schrei, Schreie ausstoßen*…（[mhd. schrîen, ahd. scrîan. 擬声語]：**1. a)** 叫び声を上げる）

2) **schrill**：unangenehm, durchdringend und grell klingend（*Klappenbach / Steinitz*†）．（つんざくような，甲高い，不快な響きの）．

3) **schrill**en：schrill tönen（*Klappenbach / Steinitz*† も）．（甲高い音を立てる）．

4) **'schrumm!, 'schrummfide'bum**：lautm. für den Klang von Streichinstrumenten bes. beim Schlussakkord.（弦楽器の音，とりわけ終止和音のおとの擬音語：ジャン，ジャジャーン：ブンブルブン：『小学館独和大辞典』）．

C. /ʃ/ + /r/ で始まるオノマトペにおける「幹母音音素」ならびに「追加子音音素」の種類

① /ɪ/：やや甲高くて，やや鋭角的なイメージを「音模倣」的に表すために母音 /ɪ/ が選ばれている：**schrill, schrill**en．「追加子音音素」

の /l/ は,「流動」,「通気」のイメージを表す.弦楽器の終止和音のイメージを「音模倣」的に表そうとしているオノマトペ **'schrumm!, 'schrummfide'bum** の「幹母音」が /o/ であることは所を得た配置であろう.「追加子音音素」の /m/ は,「重々しい持続的な抵抗」のイメージを表す.明確にして鋭角的なイメージを表す複母音 /aɪ/ が「叫ぶ」行為を意味する動詞 **schrei**en の「幹母音」であることは意味にふさわしいと思われる.また,「叫ぶ」行為を「音のジェスチュア」によって再現するには開音綴がふさわしい.

② **schrill**, **schrill**en のように「甲高い」音を立てる場合,音は, /l/ が表すイメージどおり甲高いままに周囲へと「流れ」て行く. **'schrumm! 'schrummfide'bum** の「追加子音音素」/m/ が表す「重々しい」,「構えた」,「重量感」のイメージは,弦楽器の終止和音のイメージを表すのに必須である.一つのオノマトペのなかに三度も現れていることがその必須の程度を裏書きしている.

ちなみに,子音 /ʃ/ のあとにどのような子音が来るかは,空気の排除ないしは移動に伴う「抵抗」の程度に応じて異なると思われる.すなわち,子音 /ʃ/ の次に置かれた /l/ または /r/ はきわめて軽い抵抗を,/n/ は軽い抵抗を,/m/ は強い抵抗を,そして,/v/ はきわめて強い抵抗を表す.なお,オノマトペの冒頭の子音音素 /ʃ/ で表された根元的現象である「空気の排除」に対して環境から何らの「影響」も及ぼされない場合は,すでに見たとおり子音連続 /ʃ/ + /r/ の「幹母音」の次に何らの子音も置かれないで開音となる.それは,**schrei**en の場合のように,叫び声も鳴き声も音響も,環境から何らの抵抗も受けずに空気を震わせて響きわたるものと捉えられていることを意味している.

E. 無アクセント綴に含まれる母音音素ならびに「追加子音音素」の種類

'schrumm! 'schrummfide'bum に含まれる無アクセント綴は,„-fi-" と „-de-" である.二つの母音音素は,音色のためではなくて,それぞれの子音音素 /f/ と /d/ を綴の形で顕在化するために使われている.

F. 考察のまとめ

以上の考察により,《仮説1》より《仮説6》は /ʃ/ + /r/ で始まるオノマ

IV. 仮説の検証

トペ4個すべてに当てはまると認められる．

3-17. 子音音素 /ç, x/, /ŋ/ について

　摩擦音 /ç, x/ で始まる「慣例的オノマトペ」は存在しない．一つの言語について，それが備えている音素どうしの結合形がすべて使われるとは言えず，むしろ現実には結合形の一部しか使われていないと一般に推定されている（*Enzyklopädie*, 805 [7.4.7.3.]）．関連して，いかなる音素結合形もかならず語頭に立つことができるとは限らないことも推定されている．例えばドイツ語の音素 /z/, /ç, x/, /h/, /ŋ/ のいずれかが別の子音音素と結合して初頭音となりアクセントを担う母音の前に立つことはない（*Enzyklopädie*, 806 [7.4.7.4.]）．

　一つの言語における音素の結合形の種類あるいは音素の分布を考えるとき，外来語とオノマトペは対象から除外するのを原則とするようであるが（*Enzyklopädie*, 807），それは外来語とオノマトペがその言語としては例外的な音素結合を含む可能性があることを考慮した措置であると思われる．しかし，筆者が集めたオノマトペの実例のなかには，摩擦音 /ŋ/ が別の子音音素と結合して初頭音となりアクセントを担う母音の前に立つ例も，単独で語頭音となる例も見られなかった．

4．子音音素連続で始まるオノマトペで事例が2例以下のもの

4-1．pfrop*fen*＊／Pfropfen

　Pfropfen [verhochdeutscht aus niederd. Propp(en), mniederd. prop-(pe) =Stöpsel; H. u., wahrsch. lautm.]（低地ドイツ語の Propp(en) が高地ドイツ語へ持ち込まれたもの．中世低地ドイツ語では prop(pe) ＝（容器・浴槽などの）栓．おそらく擬音語．起源の詳細は不明）．用例を見ると，„beim Öffnen der Sektflasche knallte der Pfropfen"（*Duden in 6 Bdn.*），„P.(Sektkorken) knallen lassen"（*Klappenbach / Steinitz*†）（下線は筆者）とあるから，Pfropfen の由来はシャンパンの栓を抜いたときの破裂音であると推定される．そうすると，冒頭の破擦音音素 /pf/ がオノマトペに導入された契機は「音模倣」である．そして，/pf/ の後に続いているふるえ音音素 /r/ は，栓を抜いたときの気流の噴出音が持続的に伝播してゆくことを「音のジェスチュア」をするために導入されたと考えられる．ま

た，幹母音音素の /ɔ/ は栓を抜いたときの気流の噴出の「音模倣」である．「追加子音音素」の /pf/ は，始原的なオノマトペによく見られる語頭の破擦音音素 /pf/ の繰り返しによる「念押し」である．

4-2．spiss*en*／**Star**／**zwatz***eln*／**zwitsch***ern*

spiss*en* はエゾライチョウの雄が雌を求めて鳴く声のオノマトペである．語頭の /ʃ/ は，鳴き声が「空気の移動」という「始発現象」から始まって，それに高くて軽やかな，瞬間的破裂の付随現象が続くことを語頭第 2 位の子音音素 /p/ がイメージとして表している．「追加子音音素」の /s/ は，鳴き声の伝播に軽い摩擦が伴うイメージを表す．鳴き声の音色はかなり明るくてかなり高く，やや鋭っている．このイメージを表すのは「幹母音」/ɪ/ のはたらきである．

椋鳥 **Star** の名前はその鳴き声に由来する．語頭の /ʃ/ は，鳴き声が「空気の移動」という「始発現象」から始まって，それに頭に響くような，ときには耳に突き刺さるような，衝突・衝撃や炸裂のイメージを表す /t/ が続くことによって，続く付随現象のイメージを印象づけている．「幹母音」の /aː/ は，鳴き声の音色が丸みを帯びてしっかりとしていて，そして，くっきりと長く響くことを「音模倣」によって表している．「追加子音音素」の /r/ は，鳴き声が長く尾を引いて聞こえるイメージを表す．

zwatz*eln* は擬態語である．「そわそわして，落ち着きがない」ことを表す．語頭の軽い硬質の破裂から軽い明るい摩擦へと移っていって終わる調音様式から「素早い移行」をイメージとして表す /ts/ と，それに続くはげしく，かつ粘りのある摩擦のイメージを表す /v/ の組み合わせは，次々と姿勢を変えながらついにどの姿勢にも落ち着くことができないイメージをたくみに表している．「追加子音音素」が語頭子音 /ts/ の繰り返しであることも，繰り返される姿勢変更のイメージを強めている．「幹母音」の /a/ は，音色に角がなくて，しっかりと，かつ，くっきりしている点で，その落ち着きのなさが悠然として保持されていることをイメージとして伝えるのにふさわしい．

zwitsch*ern* は小鳥のさえずりのオノマトペである．語頭の連続子音音素 /ts/-/v/ は，軽い硬質の破裂から軽い明るい摩擦へと移って行く小鳥の鳴き声の「音模倣」である．「追加子音音素」の /tʃ/ も同じ．「幹母音」にかなり明るくてかなり高い，やや鋭ったイメージを表す /ɪ/ が使われているのも

IV. 仮説の検証

「音模倣」としてふさわしい．

4-3. spratz*en*／sprech*en*／strunz*en*

　spratz*en* は，薪などが火の中ではじけるのを意味するオノマトペであるが，はじける現象を「音模倣」によって表そうとしている．「空気の移動」のイメージを表し，とりわけ音／声が空気中を伝わるイメージを表す /ʃ/ に続いて，高くて軽やかな，瞬間的・破裂のイメージを表す /p/ が語頭に続いているうえに，「追加子音音素」として，軽い硬質の破裂から軽い明るい摩擦へと移っていって終わることをイメージとして表す /ts/ が配置されていて，火中ではじける現象がその展開の経過どおりに表されている．「幹母音」がしっかりとした，そして，角のない，くっきりとしたイメージを表す /a/ であることも現象全体のイメージを表すのにふさわしい．

　「話す」を意味する sprech*en* の語源が，「由来の詳細は不明」とされながらも「おそらく擬声語」であると推定されていることは意味深い．発話を口にする行為が「空気の移動」のイメージを表し，とりわけ音／声が空気中を伝わるイメージを表す /ʃ/ で始まり，続いて高くて軽やかな，瞬間的・破裂のイメージを表す /p/ が配置され，さらにそのうえに持続的な振動を伴う伝播のイメージを表す /r/ が続いていること，そしてまた，「追加子音音素」として，気体が隘路を摩擦とともに排出されるイメージを表す /ç/ が使われていることから，「話す」行為が「音模倣」を契機として作られたオノマトペであることが見て取れるからである．

　strunz*en* も語頭に3個の子音音素連続を持ち，「追加子音音素」として2個の子音音素連続を持つというドイツ語の「単綴」のオノマトペのなかでは最も複雑な構成を持ったオノマトペである．方言で「小便をする」という意味であるが，各音素の配列がその現象を巧みに具体的に再構成している．まず「空気の移動」のイメージを表す /ʃ/ で始まり，これに頭に響くような，ときには耳に突き刺さるような，衝突・衝撃や炸裂のイメージを表す /t/ が続き，さらにそれに持続的な振動を伴う伝播のイメージを表す /r/ が従っている．「追加子音音素」としてかなりあっさりとした，軽い，やや持続的な抵抗のイメージを表す /n/ と，妨害をかわしつつ辛うじて隘路を「すり抜ける」というイメージを与え，また音としては，小刻みに耳に突き刺さるイメージを持っている /ts/ が配置されていて，「排尿」という現象をあますと

ころなく「音のジェスチュア」によって描いて見せている．「幹母音」がかなり低く，かなり暗く，かつまたかなり淡くて弱い，しかし同時に腹に響くような，短い音響のイメージを表す /o/ であることもこのオノマトペにふさわしい．

以上の考察から，**4．**に集めた雑多とも言えるいろいろなオノマトペを通じて《仮説１》から《仮説６》まですべてが妥当することが認められる．このことも，《仮説１》から《仮説６》の普遍妥当性の証左であると考える．

第Ⅳ章を閉じるにあたって，１～６の各仮説が 403 個あるドイツ語の慣行的オノマトペに，若干の例外を除いて，あてはまることが確認できたことを改めて記す．仮説の検討から外したのは，下記の３個である．*Duden in 10 Bdn.* は語源についてそれぞれ次のように説明している．

bedripst *: <Adj.> [2. Part. von landsch. bedripsen = beträufeln; nass machen, eigtl.= (vom Regen überrascht u. durchnässt)]（＜形容詞＞方言の bedripsen =beträufeln「或物を或人に滴らす，濡れさせる」から．本来は「不意に雨に降られてずぶ濡れになった」の意）

Scharade: [frz. charade, eigtl.= (seichte) Unterhaltung, aus dem Provenz., urspr. wohl lautm.]（[フランス語の charade より．本来はプロヴァンス語で「(安っぽい)娯楽」を意味した．根元的にはおそらく擬音語]）

Skiffle ['skɪfl]：[engl. skiffle, H. u. viell. lautm.]（[英語の skiffle より．これ以上の由来については未詳]）．

5．まとめ－音素とイメージ

第Ⅳ章の目的は，仮説がすべてのオノマトペに妥当することを検証することであったが，同時に，ドイツ語の「慣行型」オノマトペに使われるすべての母音音素ならびに子音音素が持っているイメージを確かめることであった．以下に，確認せられた各音素のイメージの一覧を掲げておく．これらのイメージが「偶成的」オノマトペに使われる音素にも当てはまるかどうかを見当することが次章の目的である．

1) オノマトペの本義は，言語外の世界における音響現象を言語音の形で再現することにある．擬態語といえども、もともとは現象を音響現象にな

IV. 仮説の検証

ぞらえることによって成立した．つまり，オノマトペの出発点は世の中の音響現象である．

2) もともと音響現象であるものを言語音の形で再現するということは，音響現象のイメージを言語音のイメージに置き換える――ということは**音素のイメージ**に置き換える――ことを意味する．これが音素のイメージを本研究の中心に据える理由である．

3) 音響現象のイメージの一端は**音色**として捉えられて言語に再現される．残りのイメージは動きや性状や気分などの**印象**として捉えられて言語に再現される．

4) 音色を再現するのは**母音**のはたらきであり，印象を再現するのは**子音**のはたらきである．

5) 母音のはたらきは「幹母音」と無アクセント綴に含まれる母音とでは異なる．「幹母音」は音色を表すが，無アクセント綴に含まれる母音は補助的なはたらきをするに過ぎない．**子音**のはたらきは，語頭の子音の場合も，語頭第2（3）位の子音の場合も，「追加子音」の場合も変わらず，常に印象を表す．

6) ただし，語頭の子音は音響現象の「始発状態」の印象を，語頭第2（3）位の子音は「始発状態」に続く「継続状態」の印象を，「追加子音音素」は「終了状態」の印象を表し，全体で音響現象の時間的経過に沿った展開を示す．

7) 有声の子音音素は，共通して「鈍角的」・「重厚」のイメージを表し，無声の子音音素は，共通して「鋭角的」・「軽・薄」のイメージを表す．

8) 個々の音素のイメージを表すキーワードは下記のとおりである．

《子音音素》
- ◆ /b/：「鈍角的」，「重厚」，「爆発」，「震動」．
- ◆ /p/：「明朗」，「軽快」，「高音」，「瞬間的」，「炸裂」．
- ◆ /d/：「重量感」，「耳障り」，「衝突」，「衝撃」，「破裂」．
- ◆ /t/：「頭に響く」，「耳に突き刺さる」，「衝突」，「衝撃」，「炸裂」．
- ◆ /g/：「不透明」，「くぐもった」，「ゆったりとした」，「鈍角的」，「重厚」．

- ◆ /k/：「晴朗」,「攻撃的」,「鋭角的」,「軽快」,「瞬間的破裂」.
- ◆ /pf/：「破裂」,「粘りのない摩擦」.
- ◆ /ts/：「軽快」,「小刻み」,「硬質」,「破裂」,「軽い摩擦」,「すり抜ける」.
- ◆ /tʃ/：「激しさ」,「破裂」,「衝突」,「摩擦」,「迅速」.
- ◆ /v/：「激しい摩擦」,「粘り」,「うなり」.
- ◆ /f/：「ややはげしいが，あまり粘りのない摩擦」,「気流の漏出」.
- ◆ /z/：「気体移動に伴う強い摩擦」.
- ◆ /s/：「気体移動に伴う軽い摩擦」.
- ◆ /ʃ/：「空気の移動」,「音声の伝播」.
- ◆ /j/：「隘路を通り抜ける」,「抑圧をくぐり抜ける」.
- ◆ /m/：「重々しい」,「構えた」,「重量感」,「持続的な抵抗」,「閉鎖」,「あいまい」.
- ◆ /n/：「かなりあっさりとした，軽い，やや持続的な抵抗」.
- ◆ /ŋ/：「追加的な，軽微な，短い抵抗」.
- ◆ /ç/：「気体の隘路からの排出」,「抵抗排除」.
- ◆ /x/：「気体の大量の排出／流出」
- ◆ /h/：「大量の気体の排出・移動」.
- ◆ /l/：①「流動」,「通気」. ②「もどかしさ」,「たどたどしさ」,「単調」.
- ◆ /r/：「持続」,「振動」,「回転」,「素早い運動」.

《母音音素》

- ◎ /aː/, /a/：「明確」,「確乎」,「確実」,「正道」,「簡易」,「ゆとり」,「中立的」.
- ◎ /iː/, /ɪ/：「透明」,「明晰」,「甲高い」,「鋭角的」,「淡泊」,「細い」.
- ◎ /eː/, /ɛː/, /ɛ/：「明瞭」,「高い」,「丸ろやか」,「直線的」,「強い」,「金属的」.
- ◎ /uː/, /ʊ/：「低い」,「暗い」,「薄い」,「丸い」.
- ◎ /oː/, /ɔ/：「暗色」,「強靭」,「強かさ」,「断固」,「まずは高い」.
- ◎ /aɪ/：「明確にして鋭角的」.

IV. 仮説の検証

◎ /aʊ/：「明確だが鈍角的」.
◎ /ɔʏ/：「低さ・暗さ・強さから高さ明るさもろさへの転調」.
◎ /ʊ/：「弱さ・低さ・暗さから弱さ・高さ・明るさへの転調」.
◎ /yː/, /ʏ/：「どことなく明るくてどことなく暗い，複雑な明るさ」.
◎ /øː/, /œ/：「明るさはあまり明るくなく，強さもそれほど強くないが，陰にこもった根強いあいまいさ」.

《無アクセント綴に含まれている母音音素》
○ /a/：先行する子音のイメージを確保する.
○ /ɪ/：/a/ と組み合わされることによって転調に寄与する.
○ /ə/：「幹母音」と組み合わされることによって転調に参加する.

V. 偶成的オノマトペの考察

1. 偶成的オノマトペについて

　私は，ラングとして認められ辞書に登録されているオノマトペを「慣行的オノマトペ」と名付け，前章まではもっぱら「慣行的オノマトペ」を考察の対象にしてきた．しかし，実際にはコミックなどで使われているオノマトペの多くはラングとして認められず，したがって辞書に収録されていない．私は，これらのオノマトペを「偶成的オノマトペ」と名付けて，「慣行的オノマトペ」と区別した．本章はもっぱら「偶成的オノマトペ」の考察に充てられる．

　私が集めた「偶成的オノマトペ」は，約5,000個である．しかし本章に実例として収めたのは，それのほぼ1割の約500個に過ぎない．これは，資料源の大部分が日本語のコミックの独訳であったことによる．すなわち，原作では日本語でさまざまな偶成的オノマトペによって表されていた音源が独訳ではただ一つの偶成的オノマトペで置き換えられてしまうことが多かった．独訳ではいわば一つの偶成的オノマトペを「同音多義」的に使っているわけである．これらの用例を一々別々に数えないで，1個だけを代表形として採録する方針を採ったために，本章で扱う「偶成的オノマトペ」の合計は私が収集した「偶成的オノマトペ」の10分の1にまで減ってしまった．

　具体的に実例で説明しよう．例えば „PLING" 一つにも下のように8個のバリエーションがあった（本来的に言い表せば，原作の日本語ではそれぞれに異なった偶成的オノマトペであった）．

PLING!	カッ（閃光）
PLING!	パッ（モニターに映像が出る）
PLING!	ピンッ（小さなカプセルを指ではじく）
PLING!	ブ……ン（電光）
PLING!	カッ（目を大きく開く）
PLING!	キッ（睨む）
PLING!	ピッ（術を放つ）

V. 偶成的オノマトペの考察

PLING!　　　ぱっ（真っ暗な空が突然明るくなる）
PLING!　　　カチリ（ロボットの動きが止まる）

　以下に収録した「偶成的オノマトペ」の収集では最初の例 **PLING!**「カッ（閃光）」一つしか採録していない．ここに見て取られるのは，同一のオノマトペが当てられている諸現象のすべてに「最大公約数」的にあてはまる現象をドイツ語の言語音で再現するという手法が採用されていることである．訳者が現象の個別的なニュアンスに微妙に対応する日本語のオノマトペのきめ細かさに手を焼いて一々対応するのを断念したのか，それとも，さまざまな音源ないしは音響以外の現象の特徴を抽象して一つのオノマトペに一括するというドイツ語オノマトペの本来の傾向に立ち戻ったのかは分からないけれども，日本語のコミックの独訳本から採集した例では，往々にして見受けられる訳し方である．すなわち訳者は（上の引用例の出典がすべて同じであるから，同一の訳者である）現象の共通点を，「明るくて鋭角的な音色の音が，高らかに，軽やかに，破裂的に発せられた後に，軽微な抵抗を受けながら伝播してゆく」（323 ページ以下の記述を参照）というイメージで捉え（擬態語の場合は，共感覚によって視覚現象に転換して捉え）これを **PLING!** で再現したものであると考える．「ピンッ（小さなカプセルを指ではじく）」や「ブ……ン（電光）」や「カチリ（ロボットの動きが止まる）」は擬音語であるが，他はすべて擬態語である．つまり，ドイツ語訳者は擬音語と擬態語の区別もしなかったのである．そのようなわけで以下に収録した「偶成的オノマトペ」はじっさいの収集数のほぼ１０分の１なのである．

　実際に集めたオノマトペの数よりもここに紹介する資料集の方がはるかに数が少ないもう一つ別の理由は，「偶成的オノマトペ」では母音音素を表す字ばかりか子音音素を表す字さえも，訳者が音源の時間的な長さを表現しようとして，恣意的に文字数を増やすことである．これらも，一つのオノマトペに対して文字数だけバリエーションが存在することになるので，そのまま採録すれば膨大なスペースを費やすことになってしまう．本書への採録に際しては，類例を原則として，長い形と短い形の２例に制限した．

　ともあれ，<u>500</u> という数値を「慣行的オノマトペ」の合計の 400 個と比較して，ドイツ語で「慣行的オノマトペ」と「偶成的オノマトペ」とはほぼ等しい数で存在していると主張することは無意味である．「偶成的オノマトペ」の数は資料渉猟の網を広げれば広げるほど，それだけ増えていく．

ちなみに，コミックでも「慣行的オノマトペ」が「偶成的オノマトペ」とあわせ使われるのは言うまでもない．例えば，**TAP** は下のようにさまざまな「足音」を訳すのに使われている．

「ささーっ」と足音をしのばせながらそっと素早く走り寄る	TAP TAP TAP
自動車から「ダッ」と飛び出す	TAP TAP
急いで「タターッ」と駆け戻る	TAP TAP TAP TAP
階段を「ドドド…」と駆け上がる	TAP TAP TAP
重い物を背負って「ダダッ」と歩き始める	TAP TAP
四股を「ドンッ」と踏む	TAP!
巨大な怪獣が「ドドッ」と駆け去る（乙政，2001b）	TAPPATAPPATAP

これらの「慣行的オノマトペ」は，下の収集からは省いてある．また，例えば **BÄÄÄÄÄh!** は羊などの鳴き声を表す「慣行的オノマトペ」„bä!" の書記上のバリエーションに過ぎないから，このようないわば「似非偶成的」なオノマトペも下の収集からは省いてある．

　動詞の語幹を独立させてオノマトペとして使うやり方は「偶成的オノマトペ」でもかなりよく利用されている．しかも，動詞自体に „lautmalend" な意味がない場合もこの造り方が利用されている．これらの場合は「偶成的オノマトペ」として収集のなかに収めた．

　資料源の中には，本来のアメリカ版をドイツ語版に変えて刊行されたコミックも含まれているが，ここでは英語に由来すると思われるオノマトペが頻繁に現れる．それらは，英語における「慣行的オノマトペ」である可能性が大きいが，訳者の意識ではこれらはもうコミックの世界での Internationalismen（国際語）になってしまっているのであろう．はっきりと英語における「慣行的オノマトペ」だと言える場合はそれらを収集から除外したのは言うまでもないが，英語のオノマトペの変形転用と思われる場合は，それらはドイツ語における「偶成的オノマトペ」として採録した．

2．偶成的オノマトペの型

　収集した「偶成的オノマトペ」を「Ⅱ．慣行的オノマトペの考察」で分類

V. 偶成的オノマトペの考察

に使った型にしたがって分類してみた．すると，驚くべきことに**「偶成的オノマトペ」は「慣行的オノマトペ」の型を踏襲している**ことが明らかとなった．この整理をしてみるまでは，「偶成的オノマトペ」にはそれこそ自由奔放な独創的なオノマトペの型が続々と発見できると信じていたが，実体はそうではなかったのである．ちなみに，独創的という点に関しては，日本語のコミックの方がオノマトペにおいて独創的である．ともあれ，ドイツ語の「偶成的オノマトペ」は，例外なく，「慣習的オノマトペ」と同様に「単綴型」，「重複型」，「複綴型」のいずれかに分類することができた．さらに，「慣行的オノマトペ」では見られなかった「子音音素集合型」(Kn 型) のオノマトペが数多く見い出された．これは，資料源に多くのコミックが属しているのが原因であろう．

　「偶成的オノマトペ」が「慣行的オノマトペ」の分類の型にならって作られているという事実は，「慣行的オノマトペ」に関しても以下のテーゼが妥当するということを意味する．すなわち，

① 「偶成的オノマトペ」にも「幹母音音素」が存在する．もっとも，「偶成的オノマトペ」のうち「単綴型」と「重複型」についてはどれが「幹母音」であるかは自然に分かるけれども，「複綴型」に関しては，「慣行的オノマトペ」の「複綴型」の類例にならって推定するほかないのであるが．

② 「偶成的オノマトペ」にも「幹綴」が存在する（「幹綴」に関しても，上と同じことが言える）．

③ 「偶成的オノマトペ」にも「語頭子音」が存在する．

④ 「偶成的オノマトペ」にも「語頭子音」に続く語頭第 2 位（場合によっては第 3 位）の子音が存在することがある．

⑤ 「偶成的オノマトペ」にも「追加子音音素」が存在する．

⑥ 「偶成的オノマトペ」にも「無アクセント綴に含まれる母音」が存在する．

なお，「慣行的オノマトペ」にしばしば使われた -eln, -en, -ern などの造語語尾が「偶成的オノマトペ」に現れることはなかった．「偶成的オノマトペ」を造語語尾の力を借りて作るならば，それはもはや純粋な「偶成的」オノマトペとは呼べないであろう．「偶成的」な「語幹」の部分に造語語尾が付く可能性は理論的には否定できないけれども，今までのところ実例は見つ

かっていない.

　仮説1～6が「慣行的オノマトペ」については規則1～6として妥当することがすでに明らかとなったが,「偶成的オノマトペ」について上記のテーゼが妥当するということは,「慣行的オノマトペ」について立てた仮説1～6が「偶成的オノマトペ」にもそのまま妥当することを意味すると考えられる.

　そのことを子音音素/b/で始まる「偶成的オノマトペ」の実例について見てみよう. 実例の配列には, ①「慣行的オノマトペ」の場合と同じ原則にしたがうこととし, 同じ母音字が重ねてある場合は, 長母音として扱い, 同じ子音字が続いている場合は, 子音字の表す現象が長く続くことを表現していると解釈するが, 1個の場合と同じに扱った. ②子音字のみで出来ているオノマトペは次の原則に従って配列する. すなわち, a) 語頭の子音の調音様式に従って, 破裂・閉鎖音, 破擦音, 摩擦音, 鼻音, 側音, ふるえ音の順に振り分ける. b) 有声と無声の区別がある子音音素は, 有声音を先に, 無声音を後に並べる. c) 語頭第2位以下の子音も同様の原則に従って扱う.

3. /b/で始まる「偶成的オノマトペ」

《単綴型》に分類するべき例は見あたらなかった.
《複綴型》
これらはすべて「音模倣」を契機として成立したオノマトペである.

BABAMM!	ババン（波が砕ける）
BABABAMM!	ババババ（銃撃）
BABABABAMM!	ババババ　ババババ　ババババ（火花）
BADDA!	バッ（かめはめ波を放つ）
BAADOM!	ぼんっ（ロケットのように跳躍する）
BADAM	ババッ（パンチと蹴りの攻防）
BADAMM!	ガンッ（頭を蹴る）
BADABOM	ぶあああ（かめはめ波が炸裂する）
BADABOMM	どんどん（太鼓の音）
BADANG!	ガンッ（頭突き）
BADANNG!!!	ズダダン（勢いよく転ぶ）
BADDABAD	ズドドド（連続して殴る）

V. 偶成的オノマトペの考察

BAADADDA	グオッ（跳躍）
BAADANG!	グアッ（風圧）
BADDABADDABADDA!!	ズバババ……!!（拳の連打）
BADDABAM	ズドドド（パンチの連打）
BADDABAMM!	バババッ（パンチの連打を制止）

/b/ は基本的に重厚な「爆発」に関わる．上の例のいずれにも，母音音素として /a/ が用いられていることは，これらの音源の音色が「明確」なことを表している．「追加子音音素」として /d/ が用いられていることは，爆発音に重量感と同時に耳障りな響きが混じっていることを表す．/d/ の他に，あるいは /d/ とともに，/m/ が用いられている場合は，音響がいやがうえにも重々しく尾を引いていることを表す．「追加子音音素」が /ŋ/ であるときは，爆発音の響き方に軽微で短い抵抗が伴うことを表す．

《重複型》

これらもまたすべて「音模倣」を契機として成立した．

bick bick bick!　　ハンマーで蹄鉄の釘を打つ（A, 59）
blum blum blum / bring bring bring / blum blum blum
　　　　　　　　リュート（A, 321）
bring bring bring　ツィター（KLB, 32）
brumm, brumm, brumm　コントラバス（KLB, 48）

「幹母音」が /ɪ/ に変わると，音源の音色が甲高く鋭角的であることを表す．また，/ʊ/ である場合は，音源の音色が低くかつ暗いことを表す．「追加子音音素」に /k/ が用いられていることは，爆発音があくまでも晴朗で鋭角的であることを印象づける．

《複合型》

「複綴型」と「単綴型」ないしは「複綴型」を合わせて作ったオノマトペで，「慣行的オノマトペ」には見られなかった型である．これらは二つのタイプはいずれも「音模倣」を契機とするオノマトペである．

BABABAMM! BABAMM! PENG! BAMM!
　　　　　　ババン　バーン　バーン（銃声）
bumtata rumtata / plingplang peng boing
　　　　　　楽隊の騒ぎ（KLB, 53）

語頭の子音が /b/ から /p/ に交替しているのは，音源が本質的には爆発で

— 331 —

ありながら，音色に細かなニュアンスの入れ替わりがあることを表す．下の「楽隊の騒ぎ」では，語頭の子音音素には /r/ や /p/ ＋ /l/ が，「追加子音音素」には /t/ が加わって，「振動」や「破裂音の流通」が表されている．「複綴型」の場合，第1音綴を「幹綴」だと仮定して，他の /a/ はそれに先立つ子音の特徴を明確にし固定するはたらきをしている点は，„pardauz" の „par-" に含まれる /a/ について確認したのと同様である．

4．/p/ で始まる「偶成的オノマトペ」

《単綴型》

これらのオノマトペはすべて「音模倣」を契機として成立したものである．

PASCH	バシュ(矢が放たれる)
PAFF!	ドーン(人間が倒れる)
PICK!	ピッ(相手のナイフを指先で軽く止める)
PIFF!	シュー(ゴム風船が収縮する)
POPP!	スポン(爆発装置の安全弁を抜き取る)
POK!	ゴン(頭突き)
POCK	コトン…(陶器の容器を置く)
POFF!!	ボンッ(プーアルが変身する)
PUUUH!	ヒュッ(石を吹き飛ばす)
PUF	プッ(宇宙船が発する音)
PUH …	な…なんと…!(感嘆)
PUIIIIIIIIIIF	該当表現なし(宇宙人が人間の下敷きになる)
PIUUU!	プー(屋外の騒音)

/p/ は基本的に軽快な「炸裂」を表すが，後に続く「幹母音」の種類に応じて，音源の音色の明るさ (/a/) や鋭さ (/ɪ/)，低さと暗さ (/ʊ/, /ɔ/) を再現している．「追加子音音素」が語頭の子音音素と同じである場合は，オノマトペは始原的である．/f/ であれば「気流の漏出」の「音模倣」であり，/ʃ/ であれば「空気の移動」の「音模倣」である．/k/ であれば，「音模倣」というよりはむしろ「音のジェスチュア」によって「炸裂」のイメージをだめ押ししている．

下のグループは語頭に子音音素が連続するオノマトペであるが，そのうち

V. 偶成的オノマトペの考察

/p/＋/t/は,「慣例的オノマトペ」では見かけなかった組み合わせであって,「炸裂」のイメージを表す子音音素を重ねることにより,ものを吐き出す際の音の激しさを巧みに模倣している. /p/＋/l/は,破裂に流動が連なっていることを表す.「追加子音音素」の種類に応じて,

PTUI!	かっ(物を吐き出す)
PLICK!	ピッ(指先で弾き飛ばす)
PLING!	ピッ(術を放つ)
PLOF!	ドサ…(人間が倒れる)
PLOK!	ビチャ(体が跳ねる)
PLOPP!	ポロリ(手にしていたものが落ちる)
PLOTSCH!	ぶちっ(絡み付いたロープが切断)
PLOUF!	ボチャ(避難カプセルが沼に落ちる)
PLUFF!	ボンッ(プーアルが変身する)

しかし,下の6個は共感覚によって聴覚から視覚へと感覚の領域が移行している.

PAZ	パッ(照明がつく)
PIIII	ピーン(しびれが走る)
PING	ピカッ(光を反射)
PILING!	カッ(閃光)
PLOOONG!	ぶおん(腹が膨れ上がる)
POI	ポイ(物を放り投げる)

「幹母音」の/a/および/ɪ/のはたらきは上に見たとおり.「追加子音音素」の/ts/は「軽快」のイメージで以て「炸裂」の瞬間性を強めている.

《重複型》

PAT! PAT!	ぱんぱん(気絶した相手の顔を叩く)
PATT! PATT!	ぱんぱん(穴を塞いだ土を叩いて固める)
picke, packe	馬の走る響き (A, 62)
PUT PUT PUT PUT PUT PUT	ピッピピピピピ(宇宙船が発する音)
PLU! PLU! PLU!	プスンプスンプスン!(エンジントラブル)
PIIII! PIIIIII!	ピーピー(笛の音)
PIIUUUU! PIUU!	ボウーボー(汽笛)

>   **plumplumplump**　風車の中で杵がつく音（A, 74）
>   **plingplang peng boing**　楽隊の騒ぎ（KLB, 53）
>   **pim pimpilan, pim pimplan**　　ギター（KLB, 32）

《複綴型》

>   **PATOMM**　　パッカパッカ（馬が駆ける）
>   **pim pimpilan, pim pimplan**　　ギター（KLB, 32）

　これらの二つのタイプはいずれも「音模倣」を契機とするオノマトペである．„PAT!"の「追加子音音素」の /t/ は，炸裂音の「耳に突き刺さる」ようなイメージを表して炸裂のはげしさを表している．また，„PIIUUUU!" の「幹母音」の /ɪ/ ＋ /ʊ/ は汽笛の音色の「音模倣」である．汽笛のオノマトペが日本語とドイツ語で異なるのは，聞こえ方が異なるというよりも，汽笛の構造そのものの違いから実物の音色が異なるのであろう．

《子音音素集合型》

>   **PFF …**　　はあっ　はあっ（息切れ）
>   **PFFLZ!**　　ドグッ（打撃）
>   **PFFT!**　　ぷっ（おかしくて噴き出す）
>   **PFFFFT!!**　　ひゅーっ!!（大きく息を吐く）
>   **PRRRR**　　ヒュー（避難カプセルが沼から上る）
>   **PRRCH!**　　パカッ（馬が動く）

　/p/ は明朗な瞬間的破裂音のイメージを表し，/f/ は「摩擦を伴った気流の漏出」を表す（PFF）．/l/ は「流動」イメージを，/t/ は衝撃的な炸裂のイメージを表すから，オノマトペ „PFFLZ!" が表す「打撃」のイメージは完全に表されている．

　下の三つは共感覚によって聴覚から視覚へと感覚の領域が移行している．

>   **PFFF!**　　ぷん（膨れ面）
>   **PFT!**　　ぷいっ（怒って立ち去る）
>   **PSCHHH**　　しゅうううっ（光が収まる）

　„PFT!" の /t/ は上の「重複型」に分類した „PAT!" の /t/ とはたらきは同じであるが，炸裂のはげしさの代わりに動きのはげしさを表している．

（49個）

5. /d/で始まる「偶成的オノマトペ」

　以下に集めたオノマトペは，どの型に属していようとも，すべて「音模倣」を契機として成立したものである．

《単綴型》

DASH	ダッ（地面を蹴って跳躍）
DUMP!	ドサッ（人間が地面に叩きつけられる）
DONK!	ドンッ（車の屋根に着地）
DOSH	どすっ（人間が地面に倒れる）
DOOOMM	ドオオン（火の玉を発射）
DOMM!	ドン（テーブルを叩く）
DOMP!!	ドサッ（巨体が倒れる）
DON	DON（ドアを叩く）
DONG!!	ドン（柱が地面に突き刺さる）
DROOO	ゴー（大気のうねり）

　/d/は，重量感のある耳障りな衝撃音のイメージを表すが，（　）内の状況説明からこの子音音素の投入がぴったりであることが理解できる．「幹母音」の種類と「追加子音音素」の種類がその衝撃音の音色とニュアンスの違いをそれぞれに表していることも同様によく見て取ることができる．

《重複型》

DING! DING!	ポンポコ　ポヨ～ン（楽器の音）
dingeldingeldoing!	楽隊の騒ぎ（KLB, 53）
DOM DOM	ドン…ドン（小物が襖戸にぶつかる）
DOMM! DOMM! DOMM! DOMM!	ドタンドンドンドン（階段を転げ落ちる）
DONG DING DONG DING DONG DING DONG DING	コーン コーン コーン コーン コーン コーン コーン…（時計が時刻を知らせる）
du du du	リラ（A, 322）／ファゴット（A, 321）
dü düdltü, dü düdltü	フルート（KLB, 32）
didl didldum didl didl didl didl didl didl dum	バイオリン（KLB, 33）

dü düdltü, dü düdltü　　フルート（KLB, 32）

「幹母音」が /ɪ/ であるか，それとも /ʊ/, /ɔ/, /ʏ/ であるかによって音源の音色が明るいか暗いかが決まる．また，「追加子音音素」が /m/ であれば，音響に重量感のある持続的な抵抗が伴われることを，/ŋ/ であれば，軽微な抵抗が伴われることを，/l/ であれば，音響の「流通」が伴われることを示す．

《複綴型》

　　DADA'DAMM!　　ズダダダダダン（銃弾が連発）
　　DING'DONG!　　ジーッ（ベルの音）
　　DODODO'DOMM! ズドドドン（銃弾）
　　DODO'DOOO　　ドガガガガ（岩が砕ける）
　　DO'DOM　　　　ガガガ（岩が削れる）
　　DO'DOOO　　　 ガガガ（刃物が昆虫を貫く）

これらの例では「幹綴」をむしろ最後の音綴と想定した方が，オノマトペが音源をより実感的に再現するように思われる．試みにアクセントの記号を「幹綴」の前に付けてみた．このアクセントで発音するときは，アクセントが置かれない綴の母音音素は，„pardauz" における „par-" の母音音素と同様に，子音音素の存在を顕示するはたらきをすることになる．

《子音音素集合型》

　　DSSSSSSCH　　ザアアアアア（雨音）
　　DZZSCH　　　　ザーッ（テレビの雑音）
　　DSCHANK　　　ジャーッ（水洗トイレの水の流れ）

「耳障りな衝撃音」のイメージを表す /d/ と「空気の移動」のイメージを表す /ʃ/ の組み合わせは「雨音」を表し，二つの音素のあいだに「小刻みな硬質の破裂音」のイメージを表す /ts/ を挟むと「テレビの雑音」の雨音となる．水洗トイレの水を流す音のオノマトペが，「耳障りな衝撃音」のイメージを表す /d/ の後に「空気の移動」のイメージを表す /ʃ/ と「軽い持続的な抵抗」のイメージを表す /n/ を並べ，さらに「軽快な瞬間的破裂」のイメージを表す /k/ で締めくくっているのは，音源の現象を巧みに捉えたと言えよう．

（28個）

6. /t/ で始まる「偶成的オノマトペ」

ここに集めたのもすべて「音模倣」を契機とするオノマトペばかりである.
《単綴型》
  TAC!   タッ(短剣が板に刺さる)
  TACK   ガッ(蹴り)
  TISCH!   パチ(魚の焼ける音)
  TOCK   コン(如意棒が地面に落ちる)
  TOMP!   ドサッ(空軍機に飛び移る)
  TONK   ガシャン(銃が地面に落下)

/t/ は頭に響くような衝撃音のイメージを表すが,「幹母音」によって音色は「明確」にもなり (/a/), 暗いが断固たる音色ともなり /ɔ/, 明るい鋭角的な音色ともなる (/ɪ/).

《重複型》
  TAA'TA!   カッ(生還して目を見開く)
  TAA'TAAAH! ズズズー…ン(巨大神殿の出現)
  'TAKA'TAKA'TAKA! ダダダダ(ロボットがミサイルを発射する)
  tip, tip, tap! tip, tip, tip, tap 馬の蹄の音(KLB, 41)
  TING! TING! TING! ポンポンポン(ミサイルがロボットに当たる)
  TIP!   とっ(着地)
  TIPP TIPP ぴぴぴ…(キーボードを打つ)
  tim tumterum, tum tumte 太鼓(KLB, 33)
  TOCK TOCK カンカン(口紅の容器で机を軽く叩く)
  TOOOOS! TOOOOOOS! ドドドドド　ドドドド(滝の音)
  truf truf, truf truf, truf truf! 馬の蹄の音 (A, 66)
  trä täterä, trä täterä トランペット (KLB, 33)

„TIP!" の「追加子音音素」/p/ は, 軽快な瞬間的炸裂のイメージを表すけれども, ここでは「音模倣」というよりはキーボードを叩く硬質の機械操作音の「音のジェスチュア」とみるべきであろう.

《複綴型》
   'TIPPELDI'TIP! カチャチャチャチャ…(自家製の電話を使う)

ここでは, 自家製の電話を操作する音に語頭の /t/ が表す「耳に突き刺さ

るような衝撃音」のイメージのほかに，硬質の機械操作音が入り交じることを /p/ の「音のジェスチュア」が表し，さらに /l/ がこれらの音の「流通」することを表している．途中で後半部に先行する /t/ のバリエーションである /d/ を交替させることによって，自家製の電話の操作音の複雑な音響をよく再現している．

(19 個)

7. /g/ で始まる「偶成的オノマトペ」

《単綴型》

/g/ の表すのは，「鈍角的で重厚な音響」のイメージである．下に掲げた10 個のオノマトペのうち最初の 6 個は「音模倣」を契機としてオノマトペに取り入れられた．「幹母音」が /a/ のときは，その音は明確に響き，「追加子音音素」の種類に応じて，大量の空気の移動を終末状態とする「パンチ」であったり (/ʃ/)，「激しい衝突」を終末状態とする「パンチ」であったり (/tʃ/)，「持続的な抵抗」を伴う衝突であったりする (/n/, /ŋ/)．「幹母音」が /ɪ/ に変われば，音色は甲高く鋭角的になり，重い扉がきしみながら開く音を再現することになる．/g/ の後に /l/ が続く場合は，軟口蓋と舌背による呼気のせき止めが「力を込めている」状態の「音のジェスチュア」となり，その後に「流動」のイメージを表す /l/ が続くとき同じく「音のジェスチュア」によって，強く握りしめた手が滑ることを表す．「追加子音音素」/p/ は，握りしめた手が勢い余って滑る様を破裂音の「音のジェスチュア」で表している．

```
        GASCHHHHHH!    グア(パンチ)
        GATSCH!!       バチッ(パンチの相打ち)
        GAN!           GAN!(人間が壁に打ちつけられる)
        GANG!          ガン(衝突)
        GIII!          ギギーギ…(重い扉が開く)
        GWOOO          ゴロロロ…(雷)
        GNAPP          かぷっ(ドラキュラマンがかぶりつく)
        GLIB!          つるっ(手が滑る)
        GRABSCH        ガバッ(わしづかみする)
        GRROOLL!       ドドドドドン(地鳴り)
```

V. 偶成的オノマトペの考察

　„GNAPP" ならびに最後の２例は，それぞれ動詞 „knappen"「パクと食いつく」，„grapschen"「引っつかむ」および „grollen"「der Donner grollt：雷がごろごろと鳴る」の語幹を独立させて作ったオノマトペである．ただし，„knappen" も „grapschen" も „grollen" も由来は „lautmalend" ではないので，「偶成的オノマトペ」は語源が擬音・擬声語でなくても，類推によって類似の音韻配列には類似の音韻的意味を求めるものと思われる．
　《重複型》
　　　gu gu gu　　　　　　コントラバス（A, 321）
　　　ging ging ging　　　バイオリン（A, 321）
　ともに「音模倣」を契機として成立したオノマトペである．「幹母音」が /ʊ/ であれば音源であるコントラバスの響きは低く暗く，「幹母音」が /ɪ/ であれば音源であるバイオリンの響きは明晰で繊細で甲高いことを表す．バイオリンの音色には弦を弓で擦る「追加的な軽微な抵抗」が伴っていることを「追加子音音素」/ŋ/ が表している．
　《複綴型》
　下はすべて「音模倣」を契機とするオノマトペである．これらのオノマトペもアクセントは第２の母音が担っているように思われる．/g/ と /a/ の組み合わせは「鈍角的で重厚な音響」が明確に響くことをイメージとして伝えるが，/a/ にアクセントが置かれているとは思われず，この /a/ は „pardauz" における „par-" の /a/ と同じく，むしろ /g/ のイメージを顕在化するはたらきをしていると思われる．アクセントの記号を附しておく．アクセントを第２の母音に置いてみると，「幹母音」の種類は豊富であることが分かる．/a/ は音源の音色が明るくかつ確呼としていることを表し，/ʊ/ は音源の音色が低くかつ暗いことを表し，/ɔ/ は音源の音色が低くかつ暗くとも断固としていることを表す．また，/ɪ/ は音源の音色が明晰かつ鋭角的であることを表す．如意棒で相手の刀を叩き折る際の鋼の砕ける音響を „GA'DING!" は適確に再現している．「追加子音音素」の /ʃ/ は，空気の移動を，/s/ は軽い摩擦を，/f/ は衝撃が同時に「気流の漏出」を伴っていることを表す（„GA'DOFF!"，„GA'DUFF"）．
　　　GA'DASCH!　　　　ぱしっ（蹴り）
　　　GAA'DUSCH　　　　バキ（パンチが命中）
　　　GADDA'BOSCH!! グオオオ…!!（蹴りの連打）

ドイツ語オノマトペの研究

GA'DING!	パキン(如意棒で刀を叩き折る)
GA'DOFF!	ドゴーン(地面が割れる)
GA'DOSCHHH!!	ドンッ(火の玉を放つ)
GA'DUFF	ガッ(パンチが命中)
GA'DUSS	ズドン(蹴りが命中する)
GA'DUSCH!!	バキッ(相手を蹴り飛ばす)
GAH'DUSCH	ズボ(かめはめ波が直撃する)
GIGIII'YUUUU	ギュオオ(竜巻)
GA'TSCHACK	ガチャ(扉が開く)

《子音音素集合型》

　[g] は，その調音様式からすると軟口蓋に押しつけられた舌背によって呼気がせき止められて破裂音となるのであるが，呼気がせき止められた状態は，人間が力を入れようとして一時息を止めて力むさまに通じるから，/g/ は「音のジェスチュア」として「力む」イメージを表す．/g/ に続く /n/ も「持続する軽い抵抗」のイメージを表すので，/g/ + /n/ という連続は「ぐっと入れた力が徐々に抜けていく」イメージを表す．さらに後に続く /ŋ/ によって呼気は鼻へと導かれるので，「徐々に抜けていく」力が最終段階で完全に抜けてしまうことを「音のジェスチュア」が表している．„GNNNGK" のように，語末に /k/ が添えられていると，力を込めた状態が最後には軽快な瞬間的破裂によって終わるというイメージが表される．この /k/ も「音模倣」を契機として導入されたというよりも，むしろ「音のジェスチュア」を契機として導入されたと見るべきであろう．

GNNG	グッ(人の腕をつかむ)
GNNNGK	ギュウウ(人の頬をつねる)
GLP!!	ゴクン(ボールを飲み込む)
GLGLGLGL...	うーうーうー(めまいが起こる)
GRT! GRT!	モコッ　モコ　モコ(土中の動きにつれて土が盛り上る)

　/g/ + /l/ は「力を込めた状態」というイメージと「流動」というイメージとが連続しているので，„GLP!!" の場合は，力をこめて噛み下ろした物体が何とか喉を越した安堵の瞬間を /p/ の「瞬間的炸裂」のイメージで表した．„GLGLGLGL..." の場合は，「力を込めた状態」というイメージと「流動」

— 340 —

というイメージの連続を一つの単位として繰り返しているので,「めまい」の状態が表される. （29個）

8. /k/で始まる「偶成的オノマトペ」

　/k/の表すのは,「晴朗で鋭角的な瞬間的破裂」のイメージである.　下に掲げた10個のオノマトペのうち最初の6個は「音模倣」を契機としてオノマトペに取り入れられた.「幹母音」が/a/のときは,その音は明確に響き,「追加子音音素」の種類に応じて,大量の空気の移動を終末状態とする「パンチ」であったり (/ʃ/),「激しい衝突」を終末状態とする「パンチ」であったり (/tʃ/),「持続的な抵抗」を伴う衝突であったりする (/n/, /ŋ/).「幹母音」が/ɪ/に変われば,音色は甲高く鋭角的になり,重い扉がきしみながら開く音を再現することになる. /g/の後に/l/が続く場合は,軟口蓋と舌背による呼気のせき止めが「力を込めている」状態の「音のジェスチュア」となり,その後に「流動」のイメージを表す/l/が続くとき同じく「音のジェスチュア」によって,強く握りしめた手が滑ることを表す.「追加子音音素」/p/は,握りしめた手が勢い余って滑る様を破裂音の「音のジェスチュア」で表している.

《単綴型》

KIIII!!	ビューン(ロボットが発する音)
CLIC	カツッ(固い物が金属製の器の中で転がる音の口真似)
CLOC!	ガンッ!(棒で人間の頭部を殴る)
CLONC!	ガンッ!(人間の頭上に椰子の実が落下)
CRAAC	ガツッ(堅いものを噛み砕く)
CRAC!	ガンッ!(衝突)
CRAS!	ガンッ!(衝突)
CRASH!	ドカッ!(衝突)
CRASH!	ドカンッ(衝突音の口真似)
CREEC	カチャッ(扉が開く)
CREEEECK!	ギーッ(木が倒れる)
CROC	ゴンッ(棍棒で人間の頭部を殴る)
KISSS	フ…(結晶の妖気が消える)

KLANK!	カーン（人間の頭部どうしがぶつかる）
KLING!	ブスッー（剣を地面に突き刺す）
KLINK!	カチッ（銃の弾切れ）
KLOPS!	ガキン（人間の頭部を拳で殴る）
KRICK!!	ビクッ（金縛り）
KRRCK!	ガツン（衝突）
KWIIEH	ギッ（扉が開く）
QUETSCH	ガボッ（人間が小さな穴から無理に抜け出る）
KYUUUH!	ビッ（マシンからミサイルが発射）
KZEEK!	キー（鷹の鳴き声）

《重複型》

KANK! KANK!	カーン　カーン（銃弾が跳ね返される）

始原的な「音模倣」のオノマトペである．

《複綴型》

klapperdiklapp	こうのとりの羽ばたき（KLB, 105）
KAAAWOMM!!	バカッ（蹴りが命中）
KABOMM!	グァーン（ロボットが爆発する）
KADUFF	ドカ（蹴り）
KAWAMM	ガシャン（甲冑が地面に落下）
KAWOOOMM!	ババン（ロボットが爆発する）
KALONG	ガサッ（瓦礫の中を探る）
KIRIIII!	くっくっく（ドラキュラマンの余裕の笑い）
KRACKOM	バクン（鼓動）

《子音音素集合型》

　/k/ は「軽快な瞬間的破裂」のイメージを表す．これに /r/ が従うならば「軽快な瞬間的破裂」が「持続」することを表す（KRRRR!／KRRR KRRR）．しかし、その後になお /k/ が従うと「軽快な瞬間的破裂」が「持続」したのちに「軽快な瞬間的破裂」が印象の止めを刺す（KRCK ...）．このあとにさらに /s/ がしたがっている場合には，破裂に軽い摩擦が伴うことを表す（KRRRCKS）．もし /n/ ＋ /t/ が従っている場合には，「やや持続的な抵抗」と「炸裂」が伴っていることを表す．

KRRRR!	クー（寝息）

V. 偶成的オノマトペの考察

  KRRR KRRR パラパラ(壁が崩れる)
  KRCK ... コキッコキッ(首の骨を鳴らす)
  KRRRCKS バキィッ(人形の腕をもぎ取る)
  KRRRRNT ウイイン(舞台の床が動く)

《重複型》

　ここに掲げたのは，„KILLE, KILLE" を除いて，いずれも「音模倣」を契機とするオノマトペである．「軽快な瞬間的破裂」のイメージを表す /k/ に「幹母音」の /ı/ が添えられると，甲高い音色の音響現象を表す (KI KI KI)．„KILLE, KILLE" に使われた /l/ は「もどかしさ」のイメージを表すから，鋭角的で攻撃的な /k/ + /ı/ もその鋭さを失うのである．

  KI KI KI ピュ　ピュ　ピュ(コンピューターのグラフが動く)
  KILLE, KILLE コチョコチョ(くすぐる)
  KIUU! KIUU! ビューン　ビューン(ロボットが発する音)
  KOFF! KOFF! うおおおうっ……!!(蹴られたわき腹を抑えて)

　/k/ のあとに /r/ が来ると，「軽快な瞬間的破裂」に「持続的振動」が続くことになる (KRICK KRACK／KRKS! KRACKS!)．しかし，/k/ のあとに /l/ が来ると，「軽快な瞬間的破裂」に「空気の流動」が続くことになるため，「追加子音音素」/p/ の明朗な炸裂音と相まって CLAP! は拍手の音を「音のジュスチュア」で模倣していることになる．

  KRICK KRACK ガラガラ…(瓦礫が転がる)
  KRKS! KRACKS! カツッ　コツッ(石で鏡を軽く叩く)
  CLAP! CLAP! パチパチパチパチ(拍手)
  CLAP! CLAP! CLAP! パチパチパチパチパチ(拍手)

《複合型》

  KOFF BLBLL BBLLLL! げーぼげぼげぼげぼっ(水を飲んで咳込む)

　„KOFF" の「追加子音音素」/f/ は「気流の漏出」を表す．/b/ + /l/ は水の爆発的流動のイメージを表す．

(47個)

9. /ts/ で始まる「偶成的オノマトペ」

　/ts/ は，「軽快で小刻みな硬質の破裂音が軽い摩擦を伴う」ことをイメー

ジとして表す．以下のオノマトペで使われている母音音素は /a/ のほかに，前方の母音が /ɪ/ と /ɛ/ で音源の明るい音色を表し，後方の母音が /o:/ (ZOOOSCH!), /ɔ/ (ZOMM), /ʊ/ (ZUCK), /u:/ で音源の暗い音色を表す (ZUP).「追加子音音素」の種類は，/p/, /k/, /f/, /ʃ/, /ŋ/, /r/ の 5 種類である．„ZUP" や „ZUPP" になぜ「追加子音音素」として /p/ が必要であるかと言うと，「銃を突きつけた」動作にある程度の勢いがあり，突きつけた動作の急速な停止時には強い制止がはたらくことを音韻的に表す必要があると考えられるからである．/p/ が表す「破裂」はこの制止時の勢いの「音のジェスチュア」である．襟髪を掴む動作にも「むんず」と掴む勢いがあり，その勢いが余って /p/ の破裂音となったのだと考えざるを得ない．神龍の鳴き声もたんに「軽快で小刻みな硬質の破裂音が軽い摩擦を伴う」音が長く尾を引いて叫ばれただけではなくて，同時に「大量の空気の移動」が伴っていたことを「追加子音音素」として /ʃ/ が表しているのである．

《単綴型》

ZACK	ガチャッ（ドアを開ける）
ZAPP!	バサッ（錘をつけた矢が頭部に当たる）
ZECK	カツッ（銃弾が掠る）
ZENG	チャッ（手中の銃が払い落とされる）
ZERR	ささささっ（身につけた物を急いで外す）
ZERRR	ぎゅっ（人間の足を両腕でつかむ）
ZIFF	シュッ（矢が飛ぶ）
ZIIING	キリッ キリキリキリ（人形の腕から何かがもぎり取られる）
ZING	カシッ（腕に紐が巻きつく）
ZIUUU	ゴッ（矢が空を飛ぶ）
ZIUUUUU!	ビューン（巨石が高所から落下）
ZOCK!	がっ（蹴り）
ZOMM	ぶんっ（パンチが風を揺るがす）
ZONG!	グシャ（潰れる）
ZOOOSCH!	ゴー（ジェット音）

同じ「掴まれる」動きを表すオノマトペであっても，「追加子音音素」に /r/ が使われている場合は，掴んだ指が滑っていることを表す．„ZIIING"

V. 偶成的オノマトペの考察

や „ZING" や „ZONG!" の「追加子音音素」/ŋ/ は「何かがもぎ取られる」際の，あるいは「紐が巻き付く」際の，あるは「潰れる」際の「軽微な抵抗」を「音模倣」によって表している．„ZOMM" の「追加子音音素」/m/ はパンチのずしりとこたえる重量感を表すのにぴったりである．

ZOOSCH	ドン…(相手に向かって突進する)
ZOSCH	ギュン(気の玉が突進)
ZOSCHH!	ボンッ(マシンが急上昇する)
ZOSCHHHHHH!	オオー…ン(龍の鳴き声)
ZUCK	ガサ(草木の間から人が現れる)
ZUFF	シュッ(矢が飛ぶ)
ZUP	スーッ(銃口を向ける)
ZUPP	該当表現なし(襟髪を掴む)
ZUSCH	ジュー(硫酸が物を溶かす)
ZUSCHHH	ジュー(酸が物を溶かす)

《重複型》

ZARANG ZARANG	ゴロゴロ(雷)
zisch, zisch, zisch, zisch, zischzisch	かんなをかける音（KLB, 68）
ZIIIIISCH!! ZIIIISCH!	ギュンッ(拳が風を切る)
ZOSCH! ZOSCH!	ヒュヒュッ(気の玉が突進)
zuck zuck zuck, zuck zuck zuck!	馬の蹄の音（A, 66）
ZSINGG USINGG	キリキリキリ(人形が動く)

《複綴型》

ZA'BAMM!	ブォバーン(爆発)

爆発音にしても，「鋭角的な破裂音」と「腹にこたえる爆発音」だけではなくて，どこかに「重量感」を感じさせるニュアンスが伴っていたのである．

《子音音素集合型》

ZSCH!	シュン(放たれた気が空中で旋回)

《複合型》

ZUSCH! SWISCH!	シュルッ　シュルッ(ロボットが宙を旋回する)

「複合型」のオノマトペでも「重複型」の場合と同じように，母音音素の

交替，子音音素の交替が行われる．そして，そのことによって重語反復にみせながらニュアンスの微妙な交替が行われる．

(34個)

10. /tʃ/ で始まる「偶成的オノマトペ」

/tʃ/は「音模倣」としては金属と金属がぶつかる音，水と水がぶつかる音を表すが，「音のジェスチュア」としては，「激しさ」，「破裂・衝突」，「摩擦」，「迅速」などのイメージを表す．「幹母音」の種類によって，音源の音色は明るくも (/a/, /ɪ/) 暗くも (/ʊ/, /ɔ/) 表される．

《単綴型》

TCHAC!	チャカッ（銃を構える）
TCHUP!	ペッ！（意気込んで手につばをかける）
TSCHUFF!	グイッ（相手の手から槍を奪い取る）
TSCHUNNNG	びしゅっ（ナイフが人間の頬を切る）
TSCHUPP!	チャポン（水に飛び込む）
TSSSINGGG	キリキリキリ（人形の腕が伸びる）
TSCHING	カチン（金属製のものにぶつかる）
TSCHKTSCHOMP	ドーン（かめはめ波が命中）

„TSCHKTSCOMP" は空想上の破壊波「かめはめ波」の衝突音のオノマトペであるが，破壊力の激しさを /tʃ/ を重ねることのよって表している．

《重複型》

TSCHACK TSCHACK TSCHACK	
	ガチャガチャガチャガチャ（施錠された扉のノブを何度もまわす）
TSCHUCK! TSCHUCK!	ギー　ガー（重機が作動する）

《子音音素集合型》

TSCHK	カッ（小物を取り出す）
TSCHK TSCHK TSCHK	
	ガシャガシャガシャ（8本足の人形が動く）
TCHA TCH TC TCH TC TC	
	チャッチャッチャッ（農具で土を掘る）

また，「追加子音音素」のはたらきで，オノマトペが表す現象の細かい

ニュアンスの差違が表される. /p/ は「液体の衝突的な破裂」を「音模倣」によって, /ŋ/ は「人形の腕が伸びる」際の抵抗を, あるいは弾丸が金属製の楯にぶっかって跳ね返される際の抵抗感を, それぞれ「音のジェスチュア」によって表している.

(13個)

11. /v/ で始まる「偶成的オノマトペ」

/v/ は「激しい摩擦」,「粘り」,「うなり」を表す.
《単綴型》

   WAMM!!!   ドー…ン(ミサイルが建物に命中する)

„WANK" は „wanken"「ぐらぐら揺れる」の語幹を独立させたオノマトペと思われるが, „wanken" は「擬声・擬音」に由来しないから, 当て推量は慎まなければならないけれども, /v/ が表す「激しい摩擦」や「唸り」のイメージはめまいに無縁ではないかのような錯覚を起こさせる.

閃光が輝くのは瞬間の出来事であるはずなのに長母音が使われていて „WOOOOOMM!" となっているのは, その輝きが極度に強烈であることを表すため子音音素を表す文字 „M" でさえも重ねて書かれているのがそのことを裏書きしている. 長母音と短母音のはたらきの違いは „WOOP!" と „WOP!" を比べるとよく分かる.「人間が宙に浮かぶ」のには持続性が感じられるのに反して,「さっと身を翻す」動きには持続性とは逆に一瞬性が感じられる. どちらのオノマトペにも「追加子音音素」として /p/ が用いられているが, 身体を宙に浮かべるにせよ, 身を振るが翻すにせよ, 行為の後には一瞬前とは異なった状態が出現しているので, 截然と区切りをつける瞬間性を /p/ に託して表現したのである. したがって, この /p/ の導入の契機は「音のジェスチャア」である.

  WANK   クラ…(めまい)
  WAPP   ばっ(パンチが風を切る)
  WEIA!!!   げげっ!!!(透明人間が自分の姿が顕れたのを見て)
  WHO   ゴッ(腕を伸ばして掌をかざす)
  WHOSH   ゴッ(疾走)
  WHUCK   バシ(棒で叩く)
  WHUN   ヒュッ(薙刀が風を切る)

WIIH!	ヒーン(馬のいななき)
WIPP!	くんっ(指先を動かす)
WITSCH!	ピュウ(鞭が伸びる)
WOCK!	ヒュッ(パンチが風を切る)
WOK!	ゴト(レンガを積む)
WOMM!	ボッ!!(発火)
WOMP	ゴンッ(拳で人の頭を殴る)
WONG!	バキッ(拳で殴る)
WOOM!	ドン(どどん波が地面に命中)
WOOOOOMM!	カッ(閃光)
WOOPP!	ふわっ(人間が風船のように浮かぶ)
WOP!	さっ(身を翻す)
WOPP!	ボロリ(ロボットが空中分解する)
WOSCH!	ぶんっ(もぎ取った柱を勢いよく放り投げる)
WOUU!	ワンッ!(犬の鳴き声)
WOUUH!	ワォーン(犬が吠える)
WOW!	うひょーっ!!(歓声)
WUCK!	くいっ(壷を杖の先に引っ掛ける)
WUFF!	ワンッ!(犬が吠える)
WUUUSCH!	ぐあっ(巨体が放り投げられる)
WUUUUPPP!	むく…(起き上がる)
WURG!	ゲロッ(物を吐き出す)
WUTSCH	ぐいっ(衣服をずりおろす)
WUUN!	ブーン(ロボットが飛行する)
WROOMM	クオン クオン(オートバイのエンジン音)
WROSCH!	ゴゴゴゴ(海中での爆発)

　/v/は「激しい摩擦」,「粘り」,「うなり」を表すが,その裏には「激しい勢いの移動」が潜んでいる.そして,「激しい勢いの移動」にどのような現象が付随するかを表すのが「追加子音音素」のはたらきである.
　„WUMMS!"の「追加子音音素」/m/と/s/は重量のある窓が勢いを以て重々しく閉められたとき,ぴったりと閉められた窓によって空気が軽い摩擦音とともに駆逐されることを表す.„WUMP!"の場合は,重量ある人間の身体が

V. 偶成的オノマトペの考察

破裂的な衝撃とともに地面に叩きつけられることを表す.

複綴型のオノマトペ „WUPPDI" は，慣習的オノマトペ „schwuppdiwupp!" の短縮された形と思われ，「ぴょんと跳ね上がる」際の激しい摩擦は /v/ で表され，跳躍の瞬間性が /p/ で表されるとともに，重量ある存在の跳躍同時に耳障りな衝撃をも伴うことを /d/ が表している．母音音素 /ɪ/ は無アクセントの母音音素であるから，「追加子音音素」/d/ の存在を顕在化するためのはたらきをしている．

WACK	ドカ（両手両足で相手を押しのける）
WOSCHH!!	ばーっ（蹴りにかかる）
WUMMS!	バンッ（窓が勢いよく閉まる）
WUMP!	ガッ（人間が地面に叩きつけられる）
WUOMMM	ドキャウ（窓ガラスを大きな物体が突き破る）
WUOOO	しゅっ（跳躍）
WUOSCH	ふぁさぁっ（布が静かに被さる）
WUPPS	ガンッ（ブロンズ像が倒れる）
WUSCH!!	バシュッ（跳躍）

「激しい勢いの移動」の音色を表すのが「幹母音」のはたらきであるが，長母音 /oː/, /uː/ は，オノマトペが表す現象に持続性が認められることを表している．„WUUSCHH" ではそのうえ子音音素を表す „SCH" の最後の文字 H が重ねてあって，持続性のイメージを強調している．複母音 /ʊɔ/ や /ʊoː/ はオノマトペが表す現象の音色が単純に「暗い」だけではなくて，「強さ」をも併せ持っているというイメージを表している（„WUOSCH"，„WUOMMM"）．

WUUSCHHH	ビュッ（疾走）
WUMM!	ドカン（爆発）
WUMM!	ブーン（ロボットが跳躍する）
VROOM!	キッ（空を見上げる）
WROMM!	バシュン（マシンが突進）
WRROOOUUMM!!	ドヒュー…ン（マシンが飛行）
WRRRUUMM!	ヒュウウウ……ン（飛行機が飛ぶ）
WRUMM!	ブウウウ（車が走る）
WRUMMS	ドゴオッ（人形が地面に倒れる）

《複綴型》
  'WUPPDI!! ぴょん(跳ね上がる)
  'WRRROOOUUUUMMM!! ギューン(マシンが飛行)
《重複型》
  'WABER 'WABER ゴゴゴゴゴ(地鳴り)
  WAMM! WUMM!! ド!!(かめはめ波が飛ぶ)
  'WUPP'WUPP! くるくるっ(空中で回転する)
  WUPP WUPP WUPP ギュルルルッ(宙返り)
  WUFF! WUFF! わんわんっ(狼が犬のようにほえる)
  WUSCH WOSCH ばっ　ばっ(パンチが空振り)
  WUSCH! WUSCH! ぶんぶん(腕を回す)
  WUMM! WOMM! グワーン　グワーン　グワーン(砲弾が地面で炸裂)
  WUUOA!!! ぬおおおお……!!(力を振り絞る)
  'WUPP'DIWUPP! バッバババッ(反転跳びを繰り返す)
  'WUPPP'DIIIIII!!! バシュッ(跳躍)
  WRUOMM WRUOMM ドンッ(マシンが発車)

 複綴型のオノマトペはいずれも「音模倣」を契機として作られたと見受けられる．„WRUOOOM!"は車が走り始めるときの回り始めようとする車輪の激しい摩擦,回転,回転が押し勝とうとする重い抵抗感を/v/-/r/-/m/という一連の子音音素が余すところなく描写している．そして，長母音音素/o:/はその際の音色を再現するのにぴったりである．

《複綴型》
  WADOCK! ガガッ(パンチと蹴りの攻防)
  'WOHOOO オオオ(観客の歓声)
  WUUPPPP'DIIII!! ぴょーん(高い所に飛び乗る)
  WUUSCHH!! ギュンッ(急上昇)
  WUUSCHHHHH! ぶあっ(パンチが風を切る)
  WUUU'OOOH! ブオオ……ン(気を集中させる)
  WWUNN! グンッ(気の玉がうねる)
  WRU'OOOM! ヒョー……ン(車が走り出す)
  WRU'OOOOMM!! ズオオオッ(車が走り出す)

V. 偶成的オノマトペの考察

《子音音素集合型》
    WWT WWT   ふるふる(首を横に振る)
    WWWT   ガガン(バスの扉が閉まり始める)
    WWWTT   ジャッ(手に数珠状のお守りをはめる)
    WMM   しゅう〜(たんこぶができる)
    VRRRR!   シシジジ(ビーム発射)
    WWSCH   ぶんぶん(頭を激しく振る)
    WWWSSSSSSSSMM!!   ヒューン(筋斗雲が疾走する)
    WSSMM   ドヒュッ(筋斗雲が急上昇)
    WWSSMM WSSSSSSMMM!   ギュオー(筋斗雲が疾走する)
    WWSSSMMMMM!   ギューン(筋斗雲が疾走する)
    WWSSSSSSMMMM!   ひゅー…ん(筋斗雲が疾走する)

《複合型》
    WACK! BOMM!   ガッ ガッ(蹴りの音)
    WANK! 'TORKEL!   へなへな…(力が抜けていく)
    WOW! 'IRRE!!!   うひゃーっ すっげえ!!!(感嘆)
    WUSCH! HEUL! HEUL!   ウーウーワン(サイレン)

(90個)

12. /f/ で始まる「偶成的オノマトペ」

　子音音素 /f/ は「気流の漏出」,「ややはげしいが,あまり粘りのない摩擦」をイメージとして表す.下に集めたオノマトペはいずれも「始発現象」として気流の動きを伴っている.腹部に加えられる激しいパンチの一撃も空を切って飛んでくるものであるし,それが腹部に命中したときは重量感をもって炸裂するが,そのイメージは「音のジェスチュア」を契機として導入された「追加子音音素」/m/ とそれに続く子音音素 /p/ によって表されている.

　子音音素連続 /f/ + /l/ は「摩擦を伴いつつ空気が流動する」イメージを表すことはすでに確認されたが(307 ページ),そのイメージはここに集められた /f/ + /l/ で始まるオノマトペのすべてに当てはまる.„FLIMMER" は動詞 „flimmern" の語幹を独立させたオノマトペであるが,この動詞は「音転写 Lautübertragung」を契機として作られたオノマトペであった(19 ページ).

《単綴型》
  FFUMP しゅうう（炎が収まる）
  FOMP! ガッ（パンチが命中）
  FOOMMP ずん（腹を一撃する）
  FOSCH! ブワーッ（大蛇が身を伸ばす）
  FOSCHHH! ザ・ザ・ザーッ（波が引く音）
  FUMP ドカ（蹴り）
  FUMP!! ズン（如意棒で腹を一突きする）
  FUPP! パッ（仮面が割れて下の顔が現れる）
  FZUP フッ（照明が消える）
  FLAPP! ばっ（跳躍）
  FLATSCH ガンッ（人間が壁に打ちつけられる）
  FLETSCH きりきりきり（牙をむく）
  FLOMP! ぷくっ（空気を吸って体を膨らませる）
  FLOPP フッ（明かりが消える）
  FLOSCH! ボンッ（かめはめ波を跳ね返す）
  FLUPP! ズボッ!（穴にはまる）
  FLUSCH ピッ（一刀両断）
  FLUSCHHH!! ババーッ（こうもりが襲いかかる）

《重複型》
  FPLOPP PLOPP PLOPP ズボボボボボ（地面に穴があく）

《複綴型》
  'FLIMMER ザザーッ（映像が乱れる）

《子音音素集合型》
  FFZZZZZ ドキャア（火の玉が怪物の体を貫く）
  FLTSCH ズボ（魔王の腕が人間の胴体を貫く）
  FRAMM! ブワン（ロボットどうしが衝突する）
  FSCHHH... ポウ（火の玉が現れる）
  FSSSSSS! シュー（蛇の声）

（25 個）

13. /z/ で始まる「偶成的オノマトペ」

/z/ は「強い摩擦」を表す.
《単綴型》
  SURR!   クイッ(モニターのチャンネルを切りかえる)
  SURRRR! くるん(包帯が橋げたにまきつく)
  ZOOM!   ギギーイ(潜水艦の装置が動く)
  ZZZING   どおっ(敵に跳びかかる)

《重複型》
「強い摩擦」を表す /z/ は，木片を削る音や，バイオリンを弾く音のような始原的なオノマトペにふさわしい．バイオリンの音色には，当然，弦の振動が生み出す「破裂」の音も含まれていることを子音音素 /p/ がイメージとして表している．

  sipp sapp seepe 木片を削る音（A, 85）
  sim 'simserin バイオリンの音（KLB, 2）

《子音音素集合型》
  ZZZ!   カーカー(寝息)
  ZZZZ   ズー(寝息)
  ZZZZ ZZZZ グー　グー(居眠り)
  ZZZZZ   すかーっ(寝息)
  ZZZZZP   しゅううう(発光が収まる)
  ZZZZZZP ビキキキキ(火花が散る)
  ZZZZZTT! ドーン(どどん波が突進する)
  ZZRR ZZRR ジーコ　ジーコ(電話のダイヤルを回す)
  ZZU ...   ズッ…(かめはめ波が炸裂)
  ZZZP ZZZP パリ　パリ(火花が散る)

                （16個）

14. /s/ で始まる「偶成的オノマトペ」

/z/ に反して /s/ は「軽い摩擦」を表す．下の例には「音模倣」ではなくて共感覚による視覚領域への感覚の転移も含まれている．„SWAAH" などは視覚現象であるが，照明がつくのを音で表したのである．灯りが点る一瞬前に

スムーズに動作を起こさせない何か摩擦があって，その摩擦を押し切って動作が起こされたと見ている．„SLAM" にしても „SLUPP!" にしても，扉が勢いよく閉まる前段階として，閉めようとする力に逆らう力としての摩擦があった．帽子がはげ頭から滑り落ちる前段階として，滑り落ちまいとする摩擦があった．この前段階を /s/ が表し，本格的な現象段階として /l/ で表されている段階があるのである．

さまざまな「追加子音音素」が加えられているが，これらは前段階と本格的な段階を経た現象がどのような「終末現象」で終わるかをイメージで示す．/k/ は空を切って飛んできた刀が枝を切り落とす際の硬質的な破裂音を („SCHWACK!")，/f/ は投げかけられた上着がベッドに落ちる「やや激しいが，粘りのない空気の摩擦」を，ひねられたスイッチが位置に止まる停止の際の軽い摩擦を („SWAHF")，さらにはロボットに当たったけれども突き刺さらない槍の無力さ („SPLAFF!") を表す．/ʃ/ はそっぽを向く動きに伴う空気の移動を („SWISCH")，/tʃ/ は命中した蹴りの衝撃を表す．

《単綴型》

SPOTZ!	ポスッ（車の異常な作動）
SWAAH	パッ（照明がつく）
SWACK!!	スパッ（刀で枝を切り落とす）
SWAFF	バサ（上着をベッドに脱ぎ捨てる）
SWAHF	パッ（照明がつく）
SWIPP!	シュッ!!（槍が飛ぶ）
SWISCH	プイ（そっぽを向く）
SWITSCH	ボムッ（発火）
SWOTSCH	バギ（蹴りが命中）
SMACK!	ばっ（蹴り）
SLAM	バンッ（扉が勢いよく閉まる）
SLUPP!	ツルリ（帽子がはげ頭を滑り落ちる）
SLURP	バキベキ（人間の骨が折れる）
SPLAFF!	ガキッ（ロボットに槍が当たる）

《重複型》

SWRASCH SWRASCH	ザッ ザッ（草むらを駆ける）

茂った草むらを分けて進もうとすると，まずは草が足に触れてくる前段階

V. 偶成的オノマトペの考察

がある．つづいて草がまといついてくる本格的な摩擦の段階が来る．草分けてまっしぐらに進む行為の音色は「明確」である．まといつく草を振り切って（/r/）第二歩を踏み出すとき，そこには歴然たる空気の移動が起こる．これが草分けて進むときの一行程である．/ʃ/はこの一行程の最終段階を表す．

《複綴型》
    SPRODDEL!   ぶばーっ（頭から血が噴き出す）

《子音音素集合型》
    SSSSSSSS!   ギュオー（人間が跳ね飛ばされる）
    SST!   ザッ（身を屈める）
    STTT!   ガラ（窓が開く）
    SSSSSSSSSSSSSSS   ギュウウー…ン（急上昇）
    SSSSSSSSSTT! SSSSSSST!   シャッ（風を切って移動）
    SSSSSSSMMM!   ギューン（筋斗雲が疾走する）
    SSTS   ザザッ（マシンが素早い動き）
    SRRP   ズル（相手にもたれたままくずおれる）
    SSST! SSSST!   しゃ　しゃっ（疾走）
    SFRRT   ガラ（窓が開く）
    SFRRRT   ガラッ（窓が開く）

レールに乗った窓を横に押し開けるとき，前段階としての「軽い摩擦」（/s/），続く本格的な摩擦（/f/），窓の本体の移動（/r/），窓を開けるという動作の最終段階としての衝突音（/t/）．オノマトペにおける音素の配列は現象の進行どおりに配置されている．

    SHHHHH   ザー（妖怪たちが宙を疾走）
    SFRRRSCH   ザッ（カーテンを開ける）
    SKRRRRRRRTSCH   ぐばばば（地鳴り）
    SRRT SRRT   カリカリ（飲料缶のリングプルに爪をかける）

（31個）

15. /ʃ/ で始まる「偶成的オノマトペ」

「偶成的オノマトペ」のなかには動詞の語幹を独立させて，あるいは動詞の語幹をオノマトペの一部に使って作られたものがかなりしばしば見受けられる．下の例では，„STAUUUUN!" は＜ staunen「驚く」から，„SCHMOR!"

＜schmoren「蒸し煮にする」から，„SCHEPPER!" と „SCHHEPPER!" は＜scheppern「がらんがらん（がちゃがちゃ）と音を立てる」から作られたと推定する．これらのうちで，scheppern は „lautmalend" な由来を持っている（37ページ参照）けれども，その他の例は „lautmalend" な由来を持っていない．また，„schni schna, schni schna, schnucks!" も動詞 „schneiden" の語幹部を母音の転調によって巧みに使い回している．„STRULLER" にしても＜srunzen「〔方〕小便をする」の語幹の部分を前半部に利用していることは明らかである．後半部の „-LLER" が「行為者」を表す語尾を比喩的に使ったとしたら，「偶成的オノマトペ」にも造語語尾が使われることがある証左に挙げることができるのだが… „STOMP!!!" は英語の „stomp"「ストンプを踊る」の借用であろう．

《単綴型》
  STAUUUUN! ポカ～…ン（唖然とする）
  STOMP!!! グッ（地面に手をついて上体を屈める）
  SCHMOR! ジュー（鉄が溶ける）

《重複型》
  SCHEPPER! SCHEPPER!
    グワラグワラ（ガラクタの山が崩れる）
  schni schna, schni schna, schnucks!
    木材を鋸で切る（A, 141）

《複綴型》
  STRULLER じょぼじょぼ…（立小便）
  SCHHEPPER! ドターッ（建物の破壊）

《子音音素集合型》
  SCHH! シャッ（素早い動き）
  SCHHH ザザ…（滝の音）
  SCHRRR ザッ（斜面を滑り降りる）

子音音素集合型の三つの例はいずれも，「空気の移動」のイメージを表す /ʃ/ を使って，あるいは /ʃ/ と「振動」を表す /r/ を組み合わせた，始原的な「音模倣」のオノマトペである．

《複合型》
  SCHEPPER! KRACH! KNIRSCH!

（ドタン　ドーン　ドタ（人間が机とともに倒れる）

ここでも動詞の語幹が利用されている．„SCHEPPER!" は＜scheppern「がらんがらん（がちゃがちゃ）と音を立てる」から．„KRACH!" は＜krachen「ばりっ（めりっ・がたん・どしん）と音を立てる」から，„KNIRSCH!" ＜ knirschen「ぎしぎし（ぎいぎい・ざくざくと）音を立てる」から．

(11 個)

16. /j/ で始まる「偶成的オノマトペ」

/j/ は，調音の様式からして，舌尖と硬口蓋で作られた狭隘なすき間を呼気が抜け出ることによって形成される有声摩擦音であるから，馬のいななきを「音模倣」によって再現するのにふさわしい．

「音のジェスチュア」としては，かなり強い空気の抵抗を排除するイメージを表す．「単綴型」の下二つの例は「音のジェスチュア」を契機とするオノマトペである．

《単綴型》
- **JIIH!**　　　　ヒーン（馬のいななき）
- **JIRRH!**　　　該当表現なし（馬が駆け回る）
- **YACK**　　　　ガッ（蹴り）
- **YUMM!**　　　ビュッ（疾走）

《複綴型》
- **JIPPIEH!**　　わー（歓声）

この例では，大観衆のあげる歓声を，かなり強い空気の抵抗を排除してわき起こる音として捉え，それが高音で明朗な音色で破裂する最終段階で終わると捉えている．全体として大観衆のあげる歓声を「音のジェスチュア」で捉えた抽象度の高いオノマトペだと言うべきである．

(5 個)

17. /ç/ で始まる「偶成的オノマトペ」

《単綴型》
- **CHEF**　　　　（ヒャーッ（悲鳴））

「慣行的オノマトペ」では語頭に立つことがなかった /ç/ が「偶成的オノマトペ」では語頭に立っており，しかも「音模倣」的に使われている．

(1個)

18. /h/で始まる「偶成的オノマトペ」

　/h/は「大量の気体の排出・移動」のイメージを表す．「大量の気体の排出・移動」を伴う行為・行動の音色に応じて「幹母音」は明るいものから暗いものまで /a/, /ɛ/, /ɪ/, /ɪʊ/, /ʊ/, /u:/ 6種類も揃っている．オノマトペ „HGRAAA"（グオ（血を吐く））では「幹母音」の前に3個も子音音素が先行している．/h/は「大量の気体の排出・移動」を表すが，続く第2，第3段階として不透明でくぐもった重厚な音のイメージを表す /g/ と「持続」を表す /r/ が続いている．こうしてやっと血が口から吐き出されるのである．

《単綴型》
　　　HAPS!　　　　ばく（ご馳走の巨大魚に食いつく）
　　　HEP!　　　　ばっ（マントを脱ぎ捨てる）
　　　HEPP　　　　ガッ（服の襟をつかむ）
　　　HGRAAA　　　グオ（血を吐く）
　　　HHIIIIIIIUMM!　ギュオッ（かめはめ波がうねる）
　　　HIUUUU　　　グイッ（かめはめ波を操る両手を動かす）
　　　HUCH　　　　ピクッ（相手の言葉に反応する）
　　　HUP!　　　　フッ（攻撃をかわす）
　　　HUPS!　　　　ひょい（相手の攻撃を軽くかわす）
　　　HYUUUH　　　ヒュオオ（ハンカチが風で飛ばされる）

《重複型》
　　　'harum did'scharum, di'schrum, schrum, schrum!
　　　　　　　　　かんなをかける音（KLB, 68）
始めは材木にかんなの刃が十分に引っかかっていない，やがて刃が材木に引っかかり，滑るようにかんなくずが飛び出してくる．かんなかけの作業は /r/ で表されるように滑るように順調に進む．

《複綴型》
　　　'HYUU'HYUUU!　　ズゴゴゴゴ（光線が渦状に放たれる）
　　　'HYUU'YUU'YUUU!ヒュウウ…ン（ミサイルが飛んで行く）

《子音音素集合型》
　　　HGNN!!　　　ぬお………!!（力を振り絞る）

V．偶成的オノマトペの考察

HSSSS	ジュー（硫酸が物を溶かす）
HNNGH!	ググ…（筋肉が盛り上がる）
HRGS	はにゃーっ（唖然とする様子）
HRRGG!!!	おおおう〜〜!!（嘔吐）
HRRN!	むん!!（力を込めて）

(19個)

19. /l/ で始まる「偶成的オノマトペ」

《単綴型》

LOSCH!!	ギュアア…ン（急上昇）

「流動」のイメージを表す /l/ を語頭の子音とし，「空気の移動」のイメージを再現する /ʃ/ を「追加子音音素」とし，暗いが強靱なイメージを表す /oː/ を「幹母音」とするオノマトペ „LOSCH!!" は，力強く雲をかき分けて急上昇する飛行を表すオノマトペにふさわしい．

(1個)

20. /r/ で始まる「偶成的オノマトペ」

叫び声が声とはならないで大きく開かれた口の中の舌の震えとして、「音のジェスチュア」として再現される場合がある．„RAAH!!!" や „RRRAAAAH!" など．„RATTER" は擬声・擬音語由来の動詞 „rattern" の語幹を独立させたオノマトペである．

《単綴型》

RAAH!!!	ぎょっ!!!（驚いて）
RAAAH!!	ぐあああ……!!!（かめはめ波を受けて）
RAAAS!	ビリビリ（衣服が破ける）
RUMS!	ブズーン（ロボットに対する砲撃）
RRAAH!	わーっ!!（叫び声）
RRRAAAAH!	はおおおお………!!!（力を集める）

《複綴型》

RAA'BAM	ブアッ（気合いが放たれる）
RAA'OOH!	ギャァウ（怪物の叫び）
RA'BAAMM	ヴオッ（気を放つ）

RA'BOM!	ボンッ(ミサイルが地面に命中する)
RADDA'BAMMMMMMMM!!!	ガッシャーン(鉄柵を倒す)
'RASCHEL!	ガサ(茂みをかき分ける)
RATTA'BONG!	ドゴーン(人間が岩にぶつかる)
'RATTATAT'TATA!	ブバババ(空軍機のミサイル)
'RATTER!	ガシーン!(引き戸が閉まる)
RA'WACK	ダダッ(拳を打つ)
RA'WAMM	ズボ(膝蹴りが腹に命中)
RA'WOMM	ゴッ(蹴りが命中)
RA'WUMM!!	ドッパーン(爆発)
REEECK	カチャカチャ(ねじを巻く)
ROOO'AAAR!	ウォー!(白熊の鳴き声)
RROOO'AARR!	ぶおおお…(車が走る)

《子音音素集合型》

RRR!	ウー!!(犬がうなる)
RRRRRRRRRRRRRR	グオオオオ…ン(マシンが飛行)
RRCH!	ウー(犬のうなり)

《複合型》

rum bum 'bidi bum / dill dill dill	フルート (A, 320)
rum bum bidi bum	太鼓 (A, 322)

(27個)

21. 母音音素で始まる「偶成的オノマトペ」

「慣行的オノマトペ」へ母音音素が導入される契機は「音模倣」であった．「偶成的オノマトペ」の場合も母音音素が導入される契機は一般的に言って「音模倣」である．これまでにただ一つ，„JIPPIEH!"((大観衆の)わー(歓声))だけが「音模倣」ではなくて，「音のジェスチュア」によるのではないかと疑われたが，目下のところ断定しかねる．以下に掲げる例も，すべて「音模倣」によると考えられるオノマトペである．したがって，これらのオノマトペは母音に関しては一般に解説不要であると考えるが，「追加子音音素」には補足的な説明を加えておこう．/k/は停止あるいは作動開始に「瞬間的な破裂的な力」がかかったことを表す．このあとにさらに/s/が添えられ

V. 偶成的オノマトペの考察

るときは,「瞬間的な破裂的な力」になおも摩擦が伴うことが示される. /s/ がオノマトペに導入された契機は「音のジェスチュア」であろう.「追加子音音素」が /m/ であれば, 音源の運動に「重量感ある持続的な抵抗」が伴っていることを表す.

《単綴型》

IIIIIIIIIIIIIIIIIIII!!!	ヒュウウー…ン(マシンが飛行)
IIIEK!	ピタッ(静止する)
IIIIIEK	ウイイ…ン(モニターが作動)
IIIIIIIIK!	シュウウ…ン(マシンが停止)
IIIIUM!	ギュン(気の塊が飛ぶ)
IIRCH!	該当表現なし(馬が何かに反応する)
OOOH	ゴゴゴ(地鳴り)
UH!!!	う!!!(うめき声)
URKS ...	……あへ……(止めをさされて)
UUH ...	くくく…!!(苦しがって)
Uuuh!	ひぇー(悲鳴)
UUUUH!!	うおおーっ!!!(飛びかかる掛け声)
UPS!!	と!!!(相手に跳びかかって)

《複綴型》

U'OOH ...	ぐおおおう……(股間に肘打ちを食らって苦痛にもだえつつ)
UUU'OOOOOOOOH!	オオー…ン(神龍の叫び)
UUU-U'AAAAH!	ウワーワー!(悲鳴)
UUUU'OOOOH!	オオオ…ン(龍の鳴き声)
'OUUW!	ウォーン(犬が吠える)

《重複型》

eng eng eng / du du du	リラ(A, 322)
'UI'UI'UI!	ポカー…ン(唖然とする)

《複合型》

UUH ... AAH!!	ぬおおおお……!!(苦しみつつ)
UUH ... GGH...	う…ぐ……(嘔吐)

(22個)

VI. 結　論

1. 各章のまとめ

　まず研究対象のオノマトペ（Onomatopetikon／Onomatopoetikum）を定義し，「慣行的オノマトペ」（usuelle Onomatopoetika）と「偶成的オノマトペ」（okkasionelle Onomatopetika）に分けることから始めた．前者は，ラングとしてのドイツ語に定着し，ドイツ語言語共同体の内部でオノマトペとして通用している．後者は，まだラングとして定着していない，その場限りでしか通用しないオノマトペである．次いで，慣行的オノマトペには「主観的音象徴」を克服したステイタスが認められることを述べて，研究目的を設定した．それは，ドイツ語のオノマトペに含まれている音素がいかなる契機でオノマトペに取り入れられたか，そしてどのような原理に従ってオノマトペの内部で配列されているかを，オノマトペの意味と関連づけて明らかにすることである．研究方法は二段階に分けられる．すなわち，ドイツ語の慣行的オノマトペの具体例として „schnurren" と „bardauz" について，音素の一つひとつがいかなる契機に基づいて取り入れられ，どのような原理にしたがって配列されているのかを意味との関連性において考察して，音素配列の原理に関する仮説を立てる第1段階，仮説を収集したすべてのオノマトペに適用してみて，仮説がオノマトペ全般にわたって妥当するか否かを検証する第2段階．（以上，Ⅰ．序論」）

　研究を実施するに先立って，慣行的オノマトペにおける音素配列の四つの型－単綴型，重複型，複綴型，子音音素集合型－を定めて体系化した．型の名称のほかに，本研究に必要な幾つかの独自の術語（幹綴，幹母音，語幹，追加子音音素など）を作った．集計の結果，合計400個見つかった慣行的オノマトペのうち，単綴型が全体のほぼ6分の5，複綴型が全体のほぼ6分の1を占め，複綴型は極めて少数，子音音素集合型は皆無であることを知った．また，単綴型オノマトペを語頭の子音音素別に集計するとともに，「追加子音音素」の分布も突き止めた．さらに，慣行的オノマトペの意味に

VI. 結　論

よる分類の先行研究を検討して，新たな分類方法を提案した．（以上，「Ⅱ．慣行的オノマトペの考察」）

　慣行的オノマトペの考察に引き続いて，慣行的オノマトペの „schnurren" と „bardauz" を具体例として，下のような6項より成る仮説を定立した．

《仮説1－語頭の子音音素に関して－》
　慣行的オノマトペの語頭の子音音素は，音源となった音響現象がまずどのような現象上の「始発形態」をとるかをイメージとして示す．導入の契機は，始原的オノマトペの場合を除き，「音模倣」ではなくて，「音のジェスチュア」である．

《仮説2－語頭第2位の子音音素のはたらき－》
　慣行的オノマトペの語頭の子音音素にさらに別の子音音素が加わる場合，この子音音素は，語頭の子音音素が示す現象上の始発形態に何らかの「付随現象」が限定を加えることをイメージとして示す．もしさらに第3の子音音素が加わるならば，それはさらに別の「付随現象」がこの上に加わることをイメージとして示す．どの場合も，導入の契機は，始原的オノマトペの場合を除き，「音模倣」ではなくて，「音のジェスチュア」である．

《仮説3－「幹母音」に関して－》
　慣行的オノマトペの「幹母音」は音源のオトとしての3要素である高低（音色）・長短・強弱を模倣している．すなわち，「幹母音」導入の契機は，すべてのオノマトペにおいて，「音模倣」である．

《仮説4－「追加子音音素」のはたらき－》
　慣行的オノマトペにおける「追加子音音素」は，語頭の子音音

素によって示された（場合によっては，第2・第3位の子音音素によって限定を加えられた）始発現象が達する最終段階である終末現象を示す．導入の契機は，始原的オノマトペの場合を除き，「音模倣」ではなくて，「音のジェスチュア」である．

《仮説5－子音音素の導入順序に関して－》
　慣行的オノマトペに複数の子音音素が導入されている場合，それらの配列は音源の音響現象の段階的展開の全体像を示す．
　それらの配列順序は音源の音響現象の段階的展開順序と一致する．すなわち，語頭の子音音素は「始発現象」を示し，第2位以下の子音音素はそれへの「付随現象」を示し，「追加子音」は「終末現象」を示す．

《仮説6－無アクセント綴に含まれる母音音素のはたらき－》
　「複綴型」の慣行的オノマトペにおいて，無アクセント綴に含まれる母音音素は，音色の再現には関与せず，先行する子音音素の表すイメージを固定する補助的なはたらきをしている．したがって，導入の契機は「音模倣」ではなくて，「音のジェスチュア」である．

（以上，「Ⅲ．仮説の定立」）

仮説の定立に続いて仮説の検証を行った．検証の手順は次のA.からE.までの五つである．
　A. オノマトペを語頭の子音ごとに集め，語頭子音の調音様式を確認する．
　B. 語頭子音の調音様式とオノマトペの意味の関わりを考察する．この考察の目的は，オノマトペの音源となった音響現象がどのような始発形態のイメージとして言語に取り入れられたかを確認することであ

VI. 結 論

る．そうすることによって，語頭の子音音素がオノマトペに導入された契機が明らかになる（＝仮説1の検証）．

　また子音音素連続で始まるオノマトペについては第2の（場合によっては第3のも）語頭子音音素の調音様式と，それ（ら）が付随現象をどのようなイメージとして言語に取り入れようとしているかを確認する（＝仮説2の検証）．

C. 「幹母音音素」からオノマトペの音源となった音響現象の音色と長短を見定める（＝仮説3の検証）．

D. 最後に，「追加子音音素」の調音様式を確認することによって，語頭の子音音素が示す始発現象が到達する終末現象のイメージを知る（＝仮説4の検証）．「追加子音音素」が二つ（あるいは二つ以上）続いている場合もあわせて考察する．そのうえで，すべての子音音素の導入順序が音響現象の段階的発展順序と一致するか否かを検討する（＝仮説5の検証）．

E. 「複綴型」のオノマトペの無アクセント綴に含まれる母音音素のはたらきを検証する（＝仮説6の検証）．

(以上，「Ⅳ．仮説の検証」)

2．各音素のイメージ

　検証の過程を経て明らかとなった，オノマトペに使われた各音素が主に関わる音響現象ならびに表すイメージは下のとおりである．キーワードとしてまとめた．

《子音音素》
- ◆ /b/：「爆発」と「震動」：「鈍角的」，「重厚」．
- ◆ /p/：「炸裂」・「破裂」：「明朗」，「軽快」，「高音」，「瞬間的」．
- ◆ /d/：「衝撃」：「重量感」，「耳障り」，「衝突」，「破裂」．
- ◆ /t/：「衝撃」：「頭に響く」，「耳に突き刺さる」，「衝突」，「炸裂」．
- ◆ /g/：「重量感ある破裂」：「不透明」，「くぐもった」，「ゆったり感」，「鈍角的」，「重厚」．
- ◆ /k/：「瞬間的な破裂」：「晴朗」，「攻撃的」，「鋭角的」，「軽快」．
- ◆ /pf/：「粘りのない摩擦を伴う破裂」．

— 365 —

◆ /ts/：「軽快な破裂」：「小刻み」，「硬質」，「軽い摩擦」，「すり抜ける」．
◆ /tʃ/：「激しい摩擦」：「破裂」，「衝突」，「迅速」．
◆ /v/：「激しい摩擦」，「粘り」，「うなり」．
◆ /f/：「気流の漏出」：「ややはげしいが，あまり粘りのない摩擦」．
◆ /z/：「気体の強い摩擦」．
◆ /s/：「気体の軽い摩擦」．
◆ /ʃ/：「気体の移動」，「音声の伝播」．
◆ /j/：「隘路からの解放」：「粘り着く抵抗」，「抵抗を振り切る」．
◆ /m/：「重々しい持続的な抵抗」，「構えた態度」，「重量感」．
◆ /n/：「あっさりとした抵抗」：「軽い構え」，「やや持続的」．
◆ /ŋ/：「追加的な，軽微な，短い抵抗」．
◆ /ç/：「気体の隘路からの排出」：「抵抗の排除の構え」．
◆ /x/：「大量の気体の摩擦を伴う排出」．駆除．
◆ /h/：「大量の気体の流動」：「移動」．
◆ /l/：① 「気体の流動」．
　　　② 「もどかしさ」，「たどたどしさ」，「単調さ」．
◆ /r/：「運動の持続」：「振動」，「回転」，「素早さ」．

《母音音素》

　音声学では，/aː/ と /a/ 以外は舌の調音位置と唇の形を手がかりに長母音と短母音とを区別をするけれども，オノマトペの場合は，長母音と短母音をただ時間的に長いか短いかという区別をするだけで表すイメージに関しては長母音と短母音の区別がない．
◎ /aː/ と /a/：「明確」，「確乎」，「穏和」，「中立」．
◎ /iː/ と /ɪ/：「明晰」，「甲高い」，「鋭角的」，「淡泊」，「繊細」．
◎ /eː/ と /ɛː/ と /ɛ/：「明朗」，「明瞭」，「高い」，「直線的」．
◎ /uː/ と /ʊ/：「低い」，「暗い」，「薄い」，「角なし」．
◎ /oː/ と /ɔ/：「暗い」，「強靱」，「断固」，「高い」，
◎ /aɪ/：「明確にして鋭角的」．
◎ /aʊ/：「明確にして鈍角的」．

◎ /ɔy/：「低さ・暗さから高さ明るさへの転調」.
◎ /ʊy/：「弱さ・低さ・暗さから弱さ・高さ・明るさへの転調」.
◎ /y:/ と /ʏ/：「どこか明るくてどこか暗い複雑な明るさ」.
◎ /ø:/ と /œ/：「明るさはあまり明るくなく，強さもそれほど強くない，陰にこもった曖昧性を持つ」.

《無アクセント綴に含まれている母音音素》
○ /a/：先行する子音のイメージを確保する.
○ /ɪ/：/a/ ならびに /ʊ/ と組み合わされることによって転調に寄与する.
○ /ə/：「幹母音」と組み合わされることによって転調に参加する.

3．各仮説の検証結果（結論）

　収集した 400 個の「慣例的オノマトペ」と 494 個の「偶成的オノマトペ」に「仮説 1」から「仮説 6」までを適用して検証した結果，語源の詳細が明らかでない若干の「慣例的オノマトペ」（なかには外国語由来のため語源の詳細が明らかでない例もある）を除き，例外なくすべてのオノマトペにいずれの「仮説」も有効であることが確認せられた．よって，「仮説 1」から「仮説 6」はドイツ語のオノマトペに関する規則として妥当すると認められるので，それらを「規則 1」から「規則 6」と読み替え，改めて下に掲げる．

《規則 1 －語頭の子音音素に関して－》
　慣行的オノマトペの語頭の子音音素は，音源となった音響現象がまずどのような現象上の「始発形態」をとるかをイメージとして示す．導入の契機は「音模倣」ではなくて，「音のジェスチュア」である．ただし，始原的なオノマトペに関しては，「音模倣」が契機である．

《規則２－語頭第２位の子音音素のはたらき－》
　慣行的オノマトペの語頭の子音音素にさらに別の子音音素が加わる場合，この子音音素は，語頭の子音音素が示す現象上の始発形態に何らかの「付随現象」が限定を加えることをイメージとして示す．もしさらに第３の子音音素が加わるならば，それはさらに別の「付随現象」がこの上に加わることをイメージとして示す．どの場合も，導入の契機は「音模倣」ではなくて，「音のジェスチュア」である．ただし，始原的なオノマトペに関しては，「音模倣」が契機である．

《規則３－「幹母音」に関して－》
　慣行的オノマトペの「幹母音」は音源のオトとしての３要素である高低（音色）・長短・強弱を模倣している．すなわち，「幹母音」導入の契機は「音模倣」である．始原的なオノマトペにおける「幹母音」の導入契機も「音模倣」である．

《規則４－「追加子音音素」のはたらき－》
　慣行的オノマトペにおける「追加子音音素」は，語頭の子音音素によって示された（場合によっては，第２・第３位の子音音素によって限定を加えられた）始発現象が達する最終段階である終末現象を示す．導入の契機は「音模倣」ではなくて，「音のジェスチュア」である．ただし，始原的なオノマトペに関しては「音模倣」が契機である．

VI. 結　論

《規則5 －子音音素の導入順序に関して－》
　慣行的オノマトペに複数の子音音素が導入されている場合，その配列は音源の音響現象の段階的展開の全体像を示す．
　それらの配列順序は音源の音響現象の段階的展開順序と一致する．すなわち，語頭の子音音素は「始発現象」を示し，第2位以下の子音音素はそれへの「付随現象」を示し，「追加子音音素」は「終末現象」を示す．

《規則6 －無アクセント綴に含まれる母音音素のはたらき－》
　「複綴型」の慣行的オノマトペにおいて，無アクセント綴に含まれる母音音素は，音色の再現には関与せず，先行する子音音素の表すイメージを固定する補助的なはたらきをしている．したがって，導入の契機は「音模倣」ではなくて，「音のジェスチュア」である．

以上

文献と資料出典

Ⅰ．辞書
1) ドイツ語関係
Duden. das große Wörterbuch der deutschen Sprache in 8 Bdn. 1993. Hrsg. u. bearb. vom Wissenschatl. Rat und der Mitarb. der Dudenredaktion unter Leitung von Drosdowski, G.
Duden. das große Wörterbuch der deutschen Sprache in 8 Bdn. 1993. Hrsg. u. bearb. vom Wissenschatl. Rat und der Mitarb. der Dudenredaktion unter Leitung von Drosdowski, G.
Duden. das große Wörterbuch der deutschen Sprache in 8 Bdn. 1993. Hrsg. u. bearb. vom Wissenschatl. Rat und der Mitarb. der Dudenredaktion unter Leitung von Drosdowski, G.
KLUGE Etymologisches Wörterbuch der deutschen Sprache [2002], 24. durchgesehene und erweiterte Aufl.
Wörterbuch der deutschen Gegenwartssprache. Hrsg. von Klappenbach, R. u. Steinitz, W. Akademie Verlag, Berlin 1977.
Wahrig, G.［1967］: *Das große deutsche Wörterbuch.* C. Bertelsmann Verlag.
『独和大辞典』．（編集委員）国松孝二他，小学館　第2版　1998.
小学館
シンチンゲル
木村・相良
『郁文堂　独和辞典』．（編集主幹）冨山芳正，郁文堂　1993.
三省堂
クラウン

2) 言語学関係
Bußmann, Hadumod［2002］: *Lexikon der Sprachwissenschaft.* Dritte, akutuaisierte und erweiterte Auflage. Kröner Verlag Stuttgart.
Glück, Helmut（Hrsg.）［1993］: *Metzlerlexikon Sprache.* Verlag J.B. Metzler, Stuttgart / Weimar.
Lewandowski, Th.: *Linguistisches Wörterbuch.* UTB 201 Quelle & Meyer, 1975.
川島敦夫（編集主幹）『ドイツ言語学辞典』．紀伊国屋書店 1994.
亀井　孝・河野六郎・千野栄一『言語学大辞典　第6巻術語編』．三省堂 1996.
日本音声学会編『音声学大辞典』．三修社 1976.
『日本大百科全書』．小学館 1990.

3) オノマトペ関係
Havlik, E.J.［1991］: *Lexikon der Onomatopien. Die lautmalenden Wörter im Comic.* Zweitausendeins, Frankfurt am Main.
阿刀田稔子・星野和子著『擬音語・擬態語使い方辞典』（創拓社，1993年）
浅野鶴子編『擬声語・擬態語辞典』角川書店，昭和56年
小野正弘編『日本語オノマトペ辞典』（小学館，2007年）

文献と資料出典

白石大二郎編『擬声語・擬態語慣用句辞典』東京堂出版, 昭和 57 年
山口仲美編『暮らしのことば擬音・擬声語辞典』(講談社, 2003 年)
II. 単行本
Beckman, Jill N. [1998] : *Positional Faithfullness*. Ph. D. dissertation, University of Massachusetts, Amherst.

Enzyklopädie. Die deutsche Sprache. Bd. 2. Hrsg. von Agricola, E. /Fleischer, W. / Protz, H. unter Mitwirkung von Ebert, W., VEB Bibliographisches Institut Leipzig 1970.

Ertel, S., *Psycholinguistik: Untersuchungen über Lautsymbolik und Motivation*. 1969.

Essen, Otto von. [1979] : *Allgemeine und angewandte Phonetik*. 5., neubearbeitete und erweiterte Aufl. Akademie-Verlag, Berlin.

Fiukowski, H.: *Sprecherzieherisches Elementarbuch*. VEB Bibliographisches Institut, Leipzig 1978.

Fleischer, W. /Michel, G. : *Wortbildung der deutschen Gegenwartssprache. 4., durchgesehene Aufl.* VEB Bibliographisches Institut, Leipzig 1975.

Hamano, Shoko Saito [1986] : (Dissertation) *The sound-symbolic system of Japanese*. Florida.

Köhler, W. [1945] : *Gestalt psychology*. New York

Köhler, W. [1947] : *Gestalt psychology*. New York

Köhler, Wolfgang [1959] : *Gestalt Psychology*. Mentor Book. The New American Library of World Literature, Inc.

Lessing, G. Ephraim: *Laokoon oder über die Grenzen der Malerei und Poesie*. (Reclam 271 [3], 1980)

Paul, Hermann [1970] : *Prizipien der Sprachgeschichste*. Studienausgabe der 8. Aufl. Max Niemeyer Verlag, Tübuingen.

Porzig, W.: *Das Wunder der Sprache. Probleme, Methoden und Ergebnisse der modernen Sprachwissenschaft*. Francke Verlag Bern, 2. Aufl. 1957.

Porzig, W., Hrsg. von Andrea Jecklin u. Heinz Rupp: *Das Wunder der Sprache. Probleme, Methoden und Ergebnisse der modernen Sprachwissenschaft*. Francke Verlag München, 5., durchgesehene Aufl. 1971.

Osgood, C.H.E. [1962] : ≪Studies on the generality of affective meaning systems.≫ *In American Psychologist* 17: 10-28.

de Saussure, Ferdinand [1967] : *Grundfragen der allgemenen Sprachwissenschaft*. Hrsg. von Bally, C. u. A. Sechehaye unter Mitwirkung von A. Riedeinger. Übersetzt von H. Lommel. 2. Aufl. Walter de Gruyter & Co., Berlin 1967.

Schmidt, W.: *Deutsche Sprachkunde. Ein Handbuch für Lehrer und Studierende mit einer Einführung in die Probleme des sprachkundlichen Unterrichts*. Volk und Wissen volkseigener Verlag, Berlin 1965.

Wängler, H.-H.: *Atlas deutscher Sprachlehre*. Akademie Verlag, 7., unveränderte Aufl., 1981.

市川伸一／伊東祐司［1923］:『認知心理学を知る』. おうふう.
伊藤小枝子［1986］:『日本人のためのドイツ語発音練習』. 朝日出版社.
井上ひさし［1987］:『自家製文章読本』. 新潮文庫.
乙政　潤［1985］:「いわゆる『擬声語』の日独対照について」.『日本とドイツ』(1). 大阪外国語大学.
乙政　潤［1986］:「いわゆる『擬声語』の日独対照について」.『日本とドイツ』(2). 大阪外国語大学.
筧　寿男・田守育弘編『オノマトピア・擬音・擬態語の楽園』(勁草書房，1993 年)
神山孝夫［1995］:『日欧比較音声学入門』初版，鳳書房.
『クラテュロス』. 水地宗明訳［1974］.『プラトン全集 2』. 岩波書店.
フェルヂナン・ド・ソシュール著／小林英夫訳［1963（1940）］:『言語学概論』. 岩波書店.
枡田義一［2006］:『＜ドイツ語文法シリーズ＞8．発音・綴字』. 大学書林.
三島由紀夫『文章読本』(中公文庫　1978 年 8 版)
田守育弘［2002］:『オノマトペ　擬音・擬態語をたのしむ』. 岩波書店.
内藤好文『ドイツ音声学序説』大学書林, 昭和 33 年.
服部四郎［1956 年，第 5 刷］:『音声学』(岩波全書 131).
ロマン・ヤーコブソン／リンダ・ウオー著／松本克己訳［1986］:『言語音形論』. 岩波書店.
R・ヤーコブソン／花輪　光訳［1978］第 2 刷:『音と意味についての六章』. みすず書房.

Ⅲ．雑誌論文

Sapir, E.［1929］: ≪A study in phonetic symbolism.≫ In : *Journal of Experimental Psychology* 12: 225-239.
乙政　潤［1998a］:「日独語オノマトペの研究（1）－母音と子音のはたらき－」. 阪神ドイツ語学研究会『会誌』10.
乙政　潤［1998b］:「ドイツ語のオノマトペ „pardauz" はなぜ日本語では『ガチャンバタン，ドタン，ドシン』なのか？」.『視聴覚教材と言語教育』10. 大阪外国語大学ＡＶ技法研究会.
乙政　潤［1999］:「日独語オノマトペの研究（2）－母音と子音のはたらき－」. 阪神ドイツ語学研究会『会誌』11.
乙政　潤［2002］:「日独語オノマトペの研究（3）－母音と子音のはたらき－」. 阪神ドイツ語学研究会『会誌』14.
乙政　潤［2003］:「日独語オノマトペの研究（4）－母音と子音のはたらき－」. 阪神ドイツ語学研究会『会誌』15.
乙政　潤［2004］:「日独語オノマトペの研究（5）－母音と子音のはたらき－」. 阪神ドイツ語学研究会『会誌』16.
乙政　潤［2005］:「日独語オノマトペの研究（6）－母音と子音のはたらき－」. 阪神ドイツ語学研究会『会誌』17.
乙政　潤［2006］:「日独語オノマトペの研究（7）－母音と子音のはたらき－」. 阪神ドイツ語学研究会『会誌』18.

乙政　潤［2008］：「日独語オノマトペの研究（8）－母音と子音のはたらき－」．阪神ドイツ語学研究会『会誌』20．
乙政　潤［2000］：「オノマトペによって表されるもの－日独対照－」．阪神ドイツ語学研究会『会誌』12．
乙政　潤［2001］：「オノマトペによって表されるもの－日独対照－（その2）」．阪神ドイツ語学研究会『会誌』13．
乙政　潤［2002］：「オノマトペによって表されるもの－日独対照－（その3）」．阪神ドイツ語学研究会『会誌』14．
乙政　潤［2003］：「オノマトペによって表されるもの－日独対照－（その4）」．阪神ドイツ語学研究会『会誌』15．
乙政　潤［2004］：「オノマトペによって表されるもの－日独対照－（その5）」．阪神ドイツ語学研究会『会誌』16．
乙政　潤［2005］：「オノマトペによって表されるもの－日独対照－（その6）」．阪神ドイツ語学研究会『会誌』17．
乙政　潤［2006］：「オノマトペによって表されるもの－日独対照－（その7）」．阪神ドイツ語学研究会『会誌』18．
乙政　潤［2008］：「オノマトペによって表されるもの－日独対照－（その8）」．阪神ドイツ語学研究会『会誌』20．
加賀野井秀一［2005］：「『開かれた日本語』を求めて－翻訳が日本語を進化させる」．『言語』12．
角岡賢一［2005］：「日本語オノマトペの交替形語彙分析」．『龍谷大学国際センター研究年報』14．
近藤利恵［2003］：「語用論におけるオノマトペ」．『名古屋経済大学　人文科学論集』71．
那須昭夫［2007］：「オノマトペの言語学的特徴－子音の分布と有標性－」．『日本語学』Vol. 26, 6．
星野和子［2005］：「擬態語の文法」．『駒沢女子大学研究紀要』12．
平　弥悠紀［2001］：「現代語における擬音語のタイプについて」．『同志社大学留学生別科紀要』1．

IV. 資料出典

Allerleirauh. Viele schöne Kinderreime.［1982］: Versammelt von H.M.Enzensberger, (insel taschenbuch 115).
Aoyama, Gosho［2005］: *Detektiv Conan* 35. Übersetzt von Josef Shanel und Matthias Wissnet. Egmont vgs verlagsgesellschaft mbH., Köln.
Busch, Wilhelm［1984］: *Das Schönste von Wilhelm Busch*. Falken-Verlag GmbH.
Comicland. Super-Comic-Taschenbuch, Nr. 22.［1983?］. Condor Verlag.
Heidenreich, Gert［1981］: *Das Kinder-Lieder-Buch. Texte und Noten mit Begleit-Akkorden*. Fischer Taschenbuch Verlag.
Hoffmann, Heinrich［1992］: *Der Strewwelpeter*. Esslinger Verlag.
Reidel, Marlene［1983］: *Lustige Verse*. Sellier Verlag.
Reidel, Marlene［1983］: *Hänschen klein und andere Kinderlieder*. Sellier Verlag.
Takada, Yuzo［2002］: *3×3 Augen*. Bd. 3（Aus dem Japanischen von Dorothea

Überall). Carsen Verlag GmbH: Hamburg.
Takahashi, Rumiko [2006]: *Inu Yasha* 36. Übersetzt von Oke Maas. Egmont vgs verlagsgesellschaft mbH., Köln.
Tezuka, Osamu [2001]: *ASTRO BOY. Der blaue Ritter* (Übersetzt von Junko Iwamoto-Seebeck und Jürgen Seeback). Carlsen Verlag, Hamburg.
Toriyama, Akira [1997]: *DRAGON BALL. Der Meister des Kamehame-ha*. Carlsen Verlag GmbH Hamburg. übersetzt von Junko-Iwamoto-Seebeck u. Jürgen Seebeck.
Toriyama, Akira [1997]: *DRAGON BALL. Kamesennins Kappfschule*.
Toriyama, Akira [1997]: *DRAGON BALL Das große Turnier*.
Toriyama, Akira [1997²]: *DRAGON BALL. Der Meister des Kamehame-ha* (Übersetzt von Junko Iwamoto-Seebeck u. Jürgen Seebeck). Carlsen Verlag, Hamburg.
Toriyama, Akira [1997]: *DRAGON BALL ① Das Geheimnis der Drachenkugeln*. (Übersetzt von Junko Iwamoto-Seebeck u. Jürgen Seebeck). Hamburg: Carlsen Verlag GmbH, 2. Aufl.
Toriyama, Akira [1997]: *DRAGON BALL ② Kamesennins Kapfschule*.
Toriyama, Akira [1997]: *DRAGON BALL ③ Der Meister des Kamehameha*.
Toriyama, Akira [1997]: *DRAGON BALL ④ Das große Turnier*.
Toriyama, Akira [1997]: *DRAGON BALL ⑤ Die Suche nach Großvater*.
Toriyama, Akira [1997]: *DRAGON BALL ⑥ Das Monster Nr. 8*.
Toriyama, Akira [1997]: *DRAGON BALL ⑧ Dr Meister des Turms*.
Toriyama, Akira [1997]: *DRAGON BALL ⑨ Uranai Babas Krieger*.
Toriyama, Akira [1997]: *DRAGON BALL ⑩ Die Wunderheilung*.
Toriyama, Akira [1997]: *DRAGON BALL ⑪ Son-Goku gegen Kuririn*.
Toriyama, Akira [1997]: *DRAGON BALL ⑫ Die Mächtigste des Bösen*.
Toriyama, Akira [1997]: *DRAGON BALL ⑬ Das magische Wasser*.
青山剛昌 [2002]：『名探偵コナン』(35). 小学館.
高田裕三 [1989]：『3×3 EYES』③. 講談社.
高橋留美子 [2004]：『犬夜叉』(36). 小学館.
手塚治虫 [1976]：『鉄腕アトム』⑲. 朝日ソノラマ.
鳥山 明 [1998]：『DRAGON BALL ドラゴンボール巻1. 孫悟空と仲間たち』. 集英社.
鳥山 明 [1998]：『DRAGON BALL ドラゴンボール巻2. ドラゴンボール危機一髪』. 集英社.
鳥山 明 [1997]：『DRAGON BALL ドラゴンボール巻3. 天下一武道会はじまる!!』. 集英社.
鳥山 明 [1998]：『DRAGON BALL ドラゴンボール巻4. 大決勝戦』. 集英社.
鳥山 明 [1996]：『DRAGON BALL ドラゴンボール巻5. マッスルタワーの恐怖』. 集英社.
鳥山 明 [1996]：『DRAGON BALL ドラゴンボール巻6. ブルマの大失敗!!』. 集英社.
鳥山 明 [1998]：『DRAGON BALL ドラゴンボール巻8. 孫悟空突撃』. 集英社.
鳥山 明 [1998]：『DRAGON BALL ドラゴンボール巻9. こまったときの占いババ』. 集英社.

文献と資料出典

鳥山　明［1998］:『DRAGON BALL ドラゴンボール巻10. 第22回天下一武道会』. 集英社.

鳥山　明［1998］:『DRAGON BALL ドラゴンボール巻11. 天下一のスーパーバトル!!』. 集英社.

鳥山　明［1998］:『DRAGON BALL ドラゴンボール巻12. ピッコロ大魔王の恐怖!』. 集英社.

鳥山　明［1998］:『DRAGON BALL ドラゴンボール巻13. 孫悟空の逆襲!?』. 集英社.

謝辞とあとがき

　それなくしては本書が成ることのなかった示唆と助力を惜しまれなかった方々のお名前を記させていただく（敬称略，順不同）．

　　栂野文江　Herbert Manthei　原　俊彦（故人）Manfred Sellner
　　浜崎長寿　三宅美鈴　野入逸彦（故人）道場喜美子

　本研究の実証的性格からして手続き上不可欠な実例の収集の端緒は，栂野文江さんが元大阪外国語大学ドイツ語学科に在学中，他の人にはない綿密さで *Duden. Das große Wörterbuch der deutschen Sprache in 6 Bdn.* (1980) および *Wörterbuch der deutschen Gegenwartssprache* (1977) から手書きで克明に書き写してくれた実例集であった．爾来すでに20年以上が過ぎ去った．その間に私はさらに他のいろいろな方から示唆も受け，助力も蒙った．

　本書は私の日独語オノマトペの対照研究の一端をなす．一端というのは，今後なお研究を続けて，本書にまとめたドイツ語のオノマトペに相応する日本語のオノマトペを記述するつもりだからである．この作業が完了すると，私はその結果を本書で紹介したドイツ語のオノマトペとあわせてオノマトペの独和語彙集の形に集大成できる．

　そのような遠大な計画の一環として本書は成ったのであるが，そもそも緩慢かつ散発的に進めてきた日独語のオノマトペ研究をひとまずドイツ語に重点をおいてまとめてみようと思い立ったのは，昨年の3月であった．勤務先である京都外国語大学が出版困難な学術書の公刊を支援する目的で設けている出版助成金の募集に応募することを思い立ったのである．幸い助成を受けることができ，長年の研究の一端が日の目を見ることができたのは，小著出版の意義を認めてくださった京都外国語大学当局と，小著の刊行に特に理解を示されて出版に努力してくださった株式会社大学書林のお陰である．

2009年2月

乙政　潤

索　引

A

あいまいさの表現	251
アイルランド人の修道僧	289
Alternation form／Alternationsform	
	27
浅野鶴子	55
「アッジャッパー」	203
淡い	
〜彩度	123
〜音色	123

B

Beckman, Jill N.	102
bedripst	99
Berlioz, Hector	22
母音	120
明るい〜	123
〜の声立て Vokaleinsatz	236
楽音としての〜	121
暗い〜	123
下降二重〜 fallender Diphthong	
	232
前舌の〜	123
奥舌の〜	123
Borchert, Wolfgang	22
部分音 partial tone [s]	119
Bußmann, Hadumod	4
Bürger, Gottfried August	22
仏法僧	262
ブッポウソウの鳴き声	204

C

長母音	
音響の長さと〜	124
日本語では〜ドイツ語では短母音	
	129
長短	
音響の〜と母音の〜	123
中間音	121
Cours de linguistique générale	1

D

導入順序	
音素のオノマトペへの〜	149
DUDEN Das Herkunftswörterbuch	
	32

E

-el	239
-eln	219
-erln	209
-ern	220, 240
Ertel, Sultbert	9

F

Fiukowski, Heinz	135
Fleischer, Wolfgang	26, 34, 35, 36
Fontane, Theodor	264
複合音 Klang	120
ふるえ音	
後舌面口蓋垂〜	117
舌尖歯茎〜［r］	117
付随現象	118, 286

G

楽音 musical sound;	
musikalischer Ton, Klanglaut	119
楽音子音 Klangkonsonant	121
gargarisieren	178

『言語学大辞典・術語編』	123	気圧差		150
擬態語	56	気音 Hauchlaut		233
比喩的な意味に転用された〜	56	基本音 fundamental tone	119, 120
語頭の意味		金田一春彦		55
オノマトペの〜	102	きたやなぎむしくい鳥		218
Gross, Harro	31	klangnachahmend		1

H

		Kleine Enzyklopädie		31
„h"		Kluge, Friedrich	32, 100
開子音 Öffnungskonsonant の〜	234	声立て		
波形	120	母音の〜		236
半母音 Halbvokal	121	堅い〜fester Einsatz		231
服部四郎	40, 120	静かな〜leiser Stimmeinsatz	163
Havlik, E. J.	20, 21, 55, 227	軟らかい〜weicher Stimmeinsatz	
囃子ことば	165			163
ヘルモゲネス	6	国際語 Internationalismen		328
非楽音	105	口蓋の R Gaumen-R		258
低い tief	122	口蓋垂摩擦音［ʁ]		117
		口蓋垂（ノドヒコ）		

I

		の R Zäpfchen-R		258
.. ingen	257	硬子音 Fortis	175, 184
井上ひさし	22	交替形		27
		後舌面口蓋垂ふるえ音		117

J

		Köhler, Wolfgang		9
Jakobson, Roman	123	暗い tief		122
ジェスチュア		空気の排除		
音声器官の〜	152	液体による〜		112
上音 overtone	119, 120	気体による〜		111
		固体による〜		110

K

		音による〜		109
角岡賢一	27	『クラテュロス』		6
下降二重母音	232	共感覚 Synästhesie		3
郭公の鳴き声	188	強音 Fortis		167
幹母音（音素）	25			
間投詞	13	## L		
音模倣の〜	14	Lärm		105
継続現象	272	lautimitierend		20
		lautmalend		1

索　引

lautnachahmend	11
laut- u. bewegungsnachahmend	3
Lemmig	99
Lessing, Gotthold Ephraim	264
Lewandowski, Theodor	5
Lommel, Herman	1

M

明度 brightness	123
Metzlerlexikon	10
三島由紀夫	22
宮崎　駿	22
宮沢賢治	22
Modifikation des Phonems ［h］（音素 /h/ の修正）	234
Morgenstern, Christian	20
Morris	261
無アクセント綴	149
〜の /a/ のはたらき	140
無声破裂音	135
無声摩擦音	
声門の〜stimmloser glottaler Reibelaut	233

N

内藤好文	120
軟［子］音 Lenis	150, 163, 175
那須昭夫	102
音色 Klangfarbe	119, 120
日本語では長母音－ドイツ語では短母音	129
日本語のオノマトペ	56

O

音源	
〜付随現象	132
〜の始発現象	132
〜の終末現象	132
音響の長さ	
〜と長母音	124
Onomatopetikon / Onomatopoetika	1
音模倣 Lautnachahmung	5, 122, 129
小野正弘	55
オノマトペ	1, 3, 4
重複型〜	26
動物の鳴き声の〜	32f., 35
複綴型〜	27
偶成的〜 okkasionelle Onomatopetika	21
開音 offen の〜	25
書き換え式の〜 umschreibende Onomatopoetika	20
慣行的〜usuelle Onomatopoetika	10
間投詞と〜	14
〜の語幹	25
〜の幹母音	25
プリミティーフな〜	133
始原的な性格の〜	133
子音音素集合型（Kn 型）の〜	55
単綴型〜の音韻構成	24
音のジェスチュア Lautgebärde	7, 30
音声象徴 Lautsymbolik	6
音象徴 Lautsymbolik	7
音転写 Lautübertragung	2, 279
音綴	24

P

Paul, Hermann	55
Platon	6
Porzig, Walter	7, 19
Prinzipien der Sprachgeschichte	55

R

ルバーブ	263
猟師用語（Jägersprache）	297

S

彩度 saturation	123
Sapir, Edward	8
Saussure, Ferdinand de	5
/ʃ/ のあとに続く子音音素の種類	117
Scharade	99
声門閉鎖音 [ʔ]	236
声喩	3
-sel	196
恣意性	
言語記号の〜	102
子音	
楽音としての〜	121
子音音素	24
主観的音象徴 impressive Lautsymbolik	9
遭遇	158
側音	
有声〜stimmhafter aveolarer Laterallut	254
ソクラテス	6
ソシュール	5, 102
噪音 Geräusch	104
〜としての母音	121
無声の有気〜Hauchgeräusch	233
騒音子音 Geräuschkonsonant	121
始発現象	149, 286
始発形態	
音源となった音響現象の〜	148

T

終末現象	149
単純音 Ton	119
Tatze	100
tief	122
追加子音音素	25
〜が有声か無声か	285
〜に続く子音音素 /pf/	248
強さ	
音響の〜とオノマトペ	129
tuschen	100

U

ウミネコ	242
鶉の鳴き声	203

W

Wagner, Richard	22
Wängler, Hans-Heinrich	240
"wet my lips"	203
Wundt, Wilhelm	7

Y

山口仲美	55
有気音 Aspirata	166
有気噪音	
無声の〜	233

Z

雑音 Lärm	105
舌尖の R Zungenspitzen-R	258
舌尖歯茎ふるえ音	117
造語語尾	25

著者紹介

乙政　潤 [おとまさ・じゅん]
　　　　京都外国語大学教授，大阪外国語大学名誉教授（ドイツ語学）

目録進呈　落丁本・乱丁本はお取替えいたします。

平成21年3月30日　　Ⓒ 第1版発行

ドイツ語オノマトペの研究
―その音素導入契機と音素配列原理―

著　者　　乙　政　　　潤
発行者　　佐　藤　政　人

発行所
株式会社　大学書林
東京都文京区小石川4丁目7番4号
振　替　口　座　　00120-8-43740
電　話　（03）3812-6281〜3番
郵便番号112-0002

ISBN978-4-475-00925-6　　TMプランニング・開成印刷・牧製本

大学書林
語学参考書

著者	書名	判型	頁数
乙政 潤 著	入門ドイツ語学研究	A5判	200頁
乙政 潤 著	日独比較表現論序説	A5判	202頁
浜崎長寿 乙政 潤 編 野入逸彦	日独語対照研究	A5判	248頁
乙政 潤 ガイド・ヴォルデリング 共著	ドイツ語ことわざ用法辞典	B6判	376頁
浜崎長寿 乙政 潤 著 野入逸彦	ドイツ語文法シリーズ ①ドイツ語文法研究概論	A5判	256頁
浜崎長寿 橋本政義 著	②名詞・代名詞・形容詞	A5判	200頁
成田 節 中村俊子 著	③冠詞・前置詞・格	A5判	184頁
浜崎長寿 野入逸彦 著 八本木 薫	④動詞	A5判	208頁
井口 靖 著	⑤副詞	A5判	176頁
村上重子 著	⑥接続詞	A5判	208頁
野入逸彦 太城桂子 著	⑦語彙・造語	A5判	196頁
枡田義一 著	⑧発音・綴字	A5判	208頁
乙政 潤 橋本政義 著	⑨副文・関係代名詞・関係副詞	A5判	184頁
乙政 潤 著	⑩表現・文体	A5判	192頁
鈴木康志 著	体験話法	A5判	224頁
橋本政義 著	ドイツ語名詞の性のはなし	A5判	152頁
新保雅浩 草本 晶 編	ドイツ語分類単語集	新書判	280頁
小島公一郎 著	ドイツ語史	A5判	312頁
塩谷 饒 著	ドイツ語の諸相	A5判	216頁
渡辺格司 著	低ドイツ語入門	A5判	204頁
小柳篤二 著	新しい独文解釈法	B6判	416頁
浜崎長寿 著	ゲルマン語の話	B6判	240頁
下宮忠雄 著	ゲルマン語読本	B6判	168頁

―目録進呈―